何 俊/著

本心与实学

陆象山心学的展开

上海人民出版社

目 录

第二部分 发 明

目　　录

引　言

　　南宋陆九渊，字子静，江西金溪人。尝居邻县贵溪应天山讲学，改应天山为象山，学者尊称象山先生。生于高宗绍兴九年己未，二月乙亥，辰时；卒于光宗绍熙三年壬子，冬十二月十四日癸丑日中(1139 年 3 月 26 日—1193 年 1 月 19 日)，享年五十四岁。①象山直承孟子，植立本心，发为实学。这里先说明象山的文本，然后概述全书的结构，最后谈一下象山心学的动力与困境，以为引言。

一

　　象山文本今有两个点校本。一是中华书局 1980 年刊行的钟哲点校本《陆九渊集》，单册共 567 页；二是上海古籍出版社 2022 年刊行的叶航点校本《陆九渊全集》，上下两册共 727 页。我一直使用中华版，2023 年 6 月在南昌开会承杨柱才教授告知有新刊上古版。由于此时书稿基本完成，进入统稿阶段，故书中

----

① 《陆九渊集》卷二十六《年谱》系年条，中华书局 1980 年版，第 481、513 页。以下凡引此书，只注卷次、篇名、页码。其他引用著作，亦只于初引时全注，后皆同此例。西历生卒参见李裕民《宋人生卒年月日考》，中华书局 2023 年版，第 434 页。

引用一仍其旧,但两版的异同还是应该在此引言中略作说明。

中华版的工作底本是"上海涵芬楼影印嘉靖本",参校其他明清刻本;①上古版的工作底本是清道光三年金溪槐堂书屋刻本,参校其他明清刻本,包括中华本的工作底本嘉靖本,以及其他文献。②中华本的参校本中也有道光金溪槐堂书屋刻本,但说是道光二年。上古本有道光三年重刻本的书影,因此中华本的道光二年疑是道光三年的误刊。

据上古版点校者的版本调查,象山文本的宋元刻本未见传世,传世者只有明刻本。比较中华版与上古版,工作底本虽有明清不同,但都源出于明刻本,因此在内容上没有大的区别。上古版附录了李绂的《重刊象山先生年谱序》、包恢的《重刊象山先生年谱序》,对于知晓《年谱》的编辑过程颇有助益;此外附录部分也增补了《少湖徐先生学则辩》、《陆九渊集外文》四篇、《集外诗》四首,以及《宋史·陆九渊传》,无论在象山文献新增上,还是在使用方便上,都有意义。

对于研究者真正重要的区别是,上古版的清刻本是清康乾时期最重要的陆王学者李绂(1675—1750)的评注本。李绂对于象山文本中所涉及的人物有详注,并随文或详或略点评象山思想,既有益于对象山文本的研读,对相关研究也多有启发。③比如,卷七《与詹子南》是象山初次轮对之明年写的,李绂于二通书信中先随注点明象山所言"知本即知至",然后于信末评曰:

① 《陆九渊集·点校说明》,第1页。
② 《陆九渊全集·点校说明》,上海古籍出版社2022年版,第4页。
③ 上世纪八十年代黄进兴的博士论文《李绂与清代陆王学派》(中译本见江苏教育出版社2010年版)引用的是这一评注本,但李绂的评注似乎对黄著几无作用,因为无论是分析象山思想,还是讨论李绂思想,李绂的评注都未见引用。

引　言

以知本为知至，是时用《古本大学》，未有《格致补传》也。①
这自然可以印证朱子的工作。又如卷一《与胡季随》，李注季随
是胡宏儿子，其子系象山婿。②前者为人熟知，后者恐注意者不
多，而这至少对于了解理学家们之间的关系是有用的。

象山文本的宋元刻本虽未传世，但其刊刻情况对于了解象
山心学传播，仍有略作交待的必要。据《年谱》，"开禧元年
(1205)乙丑，夏六月，先生长子持之伯微编遗文为二十八卷，外
集六卷，乙卯杨简序"。"开禧三年丁卯，秋九月庚子，抚州守括
苍高商老刊先生文集于郡庠"。"嘉定五年(1212)壬申，秋八
月，张衎季悦编遗文成，傅子云序"；"九月戊申江西提举袁燮，刊
先生文集，自为序"。"绍定四年(1231)辛卯，冬十月己未，袁甫
(袁燮子)刊先生文集"。③袁燮序云：

> 先生之殁，余二十年，遗言炳炳，精神犹在，敬而观之，
> 心形俱肃，若亲炙然。临汝尝刊行矣，尚多缺略，先生之子
> 持之伯微衰而益之，合三十二卷，今为刊于仓司。④

上古本认为开禧三年的高商老刊本就是袁燮序文中讲的"临汝
本"，⑤高商老本就是陆持之最初编定、杨简写序的 34 卷本，袁燮刻
本是在 34 卷本的基础上"衰而益之"，但反而减为 32 卷本，这是有
点奇怪的。如果确然，则表明陆持之在分卷编次上是有调整的。

袁燮刊刻后五年，即嘉定十年(1217)，宋宁宗赐象山谥号
"文安"，"嘉定十三年(1220)，吴杰在江西仓司本(即袁燮刻本)

---

① 《陆九渊全集》卷七《与詹子南》二，第 123 页。
② 《陆九渊全集》卷一《与胡季随》，第 9 页。
③ 参见卷三十六《年谱》各条，第 518—523 页。
④ 附录一《袁燮序》，第 537 页。
⑤ 《陆九渊全集·点校说明》，第 2 页。

书后增加了孔炜所撰《谥议》、丁端祖所撰《覆谥》,和杨简所撰陆九渊《行状》,由建安陈氏刊刻,此即陈氏坊刻本"。①这一增加的内容即今传世本的卷三十三。但袁甫绍定四年(1231)翻刻父亲袁燮的刊刻本,似乎并没有增加这部分内容,因为他明确说是"复摹旧本"。②

理宗嘉熙元年(1237),杨简弟子陈埙刊象山《语录》,自为序。序云:

> 埙生晚,不逮事先生,而登慈湖之门,固尝服膺遗文矣。蒙恩司治,道由书院,瞻谒祠像,如获执经升堂。见同门所录训语,编未入梓,咸以为请。再拜三复,乃授工镂勒焉。或谓埙曰:"近世儒生阐说,其徒竞出纪录,后来者搜拾摹传,虽汗牛充栋,且未厌止也。子之所得,不甚鲜约乎?"埙语之曰:"先生之道如青天白日,何庸语? 先生之语如震雷惊霆,何庸录? 录而刊,犹以为赘也。而今而后,有诵斯录,能于数千言之中见一言焉,又于其中见无言焉,则先生之道明矣。敢拱以俟来者。"③

这表明陆持之最初编定的象山文集是不包括《语录》的,至陈埙《语录》得以编定。元代仍有象山《语录》单刻本,而且有不同刻本;同时也有文集的重刻本,吴澄为之作序。吴澄曰:

> 盱江旧有先生《语录》一帙,所录不无浅深之异,此篇之首,乃其高第弟子傅季鲁、严松年之所录者。澄肃读之,先生之道如青天白日,先生之语如震电惊霆,虽百数十年之后,有如亲见亲闻也。杨敬仲门人陈埙尝录板贵溪象山书

---

① 《陆九渊全集·点校说明》,第2页。
② 卷三十六《年谱》,第523页。
③ 卷三十六《年谱》,第526页。

院。至治癸丑金溪学者洪琳重刻《文集》于青田书院,乐顺携至京师请识其成。①

吴澄所讲的"先生之道如青天白日,先生之语如震雷惊霆",正是陈埙序文所言,而且提及陈埙刻本,因此吴澄所讲的"此篇"应该就是陈埙刻本。今传世本《语录上》即系傅季鲁、严松年所录,可以推知是同一刻本。洪琳重刻《文集》,请吴澄作序,吴澄专门提及《语录》,由此似乎可以认为,元刻本时,象山的文本应该是基本确定了,只是《文集》与《语录》是否合刻,不能确知。

象山文本最值得注意的是,从吴澄对象山《语录》不同版本的评价,应当充分意识到象山文本的分卷与具体篇目的编排以及先后次序应该是有考量的,并深具引导意义。这个问题此处显然不宜细言,但可各举一泛例与个例略示之。泛例如同样是《与朱元晦》的书信,三封编入卷二,一封编入卷七,两封编入卷十三;《与王顺伯》的,两封编入卷二,两封编入卷十一。其依据显然不是根据书信的时间,而是书信的内容。参照吴澄所讲《语录》的前后编次,大致可以认为,编在文集前面者,对于象山心学而言,应该便是相对重要者。

个例即取卷一观之。此卷所收象山给邵叔谊、曾宅之、胡季随、赵监(汝谦)、邓文范、侄孙(陆)濬、李省幹七人的 11 通书信,时间先后有别,对象身份各异,但的确涵盖了象山心学的基本方面与重要问题,诸如本心乃天之所以予我者、仁与心与理合一、仁义即人之本心的命题;己私的界定、存诚与持敬的取舍、蔽理溺心的因素分析、道统传承的厘定;以及《荆公祠堂记》、本朝理学远过汉唐的论说,等等。

---

① 附录一《吴澄叙》,第545页。

卷一诸信先后是否更有可观者呢？虽难说清其中严密的编辑逻辑，但亦不可断然说无。且以第一通书信《与邵叔谊》，试强为之说。李绂在此信后有一段点评：

> 阳明先生答顾东桥书最末一大段，娓娓千言，畅发陆子此书之意，然辞繁不杀，与言简而意足者相较，觉道德之浅深，世代之先后，自有界限，不能无感焉。至于悲天悯人、汲汲皇皇之意，如痌瘝在身，实有不容已于天下者，则两君子先后同揆。所谓考诸三王而不谬，建诸天地而不悖，质诸鬼神而无疑，百世以俟圣人而不惑者也。①

作为清初最重要的陆王心学家，李绂这一评语足以点明此信对于象山心学之重要。但是，"至于悲天悯人、汲汲皇皇之意"，以至"实有不容已于天下者"，这一段感慨难道只是泛而言之，没有别具意涵吗？其实不然。此信开篇，象山曰：

> 前日窃闻尝以夫子所论齐景公、伯夷、叔齐之说，断命以祛俗惑，至今叹服，不能弭忘。笑谈之间，度越如此，辅之切磋，何可当也。允其所见，推其所为，勿怠勿画，益著益察，日跻于纯一之地，是所望于君子，夷、齐未足言也。②

此段似乎只是由一般寒暄而引发大义，为全信作引子，但这里的寒暄非比寻常，实有着与象山整个生命相关的特殊意涵。

象山第一句寒暄语及邵叔谊以孔子所论齐景公与伯夷、叔齐事，说明断命问题，具体内容不知。所幸《年谱》记录了此事，淳熙十五年条载：

---

① 《陆九渊全集》卷一《与邵叔谊》，第3页。
② 卷一《与邵叔谊》，第1页。"断命"，上古本为"定命"，而校注说明"成化本、正德本、嘉靖本、万历本、四库本作'断命'"，可知"断"较"定"在命理上更为常用而恰当。

引　言

　　秋八月游仙岩,题新兴寺壁。访江西帅王谦仲,时帅幕邵叔谊在坐,听谈命者,曰:"吾之谈命异于是。伯夷、叔齐饿死于首阳之下,民到于今称之,此命极好。齐景公有马千驷,死之日,民无德而称焉,此命极不好。"先生与叔谊书。①
象山与其五兄九龄一样,对于天文、风水、相术、命理等术数都通,这点朱子亦知道。淳熙十五年戊申象山正在奉祠居山讲学,明年祠秩将满。此时象山拜访时任江西帅的王蔺(谦仲),与任帅幕亦即王蔺僚属的浙江人邵叔谊一起听谈命理,应与象山祠秩将满,预卜未来的心理是有所相应的。按传统命理,象山四柱为己未、丁卯、乙亥、庚辰,推测谈命者自然会根据象山的生平来印证象山的起运与喜忌。比如可能谈及过往的乾道八年壬辰象山进士及第,因之而得官,四年后的壬子年为象山的大忌之年,应当注意云云;以及官者棺也,得官亦可能尽王事而丧生,不必太在意等等,以此劝慰象山看淡祠秩满后的安排。由上引《年谱》所记象山语录,亦足以证明谈命者说及寿夭之类的内容,故引发了象山对命之好坏的判定,即人生之命并不以寿夭为好坏,而应以能否担当道义为取舍。

　　象山深明义理,兼通术数,自然是尽人事听天命。绍熙三年壬子冬,时运与节气皆为冰寒水冷之象,十一月象山即告家人"吾将死矣"。至十二月似乎冬暖反常,故祷雪。《年谱》载:

　　　　(冬十二月)七日丙午,先生疾。十一日庚戌,祷雪。郡僚问疾,因言冬暖盍祈雪,乃命倪巨川济甫画《乾》卦,揭之黄堂,设香花。翌早,往迎蒙泉,取水归安奉,而风云遽兴。辛亥日,雪骤降。

---

① 　卷三十六《年谱》,第504—505页。

本心与实学

冬暖祷雪正如逢旱祈雨,是地方官员心系辖内百姓,希望农事丰收的求瑞之举,但雪如愿骤降也意味着天寒地冻,对象山却是大限厄运将至。此后三日,象山身体虽有回光返照之象,但象山心知天命难违,即将离去,故在三日中接见僚属,如常与论政理,而后洒扫焚香,洗浴更衣,于家事不置一辞,端坐却药而逝。①这一结局与王阳明临终前讲"此心光明,亦复何言"的通达何其相似。象山求仁得仁,积劳而以身殉职,此与王阳明抱病平难,死于归途,虽世代相隔,但都是满腔的淑世情怀,哪里有丝毫的逃禅气息。两人同此仁心,命皆不及耳顺,李绂读象山此信,"不能无感",定将象山与阳明联系在一起,发出"悲天悯人、汲汲皇皇之意,如痌瘝在身,实有不容已于天下者,则两君子先后同揆"的感慨。所谓"不容已",迥异于"不得已",后者近乎环境逼迫使然,前者则是源自生命内在的冲动,此语虽流行于明季,但无疑是象山本心之力量的最妥帖表达。

读象山文本,不仅因其言语直简弥散而难分析综合,更难在隐于文本中对生命存在的体会与理解。此借版本说明特意拈出,实望勿以为深文周纳而忽之。

二

象山心学的基本命题就是他十三岁时写下的两条:一是"宇宙内事乃己分内事,己分内事乃宇宙内事";另一是"宇宙即是吾心,吾心即是宇宙"。②命题非常明确,一端在心,象山标以本心,旨在申明此心的本来存在与本然植立;另一端在事,而联结心与

---

① 卷三十六《年谱》,第512—513页。
② 卷三十六《年谱》,第483页。

事并使事得以成立的是广义的知识,即学的成就。象山确认自己由本心而面向事的学是实学,故本书题为《本心与实学》,辅以副题《陆象山心学的展开》,以明确研究对象与主题。

二十多年前我写《南宋儒学建构》时,①尝论及象山心学。由于该书围绕着朱子学的确立与延拓展开,不能细论象山心学,故只在涉论象山心学而题为"陆九渊与朱熹"一节中,下设两个主题进行分析:一、道与言的朱陆论辩,二、陆九渊的实学及其禅学与事功学倾向。由于象山心学的基本命题高度明确,因此无论是问题意识,还是阐述方向,虽时隔久远,我的认知仍可谓是一贯的。当然,因为本书专论象山心学,具体分析无疑既细深又系统,理解判识上也自然丰富而复杂很多。

一个哲学家的思想形成固然表征于基本命题,但更重要的在于其命题的阐明与证成,而证成与阐明又是合二为一的过程。一个哲学家的思想越是超越于自己的时代,其阐明与证成的过程越是艰难。作为宋代哲学具体形态的理学是从传统经学中脱胎转出的,象山充分意识到这点,但对于新的理学究竟应当呈以怎样的知识形态,对于象山而言,完全是全新的需要探索的问题;另一方面,程朱理学已渐为主流,但其融理学于经学的知识形态无法为象山接受,象山心学实际上又呈现出对自己时代的超越。因此,如何证成与阐明自己的核心概念本心,进而予以发明,使之既能受容于传统的与新型的经学形态,更能型塑自己的实学,成为象山心学自身的重要挑战;与此同时,这一完成自身挑战的过程又必须足以有力地回应主流以及其他各方面的思想。

基于上述判识,本书拟定了三个相对独立,但高度相关的论

----

① 拙书由上海人民出版社刊行,先后共三版,2004 年、2013 年、2021 年。

域：一是立心，二是发明，三是辩学。其中，立心为本，发明是本心之发为实学，辩学是对主流以及各种思想的回应；发明与辩学实相配合，从而与本心植立构成完整的心学。

第一部分"立心"主要研究象山心学的核心概念"本心"的内涵与确立路径以及相关问题，共三章，分别讨论本心与认知、本心与实学、本心与言语。

象山四至十三岁形成的认知格局构成了象山心学的稳定结构，贯彻于他的思想始终。这个格局由相关的两个部分构成：一个是心与宇宙的关系，另一个是心与事的关系，其结果便是形成了如前所述的两个基本命题。在首章"本心与认知"中，首先分析象山将矢量性空间转为人化了的空间，从而确立心的主体性；继而讨论象山对矢量性时间的标示与意涵赋予，以及怀疑方法的确立，从而使主体之心具有价值意涵；最后阐明象山使心面向事情，从而使心与呈现于事中之理相吻合。象山心学的认识格局虽形成于幼少时期，但并不意味着象山心学被固化了；相反，在象山心学随着主体生命展开的过程中，此一认知格局不断涵摄新的内容，从而充实于象山心学，使之丰富而深广。

象山心学不知师承，自谓"因读《孟子》而自得之"。这既是陈述事实，也是自辩正当性。如果对比朱子的伊洛道统，象山的自白也正是心学谱系的建构。但象山"自得之"的是什么，以及又是如何疏证心学的谱系，则是象山心学必须交待清楚的。象山通过"姬周之衰"与"孟子之没"两个节点的标示，提出了唐虞三代的本心是不待相传的"千古不磨心"，以及依其本心面向事情而形成的实学，从而使本心与实学成为象山心学的基本概念。在次章"本心与实学"中，根据象山对孟子前后诸儒之病的揭明，以及分析孟子对孔子"浑无罅缝"的仁学作"十字打开"的贡献与不足，阐明象山如何使自己的心学整合了孟子与颜回而最终承传于孔子,既充分呈现其心学为实学的内涵,又有效完成对心学谱系的疏证。

"尧舜之前何书可读?"象山以此质问将理学与经学的关系转化为本心与言语的关系。象山以独尊德性的提出,扮演了一个反智论的形象,但象山的思想核心是要消解言语对于道理的固化。通过对言语本质的揭明,象山破除对文本的执迷,以及对圣人与自我的区分,强调道理虽然离不开言语,但最终决定于认识主体的自觉,从而确立本心的自信。此外,第三章"本心与言语"更具体地就象山区分的"《六经》注我"与"我注《六经》"这两种经注形式进行分析。"《六经》注我"使象山由经学转出心学,《六经》是滋养本心的资源,注我不是通过解字,而须求血脉。注我虽不具语言的外在逻辑,但却隐含基于分析的生活的内在逻辑,在形式上经典文句则化作自己的语言,直接散入思想陈述中,构成完整叙论。"我注《六经》"是象山转将心学安顿于经学。其原则是对《六经》的阐释不落于文字,坚守本心发明;其标准是揭明隐于文字中的事理,进入历史场景以体认本心。

第二部分"发明"基于前一部分象山本心的确认,进一步研究象山本心与实学的发明。这一部分也分三章,从讨论象山的读书法与解经法入手,进而分析象山的《易》学与《春秋》学,最后落脚于易简工夫的阐释。

宋学兴起,后世凡言读书方法,首推朱子。象山与朱子形成巨大反差。象山强调自己"何尝不读书来?只是比他人读得别些子",一方面多少表征着象山有意无意间树立了一个不读书的形象,另一方面象山作此自辩是强调自己不仅读书,而且有自己的一套读书方法,故须有所梳理。与此同时,象山虽没有专门的解经著作,但其心学又是在经典的解释中阐释与证成的。陆象山对经典的解释,表现出高度的自觉与自信。通过把握主旨、还原语境、质疑拣择三个环节,构成了自成一体的解经方法。象山的解经法虽然也沿用汉唐经注的训诂章句,但只是作为初级手段,他的解经根本上是作义理的阐明。在这个意义上,象山的解经法已完全跳出经学的窠臼,而进入了分析的批判的理学形态。第四章"读书法与解经法"实是分析象山本心发明的基础。

基于象山解经法的分析,更辟第五章"《易》学与《春秋》学"一章,以聚焦象山心学的发明。作此聚焦,不仅是因为前者是象山科举考试的选项,后者是他国子讲学的主讲课程,更因为《易》与《春秋》构成理学的理论基础与思想验证,故象山发明心学须予高度重视。象山对《周易》的阐发包含义理、象数与实践工夫三个方面,而本心是贯穿三者的核心旨归。象山强调言《易》不能"泥于爻画名言之末",《易》理的根据在于事与心,而心承载着事理的展开。相比于先天图的固化对称性,象山更注重对后天图流变性的揭示,本心的自作主宰是把握屡迁之道的关键。象山更通过对九卦之序的解读,将融合义理与象数的本心贯彻于实践工夫,完善心学论《易》的理论结构。象山的《春秋》学在接续啖助新《春秋》学的基础上,在思想上发生转变,啖助新《春秋》学所揭明的"理"只是存于具体史事中的狭义之理,而象山认为《春秋》所存之理等同于普遍存在的本心。由此思想转变,象山《春秋》学跳出了经学的笼罩,呈现出理学的显著特征,并由内恔于心与外恔于礼来阐释《春秋》,以对应象山本心与实学的贯彻。

"发明"部分最后是第六章"易简工夫"。易简工夫既是象山心学的显著表征,又弥散于他的整个论述,乃至生命实践中,故可谓之其心学发明的最终落实或归结性彰显。从预设本心的先验性存在,到强调本心的本然性呈现,在象山看来原本已足以表征为实学,但是凡落于言语的知识即便是具有某种传达的功能,终究与实学有一间之隔。虽然诸如经学这样的知识形态已构成人体会自己本心的知识境遇,象山也不得不阐明自己的读书法与解经法,并尝试着突破既有的经学模式,力图从经学中导出实学,但对于象山而言,只要借助于既有的知识形态,就是一种不得已而为之的支离性工作。因此,象山对本心的发明,绝不寄望于这样的支离事业,而着意以"易简"来标举他的工夫。此章从易简工夫的出典、细目与本心的追溯入手,渐次分析讨论文义与事实的轻重、立心如何统摄日用、立志、存诚与寡欲,最后归结于剥落与收拾精神,对易简工夫进行了细致的梳理与阐明。

第三部分"辩学"是前一部分"发明"的另一面。象山心学的形成与确立既是自我思想与人生的型塑,也是南宋儒学运动的重要构成部分,只有置象山心学于南宋儒学的场域中作深入辨析,才足以对象山心学获得真实而丰富的理解,同时彰显出整个南宋儒学思想空间的议题及其张力。此一部分仍分三章,分别是攻朱子、斥佛道、训门生。

朱陆之争是南宋儒学的最大事,向为学界所重视,前述二十多年前我撰写《南宋儒学建构》时也以此为重点加以讨论。在第七章"攻朱子"中,我尝试从知识社会学的新视角分析象山对朱子的攻斥,希望在此问题上能够有所推进。象山出道就名动士林,但亦面对朱子学术思想的压力,这直接导致象山对朱子的回应由学术的对话转变成理学共同体内部的思想竞争。朱子取守势,呈现出包容;象山取攻势,决无妥协。在南宋结党已成为客观现实的背景下,学术思想的阐明、知识形态的型塑、理学共同体的认同、权力世界的斗争形成了错综复杂的关系,致使朱子所撰《曹立之墓表》引爆象山对朱子的攻击。通过对朱子的攻击,象山最后判定朱子思想的核心是老学、话语是禅学、性质是伪学,同时彰显了自己对形而上学的拒斥。

宋代儒学复兴一方面有其自身的内在动力,另一方面则缘于佛老的刺激。这一双重动力在不同时段以及不同的儒者那里,如何判识,进而采取相应的处置,呈现出非常复杂的多样性。象山之辟佛老正属于其中一代表,且具有某种复杂性。象山生前与朱子互斥彼此为佛学,今人博学如钱穆、高明如牟宗三依旧。当事人与后人判识如此冲突,细加审读,似亦各自成立,因此这显然不是一个简单的谁是谁非的问题,而恰恰彰显了辟佛老问题的复杂性。第八章"辟佛老"即欲厘清象山之辟佛老,同时澄清他与朱子的异同。事实上,此章的分析也极大地使我走出了前人在心学与禅学关系上建构起的认知洞穴,能够在现代意义上看到这一问题蕴涵着的思想丰富性与复杂性。

象山不喜著述,偏爱讲学。这一方面是缘于象山的认知,另一方面也与象山的性情与擅长有高度关联;同时,象山对讲学的强烈偏爱,以及对著书的刻意拒斥,尤其是在朱子学强劲存在的背景中,更是一个非常有意味的选择。象山讲学是在充分意识到本朝理学远胜从前的情况下,理学作为与传统经学相区别的新知识形态究竟应当如何呈现的一种探索。此外,士人讲学在南宋已渐成一个行业,但由于士人身份的不同,从普通士人到获取功名者,入仕以后或在职或赋闲,以及思想家抑或一般学人,士人讲学的类型具有极大的丰富性,而象山恰恰是可以用来深入分析南宋士人讲学,能够兼及其丰富性呈现的典型个案。因此,与前贤涉及象山讲学问题时多重视象山门人研究,以及象山学统的形成有所区别,第九章"训门生"注重梳理象山的讲学规模与气象,体会象山的教学方法与风格,以及由其探索性而彰显南宋士人讲学的特质及其困境。

引　言

　　上述三部分共九章构成了象山心学的系统研究。但研究伊始，我曾考虑到象山成长于一个大家庭中，同时他的整个生涯涉及地方与朝政治理，齐家与济世既构成了象山人生的重要内容，又表征着象山心学的精神，因此原拟专辟第四部分"经济"，以乡绅生活、地方治理、皇极政治分论之，希望运用历史学的制度史与社会史的研究方法，结合儒家政治哲学，尝试作些探索。但是，随着研究的深入，我意识到如果这一部分展开，将主要成为历史学的研究，与我将象山心学研究着意于哲学研究的本意相脱离，且造成模糊甚至混乱。故最终决定放弃，改题为"士宦生涯"，以一整章的篇幅作为全书"结语"，概述象山由士的培养到宦海沉浮的整一生平，彰显象山"俯仰周旋只事天"的精神以表征其心学之为实学的性质与气象；其间，也略涉乡绅生活、地方治理，乃至皇极政治诸问题，或勉为原初设想之些许弥补。

　　此外，"士宦生涯"涉及的一个问题，即美国学者所热衷的精英地方化，需要略作申说。由于包括象山陆家在内的南宋士大夫的乡绅生活与地方治理比较突出，因此美国学者，尤以韩明士（Robert Hymes）的江西抚州研究与包弼德（Peter K. Bol）的浙江婺州研究为代表，①都十分重视士大夫精英的地方化，乃至强调

---

① 韩明士的代表著作是 1987 年剑桥大学出版社的 *Statesmen and Gentlemen：The Elite of Fu—Chou, Chiang—His, in Northern and Southern Sung*，包弼德的代表著作是 2022 年新近由哈佛大学亚洲中心出版的 *Localizing Learning：The Literati Enterprise in Wuzhou, 1100—1600*。实际上，我在 2004 年的《南宋儒学建构》讨论朱子的地方事务时已就狄百瑞的相关论述作了简略的回应（上海人民出版社 2021 年三版，第 199—201 页）；对于美国学者地方史研究方法的详细评论，参见包伟民《精英们"地方化"了吗？——试论韩明士〈政治家与绅士〉与"地方史"研究方法》，《唐研究》第十一卷，2005 年。

地方性知识或地方主义。这一视角对于南宋士人与社会多样性及其特质的认识是颇有助益的,而且这一问题也值得深入研究,但在结论上不宜夸大,否则过犹不及。南宋儒学呈现出区域性的特征以及互动的现象,但并非是地方主义的表征,士大夫的地方事务也绝没有自我地方化,象山在荆门军以讲义代醮时特选讲《洪范》之《皇极》与《敛福锡民》,足见象山作为地方官员的自我定位是致力于将民间追求与国家意志相结合。美国学者过于强调地方主义,甚至据此得出精英与国家分道扬镳的结论,实是他们从西方学界高度热衷的全球化话语引出来或自觉不自觉迎合的问题意识与观察视角,而宋代士大夫自觉意识的上升,加之南宋区域思想的形成与互动,造成了他们这种似是而非的判识。

除了上述结构以外,在叙述上还需说明一个具体的技术问题。为了避免材料的重复引用,我每写完一章即对已用材料加以标示,但由于象山心学在文本上呈现出的弥散性与随机性,因此同一条材料往往可以佐证不同的思想内容,而避免重复引用的设定可能既会使得采用的材料未必最合适,又最终难以完全避免材料的重复使用,这便需要在阅读时有所照应统合。

三

最近十年,我的研究集中在理学如何从经学中转出,以及陆象山的心学。前者是一项专题研究,①后者是一项个案研究。后者是在前者的工作将要完成时,根据陈来教授的建议启动的,可以视为前者工作的一个延续或一个更具体的推进,而前者为后者提供了非常有意义的学术思想背景,让我能够从一个与象

① 拙书《从经学到理学》,上海人民出版社 2021 年版。

山密切关联的知识与精神维度深味其书,细会其意,想见其人。

象山是南宋理学完型时期最重要的参与者,同时又是理学程朱主流形态最强有力的挑战者,因此,象山心学既足以彰显由经学转出的理学的共同性,又充分呈现出与理学主流形态相异的独特性,从而使得完型中的理学充满了思想张力,甚至是思想创造中的巨大冲突。共同性与独特性兼具的思想特质,使得象山心学表现出强劲的探索性。这种探索性最显见的表征就是象山心学不只是呈现于他的言语,而且呈现在他的生命。虽然呈现于生命对于理学家而言,也是一种共同的特性,但以象山为尤然,似不为过;而就言语,象山虽不无分析性的条理化论述,但更多的是随机而弥散性的陈述。毫无疑问,这使得对象山心学的理解,尤其是阐释其思想的内在逻辑与事实依据,显得颇为不容易;而这种不容易,其实也正是象山自己的不容易。

前尝因引及李绂所言象山"实有不容已于天下者",比较了"不容已"与"不得已"。此姑且借用"不容已"与"不得已",对象山的不容易试作诠释。

象山作为哲学家的"不容已",是他在高度自觉到本朝理学远胜前朝的前提下,必须要将自己的心学,亦即实学,作充分的阐明与释证。但是,如何实现却是一个很大的难题。因为脱胎于经学的理学究竟应该呈以怎样的知识形态,或者说是以怎样的知识形态来表达理学,这是一个全新的问题。毫无疑问,理学与经学都是希望通过对事实真理的探索来指导现实的生活。但是,两者存在着一些基本的差别。理学是诉诸理性的、事实的、分析的,经学则是诉诸信仰的、文本的、训诂的。这里,需要说明的是,文本之于经学,正如事实之于理学,并无不同;不仅任何事实都存在于言语中,而且经典文本就是对既往事实的最好记录并成为生活的准则。但是,对于象山而言,文本已是第二位的,无论是怎样的经典;只有天之所予人的本心才是第一位的,只要本心面向对象性的事物,彼此就会敞开,本心就能洞见事理。这是象山心学之"不容已"的第一个层面,他必须对此加以阐明与释证。

然而,当象山登场时,并没有现成的知识形态供他阐明与释证,相反,理学的程朱主流形态已经基本形成。作为理学最重要的建构者,朱子的努力方向是将新的理学融回到经过改造了的经学之中,使新经学成为理学的知识形态,从而支撑起理学。但是象山完全不能接受这样的路径,他强烈地认为这样的路径不仅无法真正获得可靠的学问,而且恰恰相反,只会引人陷于各种沽名钓誉的意见竞胜之中;对于士子而言,象山以为这种沽名钓誉之恶尤胜于世俗中人对声色利达的追求。由此,象山心学"不容已"的第一层自我表达,自然转至第二层,即必须破斥朱子理学。

从理解的角度看,象山对朱子理学的破斥,也可以视为心学的自我表达,两者具有高度的粘连性。但是,必须承认,由于朱子理学在既有的知识形态中已达到的致广大而尽精微,而同时象山心学所赖以表达的知识形态并没有有效形成,因此象山之破斥朱子是极其艰难的,有时甚至必须不惜以污名化自身的极端形式进行,比如反智论的言论与形象。此外,在传统的知识思想与精神世界中,象山心学很自然地会被比附于以破执为表征的禅学而等量齐观。这就又使得象山心学之"不容已"转进到第三层的辟佛老言境中,从而厘清自己与佛老的区别。换言之,尽管象山最根本与最重要的任务应该是为心学开辟出全新的知识形态,从而落实自己的哲学思想,但无论是既有的知识形态,还是理学的已有成就,都不允许象山得以实现他的"不容已",而只能退而求其次于"不得已"。

引　言

象山的"不得已"是因为他根本上仍处于经学时代。烂熟了的汉唐经学在经过佛学的涤荡后，无论在知识层面，还是在价值层面，都不足以担负公私生活的理据或引领，理学承运而出是必然的。但是如前所说，理性的、事实的、分析的理学如何托身于全新的知识形态却是基本的问题。仅以对自然的认识而言，博学深思如朱子，可以取得包括对山崖贝壳化石作出精当解释在内的多方面新知，但在整体的自然认知上仍然无法跳出阴阳五行的解释框架，以及蕴涵其中的方法，从观察到分析，直至易学象数向更精确的数量语言的转化。更不必说经学不完全是事实认知的学问，更是价值承传的系统。因此，朱子融理学于经学，从而促使经学发展蜕变，延异出新的经典系统与方法，无疑是经学时代能够做的最好工作。

由此反观象山之"不得已"。象山力破朱子的新经学，植立本心，标举人的主体性，直面人的生活世界，消解形而上学，强调日常生活世界中基于经验的实学，在理学的道路上实际上走得更远。象山虽然不废经典，但《六经》注我"已然明确了他的基本立场，他的思想已撞击自己所处时代的知识系统的边界。然而，由于经学时代的基本格局，象山最终无法彻底摆脱既有的知识形态，只能极不情愿，亦即"不得已"而"我注《六经》"。事实上，象山之"不得已"不要说是在南宋，即便至四百多年后的明季，也无法改变。朱子理学经过元明两朝的泛滥，以及象山心学被王阳明接过手后的更加强劲的反弹，以至呈现出黄宗羲所讲的"非名教所能羁络"的新思想气象，但由于仍处于经学时代，以至于与朱子同样博学深思的顾炎武只能作出"舍经学无以为理学"的判定。

象山之"不容已"与"不得已"远不止于思想的言语表达，更在于他的生命践履，即前文所谓象山心学探索性的最显见表征不只是呈现于他的言语，而且在他的生命。从普遍性的角度讲，这是因为象山根本不是一个现代社会高度分工意义上的学者，而是传统中国引为社会楷模的士大夫。这里，士大夫与一般士子还是有所区别的。广义的以识字读书与否，并进而是否以知识生产为谋生手段的士阶层，至少在南宋已经在小规模意义上形成了，比如象山的三哥九皋科举不成即以课业为生。象山则是属于科举成功以后进入宦途的，已不是一般的士人，而是士大夫。对于取得功名并进入宦途的士大夫，在宋代儒学复兴的历史语境中，得君行道固然是最高的理想，但沉浮于官僚集团的下层，乃至于赋闲在家，也应该为社会殚精竭虑。这便是象山的"不容已"。当然，这是指诸如象山这样在价值观上真正服膺儒家理念的士大夫；大量习得儒家知识并成功通过科举与铨选而进入宦途，甚至身居高位者未必抱持这样的理念，尽管他们曾经也许真诚地追求并拥有过这样的理念。从个体独特性的角度看，象山虽然是一个思想家，是一个搞哲学的士大夫，但同时也是一个具有行动本质的人，而且象山的个性似乎也更偏向于后者。因此，普遍性与独特性的叠加，源自淑世情怀的"不容已"，使得象山从最初的士的养成，到后来的宦海沉浮，都自觉地从一个士大夫的立场来进行自我定位，展开他的生命。

对于象山心学，这样一种"不容已"也许具有一种双面刃的功能。正面的功能是现实的政治事务与家族事务，无论其大小，甚至赋闲居山讲学，但凡有所行动，都有益于印证象山所强调的以本心面对事，从而把握事理的实学，这一正面的功能毋需引例赘言。负面的功能却可能会将某种偶然机缘作放大的理解，从而影响到其心学的展开。比如象山对于第二次轮对的重视，以及临近时被逐出奉祠所带来的沮丧乃至愤怒。象山将自己的被逐提高到"天意"的层面进行自我排遣,他讲:"然而不遂,则亦天也。"①事实上,即便是有此轮对,是否会重演王安石知遇于神宗的故事呢? 或者更低一点,是否就能有助于理学家群体的理念实现或人事安排呢? 换言之,一次轮对真的会成为得君行道的重要契机吗? 当然,因为历史不容假设,无人知其结果。但是,如果真的如愿,那么对于象山心学之于生命落实而言,其过分依赖于这样的现实舞台显然是一种严重的局限,尽管象山强调"俯仰周旋只事天"。在这个意义上讲,象山心学对朱子沉溺于文义的批评,反衬出朱子的工作更具有自主性与自在性,并因为这样的自主与自在,使学术思想得以形成与传播,真正产生长远的影响。

　　不幸的是,象山心学高度强烈的实践性倾向似乎难以脱离传统中国的经济社会与政治结构,这便使他的"不容已"陷入"不得已"的窘境之中。南宋社会发育的充分度已极大地超胜于过去,科举入仕也已不是实现个人家国情怀的唯一路径。具体到象山,陆家的药铺生意,培养士的家族氛围,以及陆家对于地方事务的话语权、影响力、积极参与度,似乎也足以使象山可以摆脱对仕宦官场的依赖,至少他比普通士人更具有条件。事实上,正因为如此,才使得陆家在对子弟进行士的培养时,可以比较超脱于科举的成败。因此,消解了形而上学的象山心学,依其强调本心面向事的基本思想,似乎可以摆脱任何哲学蒙蔽了的视野去看待政治与其他公共事务。但是,"不得已"的是,尽管有上述这样相对的有利条件,南宋的经济社会与政治结构仍然远没有达到足够的发育,即提供类似现代专业化的职业给理学家们从事知识与思想的生产。况且儒家士大夫,尤其是象山这样具有

---

①　卷十《与李成之》,第129页。

行动本质的思想家,对政治的认知与判识,绝不可能停留在言语的表达,而必须进入到具体的政治实践中。这便意味着,象山的"不容已"注定要陷于现实的"不得已"之中。然而尽管如此,象山仍然珍惜这种"不得已",因为这是他行道的最重要途径——如果不是唯一的话。由此也足以理解,为什么在荆门任上已积劳成疾,且行将谢世之时,象山还与僚属如常与论政理,并为治下百姓祈福而祷雪;也更能理解,为什么对于五兄九龄有志天下竟不得施以殁而倍感遗憾。

总之,在思想与行动两个方面,象山都处于"不容已"与"不得已"的张力之中。象山尽力于"不容已"的彰显,但却无逃于"不得已"的境遇。往大的方面讲,这大概是任何个人与所处时代的普遍状态,但落到具体的象山心学,却更是他强有力的主体性所产生的思想创造对时代及其思想的超越。正是这种超越,使得象山心学仍能使处身于现代世界的人产生思想共鸣。在各种技术手段正在支配人类的一切,并使之高度同质化的时代,无论是在现实世界,还是在虚拟世界,人都难逃于各种意见的左右,而且这种种意见往往都呈以常人难以识别与抗拒的科学面目,象山对本心的呼唤仍然是振聋发聩的。象山深知自己的"不容已"与"不得已",但他仍然竭尽全力去辨明、去践行。黄榦尝称誉朱子行道"不以用舍为加损",①这句充分彰显朱子精神的话同样完全适用于象山。至于行道的结果则不足以挂怀,因为道之行否,终是自有其命。孔子所言"不知命,无以为君子",②象山自然是铭记在心的。

---

① 《朱先生行状》,见《朱子全书》第27册《附录》,上海古籍出版社、安徽教育出版社2002年版,第559页。
② 《论语·尧曰》。

第一部分　立　　心

心不可泪一事，只自立心。人心本来无事，胡乱被事物牵将去。若是有精神，即时便出便好。若一向去，便坏了。①

伯敏云："如何立？"先生云："立是你立，却问我如何立？若立得住，何须把捉。吾友分明是先曾知此理来，后更异端坏了。异端非佛老之谓。异乎此理，如季绎之徒，便是异端。孔门惟颜、曾传道，他未有闻。盖颜、曾从里面出来，他人外面入去。今所传者，用子夏、子张之徒，外入之学。曾子所传，至孟子不复传矣。吾友却不理会根本，只理会文字。实大声宏，若根本壮，怕不会做文字？今吾友文字自文字，学问自学问，若此不已，岂止两段？将百碎。"②

---

① 卷三十五《语录下》，第 456 页。
② 卷三十五《语录下》，第 443 页。

第一章　本心与认知格局及事和理

朱子与阳明,学凡数变,其思想的展开具有明确的节点与阶段,同时也顺此建构起体系性的思想系统。象山却大不同。自四岁"问天地何所穷际"起,中经八岁疑《论语·学而》所记有子三章,及读《孟子》而认同曾子,以及"龅角时闻人诵伊川语"而对程颐提出质疑:"伊川之言,奚为与孔孟之言不类?"终至十三岁"因宇宙字义,笃志圣学","忽大省曰:'元来无穷。人与天地万物,皆在无穷之中者也。'乃援笔书曰":

> 宇宙内事乃己分内事,己分内事乃宇宙内事。
>
> 宇宙便是吾心,吾心即是宇宙。东海有圣人出焉,此心同也,此理同也。西海有圣人出焉,此心同也,此理同也。南海北海有圣人出焉,此心同也,此理同也。千百世之上至千百世之下,有圣人出焉,此心此理,亦莫不同也。①

可以说,象山心学至此已然形成,此后终其一生绝无任何改变。孟子尝解释孔子对水的屡赞:

> 源泉混混,不舍昼夜,盈科而后进,放乎四海。②

---

① 卷三十六《年谱》,第481—483页。
② 《孟子·离娄章句下》。

象山很喜欢且多次引用这一解释，或以阐扬，或以自述，诚系他自己思想真切而形象的表征。事实上，《年谱》编撰者也完全意识到这点，并着意说明这一点，故于上引两段象山当时援笔亲书的文字后，接着说明："故其启悟学者，多及宇宙二字。"并引录四段语录以为证，曰：

> 道塞宇宙，非有所隐遁。在天曰阴阳，在地曰刚柔，在人曰仁义。仁义者，人之本心也。
>
> 是理充塞宇宙。天地顺此而动，故日月不过而四时不忒；圣人顺此而动，故刑罚清而民服。
>
> 此理塞宇宙，谁能逃之，顺之则吉，逆之则凶。
>
> 宇宙不曾限隔人，人自限隔宇宙。①

然而，大部分研究都据象山的生平，取其年龄、科举、候职、出仕与奉祠等为节点，将象山心学划分出若干阶段，从而将其早年的思想确立或视为"偶然地形成了的"，或以为"是经历了一个相当的思想发展过程才最后地形成的"。②这些研究虽然无不提及《年谱》所载的象山四至十三岁的思想确立，但其实都只是视作一个故事而已；而沿着阶段展开的心学概念化分析，以及呈现出的逻辑结构，析之愈精，虽亦有益于对象山心学的理解，却总觉得是"对塔说相轮"。③与这类研究不同，牟宗三以为"象山之

---

① 卷三十六《年谱》，第483页。
② 崔大华《南宋陆学》，中国社会科学出版社1984年版，第5页。阶段划分或粗或细，不一而足，兹另举二种以见之，张立文《走向心学之路——陆象山思想的足迹》分形成与成熟两段论，中华书局1992年版；邢舒绪《陆九渊研究》分早年、槐堂、在朝、象山、荆门五阶段，人民出版社2008年版。
③ 程颢说王安石谈道，如对塔说相轮，似极分明，却只是在外说；而程颢直入塔中，虽犹未见相轮，却实在塔中。见《程氏遗书》卷一，《二程集》，中华书局2004年版，第5页。

学并不好讲,因为他无概念的分解",而是呈以"本体论的动态的立体直贯之形态",①因此他"综述"象山心学,然后加以疏证。徐梵澄标以"精神哲学"以说之,亦近于此。②牟、徐这类研究对于象山心学的理解,诚有鞭辟近里之功,能引人感受象山心学的生气,但具体到象山年甫十三岁即已确立的心学宗旨及其过程,却没有给予真正的关注,或者说同样被搁置了。少年象山援笔亲书的陈述是否具有某些具体的思想内涵,抑或只是内容贫乏的抽象表达? 促成这种思想确立的根本方法是什么? 以及它在整个象山心学中究竟具有怎样的功能与意义? 实仍是理解象山心学而有待发覆的首要问题。

第一节　空间定位与主体性的确定

极有意趣的是,朱子四岁时也有类似象山的发问。《朱熹年谱》载:

> 先生幼颖悟庄重,甫能言,(父亲)韦斋指天示之曰:"天也。"问曰:"天之上何物?"韦斋异之。③

如果不加仔细体会,朱子的"天之上何物"与象山的"天地何所穷际"都可以简单地视为儿童的好奇,但细加体会,则可以发现两人所问还是具有明显不同的特征。朱子"天之上何物"的提问表明他是将外部世界视作一个由众多物体所构成的结构,因此可见的结构之外,应该是叠有别的物体。《朱熹年谱》六岁条所

---

① 《从陆象山到刘蕺山》,上海古籍出版社 2001 年版,第 1、62 页。牟宗三其实也依生平节点将象山心学划分若干阶段,见第 18—29 页。
② 参见徐梵澄《陆王学述:一系精神哲学》,上海远东出版社 1994 年版,第 1—65 页。
③ 王懋竑《朱熹年谱》,中华书局 1998 年版,第 2 页。

引朱子后来的回忆,对此问题的进一步思考明确地佐证了这点。此条引《语录》曰:

> 某五六岁时,心便烦恼:天体是如何? 外面是何物?①

象山的追问却不然,"天地何所穷际"所表明的是,外部世界并不是呈以限定性的结构,而更是一种矢量性延伸。《年谱》十三岁条载:

> 先生自三四岁时,思天地何所穷际不得,至于不食。(父亲)宣教公呵之,遂姑置,而胸中之疑终在。后十余岁,因读古书至宇宙二字,解者曰:"四方上下曰宇,往古来今曰宙。"忽大省曰:"元来无穷。人与天地万物,皆在无穷之中者也。"②

这段记录非常清楚,象山因"宇宙"字义的解释,而大悟到"元来无穷",宇宙完全呈以矢量性存在,人与万物存于其中。

按照发生认识论原理,"认识既不能看作是在主体内部结构中预先决定了的——它们起因于有效的和不断的建构;也不能看作是在客体的预先存在着的特性中预先决定了的,因为客体只是通过这些内部结构的中介作用才被认识的,并且这些结构还通过把它们结合到更大的范围之中(即使仅仅把它们放在一个可能性的系统之内)而使它们丰富起来"。③所谓起"中介作用"的"内部结构",就是"格局"(schema)。格局是在主体与客体发生分离的过程中逐渐形成的,皮亚杰的实验表明,2—4岁正处在最初的重要时段,儿童在这个时候通过活动形成了认识上的最初格局;而格局一旦形成,便具有相当的稳定性,它将把后

---

① 《朱熹年谱》,第2页。
② 卷三十六《年谱》,第482页。
③ 皮亚杰《发生认识论原理》,商务印书馆1981年版,第16页。

续感认到的客体同化（assimilation）到既有的格局之中，当然也会出现新的客体使格局发生改变的调节（accommodation），同化与调节都促使格局不断建构与丰富。①就前文述及的朱子与阳明的学凡数变，大致可理解为格局发生调节，而象山的一以贯之则是同化为主。

值得关注的是，最初格局的型塑时期，主要不是依靠符号，而是活动。然而幼时的象山显然活动很少。《年谱》曰：

> 总角诵经，夕不寐，不脱衣，履有弊而无坏，指甲甚修，足迹未尝至庖厨。常自洒扫林下，宴坐终日。立于门，过者驻望称叹，以其端庄雍容异常儿。②

这虽然是正面的描述，但其实也反映出象山幼时身体虚弱的状态。象山后来自道：

> 某气禀素弱，年十四五，手足未尝温暖。后以稍知所向，体力亦随壮也。③

活动容易使人关注客体与客体的位置关系，以及处于主体与客体分离过程中的主体与各种客体的位置关系，我们虽然无法据此推测，活动的缺乏就是象山在追问天地问题时与朱子表现出不同的原因，但是却可以推定，活动的缺乏足以固化象山观察与处理客体的格局。由于象山所见的天地呈以宇宙的矢量性延伸，而不是朱子所见的物体结构，因此象山必须设定一个基点，才能对呈以矢量性延伸的外部世界进行有效的空间定位，而这

---

① 参见《发生认识论原理》第一章"认识的形成（认识的心理发生）"的一、二、三节。在心理学上，schema 又被译成"基模"或"图式"，此处的译名皆采自《发生认识论原理》。
② 卷三十六《年谱》，第 481 页。
③ 卷十《与涂任伯》，第 135 页。

个基点最方便的无疑是正从客体中分离出来的主体,即我。这就不难发现,朱子在把握外部世界时,能够比较容易地在活动中通过客体与客体的位置关系来获得定位,不需要基于主体为中心点,而因为身体素弱缺少活动常"深思至忘寝食"①的象山,则更容易倾向于以主体为基点来进行空间定位。

这一格局在后来象山的一生中获得了充分的呈现,反过来自然也表征了这一格局。以下就先来看象山如何在不同的情境中以自身为中心来进行空间秩序的处理。罗大经在笔记中记录了象山的一段佚事:

> 陆象山少年时,常坐临安市肆观棋,如是者累日。棋工曰:"官人日日来看,必是高手,愿求教一局。"象山曰:"未也。"三日后却来,乃买棋局一副,归而悬之室中。卧而仰视之者两日,忽悟曰:"此《河图》数也。"遂往与棋工对,棋工连负二局。乃起谢曰:"某是临安第一手棋,凡来著者,皆饶一先。今官人之棋,反饶得某一先,天下无敌手矣。"象山笑而去。②

罗大经所记的真实性,难以断言。象山二十四岁才第一次参加乡试,虽然考中,但因这年冬父亲去世,丁忧而没有参加省试。二十七岁秋试失败,三十岁是否参加考试《年谱》没有记载。三十三岁乡试通过,次年春试南宫,五月廷对,赐同进士出身。从这些时间上看,即便其间去了临安,无论取那个年龄,都已不能说是"陆象山少年时",故罗大经所记的时间,恐难坐实。不过,后来象山四十四岁得侍从官举荐,除国子正,开始做京官,尤其

---

① 卷三十六《年谱》,第481页。
② 《鹤林玉露》丙编卷一《象山棋》,中华书局1983年版,第249页。

是四十六至四十八岁任敕令所删定官,这几年中无疑是有足够的闲暇"常坐临安市肆观棋",故罗大经所记的事情应该不能怀疑。

当然,这事的关键并不在年龄,更在象山如何备战对弈。无论是实战,还是自练,棋手通常总是在黑白棋子的互动中进行思考。但是,象山全无摆谱练习,而是将棋枰"悬之室中,卧而仰视之",仿佛是观天象,最后认定理想的棋局即是"河图"。河图本是天象的观察,但在实际的运用上,恰恰又是落在地理上;而且在河图与洛书中,河图主常,洛书主变。北宋有《棋经十三篇》,在首篇《论局篇》开宗明义曰:

> 夫万物之数,从一而起,局之路,三百六十一。一者,生数之主,据其极而运四方也。三百六十,以象周天之数。分而为四,以象四时。隅各九十路,以象其日。外周七二路,以象其候。①

无论象山是否读过《棋经十三篇》,但他在"卧而仰视"时,无疑在认识上暗合于张拟对棋局的定位;而在这个定位中,最为关键的是能自居于"一",亦自处于围棋中间的天元位置,从而来思考整个棋枰的布局,即所谓"一者,生数之主,据其极而运四方也"。象山的备战对弈,完全脱出了寻常弈者的惯习,基本无视对手的存在,他完全依据自己对于易学象数的知识对棋局作出自己的布局理解,而且也似乎没有考虑过实际对弈中可能出现的变数。也许当他进入实际对弈时,他的河图布局确实足以迫使对手进入他的棋局,即被同化;如真是如此,对手自然非输不可。

---

① 张学士《棋经十三篇》,中华书局 2010 年版,第 3 页。

象山对象数所象征的布局确实有着特别的推崇。他在知荆门军任上时,曾经用宣讲《洪范》的皇极思想来替代道教的上元设厅建醮。象山关于皇极的阐释是他政治思想的重要内容,但此处不讨论这一思想内容,而略说他附在这次讲学的《讲义》最后的"后天八卦图"与"洛书"。象山在略述他的讲学缘由后,对所附图书作了专门说明:

> 仍略书九畴次叙,图其象数于后,恐不曾读书者,欲知大概,亦助为善求福之心。《诗》曰:"自求多福。"正谓此也。[1]

这表明,在象山看来,自己关于《洪范》最核心的皇极思想的详尽阐扬,其实只是"后天八卦图"与"洛书"的说明;而"后天八卦图"与"洛书",其核心精神与"河图"是一样的,都是居中向四周延伸的格局。此外,象山附上图书,固然是由于象数图具有超越文字的直观功能,在传播上更具有广泛性,但这一认定无疑也是建立在一个明确的预设上的,即在象山思想中,这种主体居中而延伸确定的象数图所隐喻的真理性与人的日常经验有着高度的契合,即便不识文字的人也能观之而知其大概。总之,从棋局的河图设定,到后天八卦图与洛书的陈设,足以表征象山以主体为中心来确定空间秩序的认识格局。

在上述这个案例中,作为个体的象山也许可以被认为是搁置了的,因为无论河图、洛书,还是八卦图,作为观测者的主体可以认为是作为类的人。下面两个案例则比较明显是以象山为中心的空间描述,一个是象山草堂,一个是荆门。对这两个地方,象山有过多次描述,这里各举一例以见之。象山讲草堂:

---

[1] 卷二十三《荆门军上元设厅皇极讲义》,第285页。

第一章　本心与认知格局及事和理

去冬所为堂，在寺故址，未惬人意。方于要处草创一堂，顾盼山形，宛然钜象，因名象山，辄自号象山居士。山面东南，叠嶂骈罗，近者数十里，远者数百里，缥缈磊落，争奇竞秀，飞舞于檐间。朝暮雨旸云烟出没之变，不可穷极。上憩层巅，东望灵山、龟峰，特起如画。玉山之水，盖四百里而出于龟峰之下，略贵溪以经兹山之左。西望藐姑、石鼓、琵琶群峰，嶙崒逼人，从天而下。溪之源于光泽者，萦纡泓澄，间见山麓如青玉版。比视龙虎、仙岩、台山，仅如培塿。东西二溪窈窕如带。二溪合处，百里而近，然地势卑下夷旷，非甚清彻，目不能辨，常没于苍茫烟霭中矣。下沿清流，石涧曲折，分合万状。悬注数里，苍林阴翳，巨石错落，盛夏不知有暑。①

下画线是笔者所加，可以据此而知，象山完全是以他所选定的草堂为中心，对周边地形作由近而远的描述，而最终呈现的又显然聚焦在草堂。关于荆门，象山曰：

荆门在江汉之间，为四集之地。南捍江陵，北援襄阳，东护随郢之胁，西当光化、夷陵之冲。②

这个描述要简单许多，但东、南、西、北的方位都通过具体的地方给出了定位，而这些定位全是以象山所在的荆门为中心而确定的。

或以为，这样的描述在许多人的笔下，乃至许多人的个体经验里都有相似性。这应该是正常的。这里对象山认识格局的分析，并不具有排他性，而旨在说明象山心学型塑的认识机理，从

---

① 卷十三《与朱子渊》二，第175页。
② 卷十八《与庙堂乞筑城札子》，第225页。

而意识到他四至十三岁思想过程的重要性。而且,象山事实上
也是坚定地认为,他的格局是具有普遍性的,即他强调的"心同
理同"。这里,由日常经验的话题,可以对理解象山的认知格局
作一个有益的补充性佐证。上引关于草堂地理的描述,形式上
是由草堂而向外看,但象山的描述实质上是反过来证明草堂的
选址是理想的,即一开始所讲的"去冬所为堂,在寺故址,未惬人
意。方于要处草创一堂",背后的理据与技术其实是传统的堪
舆。江西是唐以降堪舆学的重镇,风水文化深入民间,陆家累世
合居,象山对此有所了解实为自然。虽然没有直接的材料表明
象山专门研究过堪舆,但其五哥九龄"于阴阳、星历、五行、卜筮,
靡不通晓",①而上引草堂的描述所含信息也足以表明象山对此
很精通,事实上象山还明确说过自己替岳母相宅的事情。象
山曰:

> 淳熙己酉孟秋……是月也,余将视吾外姑之宅兆于东
> 漕之龙冈,朔之夕,发象山,三日而抵余家,四日之夕发余
> 家,次夕抵大原观,六日抵龙冈。事既,遂抵陎山。②

传统堪舆虽有形势与理法两派,但无论哪一派,根本还是要确定
宅位,因宅位而论定四方,其原理与前述象山以己为中心来定位
空间完全吻合。

　　由于人是活动的主体,因此中心位置的选定实际上是移动
的,而对四周空间关系的确定也随之调整。此由象山在荆门任
上的祷雨看得很清楚。绍熙元年夏,荆门干旱,作为荆门军的地
方军政首长,象山依礼先后于治内不同地点上祷雨。虽然不能

---

① 　卷二十七《全州教授陆先生行状》,第 313 页。
② 　卷二十《赠疏山益侍者》,第 250 页。

说象山的做法是唯一的,但如果把象山的祷雨文与朱子的祷雨文作比较,可以非常清楚看到,朱子的祷雨文就事论事,丝毫不涉及四方地理空间的确定,[①]而象山则以他祷雨的地点为中心,对地理作详尽的说明。在最初的《石湾祷雨文》中,象山曰:

> 谨以……就所居青田石湾山顶,除地为坛,昭告于是乡五方山川神祇:……是用斋戒以祈于尔有神。是乡之东,有象山、云台、仙岩、龙虎、湖岭、豪岭、侯栋、仙鹤、中山,南有崖山、去林、白马、头陀、麻姑、军峰、余源、清江、南山、登高,西有大岭、崇岭、灵谷、何岭、明珠、观原、翁塘、火源、官山、箭溪、四集,北有柘岗、金峰、禅岭、积烟、吉岭、万石塘、斗门、石濑、沙冈、三牛、桂枝,骈罗环绕,韬奇蕴秀,炳灵兆异,岁享乡民祷祈祭祀者多矣。[②]

这是以整个荆门为中心主体,故选定石湾山顶,四方所列诸山,以矢量形式由近及远而含摄。这次祷雨后,即下雨,象山设坛致谢神祇,但其后雨量不大,象山二次祷雨。象山曰:

> 荆门故楚国也。江汉为疆,沮漳在境,东有百顷,南有龟山,西有玉泉,北有上泉,中为蒙泉,皆炳灵效异,为此土之望。……谨卜日为坛于蒙泉山顶……[③]

这次祷雨仍以荆门为主体,故所设坛位在居中的蒙泉山顶。此后又因雨量不够与覆盖有限,先后于西山与东山祷雨。西山的祷雨文今不见于文集,但《东山祷雨文》有详尽的交待:

---

① 参见《朱文公文集》卷八十六的几篇祈雨文,如《广佑庙祈雨文》《丰利侯祈雨文》及另两篇《祈雨文》,《朱子全书》第 24 册,上海古籍出版社、安徽教育出版社 2002 年版。

② 卷二十六《石湾祷雨文》,第 307—308 页。"祇",原作"祗",从《全集》本改。

③ 卷二十六《荆门祷雨文》,第 309 页。

荆门为郡,大抵在江汉之间。正南为江陵,而江实在焉。唯沮漳由当阳以入江,在郡之西。正北为襄阳,而汉实略襄阳而后南折,为长林东境。故荆门之山,发于嶓冢,止于西山。蒙泉原其下,以在郡之西,故曰西山。其支山沿溪而东,以绕郡治,有峰峨峨然曰东山,有浮图在其上,于西山为宾。

季春之月,以不雨之久,为坛西山之巅,以致其祷。灵应乡谷,沛然为霖。比日又以不雨申致其请,连三日皆诣坛致请。有云油然,有雨潇然,而竟未滂霈。正昼间开霁,二日三日之夕,西北境有雷雨甚久,电光密迩,而不及郡城。东南土田至广,仰雨尤急,殊不霑及。

窃惟所以事神者未至。……今西山之坛,既获灵应,不敢废也。然观东山,正为西山之宾,西望山川之本原,皆森列在前,宜为坛以致祷。①

此处不厌其烦引录这篇祷文,盖因其中不仅有"荆门之山,发于嶓冢,止于西山",以及西山与东山实为主宾这样的堪舆论证与陈述,更因为由中可以看到祷雨由蒙泉山顶转至西山、东山,实与象山对整个空间的理解是密切相关的。概言之,四方上下之宇原本只是无穷际的矢量性存在,唯因人的位置确定,矢量性的广延存在才被相应定位,从而获得特定的涵义。

第二节　时间标注中的价值内涵及其方法

以主体为中心,通过对由近至远的地理给出相关的标注,象山有效地将四方上下呈以矢量性存在的空间转化成了具有特定

---

① 卷二十六《东山祷雨文》,第310—311页。

意涵的空间;这样的转化不仅使得矢量空间得以具体标示,而且更使得无意义的空间也因此而成为人化了的世界。如果说,空间的标注具有客观的地理,那么往古来今的时间在象山的格局中又如何加以标注呢? 历史中的朝代以及诸如天干地支等等,自然都是既有的时间识别符号,但对于幼年象山来说,这些都近乎是抽象的概念。作为与主体缺乏特定关联的符号,它们可以在象山后来的成长过程中被纳入认识的格局中,但起初似乎难以具有特别的意义。相对而言,能够进入象山自己生活与精神世界中的某种事物,才更可能被他用来标注时间,并在这个过程中,影响他的认识格局。

《年谱》的记载实际上很好地反映了这个过程。绍兴十六年八岁条载:

> 读《论语·学而》,即疑有子三章。及看《孟子》,到曾子不肯师事有子,至"江汉以濯之,秋阳以暴之"等语,因叹曾子见得圣人高明洁白如此。又丱角时,闻人诵伊川语,云:"伊川之言,奚为与孔孟之言不类?"[1]

在孔子到自己的时间轴上,象山注意到了若干个人物,有子、孟子、曾子、程颐,其中对曾子的关注似乎又是经过了孟子。通过这些人物,往古来今的时间便不再是无意义的存在,而是与感受时间的主体发生了关联。只是,主体据以感受往古来今的中介,不是随意出现的,而是由主体所关注的终端对象在自己内心中所形成的认知引出的。从代表相对初始时间的孔子出发,到自己关于孔子的内心认知,在这个时间维度上,象山标注出了几个时间点:一是孔子的弟子。象山以为有子不符合自

---

[1]　卷三十六《年谱》,第481—482页。

己关于孔子的认知,而孟子所讲的曾子不肯师事有子,则证明了他的判识;这里也暗含了象山对曾子的认可。二是孟子。这是离开孔子几代的时间点,从依据孟子来证明曾子,也表明孟子获得了象山的认同。三是程颐。这已是远离孔子,而离象山比较近的时间点,但象山以为程颐不符合自己内心关于孔孟的认知,尽管自己身边的人都在读程颐的书,将程颐视作孔孟的继承者。

这样的运思过程,当然不只是出现在象山的思想观念领域,从象山的日常生活中也可以看到这样的案例。在前引关于象山草堂的地理描述前面,象山先有一段说明,便与《年谱》所记的少儿象山判识时间的格局有异曲同工之妙。象山曰:

> 某属方登山,同志亦稍稍合集。兹山之胜,前书尝概言之。此来益发其秘,殆生平所未见。终焉之计,于是决矣。唐僧有所谓马祖者,尝庐于其阴,乡人因呼禅师山。元丰间,又有僧莹者,为寺其阳,号曰应天。乃今吾人居之,每恶山名出于异教,思所以易之而未得。从容数日,得兹山之要,乃向来僧辈所未识也。去冬所为堂,在寺故址,未惬人意。方于要处草创一堂,顾盼山形,宛然巨象,因名象山,辄自号象山居士。①

尾句接着便是前引关于草堂的地理描述。从“终焉之计,于是决矣”,似乎可知如同孔子成为象山的精神归宿一样,“象山”将成为象山居士的托身之地。“兹山之胜”当然自古即然,但如今在陆九渊这里才获得赏识,且“益发其秘”,见得往古来今所未曾认识到的妙处。由此识见,自古即在的山,与当下的陆九渊,便形

---

① 卷十三《与朱子渊》二,第175页。

成了一个时间维度,在这一维度上,陆九渊标出两个时间点:一是唐僧马祖"庐于其阴,乡人因呼禅师山";另一是宋"元丰间,又有僧莹者,为寺其阳,号曰应天"。标出这两个点,既使得往古来今的时间由抽象而具象化,又纠正了以往僧人的陋识,以及令他所厌恶的"山名出于异教",依据山形"因名象山,辄自号象山居士",从而名实相称。

由上述二例,可以发现,象山在时间的确认上,与空间的确认有着异同。同者很明显,即主体都是核心,空间与时间的确认都是围绕着主体而展开的。异者则表现在两个方面:一是近于形式上的特征。空间的确认似乎是先确定了主体的定位,然后由主体向四方上下延伸,而时间的确认更近乎由古向今地归向主体。另一是在这种形式中所隐藏着的内涵与方法。所谓内涵,是指在时间维度的具体标示上,象山引入了对于思想而言极为关键的价值辨别。空间的确认固然与主体的定位非常有关,但除了像象山草堂这样的自主选址外,主体的活动点,比如象山生长于江西金溪,最后任职在荆门,往往不由主体决定。时间的确认似有大不同。在间断性的意义上,人只是当下的存在,与过去和未来并没必然联系,过去已经过去,未来尚未到来,过去与未来对于当下存在的人来说,只是构成间断性时间的连续性,亦即时间之流,并没有其他什么意义。时间对人构成意义,诚乃因为存在于当下的主体需要参照过去的存在来进行价值确认,从而决定当下的选择,以为走向期望的未来。因此,选择相对的时间起始点,事实上就不是纯客观的事情,而是自觉不自觉地潜藏着某种价值判定的重要涵义。只是,当确定了这样的相对时间起始点以后,从起始点到当下的主体,便存在着时间流的长度,而在这个时间流中,对潜藏在时间起始点中的价值内涵,必然会出现各种不同的理解。因此,对于当下存在的主体,只有对各种理解作出辨别,才能真正获得来自时间的意义。这就由隐藏着的内涵问题,延伸出如何进行辨别的方法问题。从《年谱》的记载看,象山的方法就是质疑。前引《年谱》所记象山八岁读《论语·学而》便疑有子三章,闻人诵程颐语而疑有异于孔孟,便是极好的表征。《年谱》十一岁条更在叙述后引录象山后来的自白,近乎总结。《年谱》载:

> 从幼读书便着意,未尝放过。外视虽若闲暇,实勤考索。……最会一见便有疑,一疑便有觉。后尝语学者曰:"小疑则小进,大疑则大进。"①

可以说,通过时间起始点的价值确认,以及对存于时间流中的各种不同理解进行质疑,正是象山将往古来今的时间之流注于主体,或由主体统合往古来今时间的认知格局。

严格讲,对于象山心学来说,凸显主体的地位似乎是应有之义,而怀疑的方法往往显得不那么必需,因为心学对于主体的高度标举很容易使人联想到自以为是,而不是怀疑批判,或者是只批判别人,对自己却狂傲自大。象山及其门弟子给人多是后者的印象。朱子曰:

> 某向与子静说话,子静以为意见。某曰:"邪意见不可有,正意见不可无。"子静说:"此是闲议论。"某曰:"闲议论不可议论,合议论则不可不议论。"

> 从陆子静者,不问如何,个个学得不逊。只才从他门前过,便学得悖慢无礼,无长少之节,可畏可畏!②

① 卷三十六《年谱》,第482页。
② 《朱子语类》卷一百二十四,《朱子全书》第18册,第3880、3889页。

然而,由前所述,在象山自始形成的认识格局中,怀疑几乎可以说是他思想的唯一催生术。也正因为如此,象山才确信自己的心学是言有所指的实学,所谓"吾平生学问无他,只是一实",①而包括朱子在内的许多人的看法只不过是落于空言的"意见";象山门人虽未必真的得其精神与方法,但却袭得了他的自信,进而呈现为张狂。

　　不过,仅此终究还不足以亲切地理解质疑是如何构成了象山心学格局的一部分,并从中具体起作用的。应该说,象山的书信、杂著,以及语录,都很好地呈现了质疑的使用,但文集中整一卷的《策问》表征得更直接充分。策问原是代皇帝拟定的考试题,但南宋地方办学与私人讲学兴起,备考科举是其中一个职能,故也会进行策问练习,比如朱子在白鹿洞书院时就有《白鹿书堂策问》。②象山四十四岁除国子正,四十六岁转任敕局,这卷《策问》更可能是在国学任上所拟。全卷计十六条,外加卷三十二《拾遗》中有一条,共十七条。考试题虽然与考官个人喜好有较大的关系,但就形式而言,通常都比较简略,解释清楚考题的缘由即可,提问者自己并不作长论,即便需要论及,也是点题而止。《朱子文集》卷七十四有《策问》三十三条,可以为证,其中最简略的仅一句话:

　　　　问:人幼而学之,壮而欲行之。诸君子今日之所学,他日之所以行,其可得闻欤?③

────────────

① 　卷三十四《语录》,第482页。
② 　参见《朱文公文集》卷七十四,《朱子全书》第24册,第3579页。
③ 　同上,第3576页。《杨时集》卷十五《策问》共17条亦如此,其中最简洁的是:"光武不以功臣任职,议者多非之。史氏谓'深图远算,将有以焉',其说安在?"中华书局2018年版,第432页。

象山并不喜欢写东西,但他的策问却详尽周致,有些甚至相当长,决无简单一句话的策问,有些策问与其说是考题,毋宁说是象山自己思想的阐述。这里择其一二条略作申说。

先举"问异端之说自周以前不见于传记"条。①这条策问长达千言,象山以"异端"为话题讲起。他讲,周以前并没有异端的说法,异端之说始于孔子,但孔子并没有明确指出异端是谁;孟子辟杨、墨、许行、告子,后人便以为他们是异端,其实《孟子》一书并没有这样讲。因此孔子所讲异端,究竟是指什么呢?《论语》中讲到"乡原,德之贼也",《孟子》中也多次讲乡原之害,那么异端是否就是指乡原? 如果是的,那么又可以由此推出别的什么呢?

象山接着讲,孟子以后,最著名的儒者是荀子、扬雄、王通、韩愈。荀子之学虽出自孔子,但却"甚非子思、孟子",甚至称子夏、子游、子张为"贱儒"。究竟是怎么回事呢? 后世以老庄为异端。老子在孔子前,孔子并没有称他是异端;杨朱之学虽然出于老子,但孟子只是辟杨,为什么没有提到老子呢? 扬雄开始批评老子,但也仍然有所肯定。只是到了韩愈才力排老子。至于佛教,则在扬雄以后才流入中国。王通调和儒释道,对佛教并没有大的讥贬;至韩愈才猛烈辟佛,但却不能胜。结果三教鼎立,而佛老更吸引人。

最后,象山提出考题:

> 要之,天下之理,唯一是而已。彼其所以交攻相非,而莫之统一者,无乃未至于一是之地而然耶?抑亦是非固自有定,而惑者不可必其解,蔽者不可必其开,而道之行不行,

---

① 卷二十四《策问》,第288—289页。

亦有时与命而然耶？道固非初学之所敢轻议，而标的所在，
志愿所向，则亦不可不早辨而素定之也。故愿与诸君熟论
而深订之。

问题似乎很清楚：道理只有一个，但说者彼此相非，是因为认识
上没有统一到正确的认识上呢？还是因为人的认识所存在的惑
与蔽并非一定能解除与打开，故道理之行否也有时与命呢？然
而象山却又说，这些问题不是初学者"所敢轻议"，诸君还是谈谈
自己的"标的所在，志愿所向"可矣。何以如此呢？实际上，在前
面的论述中，象山已将问题陈述清楚了，只是他都是以质疑的形
式表达的。

　　在象山看来，"天下之理，唯一是而已"，这是确定的，彼此的
相非其实就是惑蔽所至；造成这种惑蔽的，不是别的，正是各种
自以为是的学说，象山曰：

　　　　百家满天下，入者主之，出者奴之，入者附之，出者污
　　之，此庄子所以有彼是相非之说也。

因此，所谓异端，在孔、孟那里，便是"乡原"；而由乡原能够推知
的，便是出入于各家之说，或主或奴，或附或污者，这些实是更高
级形式的"乡原"。故考生需要体会到象山在质疑中所阐明的，
然后能够确立自己的"标的所在，志愿所向"是志于道，而不是做
乡原，无论是低级的，还是高级的。

　　再举"问尽信书不如无书理固然也"条。[1]这也是一条长达
千言的策问，与前引策问有着共同的力斥乡原的主题，可以进一
步理解象山对此问题的认识。象山从孟子"尽信《书》不如无

[1]　卷二十四《策问》，第292—293页。此条标点未对《书》标出书名号，下
　　引径补之。

《书》"讲起。他讲:"'尽信《书》不如无《书》',理固然也。"但也不能一概而论。一方面,秦火之后,《书》得以存传,千余年来为许多贤者智者读过,为大家所尊信,不可概以不可尽信而不相信;另一方面,也不可以因为大家都相信,就不作思考,跟着相信。当然,这条策问针对的主要是后者。后者就浅处讲,读书而不思考,只是徒具形式而已;就深处讲,便是乡原。

象山接着切入主题。他讲,孔子对乡原的厌恶,《论语》《孟子》都有很详尽的记录;对于那些"居之似忠信,行之似廉洁,自以为是,人皆悦之"的乡原,孔子为什么要斥之为"德之贼",孟子作了很好的解释。象山追问道,为什么孔、孟如此厌恶乡原?乡原者居斯世、为斯世而善,究竟又有什么不可以呢?反之,那些狂狷者言不顾行,行不顾言,确实是有问题的,为什么反而不认为是问题呢?

由乡原的问题,象山进而举孟子辟杨、墨的例子。象山曰:

> 夫杨朱、墨翟皆当时贤者,自孟子视之,则为先进。……其所得岂浅浅者哉?而孟子辟之,至曰"无父无君,是禽兽也",又曰"天下之言,不归杨,则归墨"。

斥之不可谓不严,孟子为什么要如此?象山还问道:

> 夫"兼爱"之无父,"为我"之无君,由孟子之言而辨释之,虽五尺童子,粗习书数者,立谈之顷,亦可解之。岂有以大贤如杨朱、墨翟,其操履言论,足以倾天下之士,而曾不知此,必待孟子之深言力辟,贻好辩之讥,而犹未得以尽白于天下而熄其说,何耶?

在作了上述的追问后,象山希望考生不妄自菲薄,能以孟子所讲的"能言距杨、墨者,圣人之徒"自期,认真讨论上述问题。

与前一条策问一样,象山似乎都只是在提出问题,而其实无不隐含着他的思考及其结果。乡原之所以可厌恶,就在其虚伪;真诚是一切德性的基础,而最美丽的虚伪也是对德性的伤害。杨、墨虽为前辈大贤,且为我、兼爱的论说本身亦非完全错误,但持论有偏,如不辟之,则流于无君、无父,故孟子深言力辟之。至于兼爱、为我之流弊,为什么"虽五尺童子,粗习书数者,立谈之顷,亦可解之",而杨、墨竟然不能自觉?究其根原,亦在兼爱、为我之说似是而非,如乡原者居之似忠信,行之似廉洁,问题出在一个"似"字上。此处讨论策问的目的,本是为了具体地体会质疑在象山自始形成的认识格局中所起的作用,而我们的讨论聚焦在两条有关乡原的策问,得见象山对乡原的深恶拒斥,则进一步从思想的内容上彰显了象山思想格局中的怀疑精神与方法。

此外,由上述两条策问,也足以见证象山的思想总是通过将问题置于历史中加以辨析而获得确认,如前一条从周以前,继而孔子及其弟子、孟子,再讲到荀子、扬雄、王通、韩愈,并旁涉佛老,后一条虽然问题更为聚焦,没有像前一条那样作长时段的展开,但从问题的提出到孔、孟思想的阐明,进而深析孟子的辟杨、朱,以及策问最后列举的数例,仍然充分呈现了历史的语境。要言之,这种历史语境的勾勒与历史脉络的梳理,也正是象山据以主体而对无意义的矢量性时间作出的有意涵的标注。

第三节　心面向的事及其理

矢量性的时空因为主体而发生转化,时空仍然还是矢量性的存在,但空间已成为人化了的空间,时间则具有了意涵。就此意义上而言,少年象山援笔所书的"宇宙便是吾心,吾心即是宇宙",不仅不是抽象的陈述,而是具有具体内容的命题,即主体性的确立;更是包含或基于特定的认知格局。可以说,"吾心"的标示,正是象山心学的核心思想与思维方法的集中反映。作为核心思想,吾心表征着主体性的确立;作为思维方法,吾心又彰显了象山的认知格局。主体性与认知格局在象山心学中,不是分离了,而是一体的。甚至可以认为是合目的与手段于一身的。主体性呈现于认知格局,而认知格局又促成主体性。象山曰:

> 孟子云:"尽其心者知其性,知其性则知天矣。"心只是一个心,某之心,吾友之心,上而千百载圣贤之心,下而千百载复有一圣贤,其心亦只如此。心之体甚大,若能尽我之心,便与天同。①

吾心原本只是一己之心,但象山使之与友人之心相等同,进而与上下千百载圣贤之心相等同,这便超越了人我之分,更超越了贤愚之分,时空也被穿越。由此,"心之体"获得确立,"尽我之心,便与天同"。

除了时空问题,亦即宇宙与主体的关系获得确认以外,象山心学的格局还有另一方面的重要内容,即事与心的问题,亦即少年象山援笔所书的另一段话:"宇宙内事乃己分内事,己分内事乃宇宙内事。"抑或可以说,"宇宙便是吾心,吾心即是宇宙",偏向于宇宙与主体的问题;"宇宙内事乃己分内事,己分内事乃宇宙内事",凸显的便是事与心的问题。前述尝言及,依据发生认识论的原理,人的认知格局主要是通过人的活动而获得型塑的,所谓人的活动,便是象山所讲的事。事实上,活动不仅在认知格局最初形成时具有根本性的作用,而且在此后的认知中始终起到持续的作用,因为格局是在持续扩充并得以固化的。而且凭借着"吾心即是宇宙"的开端,象山的"吾心"就把自身显示为宇

---

① 卷三十五《语录下》,第 444 页。

宙存在的根据；不是宇宙作为矢量性存在的根据，而是宇宙作为人化了的存在的根据。这意味着，宇宙既被理解和表述为客体性质的存在，又被理解和表述为主体性质的存在。实现这一理解与表述的，显然不能限于心本身，而必须通过心所要面向的事情，亦即活动，即事。换言之，无论是理解心，还是确立心，必须使心面向事情；作为主体性表征的心体，它的存在也在于它所面向的事情本身。

如何清楚地阐明这个问题，并不是一件容易的事情。一方面，这个问题涉及的是心的体会，本身具有语言难诠之处；另一方面，心面向的事情虽然是具体的，但由此事情反过来表征心体，即由个体性的经验求得普遍性的认识，并不是必然能够实现的。但是无论如何，象山仍然是选择了由心面向的事情的揭明，使人对"心之体"获得真切的理解。①最经典的案例便是象山对杨简（1141—1226）的教导。在《象山先生行状》中，杨简追忆道：

> 先生之道，至矣大矣，简安得而知之？惟简主富阳簿时，摄事临安府中，始承教于先生。及反富阳，又获从容待诲。偶一夕，简发本心之问，先生举是日扇讼是非以答，简忽省此心之清明，忽省此心之无始末，忽省此心之无所不通。②

象山门下主要有两部分弟子，一部分是以家乡为主，即槐堂诸儒，象山学派的门庭张大主要靠他们；另一部分便是浙江为主，以甬上四先生为代表，象山心学的思想传衍主要靠他们，杨简是

---

① 牟宗三尝以"'非分解以指点'之方式"来说明象山的言说方式，但重在与禅的区分，并没有揭示面向事情。参见《从陆象山到刘蕺山》，第9—12页。

② 卷三十三《谥议》，第394页。

甬上四先生之首。①杨简小象山两岁,却早于象山为进士,象山举进士那年,杨简恰在临安,故得与象山相识,并有所讨教,但真正执弟子礼,则缘于象山回江西经过杨简任职的富阳时所经历的问学,即《行状》所述。这件事情无论对杨简,还是对象山,似乎都非常重要,不仅杨简在《行状》中专门追忆这件事,此前也是经常举此例,而且象山《年谱》中有更详细的记录,此外其他文献,如《宋史·杨简传》《宋元学案·慈湖学案》中都有述及。实际上,在象山学派内,杨简问学这件事情表征了象山心学的核心思想,即通过心面对的事情而对心体获得确认。

其实对于这件事,前引《象山先生行状》所述过于简略,并不能完全使局外人明白。前引《行状》,主要是说明杨简本人对此的重视。真正要讨论这件事,还是以《年谱》的记载更为亲切。《年谱》乾道八年三十四岁条载:

> 四明杨敬仲时主富阳簿,摄事临安府中,始承教于先生。及反富阳,三月二十一日,先生过之,问:"如何是本心?"先生曰:"恻隐,仁之端也;羞恶,义之端也;辞让,礼之端也;是非,智之端也。此即是本心。"对曰:"简儿时已晓得,毕竟如何是本心?"凡数问,先生终不易其说,敬仲亦未省。偶有鬻扇者讼于庭,敬仲断其曲直讫,又问如初。先生曰:"闻适来断扇讼,是者知其为是,非者知其为非,此即敬仲本心。"敬仲忽大觉,始北面纳弟子礼。故敬仲每云:"简

---

① 槐堂诸儒参见《宋元学案》卷七十七《槐堂诸儒学案》,甬上四先生参见卷七十四《慈湖学案》、卷七十五《絜斋学案》、卷七十六《广平定川学案》,《黄宗羲全集》第五、六册,浙江古籍出版社 2005 年版;今人专题研究槐堂诸儒似仍不够,甬上四先生专题研究可参范立舟、於剑山《南宋"甬上四先生"研究》,人民出版社 2014 年版。

发本心之问,先生举是日扇讼是非答,简忽省此心之无始末,忽省此心之无所不通。"[1]

在这个详尽的记录中,可以看到,杨简数问"如何是本心",象山总是答以孟子的四端之说。象山的讲学水准非常高,不仅清晰,而且能切入人心。朱子任南康守时,曾邀象山至白鹿洞书院讲座,象山讲解"君子喻于义,小人喻于利"章,朱子尝以亲身感受对人曰:

这是子静来南康,熹请说书,却说得这义利分明,是说得好。……说得来痛快,至有流涕者。[2]

但他面对杨简的数问,却只是答以孟子的四端之说,而且杨简明确声明,四端之说自己"儿时已晓得",象山仍不作任何阐释。显然,象山明白,本心之问不是一个语辞可以解决的问题。

尤其需要指出的,杨简的问题是"如何是本心"? 而不是"何为本心"? 如果是后者,那么杨简的本心之问更近乎是一个对象性的客观问题,其解答可以与主体无关;而前者,则与主体密切相关,因为所谓"如何是本心",预设的追问并不是一个对象性的客观认识问题,而更是一个主体如何成其为主体的问题,即如何使主体确立起本心。因此,对于饱读了经典的杨简来说,象山如果有任何阐释都只能是以往知识的重复,不可能真正启动杨简的本心去面对事情。

海德格尔指出,在笛卡尔的"我思故我在"使得主体性构成了哲学的坚固基地之后,"思的任务就应该是:放弃以往的思想,而去规定思的事情"。[3]虽然海德格尔的分析是针对着科学从哲学中分离出来,致使哲学转变为关于人的经验科学,从而使得哲

---

[1]　卷三十六《年谱》,第488页。
[2]　卷三十六《年谱》,第493页。
[3]　海德格尔《面向思的事情》,商务印书馆2016年版,第87页。

学在展开为科学的意义上走向终结,因此必须重新来思考"思"的任务,完全是在现代语境中的追问;①但是对于象山心学的理解仍然具有启发。象山曰:

> 古之所谓小人儒者,亦不过依据末节细行以自律,未至如今人有如许浮论虚说谬悠无根之甚……终日簸弄经语以自傅益,真所谓侮圣言者矣。②

在象山看来,"终日簸弄经语以自傅益,真所谓侮圣言者",正仿佛海德格尔所谓的科学对哲学的终结。象山对朱子的不满,根本原因也正在朱子热衷于"终日簸弄经语",而不务实学。他在给朱子的信中,直言不讳地指出:

> 尊兄当晓陈同父云:"欲贤者百尺竿头,进取一步,将来不作三代以下人物,省得气力为汉唐分疏,即更脱洒磊落。"今亦欲得尊兄进取一步,莫作孟子以下学术,省得气力为"无极"二字分疏,亦更脱洒磊落。古人质实,不尚智巧,言论未详,事实先著,知之为知之,不知为不知。所谓"先知觉后知,先觉觉后觉"者,以其事实觉其事实,故事即其事,事即其言,所谓"言顾行,行顾言"。周道之衰,文貌日胜,事实湮于意见,典训芜于辨说,揣量模写之工,依放假借之似,其条画足以自信,其习熟足以自安。以子贡之达,又得夫子而师承之,尚不免此多学而识之之见。非夫子叩之,彼固晏然而无疑。……尊兄之才,未知其与子贡如何?今日之病,则有深于子贡者。③

---

① 参见海德格尔《哲学的终结和思的任务》,收入《面向思的事情》,第67—87页。
② 卷一《与曾宅之》,第6页。
③ 卷二《与朱元晦》二,第27页。

因此,回到杨简的"如何是本心"之问,象山之始终没有就孟子的四端之说再作进一步的阐扬,而最终因断扇讼的判决开悟杨简,决不是一种随意的教学权宜之策,而完全是基于他的思想的抉择。象山要使杨简的本心从经文及其繁杂的解释中摆脱出来,让本心直面事情本身,从而本心得以呈现相应的是非判断。杨简由断扇讼的是非曲直判定,进而省悟"此心之无始末"、"此心之无所不通",心之体终于获得确立。

这个案例表明,如何是本心的问题,与其说是一个需要言语分辩的问题,毋宁说是一个如何摆脱言语所带来的遮蔽的问题。只有揭去这样的遮蔽,本心才能面向事情本身,本心所具有的四端才能自然展开,作出判断。象山曾就义利问题出一策问,亦可以佐证他的思想。策问曰:

> 圣人备物制用,立成器以为天下利。……凡圣人之所为,无非以利天下也。二《典》载尧、舜之事,而命羲和授民时,禹平水土,稷降播种,为当时首政急务。梁惠王问"何以利吾国",未有它过,而孟子何遽辟之峻,辩之力?……辟土地,充府库,约与国,战必克,此其为国之利固亦不细,而孟子顾以为民贼,何也?岂儒者之道,将坐视土地之荒芜,府库之空竭,邻国之侵陵,而不为之计,而徒以仁义自解,如徐偃王、宋襄公者为然耶?不然,则孟子之说亦不可以卤莽观,而世俗之蔽亦不可以不深究而明辨之也。世以儒者为无用,仁义为空言。不深究其实,则无用之讥,空言之诮,殆未可以苟逃也。[1]

历史表明,凡圣人之所为就是为天下谋利,而孟子作义利之辨,

---

[1]　卷二十四《策问》,第290—291页。

仿佛是违背常识,故"世以儒者为无用,仁义为空言"。象山以为,世俗之蔽在于对孟子之说作了"卤莽"理解,只有深究其实,才能消除儒者无用、仁义空言的讥诮;而这个所谓的"实",便是面向事情本身。

不过,为什么当面向事情本身时,"如何是本心"的问题就得以解答了呢?当然,可以认为象山对杨简四端之心的回答本身就隐涵着答案,因为四端之心内涵着恻隐、羞恶、辞让、是非的自我判明。但是,为什么这一内涵着四端之心的本心又必须面向事情时,这样的自我判明才得以呈现呢?由象山对杨简的说明,"闻适来断扇讼,是者知其为是,非者知其为非,此即敬仲本心",似乎可以推知,当本心面向事情时,事情本身具有着某种道理,足以使得本心所隐涵着的是非明辨力作出判明。《语录》曰:

> 有行古礼于其家,而其父不悦,乃至父子相非不已。遂来请教,先生云:"以礼言之,吾子于行古礼,其名甚正。以实言之,则去古既远,礼文不远,吾子所行,未必尽契古礼,而且先得罪于尊君矣。丧礼与其哀不足而礼有余也,不若礼不足而哀有余也。如世俗甚不经,裁之可也,其余且可从旧。"①

父子发生冲突,盖因儿子固执于死了的古礼,而未能面向事情本身。而象山引导其面向事情本身时,行礼之实重在哀而不在礼,就能使人作出合理的调适。换言之,当本心面向事情时,存于事的理与存于人的本心会相合无间。

至此,可以清楚地看到,在象山心学的格局中,关于心与事的问题,象山是通过使本心面向事情来实现本心的自明与确立的,而理在事中,理与心为一,则是相应的两个基本思想。关于

---

① 卷三十四《语录上》,第 422 页。

第一章　本心与认知格局及事和理

理在事中,《语录》第一条曰:

> "道外无事,事外无道。"先生常言之。

可见这是象山的核心思想。唯此,象山以为,因吾心而人化了的宇宙,无处不是道的呈现,人只有因一己之病才会与道相隔;道总在宇宙中,也总在圣人的活动中。《语录》接着前条,续曰:

> 道在宇宙间,何尝有病,但人自有病。千古圣贤,只去人病,如何增损得道?

> 道理只是眼前道理,虽见到圣人田地,亦只是眼前道理。

> 唐虞之际,道在皋陶;商周之际,道在箕子。天之生人,必有能尸明道之责者,皋陶、箕子是也。箕子所以佯狂不死者,正为欲传其道。既为武王陈《洪范》,则居于夷狄,不食周粟。①

关于理与心为一,同样讲得极清楚。在与人的书信中,象山曰:

> 盖心,一心也;理,一理也。至当归一,精义无二,此心此理,实不容有二。故夫子曰:"吾道一以贯之。"孟子曰:"夫道一而已矣。"又曰:"道二,仁与不仁而已矣。"如是则为仁,反是则为不仁。仁即此心也,此理也。求则得之,得此理也;先知者,知此理也;先觉者,觉此理也;爱其亲者,此理也;敬其兄者,此理也;见孺子将入井而怵惕恻隐之心者,此理也;可羞之事则羞之,可恶之事则恶之者,此理也;是知其为是,非知其为非,此理也;宜辞而辞,宜逊而逊者,此理也;敬此理也,义亦此理也;内此理也,外亦此理也。②

---

① 卷三十四《语录上》,第395页。
② 卷一《与曾宅之》,第4—5页。

> 道塞宇宙,非有所隐遁,在天日阴阳,在地日柔刚,在人
> 日仁义。故仁义者,人之本心也。①

可以说,只有明确了道在事中,心与理为一,"宇宙内事乃己分内事,己分内事乃宇宙内事",才真正获得了落实,才真正与"宇宙便是吾心,吾心即是宇宙"一起,构成为象山心学的格局。

需要补充说明的是,本心虽然必须在面向事情中获得确立,但心并不能纠缠甚至沉溺于事情中,否则便使心失其"本"。象山曰:

> 人精神在外,至死也劳攘,须收拾作主宰。收得精神在
> 内时,当恻隐即恻隐,当羞恶即羞恶。谁欺得你? 谁瞒得
> 你? 见得端的后,常涵养,是甚次第。②

然而,人心往往适得其反,逐物而难返。象山曰:

> 人心只爱去泊着事,教他弃事时,如鹘孙失了树,更无
> 住处。③

只是,这已属于象山心学中如何发明本心所必须关心的问题,而溢出象山心学如何是本心的认知格局所要讨论的内容了。

综而言之,象山心学并无非常复杂的理论结构,而且他的思想一以贯之,没有曲折的变化,但这并不意味着他的哲学缺乏内涵、深度与广度。象山心学的深广度与丰富内涵虽然呈现于他的整个视野与生命,但却型塑于幼少时期所形成的认识格局,这一格局构成了象山心学的稳定结构,并贯彻于他的思想始终。象山心学的格局由相关的两个部分构成,一个是心与宇宙的关系,表征为命题"吾心即是宇宙,宇宙即是吾心";另一个是心与

---

① 卷一《与赵监》,第 9 页。
②③ 卷三十五《语录下》,第 454 页。

事的关系,表征为命题"宇宙内事乃己分内事,己分内事乃宇宙内事"。

　　自四岁"问天地何所穷际"起,象山通过以主体为中心的空间定位,使矢量性的空间转为人化了的空间,从而确立起心的主体性。又通过对矢量性时间的标示与意涵赋予,以及怀疑方法的确立与应用,从而使主体之心具有价值内涵。主体之心的确立不能封闭在精神内,而必须展开于对象性的活动中,因此象山致力于心面向事情,从而使心与呈现于事之中的理相吻合。上述格局的分析虽然呈以递进的表达,但其实是同时的型塑与展开过程。象山心学的格局虽形成于幼少时期,但并不意味着固化了象山心学,相反,它使得象山心学随着主体生命的展开,此一格局不断涵摄新的内容,从而充实于象山心学,使之丰富而深广。

第二章　本心与实学及心学谱系疏证

在象山认识格局得以型塑的同时，象山心学的架构随之形成。换言之，象山心学的认识格局与心学架构显现出同构现象。只是，随着心之体的主体地位确定，相应的思想内容必须注入，亦即理的赋予，才能使主体（subject）真正具有主体性（subjectivity），象山心学也才真正成为具有实际内涵的哲学。从象山心学的内在逻辑讲，主体性的内涵是心体本身固有的，也就是"心即理"，但是它既需要从时间之流中获得确认与印证，又需要从主体生命展开的活动中获得呈现。毫无疑问，后者只能表征于象山的整个生平，而前者却是心体确定以后接踵而至的事情，或者说是任务。《年谱》十三岁条在记述了象山"大省"而"援笔"书写了象山心学的两个核心命题，以及附上四条后来的相关陈述后，又专门记下了象山与五兄陆九龄（字子寿，复斋先生）的两段颇具意味的对话：

> 是年，复斋因读《论语》，命先生近前，问云："看《有子》一章如何？"先生曰："此有子之言，非夫子之言。"复斋曰："孔门除却曾子，便到有子，未可轻议。"先生曰："夫子之言简易，有子之言支离。"
>
> 复斋尝于窗下读程《易》，至"艮其背"四句，反复诵读不

已。先生偶过其前,复斋问曰:"汝看程正叔此段如何?"先
生曰:"终是不直截明白。'艮其背,不获其身',无我,'行其
庭,不见其人',无物。"复斋大喜。①

前一段针对的是孔门弟子,指向的是象山对孔子以后儒学传承
的分辨;后一段针对着程颐,指向的正是南宋当时的思想场景。
毫无疑问,两个问题的叠加,意味的是象山心学对于自身在儒学
传承中的取舍,以及在思想现场中的定位。换言之,也是象山对
于心学谱系的建构。对有子的否定,以及对曾子的默认,表征了
象山作出的取舍;而对程颐的否定,则表征了他对南宋思想场域
的基本态度,借用象山自己的话,即是:

> 仰首攀南斗,翻身倚北辰,举头天外望,无我这般人。②

引此语作表征,虽然不一定恰当,却很能传神,因为它非常形象
地表明,象山将超迈时流,以直承儒学之"南斗"与"北辰"为自我
期许。这一期许,也正意味着象山在时间之流中作出了确认或
认同,而这种确认将构成心之体的内在意涵。

也正因为此,象山心学在当时的思想场域中,仿佛是横空出
世,引来士人对象山师承的好奇。《朱子语类》载:

> 叔器问象山师承。曰:"它门天姿也高,不知师谁。然
> 也不问师承,学者多是就气禀上做,便解偏了。"③

象山自己的门人也有此问。《语录》载詹阜民所录:

> 某尝问:"先生之学亦有所受乎?"曰:"因读《孟子》而自
> 得之。"④

---

① 卷三十六《年谱》,第483页。
② 卷三十五《语录下》,第459页。
③ 《朱子全书》第18册,第3876页。
④ 卷三十五《语录下》,第471页。

朱子对门人的回答是从旁观者的角度看,不管这个旁观者带有怎样的立场,同道抑或异端,象山心学被理解为是象山缘于自身气禀的创造。对于这样的创造,朱子似乎也并不完全否定,但却又明确指出"解偏了"。这个"解偏了"的性质,朱子自有不同的评定,暂且不论。而"解偏了"的原因却是这里要点出的,那就是在朱子思想中,象山心学是无所依归的。这对于儒家思想的阐扬来说,也近乎意味着合法性的根本丧失。因此,朱子的回答看似寻常,其实决不随便。由彼及此,自然也能真切体会象山的回答。象山毫无疑义地说明自己的思想"因读《孟子》而自得之",同样不仅仅是一个事实性质的陈述,而且也是一个价值性质的表达,更是一个思想合法性的证明。

象山之学"因读《孟子》而自得之",虽然是一个众所周知的说辞,但象山究竟是如何得之? 又何以见得象山之学与孟子思想的连续性? 象山之学在直承孟子思想的同时又具有怎样的根本性展开? 诸如此类,似亦未见的解,故试以论之。

第一节　本心与实学

纵览时间之流,象山标出了两个重要的节点,从而赋予其意涵。象山曰:

> 姬周之衰此道不行,孟子之没此道不明。千有五百余年之间,格言至训熟烂于浮文外饰,功利之习泛滥于天下。①

第一个节点是"姬周之衰",第二个节点是"孟子之没"。前者的意涵是"此道不行",后者的意涵是"此道不明"。从象山另一句

---

① 卷十二《与赵然道》三,第 158 页。

相对应的话,"道不稽诸尧舜,学无窥于孔孟",①则可以明白,在两个节点之间,最终造成"此道"由"不行"转向"不明"的原因,正在于"学"的丧失;孟子没后至宋的千有五百余年亦因此陷于学绝道丧之境地。概言之,在象山的时间标示上,包含着道与学的双重涵义。

从大的框架来看,无论是韩愈的《原道》,还是宋初兴起的"回向三代"话语,②象山所标示的时间节点与赋予的意涵,似乎并没有什么新的东西,甚至可以说是基本雷同。但如果细读象山的相关论述,却可以发现在这个相同的大框架中,象山心学的鲜明不同。

这里先谈"姬周之衰",这是理解象山心学承续孟子的起点。韩愈《原道》追溯道统的源起,以及宋代"回向三代"话语,对尧舜及三代的崇尚更多的是在文明的递进,而"姬周之衰"也是表征在礼崩乐坏。但象山的重心并不止于这种现象,而更在揭明存在于这些历史表象背后的东西。象山曰:

> 唐、虞之时,禹、益、稷、契,功被天下,泽及万世,无一毫自多之心。当时舍哺而嬉,击壤而歌,耕田而食,凿井而饮者,亦无一毫自慊之意。③

在这样的生活世界中,象山着意把捉到的是"无一毫自多之心"、"无一毫自慊之意"。历史表象背后的人,尤其是人心,这是象山标举唐虞之时的关键,也是象山超越韩愈道统与宋代"回向三

---

① 卷三十《刘晏知取予论》,第355页。
② 朱子尝曰:"国初人便已崇礼义,尊经义,欲复二帝三代。"《朱子语类》卷一百二十九,《朱子全书》第18册,第4020页。另参余英时《朱熹的历史世界》,生活·读书·新知三联书店2004年版,第184—198页。
③ 卷七《与包显道》三,第101页。

代"话语而有所推进的根本,当然更是象山心学直承孟子的所在。在上引那段话前,象山曰:

> 古人不求名声,不较胜负,不恃才智,不矜功能,故通体皆是道义。道义之在天下,在人心,岂能泯灭。第今人大头既没于利欲,不能大自奋拔,则自附托其间者,行或与古人同,情则与古人异,此不可不辩也。①

这种古今之分别的揭明,正构成了象山创发心学的背景。象山心学的宗旨就是要使世人充分意识到这种古今改变,从而返归"通体皆是道义"的存在状态。

象山对这种存在状态下的人心意涵的确认,最精练而最经典的呈现,就是淳熙二年三十七岁鹅湖之会时酬和五兄九龄的那首诗。关于这次著名的集会,象山有详细的记录:

> 吕伯恭为鹅湖之集,先兄复斋谓某曰:"伯恭约元晦为此集,正为学术异同,某兄弟先自不同,何以望鹅湖之同。"先兄遂与某议论致辩,又令某自说,至晚罢。先兄云:"子静之说是。"次早,某请先兄说,先兄云:"某无说,夜来思之,子静之说极是。方得一诗云:'孩提知爱长知钦,古圣相传只此心。大抵有基方筑室,未闻无址忽成岑。留情传注翻蓁塞,着意精微转陆沉。珍重友朋相切琢,须知至乐在于今。'"某曰:"诗甚佳,但第二句微有未安。"先兄云:"说得恁地,又道未安,更要如何?"某云:"不妨一面起行,某沿途却和此诗。"及至鹅湖,伯恭首问先兄别后新功。先兄举诗,才四句,元晦顾伯恭曰:"子寿早已上子静船了也。"举诗罢,遂致辩于先兄。某云:"途中某和得家兄此诗云:'墟墓兴哀宗

---

① 卷七《与包显道》三,第101页。

庙钦,斯人千古不磨心。涓流滴到沧溟水,拳石崇成泰华
岑。易简工夫终久大,支离事业竟浮沉。'"举诗至此,元晦
失色。至"欲知自下升高处,真伪先须辨只今"。元晦大不
怿,于是各休息。翌日二公商量数十折议论来,莫不悉破其
说。继日凡致辩,其说随屈。①

由于鹅湖之会是朱陆之争的首次正面交锋,而且象山特意交代,
当他举诗尚未完,到"易简工夫终久大,支离事业竟浮沉"时,"元
晦失色",故时人与后人完全将鹅湖之会聚焦在朱陆之争,并尤
以彰显治学工夫的分歧为要,似很少关注象山详述的陆氏兄弟
之争。这里因主题所涉,恰恰只讨论陆氏兄弟之争,而对朱陆之
争置而不论。

　　陆氏兄弟之争的核心就是对于心的确认。表面上看,子寿
"古圣相传只此心"似已充分接受了象山标举心体的立场,故他
举诗才四句,朱子就对吕祖谦讲"子寿早已上子静船了也"。子
寿本人实也作此想,故他听象山讲"第二句微有未安"时,才会立
即作出"说得恁地,又道未安,更要如何"的反应。然而在象山看
来,子寿举"孩提知爱长知钦"以说明"古圣相传只此心","孩提
知爱长知钦"虽典出《孟子·尽心上》,且诗既要形象,又尚精练,
难以遍举呈现心的各类现象,但这一用典终究是将心的说明限
止在了血缘亲情之心,对心的理解,用象山喜欢用的辞,不免"小
家相"。②而其结果,便是"古圣相传只此心"的阐发令象山"微有
未安",进而酬和出自己的诗句,"墟墓兴哀宗庙钦,斯人千古不
磨心"。

---

① 　卷三十四《语录上》,第 427—428 页。
② 　象山曰:"资禀好底人阔大,不小家相。"卷三十五《语录下》,第 462 页。

"古圣相传只此心"与"斯人千古不磨心"究竟又有什么重要的区别呢？钱穆曰：

> "古圣相传只此心"，象山云此句微有不安，但未说未安处何在。象山和诗云"斯人千古不磨心"，殆即所谓"千百世之上有圣人出，此心同，此理同。千百世之下有圣人出，此心同，此理同"也。谓"古圣相传只此心"，则犹似谓我之此心传自古圣。谓"斯人千古不磨心"，则此心即在我，不待古圣之传。象山所谓未安者宜指此。

钱穆进一步引朱子《记疑》对《震泽记善录》所记王蘋（信伯）上奏高宗之语的批评，指出：

> 复斋主以己心上传圣人之心，象山则主反求己心，实本信伯此奏。朱子所争，乃在如何使己心得上同圣人之心之工夫上。三人意见不同在此。①

这个解释当然不能说不对，而且事实上也已经触及心的问题。但是，最终所见仍落在工夫上，对"不磨心"与"相传心"的分别也还是落在文字表面，故实难说是已阐明了象山此诗对心的意涵的确认。事实上，只有真正阐明象山关于心的意涵确认，"易简工夫"才是成立的，"不磨心"才彰显其意义。

然则，象山"不磨心"的意涵又究竟是什么呢？答案全在首句"墟墓兴哀宗庙钦"。这句诗典出《礼记·檀弓下》，鹅湖会上的诸儒当然很熟悉。象山回忆所讲的翌日数十折议论，以及继日的致辩，今已无从知晓其具体内容，不知是否涉及此。从传世

---

① 《朱子新学案》第三册，九州出版社 2011 年版，第 325—326 页。陈来所见亦相似，参见《朱熹哲学研究》，中国社会科学出版社 1987 年版，第 290 页。关于王蘋，参见拙书《南宋儒学建构》，上海人民出版社 2021 年版，第 54—59 页。

的材料看,似乎还是全部围绕着工夫之争。今人研究,以钱穆之烂熟于经典,且如前述已触及陆氏兄弟之争,引朱子与王蘋作分析,竟仍忽略了象山的用典,对这句诗也未作解释。牟宗三尝逐句解释此诗,对此句倒有解释:

> 见墟墓则起悲哀之感,见宗庙则起钦敬之心,此种悲哀之感与钦敬之心所表示的道德之心乃正是人之千古不磨之永恒而相同之本心。①

牟宗三的解释无疑也是对的,而且他没有转落到工夫问题,而是对千古不磨之心作了准确的说明。就对"斯人千古不磨心"这句诗本身的阐释而言,比较起来,钱穆更具学术史的意义,而牟宗三更具哲学的意义。但是,毋庸讳言,牟宗三的解释完全是落在文字本身,所呈现的亦只是抽象的概念,未必真正阐明了象山这句诗所涵有的思想,否则牟宗三何以分析到最后,竟以为象山对子寿"古圣相传只此心"的"微有未安","其实亦无甚紧要,其义不谬也。……陆氏兄弟如此言,皆本孟子而来"。②既如此,象山又"唯孟轲氏书是崇是信",③子寿"孩提知爱长知钦"出典于《孟子》,象子为什么非要改用《檀弓》为典,从而来表征"斯人千古不磨心"呢? 当然,泛而言之,对诗义的把握如不错,诗的用典似亦可不必介意;况且知道了出典,也未必对诗句有更多理解。④然而,具体落在象山这句诗来说,恰恰不可泛而言之。

按《礼记·檀弓下》曰:

---

① 《从陆象山到刘蕺山》,第58页。
② 《从陆象山到刘蕺山》,第59页。
③ 卷三十三《谥议》所收孔炜撰《文安谥议》语,第385页。
④ 张立文对此句诗的解释与牟宗三相似,而且出注指出了《檀弓》的出典,但仅作文字的理解,没有阐明此一出典的思想内涵。见《走向心学之路——陆象山思想的足迹》,中华书局1992年版,第215页。

　　鲁人有周丰也者,哀公执挚请见之,而曰不可。公曰:
"我其已夫。"使人问焉,曰:"有虞氏未施信于民,而民信之;
夏后氏未施敬于民,而民敬之。何施而得斯于民也?"对曰:
"墟墓之间,未施哀于民而民哀;社稷宗庙之中,未施敬于民
而民敬。殷人作誓而民始畔,周人作会而民始疑。苟无礼
义、忠信、诚悫之心以莅之,虽固结之,民其不解乎!"

象山因和子寿诗韵,改"敬"为"钦",钦与敬义同。由此典故,印
证前引象山对唐虞之时的称颂,足以表征"不磨心"正是"道义之
在天下,在人心,岂能泯灭"的正面表达。首先,此心的具体意涵
固然也包含着"孩提知爱长知钦",但却远不限于此。象山曰:

　　盖心,一心也。理,一理也。至当归一,精义无二,此心
此理,实不容有二。故夫子曰:"吾道一以贯之。"孟子曰:
"夫道一而已矣。"又曰:"道二,仁与不仁而已矣。"如是则为
仁,如是则为不仁。仁即此心也,此理也。求则得之,得此
理也;先知者,知此理也;先觉者,觉此理也;爱其亲者,此理
也;敬其兄者,此理也;见孺子将入井而有怵惕恻隐之心者,
此理也;可羞之事则羞之,可恶之事则恶之者,此理也;是知
其为是,非知其为非,此理也;宜辞而辞,宜逊而逊者,此理
也;敬此理也,义亦此理也;内此理也,外亦此理也。故曰:
"直方大,不习无不利。"①

概言之,心是涵摄着全部生活的存在,"墟墓兴哀宗庙钦"的典故
所隐喻的生死兴亡与祖先敬仰,更足以涵盖这样的整体性,无论
是广度与深度都远胜"孩提知爱长知钦"的典故。其次,心既不
泯灭,且"直方大,不习无不利",心便决无必要如子寿诗所言"古

---

① 卷一《与曾宅之》,第4—5页。

圣相传"。子寿的"古圣相传"严格地说来,不只是"微有未安","无甚紧要,其义不谬",而是与"不磨心"有着本质的区别。"斯人千古不磨心",象山所昭示的是超越时空的普遍性存在,心不是有待相传的,而是本来即有的"本心"。象山曰:

> 孟子曰:"所不虑而知者,其良知也;所不学而能者,其良能也。""此天之所与我者","我固有之,非由外铄我也。"故曰:"万物皆备于我矣,反身而诚,乐莫大焉。"此吾之本心也,所谓安宅、正路者,此也;所谓广居、正位、大道者,此也。①

再次,本心除了"本来即有"之义外,"直方大,不习无不利"也表明还有"本然"之义。本来即有,偏于存在;本然则偏于存在的状态。"斯人千古不磨心"重在本来即有,"墟墓兴哀宗庙钦"则重在本然。"墟墓之间,未施哀于民而民哀;社稷宗庙之中,未施敬于民而民敬。"民哀民敬不待于施,全由本心本然而发。

这里需要更作申说的是,象山在用这个典时,非常有意涵地用一"兴"字,对本心的本然而发作了极具精神的阐扬。事实上,心的兴发也是象山关于本心意涵的重要内容。象山曰:

> 兴于《诗》,人之为学,贵于有所兴起。②

> 观山,云:"佳处草木皆异,无俗物,观此亦可知学。"③

> 因曾见一大鸡,凝然自重,不与小鸡同,因得《关雎》之意。雎鸠在河之洲,幽闲自重,以比兴君子美人如此之美。④

虽然以"兴起"作为"人之为学"的重要起手,以及观山、见鸡等都

---

① 卷一《与曾宅之》,第5页。
② 卷三十四《语录上》,第407页。
③ 卷三十五《语录下》,第463页。
④ 卷三十五《语录下》,第465页。

是具体的经验,但强调兴之于本心的作用与意义,表明本心固然是人所具有的千古未曾泯灭的存在,但存在的意义无法在沉寂中实现,故"要当轩昂奋发,莫恁他沉埋在卑陋凡下处"。①这意味着,兴实际上构成了象山本心的不可或缺的意涵。本心只有在兴起中,亦即在人的对象性活动中才能真正表征本心的存在,这既是象山心学在理论上反复强调"道外无事,事外无道"②的原因,也是象山心学必与佛学相别,而与事功学相通的关键。这些自然另当别论。

此外,应当注意到,据《檀弓》所言,唐虞时代的状态严格地讲只是传至夏,至殷、周则始坏,所谓"殷人作誓而民始畔,周人作会而民始疑",最终发展到象山所讲的"姬周之衰"。象山曰:

> 周道之衰,民尚机巧,溺意功利,失其本心。③

> 周道之衰,文貌日胜,良心正理,日就芜没,其为吾道害者,岂特声色货利而已哉?④

在象山看来,周朝虽"文貌日胜",但骨子里其实都是追尚机巧、溺意功利的事情,而唐虞之时"通体皆是道义"的状态,却完全是发其本心的结果。象山反复比较唐虞与后世的不同,他讲:

> 道塞天地,人以自私之身与道不相入。人能退步自省,自然相入。唐、虞、三代教化行,习俗美,人无由自私得。后以裁成天地之道,辅相天地之宜,以左右民。今都相背了,说不得。⑤

---

① 卷三十四《语录下》,第 452 页。
② 卷三十四《语录上》,第 395 页。
③ 卷九《与杨守》二,第 123 页。
④ 卷十一《与李宰》二,第 150 页。
⑤ 卷三十五《语录下》,第 462 页。

> 唐、虞之朝，禹治水，皋陶明刑，稷降播种，契敷五教，益作虞，垂作工，伯夷典礼，夔典乐，龙作纳言，各共其职，各敦其功，以成雍熙之治。夫岂尝试为之者哉？盖其所以自信与人之所以信之者，皆在其畴昔之所学。后世之为士者，卤莽泛滥，口耳之间，无不涉猎，其实未有一事之知其至者。①

由此，象山进而提出一个"实学"的概念。他讲：

> 人无不知爱亲敬兄，及为利欲所昏便不然。欲发明其事，止就彼利欲昏处指出，便爱敬自在。此是唐虞三代实学，与后世异处在此。②

象山以为，唐虞之美与周代之衰，除了表象背后存有本心之发与失的根源外，在本心与表象之间还存有一个学之实与虚的分别。周朝之衰，呈现为礼崩乐坏，根源在失其本心，而枢纽在实学流于虚文，即所谓"异处在此"。"实学"究竟指什么，并不容易一言以概之，③实需见诸后续的象山整个论学与活动。此处就周道之衰而言。象山在与朱子信中，尝有过一个"古人质实"与"周道之衰"的对比，曰：

> 古人质实，不尚智巧，言论未详，事实先著，知之为知之，不知为不知。所谓"先知觉后知，先觉觉后觉"者，以其事实觉其事实，故言即是事，事即是言，所谓"言顾行，行顾言"。周道之衰，文貌日胜，事实湮于意见，典训芜于辨说，揣量模写之工，依仿假借之似，其条画足以自信，其习熟足以自安。④

---

① 卷十九《本斋记》，第 239 页。
② 卷三十五《语录下》，第 454 页。
③ 参见杜维明《陆象山的实学》，原收入 1989 年"中研院"《第二届国际汉学会议论文集》，后略有修改，收入中国实学研究会《实学文化与当代思潮》，为第七章，首都师范大学出版社 2002 年版。
④ 卷一《与朱元晦》二，第 27 页。

这虽然只是针对周道之衰而论古人的质实之学,但其实也可以认为是象山关于实学最重要的论述。象山自己对这段话非常看重,后来还专门抄录给曾宅之,即前引《与曾宅之》书。如前所引,正是在《与曾宅之》书中,象山阐明心理合一,仁即此心此理,以及明确提出了"本心"的概念。在这些论述之后,便是抄录上引《与朱元晦》书中语,而在两者之间,象山有一段论述,说明本心与实学的关系:

> 古人自得之(引按:即本心),故有其实。言理则是实理,言事则是实事,德则实德,行则实行。[①]

可见,实学是与本心密切相关的概念,其基本内涵就是人依其本心面向事情而形成的知识,这个知识是切用于人生而表征于从治水播种到制礼作乐的整个人类文明中,而不是空言虚文。周道之衰正在于此实学的失落,流于虚文。

综而言之,象山由"墟墓兴哀宗庙钦"所隐喻的,乃是彰显于唐虞时代而千古不灭的本心。千古不灭构成了本心超越时空的普遍性,而本心为"斯人"所共有则构成另一重普遍性。作为构成宇宙中心的主体性存在,由于唐虞时代为之背书,本心便不是一个空洞的抽象概念,而是涵摄着全部并具体表征为"道义"的历史意涵。这些意涵随着本心面向事情而兴发形成实学,从而成己成物,创造出唐虞三代文明,周朝文胜于质所带来的衰败则从反面印证了本心与实学的根本性与重要性。

第二节　孟子前后诸儒之病

接着谈"孟子之没"。象山心学虽然是"因读《孟子》而自得

[①]　卷一《与曾宅之》,第5页。

之于心"，但正如他仍然必须对唐虞"通体皆是道义"作出揭明才能真正使心体获得意涵一样，象山必须对孟子之前之后作出说明，才足以使孟子获得确立，从而彰显孟子。当然，孟子的升格直至确立，乃整个宋代理学的标志性思想成果，并非象山独有的工作。只是象山心学除了在思想内涵与诸如概念、架构等思想形式上与孟子最为契合外，他确立孟子的方式之一就是对孟子之前之后的评说，这既富具他的思想特色，也构成了象山心体意涵的重要内容。可以说，唐虞"通体皆是道义"的揭明是象山心体意涵的正面阐明，孟子之前之后的评说则是象山心体意涵的反面界定。

孟子之前的评说主要聚焦在孔门弟子。在对孔子作出说明的基础上，象山反复对孔门弟子进行分析与比较，从而为树立孟子作出铺垫。象山以为，孔子尝致力于行道，然而道未能行，转而讲道。门下弟子虽多，但真正能够承其学者，亦很有限。象山曰：

> 夫子生于周季，当极文之弊，王者之迹熄，书讫诗亡，亦已久矣。载赟之奥方羊海、岱、江、淮、河、济之间，莫能用者。归而讲道洙、泗，贤颜氏之乐，大林放之问，叹曾点之志，称重南宫适、禹、稷躬稼之言，眷眷于柴、参之愚鲁，而终不能使予、赐、偃、商、由、求之徒进于知德，先入之难拔，积习之锢人，乃至于此。夫子既没，百家并兴，儒名者皆曰自孔氏。颜渊之死，无疑于夫子之道者，仅有曾子，自子夏、子游、子张，犹欲强之以事有若，他何言哉？章甫其冠，逢掖其衣，以《诗》《书》《礼》《乐》之辞为口实者，其果真为自孔氏者乎？[1]

---

[1]　卷十九《经德堂记》，第236页。

这是象山对孔门谈得比较全的一段文字,其中核心的问题是孔门弟子中谁传承了孔子。据《礼记·檀弓》《孟子·滕文公》《史记·仲尼弟子列传》等,孔子逝后曾经以有子为继承者。《论语》除孔子以外,以学生而尊称子者,主要是有子、曾子,且有子三章都在《学而》,其中第二章就是有子语录,也大致能佐证之。但象山对《论语》也是有所保留的,他讲:

> 夫子平生所言,岂止如《论语》所载,特当时弟子所载止此尔。今观有子、曾子独称子,或多是有若、曾子门人。然吾读《论语》,至夫子、曾子之言便无疑,至有子之言便不喜。①

可见,象山对有子始终坚持十三岁时的定见,而且对问题讲得更为具体,并表现出很大的不屑,即所谓"他何言哉?章甫其冠,逢掖其衣,以《诗》《书》《礼》《乐》之辞为口实者,其果真为自孔氏者乎"?

按有子三章分别是:

> 其为人也孝弟,而好犯上者,鲜矣;不好犯上,而好作乱者,未之有也。君子务本,本立而道生。孝弟也者,其为仁之本与。

> 礼之用,和为贵。先王之道,斯为美,小大由之。有所不行,知和而和,不以礼节之,亦不可行也。

> 信近于义,言可复也。恭近于礼,远耻辱也。因不失其亲,亦可宗也。

对比象山的评语,显见象山对有子规规于具体的礼仪节目很不满。象山当然不至于反对孝行、礼义,但他强调这些都必须在确

---

① 卷三十四《语录上》,第 401 页。

立起主体性的心体以后，才具有必要性与意义。尤当注意的是，象山的持论决不是抽象来的，而是具体而发的，即"夫子生于周季，当极文之弊"。针对这样一个具体的背景下，象山以为有子所注重的东西是支离破碎而无益于拯拔人心的。与象山这样激烈的态度相反，朱子尽管在学理上对有子所言既有批评，如"言语较紧"，又有辨析，如对孝弟为仁之本的疏解，但对有子终是抱持同情而不无肯定的。朱子曰：

> 有子言语似有些重复处，然是其诚实践履之言，细咀嚼之，益有味。

> 想是一个重厚和易底人，当时弟子皆服之，所以夫子没后，"欲以所事夫子者事之"也。①

显然，朱、陆这样的分别其实也源自彼此对时代问题的不同理解。朱子以为两宋的问题在于学理不清，而学理不清的根源在于对经典的误读，故他穷毕生精力于经典的释传；而象山以为这种工作几乎就是周季极文之弊的变相。象山曰：

> 二帝三王之书，先圣先师之训，炳如日星。传注益繁，论说益多，无能发挥，而只以为蔽。家藏其帙，人诵其言，而所汲汲者顾非其事，父兄之所愿欲，师友之所期向，实背而驰焉。而举世不以为非，顾以为常。②

故他对朱子与有子都有"支离"的批评，只不过对有子的批评尚偏重在"章甫其冠，逢掖其衣"的礼仪上，而对朱子的批评更偏重在经典的"传注益繁，论说益多"上，以至于以朱子不读书为觉悟。《年谱》载：

---

① 《朱子语类》卷二十，《朱子全书》第 14 册，第 683—684 页。
② 卷十九《贵溪重修县学记》，第 237 页。

　　闻朱元晦《喜晴诗》云:"川源红绿一时新,暮雨朝晴更
可人。书册埋头何日了,不如抛却去寻春。"先生闻之色喜
曰:"元晦至此有觉矣,是可喜也。"①

更为甚者,象山进而以为,有子不仅不足以传承孔子儒学,
而且几乎还是促成老庄道家思想泛滥的罪人。在接着前引对有
子"章甫其冠"的质疑后,象山接着讲:

　　老聃、蒙庄之徒,恣睢其间,摹写其短,以靳病周、孔,躏
籍诗礼,其势然也。

宋儒时论以佛老为异端,象山独不以为然,这个问题此处暂且不
论,这里只是指出,象山将有子与道家的兴起相联系,既是对有
子的认识,同样也是有所针对朱子,他明确朱子所定"无极而太
极"是"老氏宗旨"。②事实上,象山也曾很不客气地请朱子自己
与子贡作比较,"尊兄之才,未知其与子贡如何? 今日之病,则有
深于子贡者"。③

有子既不足论,象山又分析孔门其他著名弟子。象山曰:

　　孔门弟子如子夏、子游、宰我、子贡,虽不遇圣人,亦足
号名学者,为万世师。然卒得圣人之传者,柴之愚,参之鲁。
盖病后世学者溺于文义,各见缴绕,蔽或愈甚,不可入
道耳。④

所谓"溺于文义",这里主要还是指子夏,然而"子夏之学,传之后
世尤有害"。⑤换言之,"溺于文义"是象山所轻弃的。实际上,象

---

① 卷三十六《年谱》,第 506 页。
② 卷二《与朱元晦》一,第 24 页。
③ 卷二《与朱元晦》二,第 27 页。
④ 卷三十五《语录下》,第 470 页。
⑤ 卷三十四《语录上》,第 408 页。

山对子贡评价最高,他讲:

> 子贡在夫子之门,其才最高,夫子所以属望,磨砻之者甚至。如"予一以贯之",独以语子贡与曾子二人。夫子既没三年,门人归,子贡反筑室于场,独居三年然后归。盖夫子所以磨砻子贡者极其力,故子贡独留三年,报夫子深恩也。当时若磨砻得子贡就,则其材岂曾子之比。颜子既亡,而曾子以鲁得之。盖子贡反为聪明所累,卒不能知德也。①

所谓"子贡反为聪明所累",究竟是什么意思? 象山与门下尝论及此。《语录》载:

> 夫子问子贡曰:"汝与回也孰愈?"子贡曰:"赐也,何敢望回。回也闻一以知十,赐也闻一以知二。"此又是白著了夫子气力,故夫子复语之曰:"弗如也。"时有姓吴者在坐,遽曰:"为是尚嫌少在。"先生因语坐间有志者曰:"此说与天下士人语,未必能通晓,而吴君通敏如此。虽诸君有志,然于此不能及也。"吴逊谢,谓偶然。②

子贡与孔子的这段对话出自《论语·公冶长》。孔子为什么要问子贡自比颜回谁更好? 子贡自认不如颜回,而原因在颜回能闻一知十,自己仅闻一知二,孔子答以"弗如",且以为自己也弗如,这又究竟表达什么? 或者这只是就事论事的一段对话,并无它意? 程、朱及其各自门下对此也多有讨论,但显然,所有的解释与分析都只是推测,因为没有更多的信息提供佐证。不过,比较象山与朱子的解释,却可以发现两人的取向。按上引象山《语

---

① 卷三十四《语录上》,第396—397页。
② 卷三十四《语录上》,第396页。

录》,子贡觉得自己的悟性不如颜回,所争在知识的多少,子贡这样的识见才真正是孔子以为的"弗如"。换言之,子贡的毛病是在追求外在知识,他不如颜回、曾参的根本处,不是在悟性不够、知识不多,而是在做人的实沉工夫上不够,这是象山最不以为然的。象山尝曰:

> 若某则不识一个字,亦须还我堂堂地做个人。①

而朱子却不然,《语类》载:

> 问:"'回、赐孰愈'一段,大率比较人物,亦必称量其斤两之相上下者。如子贡之在孔门,其德行盖在冉、闵之下。然圣人却以之比较颜子,岂以其见识敏悟,虽所行不逮,而所见亦可几及与?"曰:"然。圣人之道,大段用敏悟。晓得时,方担荷得去。如子贡虽所行未实,然他却极是晓得,所以孔子爱与他说话。缘他晓得,故可以担荷得去。虽所行有未实,使其见处更长一格,则所行自然又进一步。圣门自曾、颜而下,便用还子贡。如冉、闵非无德行,然终是晓不甚得,担荷圣人之道不去。所以孔子爱呼子贡而与之语,意盖如此。"②

两相对比,象山与朱子的分歧一目了然。

颜回早死,有子"支离",子贡"反为聪明所累","无疑于夫子之道者,仅有曾子"。虽然"曾子以鲁得之",象山也充分肯定"鲁"所表征的质实是根本,但他也很明白,"鲁"能传之,却不足以光大之,故终需等孟子来担荷圣人之道。象山曰:

> 颜子没,夫子哭之曰:"天丧予。"盖夫子事业自是无传

---

① 卷三十五《语录下》,第447页。
② 《朱子语类》卷二十八,《朱子全书》第15册,第1029—1030页。

矣。曾子虽能传其脉，然参也鲁，岂能望颜子之素蓄。幸曾
子传之子思，子思传之孟子，夫子之道，至孟子而一光。然
夫子所分付颜子事业，亦竟不复传也。①

毫无疑问，象山对孟子是高度肯定的，不仅"唯孟轲氏书是崇是
信"，而且自述己学"因读《孟子》而自得之于心也"。但是，如果
细细体味"然夫子所分付颜子事业，亦竟不复传也"，则似乎象山
在孔子、颜回与孟子之间还是有所区别的。"因读《孟子》而自得
之于心也"，此语出自象山弟子詹阜民所录，但《语录》记的是"因
读《孟子》而自得之"，而《年谱》加了"于心也"三字，故严格说
来，《年谱》更重在一己之心。这意味着象山之学虽因读《孟子》
而来，但更有他自己的心得在其中。此虽是后话，有待别论，但
却必须指出，引起重视。

弄清了象山对孟子以前孔门弟子的看法以后，便需要转而
看象山对孟子以降的千有五百余年儒学诸人物的评论，以坐实
他的"孟子之没此道不明"的论断。对孟子以降的千有五百余年
儒学诸人物，象山多有散论，如他评论孔门弟子一样，但象山也
有一个很基本的总体论述。象山曰：

由孟子以来，千有五百余年之间，以儒名者甚众，而荀
（况）、杨（雄）、王（通）、韩（愈）独著，专场盖代，天下归之，
非止朋游党与之私也。若曰传尧、舜之道，续孔、孟之统，则
不容以形似假借，天下万世之公，亦终不可厚诬也。至于近
时伊洛诸贤，研道益深，讲道益详，志向之专，践行之笃，乃
汉唐所无有，其所植立成就，可谓盛矣！然江汉以濯之，秋
阳以暴之，未见其如曾子之能信其皜皜；肫肫其仁，渊渊其

----

① 卷三十四《语录上》，第397页。

> 渊，未见其如子思之能达其浩浩；正人心，息邪说，距诐行，
> 放淫辞，未见其如孟子之长于知言，而有以承三圣也。①

由此论述，可知象山将孟子以降的千有五百余年分成两段：一是
宋以前，象山举了荀、扬、王、韩，此四子虽是孟子以降的儒学代
表，但不足以"传尧、舜之道，续孔、孟之统"。二是宋代，即"伊
洛诸贤"，虽然超越汉唐，但却也不足以承曾子、子思、孟子。

就文字上看，象山对伊洛诸贤的评价似乎很高，不仅自身研
道深、讲道详、志向专、践行笃，为汉唐所没有，而且"植立成就，
可谓盛矣"，但这种高的评价更多是外在的形式而具抽象的意
味，至于具体的内涵却并未给予充分的肯定。象山讲得很清楚，
伊洛诸贤在思想的确信上，"未见其如曾子之能信其皜皜"；在内
涵的把握上，"未见其如子思之能达其浩浩"；在思想的阐扬与捍
卫上，"未见其如孟子之长于知言"。实际上，象山所谓的伊洛诸
贤，主要针对二程；而其不满的，更在程颐。象山曰：

> 某旧日伊洛文字不曾看，近日方看，见其间多有不是。②

> 二程见周茂叔后，吟风弄月而归，有"吾与点也"之意。
> 后来明道此意却存，伊川已失此意。③

> 元晦似伊川，钦夫似明道。伊川蔽固深，明道却通疏。④

除了这些总体的评论外，对程颐具体的学术思想批评除了前引
《年谱》所载关于程颐解《艮卦》"终是不直截明白"外，象山对伊
川解《易》的另外一条批评，很可以表征所谓的"伊川蔽固深"的
毛病，兹引录以见之。《语录》载：

---

① 卷一《与侄孙濬》，第 13 页。
② 卷三十五《语录下》，第 441 页。
③ 卷三十四《语录上》，第 401 页。
④ 卷三十四《语录上》，第 413 页。

> 伊川解《比卦》"原筮"作"占决卜度",非也。一阳当世
> 之大人,其"不宁方来",乃自然之理势,岂在它占决卜度之
> 中?"原筮"乃《蒙》"初筮"之义。原,初也,古人字多通用。
> 因云:"伊川学问,未免占决卜度之失。"

"原筮"究竟应如何解释,自可另当别论。但象山因伊川"占决卜
度"的解释,认定程颐在"自然之理势"面前还要作人为的计算,
其实是一种不明道理的行为;所谓"占决卜度",实质上便是一种
自以为是的蔽固。故象山接着讲:

> 富贵不能淫,贫贱不能移,威武不能屈,非知道者不能。
> 扬子谓"文王久幽而不改其操"。文王居羑里而赞《易》,夫
> 子厄于陈蔡而弦歌,岂久幽而不改其操之谓耶?①

换言之,文王、孔子从来都是秉心直道而行,决不会因境遇变故
而占决卜度来作调适。这里,象山把扬雄也一起点到了。

至于荀、扬、王、韩四子各自的问题,象山未及细论,但却都
有重要的点示。如上文对扬雄的评点,实际上便是指出扬雄好
呈自我,而其实未能见道。象山曰:

> 古人实头处,今人盖未必知也。扬子云再下注脚,便说
> 得不是,此无足怪,子云亦未得为知道者也。②
> 扬子默而好深沉之思,他平生为此深沉之思所误。③
> 扬子云好论中,实不知中。④

象山对扬雄尤不满意的是《太玄》的揲蓍之法。他讲:

> 今世所传揲蓍之法,皆袭扬子云之谬,而千有余年莫有

---

① 卷三十四《语录上》,第403页。
② 卷七《与勾熙载》,第91页。
③ 卷三十四《语录上》,第404页。
④ 卷三十五《语录下》,第434页。

一人能知之者。子云之《太玄》,错乱著卦,乖逆阴阳,所谓君不君,臣不臣,父不父,子不子。由汉以来,胡虏强盛,以至于今,尚未反正。而世之儒者犹依《玄》以言《易》,重可叹也。①

为此,象山尝专门"说数、说揲蓍",并强调"蓍法后人皆误了,吾得之矣"。②

王通的问题与扬雄相似,喜欢立异标新,自说一通,以为见道,其实不然。象山曰:

王文中《中说》与扬子云相若,虽有不同,其归一也。③

王通不仅未能见道,而且模拟经典,仿《论语》作《中说》,尤为有害。象山自谓"从来不尚人起炉作灶",主张平实之论,④故对这种自比圣贤而欺世盗名的行径作了尖锐的批评。象山曰:

有人于此,被服儒雅,师尊圣贤,知大分大较之不可易,隐然思以易当世,志不得而摅其所有,著之简编,以自附于古人……乘人之不然,而张其殊于人者,以自比于古之圣贤,袭其粗迹,偶其大形,而侈其说以欺世而盗名,则又有大不然者矣。彼固出于识量之卑,闻见之陋,而世衰道微,自为翘楚,莫有豪杰之士剖其蒙,开其蔽,而遂至于此,非固中怀谲诈,而昭然有欺世盗名之心而为之也。然其不知涯分,偃蹇僭越,自以为是,人皆悦之,而不可与入尧、舜之道者,盖与贼之乡原所蔽不同,而同归于害正矣。欺世盗名之号,夫又焉得而避之?《续书》何始于汉,吾以为不有以治王通之罪,则王道终不可得而明矣。⑤

---

① 卷十五《与吴斗南》,第201—202页。
② 卷三十五《语录下》,第464页。
③ 卷三十五《语录下》,第434页。
④ 卷三十五《语录下》,第465页。
⑤ 卷三十二《续书何始于汉》,第383页。

相比于扬、王,荀子与韩愈只是在儒家思想的把握上出现了偏差。韩愈"因学文而学道",①但在关于人性的认识上出现了问题,"韩退之原性,却将气质做性说了"。②荀子亦然。象山对荀子的评论是相当高的,他讲:

> 荀子去孟子未远,观其言,甚尊孔子,严王霸之辨隆师隆礼,则其学必有所传,亦必自孔氏者也。③

> 荀卿之论由礼,由血气、智虑、容貌、态度之间,推而及于天下国家,其论甚美,要非有笃敬之心,有践履之实者,未易至乎此也。

然而"荀卿性恶之说,君子之所甚疾"。④也正因为荀子主张性恶,故"乃甚非子思、孟轲","至言子夏、子游、子张,又皆斥以贱儒";⑤而且象山指出,荀子虽然思想的论辩能力甚好,著有《解蔽》,但终是"无主人",否则"有主人时,近亦不蔽,远亦不蔽,轻重皆然";⑥亦因此,荀子固然在先秦诸子中最能写逻辑性强的论说文字,但象山仍以为,"文以理为主,荀子于理有蔽,所以文不雅驯"。⑦概言之,象山标举荀子的笃敬与著实,指出他认识上的失误,而且在象山看来,前者乃是根本。正是在这个意义上,象山将荀子与先于孟子不动心的告子相联系,以为"要之亦是孔门别派"。⑧象山曰:

---

① 卷三十四《语录上》,第399页。
② 卷三十四《语录上》,第404页。
③ 卷二十四《策问》,第289页。
④ 卷三十《孝文大功数十论》,第347—348页。
⑤ 卷二十四《策问》,第289页。
⑥ 卷三十五《语录下》,第448页。
⑦ 卷三十五《语录下》,第466页。
⑧ 卷三十五《语录下》,第445页。

今而未有笃敬之心，践履之实，拾孟子性善之遗说，与
夫近世先达之绪言，以盗名干泽者，岂可与二子（引按：告子
与荀子）同日道哉？故必有二子之质，而学失其道，此君子
之所宜力辩深诋，挽将倾之辕于九折之坂，指迷途而示之归
也。若夫未有笃敬之心，践履之实，而遽为之广性命之说，
愚切以为病而已耳。①

当然，既是"孔门别派"，"学失其道"，终究还是表征了象山"孟
子之没此道不明"的论断。

第三节　孟子十字打开：存心与尽心

在往古来今的时间坐标上，孔门弟子力能传承，却不足以光
大，只有孟子光大孔子之学；孟子以降，荀、扬、王、韩四子未能见
道，本朝伊洛诸贤虽得其学却又仅为草创，故只有象山自己来承
担这个历史责任。象山曰：

韩退之言："轲死不得其传。"固不敢诬后世无贤者，然
直是至伊洛诸公，得千载不传之学。但草创未为光明，到今
日若不大段光明，更干当甚事？②

窃不自揆，区区之学，自谓孟子之后至是而始一
明也。③

这样的认定中，包含着两个问题：一是孟子对孔子之学的光大究
竟是什么？二是象山接着孟子又是如何使之"大段光明"？毫无
疑问，后者表征于象山的整个思想与生平，此处难以细言，但由
下文可知，这又不妨概见于象山对前者的回答。因此，前者是必

---

① 卷三十《天地之性人为贵论》，第348页。
② 卷三十五《语录下》，第436页。
③ 卷十《与路彦彬》，第134页。

须着重揭明的。

关于孔孟之学的核心，以及孟子对孔子之学的光大，象山有一个非常精要而形象的断言。象山曰：

> 夫子以仁发明斯道，其言浑无罅缝。孟子十字打开，更无隐遁，盖时不同也。①

道见之于唐虞之时，至周季已衰，孔子以学发明之，这个学的核心精神就是"仁"。"仁自夫子发之"，②所谓"发之"、"发明"，意味着孔子的仁学并不简单等同于唐虞之道。唐虞之道是源自本心的自发呈现，这样的呈现因其自发而可以不自觉。自发而不自觉的状态如果未受破坏，那么虽不自觉却完全能够自足地运转，所谓"上古道义素明，有倡斯和，无感不通，只是家常茶饭"；③然如果遭受破坏，甚至于周季衰败，那么欲重建斯道，便必须经过一个对唐虞之道的自觉理解与阐明。因此，孔子的仁学固然是唐虞之道的"发明"，其实已是"学"的创造了。这样的创造无疑是艰难的，故也唯有圣如孔子足以承担。象山曰：

> 夫子生于晚周，麟游凤翥，出类拔萃，谓"天纵之将圣"，非溢辞也。④

孔子"以仁发明斯道"，为什么"仁"足以成为唐虞之道的核心？象山引《论语·里仁》语而阐明之：

> "苟志于仁矣，无恶也。"恶与过不同，恶可以遽免，过不可以遽免。贤如蘧伯玉，欲寡过而未能。圣如夫子，犹曰"加我数年，五十而学《易》，可以无大过矣"。况于学者岂可

---

① 卷三十四《语录上》，第398页。
② 卷三十五《语录下》，第433页。
③ 卷十《与胡无相》，第133页。
④ 卷一《与李省幹》二，第14页。

> 遽责其无过哉？至于邪恶所在，则君子之所甚疾，是不可毫
> 发存而斯须犯者也。苟一旦而志于仁，斯无是矣。①

换言之，有志于仁，便等于凡事有了一个正确的开端与基础。不过，仁又是什么？仁存于何处？人为什么能够有志于仁？又如何有志于仁？毫无疑问，整部《论语》都在回答这些问题，孔子删修《六经》也完全是在彰显仁学。只是，孔子的时代正处在道衰之际，孔子意在使道能完整地传之后世，故他发明的仁学重在系统与圆融，"其言浑无罅缝"；到孟子的时代，却早已是微言绝而大义乖，诸子蜂起，百家竞言，尤以杨墨为重，对孔子仁学的传承已不能只是自顾自讲，而必须有所针对，在论辩中予以阐发。这样的传承虽有所失去"浑无罅缝"的特征，却使孔子仁学于阐发中得以光大，即象山所谓"孟子十字打开，更无隐遁，盖时不同也"。

"十字打开"作何解释？牟宗三讲："所谓'十字打开'，即是分解以立义者。（分解是广义的分解。）"由此进而列出了象山从《孟子》中所分解出来的"六端"，即辨志、先立其大、明本心、心即理、简易、存养。牟宗三讲：

> 凡此六端并本孟子而说，并无新说。即此本孟子而说者亦是指点启发以说之，并非就各概念重新分解以建立之。②

牟宗三的这一评断，包括了象山心学的基本内容与根本方法。这里的主题是象山的心体意涵，故只讨论内容，方法留待别论。象山自云："平生所说，未尝有一说。"③可以佐证牟宗三所讲"凡此六端并本孟子而说，并无新说"是对的。前文述及，象山所见

---

① 卷二十一《论语说》，第263页。
② 《从陆象山到刘蕺山》，第2—3页。
③ 卷三十五《语录下》，第449页。

的孟子对孔子之学的光大,实为象山对孟子之学光大的概引,根据也就在此。但是,象山所讲的"十字打开,更无隐遁"的孟子思想,是否便是牟宗三所提炼的"六端"呢?此六端全系于"心",象山由孟子而确立的是心学,似乎作此提炼亦是理所当然的。但为什么象山要说是"十字打开"呢?上列六端显然没有呈现出"十字"的纵横形状,而只是一竿子到底。

"十字打开"不一定有具象的指意,但也不能完全排除。朱子尝曰:

> 学问固是须著勇猛,然此勇猛却要有个用处。若只两手握紧,努筋著力,枉费十分气力,下稍无可成就,便须只是怪妄而已。……近日因看《大学》,见得此意甚分明。圣贤已是八字打开了,但人自不领会,却向外狂走耳。①

所论话题很清楚地指明,"八字打开"是比喻学问门径清晰,大道如砥,其形象性指意是非常明确的。以此比较象山的"十字打开",所示就明显不是指门径,而是隐喻内涵。"我们常对自己喜爱的东西,对自己期望流连沉思的东西采用隐喻的说法,目的是从不同的角度,在一个特殊的焦点上,由所有类似的东西反映出的不同的光线中去观察它。"②象山既然以"十字"隐喻孟子思想,同样不妨作纵横的理解。

阐明心之存养,即存心,可以视为"十字"的纵轴。上引牟宗三所举的六端正是在这一纵轴上标示的节点,当然还可以增加。在这个纵轴上,象山对孟子思想的分解开示,重心是要确立心的存在,阐明心的作用,以及立心的方法,它们共同构成了心之意

---

① 《朱子文集》卷三十五《与刘子澄》,《朱子全书》第21册,第1550页。
② 雷·韦勒克、奥·沃伦《文学理论》,生活·读书·新知三联书店1984年版,第215页。

涵的重要部分。在《与李宰》①书中,针对来信"容心立异,不若平心任理"的说法,象山作出严正的回应,并进而正面阐扬孟子的心说。象山曰:

> 来教谓:"容心立异,不若平心任理",其说固美矣。然"容心"二字不经见,独《列子》有"吾何容心哉"之言。"平心"二字亦不经见,其原出于《庄子》:"平者,水停之盛也,其可以为法也,内保之而外不荡也。"其说虽托之孔子,实非夫子之言也。彼固自谓寓言十九。其书道夫子言行者,往往以致其靳侮之意;不然,则借尊其师;不然,则因以达其说;皆非事实,后人据之者陋矣!又韩昌黎与李翊论文书,有曰:"平心而察之。"自韩文盛行后,学士大夫言语文章间,用"平心"字浸多。究极其理,二说皆非至言。"吾何容心"之说,即无心之说也,故"无心"二字亦不经见。人非木石,安得无心?

象山从语源上指出"容心"与"平心"的出处,以及后来的使用,明确二者不是孔子的概念,而是对道家术语的沿袭,进而指出其"无心"的本质。在这一基于语源学意义上的辩证中,象山既推倒了"无心"之说,厘清了儒与道的区别,也彰显了象山的论学方法。②

象山接着正面阐明心体的意涵。象山曰:

---

① 卷十一《与李宰》二,第149—150页。
② 由象山这一语源学意义上的辩证,可知前文引及牟宗三认为象山对孟子的分解立义,"亦是指点启发以说之,并非就各概念重新分解以建立之",未必确然,而是值得商榷的。此外,崔大华将象山的言语与禅庄作比附,以证明象山心学受禅庄影响(《南宋陆学》,第54—64页),由象山这一辩证,似可佐证这样的比附在方法论上是过于简单了。

> 心于五官最尊大。《洪范》曰："思曰睿，睿作圣。"《孟
> 子》曰："心之官则思，思则得之，不思则不得也。"

心作为最重要的器官，其功能在于思，而思是获得睿智，进而成
圣的前提。在文献上，象山将《孟子》的阐发承接于《洪范》，也是
一种思想正统性的表征。象山又曰：

> 又曰："存乎人者，岂无仁义之心哉？"又曰："至于心，独
> 无所同然乎？"又曰："君子之所以异于人者，以其存心也。"
> 又曰："非独贤者有是心也，人皆有之，贤者能勿丧耳。"又
> 曰："人之所以异于禽兽者几希，庶民去之，君子存之。"去之
> 者，去此心也，故曰"此之谓失其本心"。存之者，存此心也，
> 故曰"大人者，不失其赤子之心"。四端者，即此心也；天之
> 所以与我者，即此心也。

这就进一步将价值性的仁义赋予了功能性的器官之心，而且强
调了这是具有普遍性（人皆有之）与本然性（天之所以与我者）的
存在。为什么功能性的思之心必定内涵价值性的仁义之心？象
山没有论证，但从他接着引的"异于禽兽者几希""大人者不失其
赤子之心"，以及"四端者即此心也"，则足以表征象山的确认是
基于孟子四端之心的论证的。在象山看来，孟子已将仁义之心
内涵于思之心完全论证清楚了，这完全是预设了的前提观念。
当然，与此同时，象山也接受了孟子仁义之心虽是天所赋予，但
却是呈现为"四端"，从而贵乎"存心"，君子与庶民的区别正在于
"庶民去之，君子存之"。可以说，至此，象山还是在复述孟子，如
前引他自己所讲，"平生所说，未尝有一说"。但接着，象山便转
进了一层。象山曰：

> 人皆有是心，心皆具是理，心即理也，故曰"理义之悦我
> 心，犹刍豢之悦我口"。所贵乎学者，为其欲穷其理，尽此

心也。

虽然也引了孟子的"理义之悦我心,犹刍豢之悦我口",但孟子之"理义"与"我心"显然还是二分的,而象山则是由"心皆具是理"直接推出了"心即理"的命题。无疑,这中间是存在跳跃的。但是,心体的意涵却是清楚地得到了层层呈现,由功能性的思之器官与价值性的仁义之心的相互涵摄,到主体的心与客观的理相合无间,象山在阐述孟子的过程中,完成了自己心学的建构。

在心之意涵的阐发中,象山对处于不同层面的心,有一个揭明主体状态上的概念区分。在功能性的心器官中保存价值性的仁义之心,象山称之为"存心";追求内具于心之中的理,象山称之为"尽心"。存心与尽心都是孟子既有的语辞,孟子曰:

> 尽其心者,知其性也。知其性,则知天矣。存其心,养其性,所以事天也。①

在孟子这里,虽然也有"知"与"养",即认知与养育的分别,但"尽心"与"存心"都是相对于"性"而言,即围绕着主体内在的规定性而展开的。象山将理确定为心之意涵,虽然理因此而内在化,此亦为象山所强调,象山曰:

> 道理无奇特,乃人心所固有,天下所共由。②

但理终究是呈现在主体的对象性的活动中的,象山作此申明,本身也表征着理具有外部性的特征。换言之,由于象山对心的意涵阐发最终落在"心即理"的结论上,因此他对"存心"与"尽心"的区分,便使得"尽心"与"理"相关联而导向认知的关注。在《与李宰》书中,象山接着讲:

---

① 《孟子·尽心上》。
② 卷十四《与严泰伯》三,第184页。

有所蒙蔽，有所移夺，有所陷溺，则此心为之不灵，此理
为之不明，是谓不得其正，其见乃邪见，其说乃邪说。一溺
于此，不由讲学，无自而复。故心当论邪正，不可无也。以
为吾无心，此即邪说矣。若愚不肖之不及，固未得其正，贤
者智者之过失，亦未得其正。溺于声色货利，狃于谲诈奸
宄，牿于末节细行，流于高论浮说，其智愚贤不肖，固有间
矣，若是心之未得其正，蔽于其私，而使此道之不明不行，则
其为病一也。①

所谓"理为之不明"而"见乃邪见""说乃邪说"，并且"一溺于此，
不由讲学，无自而复"，意味着在象山看来，除了对心的意涵有正
面的确认以外，真正实现心的确立，还需要"讲学"为代表的认知
方式使心从"蒙蔽""移夺""陷溺"中摆脱出来。概言之，阐明心
的意涵以存之，即存心，构成了"十字打开"的纵轴；实现心的确
立，即尽心，则构成"十字"的横轴。虽然"存养是主人"，②存心
之纵轴于"十字"而言是根本，但缺了横轴"尽心"，终究不可能
"十字打开"。只有"存心"与"尽心"都打开，心的意涵才真正完
整，心体也才真正得以确立。

就对应的关系而言，存心因其见之于辨志、先立其大、明本
心、心即理、简易、存养这些环节，故偏重于知，虽最终落实于存
养，亦可谓行，然此行仍是摄于知的，只是这个知更近于主观的
心性。尽心因其落在明理，理虽内具于心但见诸事，故尽心与否
则偏重于行，但此行实又基于知，乃是摄知于行的，只是这个知
更近于客观的事理。不过，无论在存心的纵轴，还是在尽心的横

---

① 卷十一《与李宰》二，第149—150页。
② 卷三十五《语录下》，第450页。

轴,都是一端是知,一端是行。此下专以尽心为论。象山曰:

> 为学有讲明,有践履。《大学》致知、格物,《中庸》博学、
> 审问、慎思、明辩,《孟子》始条理者智之事,此讲明也。《大
> 学》修身、正心,《中庸》笃行之,《孟子》终条理者圣之事,此
> 践履也。①

这段话虽是就尽心而言,但同样适用于存心。只是,存心所呈现
的知,紧紧围绕于心展开,难见客观的知识追求;尽心所涵之知,
又几乎全摄于行中。加之象山"若某则不识一个字,亦须还我堂
堂地做个人"之类的话,象山心学在当时便给人以不读书、不言
学的强烈印象,以至于象山多次自我辩白,如曰:

> 人谓某不教人读书,如敏求前日来问某下手处,某教他
> 读《旅獒》、《太甲》、《告子》"牛山之木"以下,何尝不读书
> 来? 只是比他人读得别些子。②

事实上,诚如象山的辩白,认知构成了象山心学的重要环
节,而尤其表征于尽心这一横轴上。在前引"为学有讲明,有践
履"的话后,象山又进一步引《大学》《中庸》与《孟子》,作一长段
的阐述,强调"讲明"为首务。象山曰:

> "物有本末,事有终始,知所先后,则近道矣。""欲修其
> 身者,先正其心;欲正其心者,先诚其意;欲诚其意者,先致
> 其知;致知在格物。"自《大学》言之,固先乎讲明矣。自《中
> 庸》言之:"学之弗能,问之弗知,思之弗得,辩之弗明,则亦
> 何所行哉?"未尝学问思辩,而曰吾唯笃行之而已,是冥行者
> 也。自《孟子》言之,则事盖未有无始而有终者。讲明之未

---

① 卷十二《与赵咏道》二,第160页。
② 卷三十五《语录下》,第446页。

至,而徒恃其能力行,是犹射者不习于教法之巧,而徒恃其有力,谓吾能至于百步之外,而不计其未尝中也。故曰:"其至尔力也,其中非尔力也。"讲明有所未至,则虽材质之卓异,践行之纯笃,如伊尹之任,伯夷之清,柳下惠之和,不思不勉,从容而然,可以谓之圣矣,而孟子顾有所不愿学。拘儒瞽生又安可以其硁硁之必为,而傲知学之士哉?

当然,象山对学的认识与方法自有一套,如他接着下的转语:

> 然必一意实学,不事空言,然后可以谓之讲明。若谓口耳之学为讲明,则又非圣人之徒矣。[1]

但无论如何,强调学,这在象山的心体意涵中,完全是一个内在而重要的构成部分。学是心之内在的要求,著书讲学读书尚友都是学的呈现,诚乃不可或缺。象山与人书曰:

> 令兄谓诸公伤于著书,而其心反有所蔽,此理甚不精,此言甚不当矣。彼学不至道,其心不能无蔽,故其言支离。彼惟不自知其学不至道,不自以为蔽,故敢于著书耳。岂可言由其著书而反有所蔽! 当言其心有蔽,故其言亦蔽,则可也。故亲师友于当世,固当论其学,求师往圣,尚友方册,亦当论其学。[2]

心有所蔽,不在于学,而在于学不至道;因为学不至道,故心有所蔽而不自知,遂有种种学之病相,使人反以为病相系学所致。象山固然强调,"道未有外乎其心者。自可欲之善至于大而化之之圣,圣而不可知之神,皆吾心也",[3]但这种强调更近乎逻辑的预设,作为事实的存在,则必待于学。象山曰:

---

① 卷十二《与赵咏道》二,第 160 页。
② 卷十二《与赵咏道》一,第 159 页。
③ 卷十九《敬斋记》,第 228 页。

> 夫道一而已,相去千里,相后千岁者,犹若合符节,况其近者乎?然古人所以汲汲于师友,博学、审问、慎思、明辩之者,深惧此道不明耳。于其大端大旨,知其邪正是非,形有相近而实有相远,则知精微之处亦犹是也。①

因此虽圣如孔子,亦终身学而不厌,况普通人。象山曰:

> 夫子十五而志学,则既得其端绪矣,然必三十而立,四十而不惑,五十而后日知天命,及其老也,犹日我学不厌。今学者诚知端绪,则亹亹翼翼,自致日新之效者,其能自已乎?②

学,除了是尽心的内在需要,同时又构成心之意涵的重要部分。这种重要性缘于两方面:一是作为尽心的内在需求,学本身与心之存养构成相对应的内容。象山曰:

> 大抵讲明、存养自是两节。《易》言:"知至至之,可与几也;知终终之,可与存义也。"《大学》言:"物格而后知至,知至而后意诚,意诚而后心正,心正而后身修。"《孟子》言:"始条理者,智之事也,终条理者,圣之事也。"皆是圣贤教人,使之知有讲学,岂有一句不实头。③

二是学是心摆脱陷溺与蒙蔽的根本路径。象山以为,"吾心苟无所陷溺,无所蒙蔽,则舒惨之变,当如四序之推迁,自适其宜";④而"心苟不蔽于物欲,则义理其固有也",⑤且"义理所在,人心同然,纵有蒙蔽移夺,岂能终泯"。⑥但心要摆脱蒙蔽移夺,并不是

---

① 卷十二《与赵然道》二,第156—157页。
② 卷十二《与赵然道》二,第157页。
③ 卷七《与彭子寿》,第91页。
④ 卷十二《与赵然道》四,第159页。
⑤ 卷十四《与傅齐贤》,第185页。
⑥ 卷二十《邓文苑求言往中都》,第255页。

无条件的,而是需要通过学习来达到的。象山曰:

> 人未知学,其精神心术之运皆与此道背驰。一旦闻正
> 言而知非,则向来蹊径为之杜绝。若勇于惟新,固当精神筋
> 力皆胜其旧。然如此者难得,但得不安其旧,虽未有日新,
> 亦胜顽然不知与主张旧习者远矣。①

不知学,近乎自暴自弃。学,也还有不同境界。同样是"闻正言
而知非",有勇于惟新者,有不安其旧者,前者自然是难得,后者
虽不完美,但也胜于安于旧习者。因此,学在象山这里,几乎是
心祛除蒙蔽、摆脱旧习的唯一路径。

尽心这一横轴上,"讲明"一端清楚,另一端便是"践履"。尽
心以讲明为起手,讲明不是空论,而是弄清楚"始条理者"与"终
条理者",是围绕着理而展开的。理不是悬空的,而是见之事,
即人的践履的。因此,讲明必然落于践履。

在践履的问题上,就落于心学的尽心,可以说是象山对孟子
的确认与阐扬,但若就落于践履本身,则不妨更多的说是缘于对
颜回的继承。前曾言及,象山以为,"夫子之道,至孟子而一光。
然夫子所分付颜子事业,亦竟不复传也"。换言之,孟子对于孔
子仁学虽有光大之功,但孔子传给颜回的事业却是失传了。前
亦曾指出,"因读《孟子》而自得之(于心也)",《年谱》较《语录》
的记载是多出括号中三字。《年谱》说明此条出自詹阜民的记
录,而詹阜民所记《语录》既无此三字,则《年谱》照理不应自加三
字,而所以加三字,显然表征着"于心也"是重要的。换言之,加
上三字,重心更在象山的本心。"因读《孟子》而自得之",强调受
孟子的启发,以及对孟子的继承,但加上三字,便意味着象山心

---

① 卷十四《与廖幼卿》,第185页。

学有超出《孟子》的意涵。联系到"夫子所分付颜子事业,亦竟不复传也",验之象山整个生平与学术,似亦完全可以确信,象山对自我的期许未尝不是由读《孟子》而上接颜回,使孟子心学与颜回精神相结合,从而象山心学承传的是孔子的事业,即仁学。关于颜回精神,象山有"三鞭"的系统阐明。象山曰:

> 天下之理无穷,若以吾平生所经历者言之,真所谓伐南山之竹,不足以受我辞。然其会归,总在于此。颜子为人最有精神,然用力甚难。……颜子当初仰高钻坚,瞻前忽后,博文约礼,遍求力索,既竭其才,方如有所立卓尔。逮至问仁之时,夫子语之,犹下克己二字,曰"克己复礼为仁"。又发露其旨,曰"一日克己复礼,天下归仁焉"。既又复告之曰"为仁由己,而由人乎哉"? 吾尝谓此三节,乃三鞭也。①

可见颜回的三鞭精神对于孔子仁学意旨的把握全着力于自己的践履,并因其践履的展开而使内具于本心之中的理呈现于对象性的事中。

象山因其心学的凸显,以及对孟子的标举,当时人已多误解其空疏不能立事,正如孟子一样"见以为迂远而阔于事情"。②象山尝不无感慨地讲:

> 某皆是逐事逐物考究练磨,积日累月,以至如今,不是自会,亦不是别有一窍子,亦不是等闲理会,一理会便会。但是理会与他人别。某从来勤理会,长兄每四更一点起时,只见某在看书,或检书,或默坐。常说与子侄,以为勤,他人莫及。今人却言某懒,不曾去理会,好笑。③

① 卷三十四《语录上》,第 397 页。
② 《史记》卷七十四《孟子荀卿列传》,第 2342 页。
③ 卷三十五《语录下》,第 463 页。

对儒家成己成物于当时的具体落实,象山不仅与寻常官宦士人有别,而且与儒学中人亦大异其趣,故对象山心体意涵的真正理解,必须在思想的体会之外能对他的一生事业有真切认识。事实上,在朝廷对象山谥以"文安"的《覆谥》中,对此还是有非常中肯的评定的。《覆谥》曰:

> 惜乎不能尽以所学见之事业。立朝仅丞、匠、监,旋即奉祠以归。惠政所加,止荆门小垒而已。世固有能言而不能行,内若明了而外实迂阔不中事情者。公言行相符,表里一致。其吐辞发论,既卓立乎古今之见;至于临政处事,实平易而不迂,详审而不躁,当乎从情而循乎至理,而无一毫蹈常袭故之迹。若公者,在吾儒中真千百人一人而已。①

概而言之,象山心学"因读《孟子》而自得之于心也",其思想的型塑与形态似乎都呈现出非常浓重的主观性,但正如象山反复强调自己所学是"实学"那样,他的心体是具有丰厚而坚实的意涵的。唐虞时期的历史从根本上构成了象山的心体意涵。这一历史在今人眼中可以完全视为神话而祛魅,但在象山所处的时代,它却是具有知识与观念双重合法性的客观事实。作为事实存在的历史生活构成了前提性的客观基础,但客观性所具有的意涵并不在于历史生活本身,而在于历史生活背后的道义。唐虞时代"道义之在天下,在人心",而且不可泯灭,完全呈以"本然"状态,这是象山心体称之为"本心"的基本意涵。基于这一"本心"的基本意涵而生发的知识,完全是应对人的生命存在的"实学",它虽然呈现于人的生活而见诸对象性的事,但本质上却根于人心,亦因此而成为心体的另一重意涵。

---

① 卷三十三《覆谥》,第387页。

　　周季之衰,孔子以仁学发明唐虞之道,形式上虽是传承,但实质上是阐扬了新的精神,孔子之仁也因此构成了象山心体的核心意涵。孔子门下,颜回足以继承孔子事业,但早死而失传;其他门人除了曾子守先待后外,皆未能见道,后世代表性儒者亦然。只有孟子接续曾子、子思,回应时代挑战,光大孔子仁学。象山虽然自谦"平生所说,未尝有一说",但他通过孟子的"存心"与"尽心"彰显孟子对孔子仁学的"十字打开",并将颜回代表的仁学践履精神涵摄于"尽心",从而使心体的意涵获得进一步充实。

第三章　本心与言语及注我注经

虽然"本心"确定为心体的基本意涵,进而阐明依其本心面向事情而形成的知识才是"实学",并且判定孔子以下至宋代的儒学代表人物,以自己直承孟子,从而完成心学谱系的疏证,但是,在象山的时代,仅此是远远不够的,因为象山时代的知识系统本质上还是"经学时代"。象山尝指出:

> 惟本朝理学,远过汉唐。[①]

理学在宋代已成为儒学新的知识形态,只是理学仍必须透过经学的知识形态才足以获得或表征自身的真理性。此即余英时所讲:

> 无论是主张"心即理"的陆、王或"性即理"的程、朱,他们都不承认是自己的主观看法;他们都强调这是孔子的意思、孟子的意思,所以追问到最后,一定要回到儒家经典中去找立论的根据,义理的是非于是乎只好取决于经书了。[②]

---

① 卷一《与李省幹》二,第14页。
② 《清代思想史的一个新解释》,收入氏著《历史与思想》,台湾联经出版事业公司1976年版。余英时先生此论是他用于解释清代考证学兴起的内在理路依据,这里虽不涉此问题,但仅就观察宋代理学的内在思想张力时,由经学转出的理学必返证于经学,这个论断仍是适用的。

　　然而,象山论学的宗旨与风格似乎让他陷于某种窘迫的氛围。在回应朱子的评论时,象山讲:

　　　　朱元晦曾作书与学者云:"陆子静专以尊德性诲人,故游其门者多践履之士,然于道问学处欠了。某教人岂不是道问学处多了些子? 故游某之门者践履多不及之。"观此,则是元晦欲去两短,合两长。然吾以为不可,既不知尊德性,焉有所谓道问学?①

朱子当然不会真的以为自己"道问学处多了些子"。相反,在朱子思想中,尊德性就在道问学之中。象山也决不认为自己"专以尊德性诲人",于道问学处无工夫。这些都且待后论。这里引此回应,只在说明象山对自己论学宗旨的申明,即"尊德性"。为了强调这一宗旨,象山不惜将此推至极处。他讲:

　　　　吾之学问与诸处异者,只是在我全无杜撰,虽千言万语,只是觉得他底在我不曾添一些。近有议吾者云:"除了'先立乎其大者'一句,全无伎俩。"吾闻之曰:"诚然。"②

前一句,"全无杜撰""在我不曾添一些",是为了说明自己论学的客观性与真理性,无疑是正当的;但后一句,完全承认自己除了"立乎其大者"外"全无伎俩",则不免是一意气之语。为了彰显自己的论学宗旨,象山不惜决绝地作出某种程度上的自损,由尊德性转成为独尊德性。

　　基于尊德性的宗旨,也为了强化这一宗旨,象山的论学风格亦尤显强劲而偏执。上引"全无伎俩"是一形容,具体的便彰显于象山标示的"千虚不博一实,吾平生学问无他,只是一实"③的

---

①② 卷三十四《语录上》,第400页。
③ 卷三十四《语录上》,第399页。

"实学"。实学要求在"人情物理上做工夫",①故象山的论学风格著意在让人起兴、辨志、躬行。《语录》载：

> 兴于《诗》,人之为学,贵于有所兴起。

> 傅子渊自此归其家,陈正己问之曰："陆先生教人何先?"对曰："辨志。"

> 居象山多告学者云："女耳自聪,目自明,事父自能孝,事兄自能弟,本无欠阙,不必他求,在自立而已。"②

与此相应,道问学的读书工夫便被极大地遮蔽,以至于象山需自辩：

> 人谓某不教人读书……何尝不读书来? 只是比他人读得别些字。

> 某何尝不教人读书,不知此后然有甚事。③

只是平实而论,象山论学风格的确是如此鲜明的,即如他自己所讲："我这里有扶持,有保养,有摧抑,有摈挫。"④扶持与保养的是本心,摧抑与摈挫的是读书。

独尊德性的宗旨,配以务求躬行的鲜明风格,使得象山近乎扮演成了一个反智论的形象。⑤象山自己宣称：

> 今人略有此气焰者,多只是附物,元非自立也。若某则不识一个字,亦须还我堂堂地做个人。⑥

---

① 卷三十五《语录下》,第 435 页。
② 卷三十四《语录上》,第 407、398、399 页。
③ 卷三十五《语录下》,第 446、470 页。
④ 卷三十五《语录下》,第 468 页。
⑤ 关于象山心学的反智论特征,自朱子即已指出,今人的推衍甚多,广为人知,兹不列举。
⑥ 卷三十五《语录下》,第 447 页。

既然可以"不识一个字",那么著书立说更是"枉费精神"。《语录》载：

> 一夕步月,喟然而叹。包敏道侍,问曰："先生何叹?"曰："朱元晦泰山乔岳,可惜学不见道,枉费精神,遂自担阁,奈何?"包曰："势既如此,莫若各自著书,以待天下后世之自择。"忽正色厉声曰："敏道！敏道！怎地没长进,乃作这般见解。且道天地间有个朱元晦、陆子静,便添得些子?无了后,便减得些子?"①

毫无疑问,这就让象山不得不直面经学时代的一个基本问题,即儒家经典《六经》对于象山又具有什么价值呢?象山的回答是干脆的：

> 学苟知本,《六经》皆我注脚。②

前已述及,在某种意义上,象山的反智论形象是因为论学的需要——确保思想的彻底性——而逼出来的。但是,言语常常会与语境脱离开来。一旦思想呈以一个命题时,其指义往往便具有普遍性。何况,象山的反智论形象也完全是他自觉的型塑。只是,"人谓某不教人读书……何尝不读书来?只是比他人读得别些字"。这一自辩的指义是非常清楚的,散见于文集中的并不少的有关读书的论述,亦充分表征了象山的自辩是有依据的。事实上,象山没有也不可能自外于经学时代,他对于经典作有阐释。概言之,认为象山是一个反智论者,无论在怎样的意义上,都是过于简单化了的判定。针对象山思想中的这一显见的矛盾,最新的研究试图通过经典知识在象山心学中以隐而不显的

① 卷三十四《语录上》,第 414 页。
② 卷三十四《语录上》,第 395 页。

存在方式为其心学提供客观的校准与范例作用,或者强调象山智识论的独特性,①从而给予合理的解释。这样的研究对于推进理解象山心学的知识论是有益的,并也似乎将象山独尊德性的反智论形象与别具独特性的智识论绾合为一,但却也不免有所强为之说。象山关于经典的知识并不是隐而不显的,而是充分彰显的,并随时被他引以为证的,亦即他自己标示的"《六经》注我";对于自己的智识论,象山也反复申明不具有什么独特性。

论读书,象山讲:

> 读书之法,须是平平淡淡去看,子细玩味,不可草草。
>
> 所谓优而柔之,厌而饫之,自然有涣然冰释,怡然理顺底道理。②

论思想建构,象山讲:

> 某从来不尚人起炉作灶,多尚平。③

换言之,除了"《六经》注我",象山同样也是在"我注《六经》"的,而且,这也是事实。因此,"《六经》注我"的真正指义是什么? 象山究竟如何由经学转出心学? 即如何"《六经》注我"? 同时,心又如何在经学的知识形态中获得安顿? 即如何"我注《六经》"? 仍然是有待发覆的问题。本章试图揭明这些问题,从而彰显象山心学与经学之间的张力所呈现出的理论问题,以及构成的丰富性。

---

① 分别参见蓝法典《从"何书可读"到"六经注我"——论陆象山哲学中的知识问题》与邓国坤《智识或反智识:陆九渊的独特智识论》,收入欧阳祯人主编《心学史上的一座丰碑——陆象山诞辰 880 周年纪念》,武汉大学出版社 2020 年版。
② 卷三十五《语录下》,第 432 页。
③ 卷三十五《语录下》,第 465 页。

第一节　尧舜之前何书可读

要解释象山的"《六经》注我"与"我注《六经》"，须先了解象山有关知识论的看法。这在象山那里具体呈现为两个问题：人的认识对象究竟是什么？或者人的学习究竟从哪里入手？从提问的方式看，这两个问题似乎处于不同的层次。前者近乎认识的本质追问，后者可以理解为具体的路径。象山与朱子在鹅湖会上的争辩之一是为学次第，就是由显性的后一个问题，隐性地潜藏了前一个问题。在前后两个问题中间涉及知识的载体"书"，实质上更基础的是语言的认识问题。

关于鹅湖会，《语录》以象山五兄陆九龄复斋的话引出象山的记录，此记录重在过程及其所涉议题。《年谱》淳熙二年象山三十七岁条主要记录此后其他人对此会的述评，以为《语录》的补充，对此，此条于"复斋云云"下特注"见前卷三十四"。在《年谱》的补述中，主要涉及三个议题。其一是鹅湖会后三年朱子酬和陆氏兄弟鹅湖会时所作的诗；其二是关于九卦之序的讨论；其三就是论及教人。朱子的和诗在《年谱》编撰者自然是用来表征朱子对陆氏兄弟的称誉，但其实此诗隐涵着朱子的立场，以及对象山的质疑，包括从为学次第的显性问题到认识本质的隐性问题。九卦之序的认定，可以说是象山"我注《六经》"的一个例证，同时也涉及象山经学的重要领域之一《易》学；象山经学的另一个重要领域是《春秋》学。论及教人的讨论，则直接从为学次第的问题延展到了认识本质及其语言的问题。九卦之序容待后论，其余两个议题与本节主题密切相关，且从最表层的为学次第切入讨论。

"论及教人"的问题出自朱亨道的书信。《年谱》录云：

> 鹅湖之会，论及教人。元晦之意，欲令人泛观博览，而

后归之约。二陆之意，欲先发明人之本心，而后使之博览。
朱以陆之教人为太简，陆以朱之教人为支离，此颇不合。先
生更欲与元晦辩，以为尧舜之前何书可读？复斋止之。[①]

朱亨道的书信已明确表明，朱陆都是尊德性与道问学并举的，不
存在取一舍一的问题，区别仅在入手处不同，即前文所说的显性
提问："人的学习究竟从哪里入手？"至于所谓朱陆教人的"支离"
与"太简"，只是教人路径的外在特征。为学中的"博"与"约"原
本就是相对而言，各有长短，一定要在现象层面确定孰轻孰重、
孰先孰后，并无坚实的理据，朱陆"颇不合"既很自然，也无可厚
非。但是，象山显然并不接受这样各有长短的识断，也不认同双
方分歧是在这个表层的显性问题上，他对为学次第问题的背后
有进一步的思想追问，这就是他"更欲与元晦辩"，而被"复斋止
之"的问题："尧舜之前何书可读？"

　　"尧舜之前何书可读？"虽以疑问句式提出，但象山此问的指
义是很清楚的，即"尧舜之前无书可读"。尧舜之前既然无书，自
然不存在读书的博与约；因此"论及教人"，就不应该纠缠于读书
的博与约，而是应该启示学人去追问，在不存在书的境遇中究竟
如何去问学？这个追问虽然是假设了不存在书的境遇，但在象
山那里，这个假设的境遇可以搁置，他的追问实质上是：知识究
竟源于何处？这显然不是一个表层的为学次第问题，而是一个
关涉知识性质的问题。同时，由于人类的知识总是通过日常言
语与书面语言[②]来呈现的；书是书面语言的显著代表，在不存在
书的境遇中，日常言语自然是唯一的认知表达，但即便是书已出
现并成为知识的重要载体以后，日常言语仍然是比书面语言更

①　卷三十六《年谱》，第 491 页。
②　以下凡称"言语"与"语言"者，皆有日常与书面之义。

广泛存在的知识载体。由此,象山关于知识究竟源于何处的追问,必然与言语/语言联系在一起。换言之,象山的追问不是读不读书,以及如何读书的问题,而是一个知识论的哲学问题;书的背后则是这一哲学问题中的言语/语言的问题。

不难想象,象山对"尧舜之前何书可读"的追问应该是非常在意的,《年谱》引朱亨道的话来补入这段文字,可以佐证这点;同时,由于鹅湖会上没有实际发生这一追问,我们可以推测朱亨道的记述应该来自象山事后的自述,这也许可以进一步认为,除了非常在意,象山对此追问也是不免自得的,因为如前所述,这一追问的实质是逼向根本性与基础性的哲学问题。只是这样的追问,对于思想停留于为学次第的人来讲,无疑是把对话的门给封死了。同时,象山小朱子九岁,进士及第出道也迟至三十四岁,如此追问朱子,显然是极不礼貌的,故"复斋止之"。

不过,象山的这个追问,如果真的在鹅湖会上提出,朱子除了充分感受到象山的性格,视为好辩争胜以外,并不会对朱子构成思想的挑战,因为鹅湖会前朱子对此问题已有详尽论述。在《答陈明仲》的一封论学书信中,朱子曰:

> 上古未有文字之时,学者固无书可读,而中人以上,固有不待读书而自得者。但自圣贤有作,则道之载于经者详矣,虽孔子之圣,不能离是以为学也。舍是不求,而欲以政学,既失之矣,况又责之中材之人乎?①

---

① 《朱文公文集》卷四十三,《朱子全书》第 22 册,第 1951 页。陈来将此书定在鹅湖会前的三年,以为"此书未可详考,当与《答陈明仲》第三、四等书论《论语》同时,皆在乾道之中"。参见《朱熹哲学研究》,中国社会科学出版社 1987 年版,第 277 页。关于鹅湖会前朱陆思想的形成过程,此书有详细梳理。

朱子的看法非常明确,尧舜之前,因无文字,固然无书可读,只能依靠自得,但尧舜既起,不仅已有文字,而且形成的经典化文本,虽孔子也绕不过去,至于"中材之人"更必须研读书。朱子的持论是依据历史的实况,换言之,他的思想是基于历史本身的。鹅湖会后的和诗仍然持守这一立场,象山《年谱》引录了朱子的和诗:

> 德业流风凤所钦,别离三载更关心。偶携藜杖出寒谷,又枉篮舆度远岑。旧学商量加邃密,新知培养转深沉。只愁说到无言处,不信人间有古今。①

"旧学""新知"句反映的是朱子的治学路径与精神,毋需赘言。有意味的是首联与尾联。尾联在诗义上与上引《答陈明仲》的论述是一贯的,并无新义。只是《答陈明仲》是鹅湖会前写的,反映了朱子自己的识见,与象山的追问并无关联,而此联却无疑是针对象山拟追问的回应。联系到首联"别离三载",似乎透露出,鹅湖会上的朱陆之争在持续发酵,象山原拟追问的"尧舜之前何书可读",已作为象山的重要思想在传播,迫使朱子竟要在三年后写这首酬和诗来进行回应。

　　此处引入朱子的书信与和诗,并不是要讨论朱陆异同,而是希望由朱子基于历史事实的立论,进一步彰显象山追问的哲学意涵。依朱子指出的历史事实,自有文字以来,虽孔子也不能摆脱文本,但朱子也承认上古未有文字之时,有不待读书而自得者。这意味着,即便是基于朱子的历史叙述,他所持论的历史依据仍然是片面的,仅仅是就经典形成以后的历史而言。换言之,至少就部分的历史经验,即上古未有文字之时,无书可读也是能获得认识的。这样的历史经验虽然只是部分的,但在逻辑上却

----

① 卷三十六《年谱》,第490页。

足以导出两个具有普遍性的判识:(1)人的知识并不必须通过读书;(2)包括经典在内的书并不代表道理本身。

象山是主张理的存在及其对事物的规定性的。象山曰:

> 此理塞宇宙,谁能逃之? 顺之则吉,违之则凶。其蒙蔽则为错愚,通彻则为明知。昏愚者不见是理,故多逆以至凶;明知者见是理,故能顺以致吉。①

这一论述虽然是针对人的活动而言,但显然是适用于所有事物的展开的。由于理的存在及其规定性,象山进一步指出,凡人一切正当的作为,包括任何真正的学说,都应该是此理的表征。离开了理,别无其他值得肯定的东西。象山曰:

> 此理塞宇宙,所谓道外无事,事外无道。舍此而别有商量,别有趋向,别有规模,别有形迹,别有行业,别有事功,则与道不相干,则是异端,则是利欲为之陷溺,为之窠臼。说即是邪说,见即是邪见。②

只是,理虽然普遍地存于万事万物之中,但如何认识到理,却并不容易。因此,弄清楚如何识理,实是为学的关键。象山曰:

> 人为学甚难,天覆地载,春生夏长,秋敛冬肃,俱此理。人居其间要灵,识此理如何解得。③

那么,究竟如何识得此理呢? 象山标示了一个案例:

> 事外无道,道外无事。皋陶求禹言,禹只举治水所行之事,外此无事。禹优入圣域,不是不能言,然须以归之皋陶。④

据此案例,道在事中,即理在事中;所谓的事,广义上便是人的全

---

① 卷三十四《语录上》,第418—419页。
② 卷三十五《语录下》,第474页。
③ 卷三十五《语录下》,第450页。
④ 卷三十五《语录下》,第458页。

部生活。由于"事外无道",故人在事中认识道理应该是最直接与最基本的路径。这表明,在象山看来,人的认识是来自实践的。由此自然推出前述具有普遍性的判识(1),即人的知识并不必须通过读书。唯此,象山才会对主张读书的朱子有"尧舜之前何书可读"的追问。

不过,判识(1)"人的知识并不必须通过读书",并不必然导出判识(2)"包括经典在内的书并不代表道理本身",因为人由实践而获知的道理可以通过言语/语言进行表达。事实上,人是生活在言语/语言中的,离开了言语/语言,不仅道理无法传达,而且生活本身也无法展开。毫无疑问,象山不可能无视这样的基本事实,他并不完全否定言语/语言对认识的陈述与传达,故他在强调了"皋陶求禹言,禹只举治水所行之事,外此无事"后,随即表示,"禹优入圣域,不是不能言,然须以归之皋陶"。这一随即跟进的强调包括了两层意思:一是禹能言理。言语/语言既然可以传达道理,那么,判识(2)"包括经典在内的书并不代表道理本身",便需要作进一步分疏,即这一陈述可以从正反两个方向转换成更具体的问题。正向的提问是,"包括经典在内的书在什么前提下足以代表道理本身"? 反向的提问可以是,"包括经典在内的书为什么不足以代表道理本身"? 无论正向与反向,"禹能言理"与"禹只举治水所行之事"都逼向同一个问题:理与言/事的关系。二是理的获得最终必须落在皋陶自己。这一层意思是基于前一层意思的推求,它把认识主体的决定性意义彰显了。

上述两层意思,在象山的《与包详道》书中有清晰的陈述。象山曰:

> 理不可以泥言而求,而非言亦无以喻理;道不可以执说而取,而非说亦无以明道。理之众多,则言不可以一方指;

> 道之广大,则说不可以一体观。昔人著述之说,当世讲习之
> 言,虽以英杰明敏之资,盘旋厌饫于其间,尚患是非之莫辩,
> 邪正之莫分。①

承认言之于理的必要性,这在象山显然是非常明确的,"非言亦
无以喻理","非说亦无以明道",但更为明确的是,象山的论说不
在阐明言与说对于理与道的不可或缺性。象山的思想诉求是要
消解言与说对于理与道的固化,他的核心思想是在强调"理不可
以泥言而求","道不可以执说而取"。

象山的论证分两层:一是从抽象的意义上指出凡言说皆有
局限,故任何言说都不足以承载全体广大的道理,即"理之众多,
则言不可以一方指;道之广大,则说不可以一体观"。二是以具
体的经验来证明"昔人著述之说"与"当世讲习之言"都不足以辨
是非、分邪正。由于象山承认言说之于道理的必要性,因此,象
山对固执言说的破斥不能简单地归为反智论。事实上,象山非
常热衷于辩学,亦充分表征了他对智识的认同,只是辩学的维度
不同于读书的维度,反映的是象山另一方面的思想,此且待别
论。象山既非反智论,那么他破斥言说的思想内涵就必须获得
合理的解释。

在象山看来,言说与道理之间不具有整齐对应的关系,言说
本身亦不完全是逻辑与指义清晰的。象山曰:

> 《论语》中多有无头柄的说话,如"知及之,仁不能守之"
> 之类,不知所及、所守者何事;如"学而时习之",不知时习者
> 何事。②

---

① 卷六,第81页。
② 卷三十四《语录上》,第395页。

但是,《论语》这些话又不是无指义的,只是这些指义在记录下的文本中有所遗漏;而且这种遗漏只是相对于后人而言的,在当时的具体语境中,无论是言说者,还是听者,也许都是清楚的,他们对"所及、所守者""时习者"都是知道的。这样的解释很容易让人联想到维特根斯坦在语言与哲学的关系上所发生的前后期思想转变。在早期哲学中,维特根斯坦认为"每个字词都有一种意义。意义与字词相互关联。字词所代表的就是物体";但在他的后期哲学中,维特根斯坦坚决地否定了自己的这种看法,转而强调:

> 语言并不是一种单一的东西,而是一群不同的活动。我们用语言来描述、报告、告知、肯定、否认、推测、下命令、问问题、讲故事、演戏、唱歌、猜谜语、说笑话、解题、翻译、请求、感谢、祝贺、咒骂、祈祷、警告、回忆、表达感情和完成其他许多活动。[①]

如果比对儒家的经典,无论《五经》,还是《论语》《孟子》,正具有这样的特征与性质。可以说,这些经典在象山那里,并不是道理的直接而完整的陈述,恰恰如维特根斯坦所言,"是一群不同的活动"。活动本身已隐没于历史之中,留下的只是日常言语已转换成书面语言的文本。后来的读者试图要认识道理,虽然必须面对文本,但决不是沉溺于文本的字词本身,更不是要在文本的字词背后探寻出什么本质,而是由文本所呈现的活动本身,引发人自身去思考存于活动之中并主导活动展开的道理,故象山才有"禹优入圣域,不是不能言,然须以归之皋陶"的强调。换言之,道理固然离不开言语/语言,但最终决定于认识主体的自觉。

---

① 格雷林《维特根斯坦与哲学》,译林出版社 2013 年版,第 80、81 页。

　　然而问题在于,由于活动呈现为言语/语言,人们生活于言语/语言之中,而言语/语言之能指与所指既不一一对应,更有客观的语境与主观的误解,因此循其言语/语言以求道理,不仅会出现因毫厘之差而谬以千里的认识上失误,更会使人陷溺于其中而衍为认知上的荒诞与猖狂。在前引《与包详道》书中的那段话后,象山接着指出:

> 乱真之似,失实之名,一有所蔽,而天地为之易位,差之毫厘,缪以千里。其于圣贤之言一失其指,则倒行逆拖,弊有不可胜言者。况于短浅之智虑,昏昧之精神,狭陋之闻见,庸鄙之渐习,一旦骇于荒唐缪悠之说,惊于诡谲怪诞之辞,则其颠顿狼狈之状,可胜言哉? 正使与之诵唐虞之书,咏商周之诗,殆亦未必不指污沱为沧海,谓丘垤为嵩华,况又杂之以不正之言,亦安得而不狼狈哉? 当其猖狂惶骇之时,盖不必明者而后知其缪也。①

这段话,既表征了象山在理论上对言说的高度警示,更表达了他对南宋思想场域的严重不满,"近来学者多有虚见虚说,冥迷渺茫,不肯就实"。②

　　在象山看来,南宋思想场域所流行的对"虚见虚说"的"冥迷渺茫",其实是"自沉埋,自蒙蔽"。象山曰:

> 此理在宇宙间,何尝有所碍? 是你自沉埋,自蒙蔽,阴阴地在个陷阱中,更不知所谓高远底。要决裂破陷阱,窥测破个罗网。③

打破陷阱、冲破罗网的唯一办法,就是要视言说为事/活动,人于

---

① 卷六,第 81 页。
② 卷六《与傅圣谟》三,第 79 页。
③ 卷三十五《语录下》,第 452 页。

事中去体察理;这个理虽然散在事事物物中,但究其根本是归于一处,"只有一理,无有二理"。象山曰:

> 理只在眼前,只是被人自蔽了。因一向误证他,日逐只是教他做工夫,云不得只如此。见在无事,须是事事物物不放过,磨考其理。且天下事事物物只有一理,无有二理,须要到其至一处。①

仅就话语上看,"须是事事物物不放过,磨考其理",以及"天下事事物物只有一理",这些陈述与朱子所讲的并没有什么区别。但是,象山所谓的"理只在眼前,只是被人自蔽了",旨在揭明理被人自蔽的原因乃是因为人对本心的戕贼。象山以为,"人心至灵,此理至明,人皆有是心,心皆具是理"。②人原本是有精神的存在,人的活动是在本然的自我精神,即本心的主导下展开的,而心都具有理,故而"理只在眼前"。只是"学者各倚其资质闻见,病状虽复多端,要为戕贼其本心,则一而已"。③这种本心的戕贼,因为借着道问学的名义与风气,以至"此心之良,戕贼至于烂熟,视圣贤几与我异类",④从而使人彻底迷失本心,理也由此而自蔽。

至此,象山追问"尧舜之前何书可读"的思想指义已非常清楚,他不是要否定读书,更不是反智论的彰显,而是针对沉迷于虚假的道问学时弊,通过对言语/语言的本质揭明,使人从对文本的执迷,以及对圣人与自我区分的自限中破除出来,确立起本心的自信。象山以为,只要建立起这样的自信,本心的至灵便如

---

① 卷三十五《语录下》,第 453 页。
② 卷二十二《杂著》,第 273 页。
③ 卷五《与高应朝》,第 64—65 页。
④ 卷五《与杨敬仲》一,第 65 页。

泉源不断涌出，"涓涓之流，积成江河"。象山曰：

> 泉源方动，虽只有涓涓之微，去江河尚远，却有成江河之理。若能混混，不舍昼夜，如今虽未盈科，将来自盈科；如今虽未放乎四海，将来自放乎四海；如今虽未会其有极，归其有极，将来自会其有极，归其有极。然学者不能自信，见夫标末之盛者便自荒忙，舍其涓涓而趋之，却自坏了。曾不知我之涓涓虽微却是真，彼之标末虽多却是伪，恰似担水来相似，其涸可立而待也。①

此一长段论述，要义就是鹅湖会时象山酬答九龄的诗句，"涓流积至沧溟水，拳石崇成太华岑"。此处引录，除此义之外，尚在"我之涓涓虽微却是真，彼之标末虽多却是伪"的真伪之分，这一真伪的标示表征着象山对于知识性质的根本判识。

第二节　《六经》皆我注脚

当学者"知我之涓涓虽微却是真"，找回自信，"只自立心"，②那么，经典就成为滋养本心的丰富资源，"《六经》皆我注脚"便成为自然得出的命题，不存在逻辑上的不洽。在前引关于"《论语》中多有无头柄的说话"的评论后，象山进一步指出：

> 非学有本领，未易读也。苟学有本领，则知之所及者，及此也；仁之所守者，守此也；时习之，习此也。说者说此，乐者乐此，如高屋之上建瓴水矣。学苟知本，《六经》皆我注脚。③

象山强调的"此"，便是"本心"；"知本"，即是"立心"。因此，经

---

① 卷三十四《语录上》，第398页。
② 卷三十五《语录下》，第456页。
③ 卷三十四《语录上》，第395页。

典的研读不在文本语言的反复训解,而在由语言所表征的活动去体察与认识到自己的本心,与此同时,存于活动中的理也自然呈现于本心。

由于经典的研读目的并不在文本的细究,而在于本心的自立以及由此明白道理,因此象山有自己鲜明的读书法。此处暂且不讨论象山的读书法,仅引他所讲的与解经相关的一段论说,来理解他的"《六经》皆我注脚"。象山曰:

> 读书不必穷索,平易读之,识其可识者,久将自明,毋耻不知。子亦见今之读书谈经乎?历叙数十家之旨而以己见终之。开辟反覆,自谓究竟精微,然试探其实,固未之得也,则何益哉?①

所谓"历叙数十家之旨而以己见终之",既是汉唐经学的旧路,也是宋儒解经的基本方法,所不同者仅在宋儒的"以己见终之"往往占的比重更大。如果假定象山这段话的潜在对象是朱子,那么可以说这正是朱子融汉宋学为一体的解经重要方法。然而,象山不认同这种方法。在象山看来,读书只需平易地读下去,如果书中所阐述的道理能够与读者的本心产生共鸣,便意味着读者作为接受者已经明白此道理;如果不能产生共鸣,一定要通过广引注释,反复比较,看似求得真解,其实既未必真正得之以心,也未必真正把握到道理。

这里,象山的论述中显然隐涵着两层思想。第一,字析句释,未必得其旨义。《语录》载:

> 伯敏云:"如何是尽心?性、才、心、情如何分别?"先生云:"如吾友此言,又是枝叶。虽然,此非吾友之过,盖举世

---

① 卷三十五《语录下》,第471页。

之弊。今之学者读书,只是解字,更不求血脉。且如情、性、心、才,都只是一般物事,言偶不同耳。"①

象山的解释是否正确,他的方法是否合理,另当别论。但就象山而言,研读经典的目的不在"解字",而在"求血脉"。什么是"求血脉"? 就是把握一段语言所含的中心思想,亦即这段语言所表征的活动中所呈现出的基本道理。为了更清楚地理解象山的这一思想,这里更引一段象山论人的判识,以彼见此。象山曰:

> 铢铢而称之,至石必缪,寸寸而度之,至丈必差,石称丈量,径而寡失,此可为论人之法。且如其人,大概论之,在于为国、为民、为道义,此则君子人矣。大概论之,在于为私己、为权势、而非忠于国、狗于义者,则是小人矣。若铢称寸量,校其一二节目而违其大纲,则小人或得为欺,君子反被猜疑,邪正贤否,未免倒置矣。②

"论人之法"不可"铢称寸量",而是要"大概论之",否则"小人或得为欺,君子反被猜疑,邪正贤否,未免倒置"。论人如此,读书也是如此。如果沉溺于文字的细碎解读中,虽亦有收获,但对于真正主导生命展开的本心的扶持与保养未必有益,甚或有害;而后者在象山看来,才是真学问。象山曰:

> 大凡为学须要有所立,《语》云:"己欲立而立人。"卓然不为流俗所移,乃为有立。须思量天之所以与我者是甚底? 为复是要做人否? 理会得这个明白,然后方可谓之学问。故孟子云:"学问之道,求其放心而已矣。"如博学、审问、明辩、慎思、笃行,亦谓此也。③

---

① 卷三十五《语录下》,第444页。
② 卷三十四《语录上》,第405页。
③ 卷三十五《语录下》,第438页。

第二,虽同一道理,但言说不必尽同。事实上,象山既然不认可部分之总和等于整体的观念,那么在他看来,整体的对象往往在具体的陈述中势必因其语境不同而产生多样性或歧义性。换言之,前述"字析句释,未必得其旨义"的思想足以推出"虽同一道理,但言说不必尽同"的结论。对此,象山也讲得非常明确:

> 自古圣贤发明此理,不必尽同。如箕子所言,有皋陶之所未言;夫子所言,有文王、周公之所未言;孟子所言,有吾夫子之所未言,理之无穷如此。①

实际上,在前一节讨论言语的本质是人的活动,以及活动与道理的关系时,已基本涵盖了象山这一思想,故此不需赘言。

对上述两层思想需要作进一步阐明的是:一方面,象山强调理的绝对存在。象山没有因为强调"解字"不是"求血脉",不是真学问,以及"自古圣贤发明此理,不必尽同",从而陷入相对主义,甚或虚无主义。他在"自古圣贤发明此理,不必尽同"这段话中,已明确标示"发明此理",即"此理"的绝对存在与唯一性。象山接着这段话,更有一段比喻,对此作了强调:

> 譬之弈然,先是这般等第国手下棋,后来又是这般国手下棋,虽所下子不同,然均是这般手段始得。②

无论怎样的国手,虽然每盘棋都不一样,棋理却是一样的,都是"这般手段"。象山非常明确,理是绝对存在的,并且具有统合的唯一性,这种绝对存在与统合的唯一性呈现在理对时空的超越性上,而正是在这点上,理与心是同一的,因为心也是"千古不磨心"。故象山曰:

①② 卷三十四《语录上》,第398页。

> 千古圣贤若同堂合席,必无尽合之理。然此心此理,万
> 世一揆也。①

另一方面,象山强调理的把握的整体性。象山反对进行字训句释的文本研读,无论在思想的表达,还是对经典的诠释,都只求"大纲思量"。《语录》载:

> 人须是闲时大纲思量:宇宙之间,如此广阔,吾身立于
> 其中,须大做一个人。文子云:"某尝思量我是一个人,岂可
> 不为人? 却为草木禽兽。"先生云:"如此便又细了,只要大
> 纲思。且如'天命之谓性',天之所以命我者,不殊乎天,须
> 是放教规模广大。若寻常思量得,临事时自省力,不到得被
> 陷溺了。"②

如果这一特征只落在思想的表达与经典的诠释,尚可以作某种知识形态的理解,但象山的这一特征原本就不只是他的知识表征,而是他对于本心与理的把握,即某种生命形态的存在,故而尽管象山强调自己的方式"直截是雕出心肝",③却仍不免示人于"粗"。这便是后来王阳明对象山非常重要的评断。④对于这个"粗",牟宗三在明确指出"颇不易说"的前提下,经过分析,就"似可说而言",将"粗"解释为"只由其以非分解的方式挥斥'议论'点示'实理'而见",从而是"尽时代之使命而成一典型之风格"。⑤牟宗三的分析与解释是有力而中肯的,对象山此一特征,实不宜过多地在心性工夫或知识范畴中作推衍,以揣度阳明所

---

① 卷三十四《语录上》,第 405 页。
② 卷三十五《语录下》,第 439 页。
③ 卷三十五《语录下》,第 466 页。
④ 《王阳明全集》卷三《语录三》,上海古籍出版社 1992 年版,第 92 页。
⑤ 《从陆象山到刘蕺山》,第 16 页。

谓的"粗",而应该在时代的使命上来揭明象山此一典型风格所表达的诉求。

那么,象山的时代使命具体又是什么呢?《语录》中有一段清楚的对话:

> 因论补试得失,先生云:"今之人易为利害所动,只为利害之心重。……故学者须当有所立,免得临时为利害所动。"朱季绎云:"如敬肆义利之说,乃学者持己处事所不可无者。"先生云:"不曾行得,说这般闲言长语则甚? 如此不已,恐将来客胜主,以辞为胜。然使至此,非学者之过,乃师承之过也。"朱云:"近日异端邪说害道,使人不知本。"先生云:"如何?"朱云:"如禅家之学,人皆以为不可无者,又以谓形而上者所以害道,使人不知本。"先生云:"吾友且道甚底是本? 又害了吾友甚底来? 自不知己之害,又乌知人之害? 包显道常云:'人皆谓禅是人不可无者。'今吾友又云'害道',两个却好缚作一束。今之所以害道者,却是这闲言语。"①

以象山的自觉,他的时代使命就是破斥"闲言语"。"这般闲言长语"的流行,病象在追求"以辞为胜",病根则在"自不知己",而

---

① 卷三十五《语录下》,第437页。此一对话中所涉禅学的问题,当然是整个宋明理学要破斥的时代使命,也正是在这个问题上,后来黄宗羲在《明儒学案发凡》中指出:"尝谓有明文章事功,皆不及前代,独于理学,前代之所不及也。牛毛茧丝,无不辨晰,真能发先儒之所未发。程、朱之辟释氏,其说虽繁,总是只在迹上;其弥近理而乱真者,终是指他不出。明儒于毫厘之际,使无遁影。"(《黄宗羲全集》第七册,第5—6页)这一判识虽针对程、朱讲,但亦可视为明儒对宋儒的整体认识,故或可引作阳明论象山"粗"的一个注脚。至于象山与佛学的问题,另辟专章讨论。

原因"非学者之过,乃师承之过也"。在本章的开篇,尝引象山语,"惟本朝理学,远过汉唐"。象山把本朝理学远过汉唐的原因,归之于"始复有师道";但他对师道是抱有根本性的要求的。象山曰:

> 虽然,学者不求师,与求而不能虚心,不能退听,此固学者之罪;学者知求师矣,能退听矣,所以导之者乃非其道,此则师之罪也。①

然则,为师者究竟应该导之以什么样的道呢? 象山讲:"学者先须不可陷溺其心,又不当以学问夸人。"②"不可陷溺其心",这是象山本心之论的宗旨所在,贯彻于全部,不必解释;"不当以学问夸人",则是非常具体的针对。在象山看来,"所谓学问者,自承当不住",这正是时代的"痼疾"。象山曰:

> 某见几个自主张学问,某问他:"你了得也未?"他心下不稳,如此则是学乱说,实无所知。如此之人,谓之痼疾不可治。宁是纵情肆欲之人,犹容易与他说话,最是学一副乱说底,没奈他何。③

因此,破斥"闲言语",指出"解字"的"所谓学问"决不是"求血脉",正是象山对时代使命的承担;而象山之学的入手处,"不过切己自反,改过迁善",④这才是"知本"。

　　以上的反复梳理是为了充分理解象山"学苟知本"的多重意涵,在此基础上,便能进一步去阐明他的"《六经》皆我注脚"。象山的思想展开虽然是呈以牟宗三着意强调的"非分解地立义"的方式,象山也极力反复地批评"解字"式的所谓学问,但象山之学

---

① 卷一《与李省幹》二,第14页。
②③ 卷三十五《语录下》,第439页。
④ 卷三十四《语录上》,第400页。

终究不是追求个体的经验性体认。无论在教法上象山如何偏重个人的启悟,如答杨简"如何是本心"之问,但上述的讨论已明确,这样的个体证悟是基于本心与道理的普遍绝对性存在的。这就意味着,象山的本心与道理最终仍须印证于《六经》为表征的文本,因为只有《六经》足以印证本心与道理的超越时空的普遍绝对性存在。因此,象山自然会,也必须"《六经》注我",而且在"《六经》注我"的同时,也一定还会"我注《六经》"。如果借用象山的"惟本朝理学,远过汉唐",那么,象山的"《六经》注我"可以视为他的由经学转出理学,而他的"我注《六经》"更近于他基于理学的经学。

象山之由经学转出的理学,即"《六经》注我",其具体的思想内容自然见之于他的全部论述与践履,实乃本书的全部内容,不必在此概述。这里只就"《六经》注我"作语言形式意义上的分析。

牟宗三指出象山的"语言大抵是启发语,指点语,训诫语,遮拨语,非分解地立义语"。[①]如果主要以《语录》看,作此判断未尝不可,但也不宜绝对化。且以"学苟知本,《六经》皆我注脚"这一重要命题为例。象山的这一命题是在讨论《论语》的基础上,经过质疑而提出的。他开头的一句"《论语》中多有无头柄的说话",是一个判断性命题,独立地看,可以权作"非分解地立义语",但此下的两句引文及其质疑:

> 如"知及之,仁不能守之"之类,不知所及、所守者何事;
> 如"学而时习之",不知时习者何事。

却断然不能作"非分解地立义语"看了。这两句话,显然属于分析性的语言了。在《论语》的文本中,"之"字有所指代,对当时语

---

① 《从陆象山到刘蕺山》,第1页。

境中人也许是清楚的,但对后人而言,"之"字所指为何是并不清楚的,象山的质疑不仅是合理性的分析,而且是有意义的,因为这一追问确实足以导向对孔子思想宗旨的探寻。只是,象山的语言分析重心不在"解字",而在如前文已指出的,他是把语言理解为活动,从而探究活动之所指。当然,在经过这样的语言分析之后,象山作出推论性判断,将"之"释为"此",进而释"此"为"知本",确实存在着逻辑上的跳跃,但这样的跳跃仍不足以表征象山这样的语言是"非分解地立义语",因为象山的推论虽然存在着语言形式上的逻辑跳跃,但他前面的语言分析表明,象山最终的命题是经过一个分析性的过程的。象山推论性判断所呈现的逻辑跳跃,与其说是象山的"语言大抵是启发语,指点语,训诫语,遮拨语",毋宁说更是语录文体特性的结果。①语录体的一个重要特性是言说者都是通过他者言说的省略来表达自己思想的,这一特性必然让言说者的思想表达省略了许多铺陈,从而表现出逻辑上的跳跃。仅就象山关于《论语》的这段分析与推论而言,未必不是对作为他者的朱子关于此段解释的回应。朱子对此章的解释完全是外部知识的习得,而象山对文本的语言分析与质疑,隐涵着他对朱子解释的否定。因此,在象山的这则语录中,象山由文本的分析性质疑,进而直接推论出与朱子解释对立的命题,实际上是把作为他者的朱子解释省略了,从而呈现出了逻辑上的跳跃。

---

① 语录体的讨论请参见贾德讷《宋代的思维模式与言说方式:关于"语录"体的几点思考》,收入田浩编《宋代思想史论》,社会科学文献出版社 2003 年版。亦可参拙稿《〈辟略说条驳〉的言说风格与身份意识》,收入拙书《西学与晚明思想的裂变》第三章的附录,上海人民出版社 2021 年版。

如此分析,并非要完全否定牟宗三对象山语言所作的"非分解地立义语"的基本判断,而是如前所述,要避免将这一判断绝对化,因为这关系到对象山"《六经》注我"的真正理解。象山的"《六经》注我"具有"非分解地立义"的语言特征,但仍然是具有逻辑的思想表达,其逻辑在于语言所呈现的生活本身是道理的展开。因此,在象山这里,"《六经》注我"并不完全是个体经验的表达,而是经过历史背书了的经典将具有普遍性的道理见证于具体的作为主体之"我"。

仅就语言的形式分析而言,象山"《六经》注我"最显见的叙论形式,是将《六经》文本完全作为自己的语言,直接散入自己的思想陈述中,构成完整的叙论。请先举《语录》一则以见之:

> "诚者自诚也,而道自道也。""君子以自昭明德。""人之有四端,而自谓不能者,自贼者也。"暴谓"自暴"。弃谓"自弃"。侮谓"自侮"。反谓"自反"。得谓"自得"。"祸福无不自己求之者。"圣贤道一个"自"字煞好。①

这则语录,象山将九条经典语句,或直接作为自己的语言,如前三句之引《中庸》《晋卦·象传》《孟子·公孙丑上》,由对"诚"与"道"的自性阐明,经过"君子"的特性确定,到负面反向的"自贼"标示,构成象山完整的思想叙论;或作进一步的释读,如对"反"与"得"的"自"的主体性彰显,以及"祸福"之现实境遇的举证,最后得出他的命题:"圣贤道一个'自'字煞好。"整条语录完全是象山自己的思想阐明,而构成论述的每句话都来自经典语句;这些经典语句对于处身于共同语境中的学者而言,非常熟悉,指义也是基本明确的。因此,当象山引述这些语句表达他的

---

① 卷三十四《语录上》,第 427 页。

思想时,这些经典语句已构成他的思想,同时也是他的思想从经学中的转出,此即象山的"《六经》注我"。

象山这样的"六经注我",可谓运用得非常娴熟。不仅如此,象山更在解答文本之疑时,对"《六经》注我"的方法作出阐明,并同时以此法示人。请再举象山论学书信一例以见之,《与刘深父》曰:

> 来书示以方册所疑,足见为学不苟简。然其理皆甚明白,本无可疑。若于此未能通晓,则是进学工夫不甚纯一,未免滞于言语尔。今欲一一为深父解释,又恐只成言语议论,无益于深父之身之心,非徒无益,未必不反害之也。

刘深父所疑在文本语句的解释,象山以为这种知识性的追问虽然表明为学认真,但是如果对原本讲得很清楚的文本语句仍产生疑问,则问题就不在文本语句的理解,而是为学方法上出了问题,即"滞于言语尔"。因此象山不愿就语句一一作解释,他以为这样"只成言语议论",于身心无益而有害。象山接着阐述他的为学之道:

> 大抵为学,但当孜孜进德修业,使此心于日用间戕贼日少,光润日著,则圣贤垂训,向以为盘根错节未可遽解者,将涣然冰释,怡然理顺,有不加思而得之者矣。《书》曰:"思曰睿,睿作圣。"孟子曰:"思则得之。"学固不可以不思,然思之为道,贵切近而优游。切近则不失己,优游则不滞物。《易》曰:"拟之而后言,议之而后动。"孟子曰:"权然后知轻重,度然后知长短,物皆然,心为甚。"《记》曰:"心诚求之,虽不中不远矣。"日用之间,何适而非思也。如是而思,安得不切近,安得不优游?①

---

① 卷三《与刘深父》,第34页。

在这一为学之道的论述中,象山明确提出要"使此心于日用间戕贼日少,光润日著",即本心在日常生活中"光润日著",而"圣贤垂训"在此过程中会"不加思而得之者矣",即达到"《六经》注我"的功效。由于象山强调"不加思而得之",似与"圣贤垂训"之重视"思"有所不侔,因此他下引五条经典语句,由强调"思"开始,继而标示"思之为道",以及具体的"拟议""权度""心诚"阐发,对他的"不加思而得之"作出论证。整个论述,如前所述,经典语句完全融入象山的思想陈述与论证中,"《六经》注我"没有丝毫僵硬与勉强。

第三节　我注《六经》

"《六经》注我"与"我注《六经》",在象山那里似乎是作为对应的"著书"方式加以看待的。《语录》载:

> 或问先生何不著书? 对曰:"《六经》注我,我注《六经》。"①

---

① 卷三十四《语录上》,第 399 页。案:象山回答的"《六经》注我,我注《六经》",由于脱离当时表达的语气,实难确知他的指义。《年谱》理宗绍定三年(1230 年)条记赵彦悈重修象山精舍。赵是杨简门生,尝听杨讲:"或谓陆先生云:'胡不注《六经》?'先生云:'《六经》当注我,我何注《六经》。'"(卷三十六,第 522 页)据此,《语录》所记似有脱漏或省略,陈来在《宋明理学》中即依此改《语录》为"《六经》注我,我安注《六经》"(辽宁教育出版社 1991 年版,第 203 页)。又,《年谱》宁宗开禧元年(1205年)条载:"先生长子持之伯微编遗文为二十八卷,外集六卷,乙卯杨简序。"此后,嘉定五年(1212 年)又有"高商老刊先生文集"、"张衍季悦编遗文成,傅子云序"、"袁燮刊先生文集,自为序",袁燮本为三十二卷。(第 518—520 页)今中华书局点校本的底本是嘉靖四十年(1561 年)王宗沐翻刻校订的袁本。杨简、高商老、傅子云、袁燮皆象山亲炙弟子,《语录》径录"《六经》注我,我注《六经》",不作改动,且《语录》此条是一连贯性的问答,有后续的具体内容。赵彦悈重修象山精舍在袁本后十八年,赵系象山再传,自称闻杨说,始有"《六经》当注我,我何注《六经》"之语。两说可以并存,但以《年谱》赵说代替《语录》则不必。(转下页)

仅以此答,这一对应的著书形式也似乎是有先后的,即先是"《六经》注我",再来"我注《六经》",亦所谓"自明然后能明人"。①如果结合象山自立本心是其思想根本,那么这样的先后也是可以成立的。而且,紧接着上面的回答,象山进一步的举例也应该可以佐证上述的判断。象山曰:

> 韩退之是倒做,盖欲因学文而学道。欧公极似韩,其聪明皆过人,然不合初头俗了。

从韩愈到欧阳修,正是作为宋代理学前驱的唐宋古文运动的标杆。所谓"倒做",便是指古文运动的"因学文而学道",走的是一条迂回的道路。"因学文而学道"与"我注《六经》"虽然文体不同,前者是古文,后者是经学,但就"学道"的目的而言,迂回的性质没有差别。假如这样的迂回道路最终走通,自然也无可厚非,但往往有问题,即"初头俗了"。

"初头俗了"究竟指什么? 自然会引人发问,故需要象山作进一步的解释:

> 或问如何俗了? 曰:"符读书城南三上宰相书是已。"

"符读书城南三上宰相书"是指韩愈在登进士第十年后不见用,心切难平,于二十八岁那年,即贞元十一年(795 年)的正月二十

(接上页)此外,无论是《语录》,还是《年谱》,象山的这段话,有一事实是可以确定的,即象山将著书形式确定为两种:《六经》注我,我注《六经》。其中,"我注《六经》"是传统著书形式,"《六经》注我"是象山自我标示的新著书形式。《语录》与《年谱》不同的焦点在于,象山除了"《六经》注我"外,是否还"我注《六经》"? 窃以为,即便是取《年谱》"我何注《六经》",也不足以说明象山真的完全放弃"我注《六经》"。此正如象山每示人以不读书,或给人以不读书的感觉,而其实他不仅读书,而且有独特的读书法。事实上,下文将专论,象山在"我注《六经》"方面,从原则与标准,到方法与成果,自有一系统,并不能简单归之于他的"《六经》注我"。

① 卷三十四《语录上》,第 419 页。

七日、二月十六日、三月十六日连续三次上书宰相，谋求仕进。①
由于三书的对象与内容，很容易以为象山所讥评的"初头俗了"
是指攀援权势以求富贵，但其实恐有不然。张九成尝评韩愈的
三上宰相书：

> 退之平生木强人，而为饥寒所迫，累数千言求官于宰
> 相，亦可怪也。至第二书，乃复自比为盗贼管库，且云"大其
> 声而疾呼矣"，略不知耻。何哉？岂作文者其文当如是，其
> 心未必然邪？②

张九成是南宋初年二程洛学向心学转变的重要代表，又是状元
出身，作文工夫自然甚好，他的著述尝流行于士子间，③因此他
对韩愈三上宰相书的解释很能帮助我们理解象山的点评。针对
韩愈"为饥寒所迫，累数千言求官于宰相"，张九成作出了"亦可
怪也"的感慨；韩愈三书，第一封还是"精心撰结，气盛言宜"，④
至第二封便"文势如奔湍激箭，所谓情隘辞感也"，⑤出现了张九
成所讲的"乃复自比为盗贼管库，云'大其声而疾呼矣'"，以至他
作出了"略不知耻"的批评。但是，张九成话锋立转，自设"何哉"
之问，然后给出他的回答："岂作文者其文当如是，其心未必然
邪？"虽然张九成的这一回答以疑问句式表示推测之意，但若非是
他真实的看法，实无必要设此问答。换言之，这正是韩愈"作文者
其文当如是，其心未必然"。故后人每每对韩愈的三上宰相书有

---

① 见《韩昌黎文集》第三卷《上宰相书》，《韩昌黎文集校注》，上海古籍出
版社 1987 年版，第 153—163 页。
② 引自《韩昌黎文集校注》，第 159 页。
③ 参见拙书《南宋儒学建构》，上海人民出版社 2021 年版，第 59—66 页。
④ 包世臣语，《韩昌黎文集校注》，第 153 页。
⑤ 何焯语，《韩昌黎文集校注》，第 159 页。

颇高评价,为其辩白。如有晚清桐城派"殿军"之称的马其昶曰:

> 公之三上宰相书,岂阶权势求富贵哉?宰相人材所进,磊落明白以告之,公之本心如青天白日;后世旁蹊曲径,而阴求阳辞,妄意廉退之名,真墦间乞祭之徒耳。①

由此而返观象山的"初头俗了",便可以推断此"俗"不在求官,而在"初头",即"因学文而学道"。"因学文而学道"虽初心在"学道",但"学文"的入径会让人追求文章本身的形式美,正是这种追求会误导人,使人"俗了",虽聪明过人如韩、欧,亦不能免。象山在例举韩愈三上宰相书之后,随即指出:"至二程方不俗,然聪明却有所不及。"②这句话其实充分佐证了上述的论断,因为所谓"至二程方不俗",这个"不俗"是指二程不仅摆脱了"学文"这个"初头",而且更明确提出并论证了"作文害道"的思想。《河南程氏遗书》载:

> 问:"作文害道否?"曰:"害也。凡为文,不专意则不工,若专意则志局于此,又安能与天地同其大也。《书》云'玩物丧志',为文亦玩物也。"③

概言之,韩、欧的古文运动发展到二程,才跨过了"因学文而学道"的层次。④

---

① 《韩昌黎文集校注》,第 153 页。
② 卷三十四《语录上》,第 399 页。
③ 《二程集》,第 239 页。
④ 因象山此条《语录》论及二程,故此处专就二程讲。余英时先生通过王安石对欧阳修的批评,"如欧阳修文章于今诚为卓越,然不知经,不识义理",指出"宋代儒学发展至王安石,已越过古文运动而跳上了一个更高的层次"。王安石与二程处在宋代儒学发展的同一时期,故余先生的疏证从王安石的角度也印证了此处对象山这条《语录》的分析。此外,关于韩、欧古文运动与理学的关系与间隔,亦可一并参见余英时《朱熹的历史世界》,第 36—47 页。

在完全明确了象山提出"《六经》注我,我注《六经》"这则《语录》所涉的上述内容以后,便可确信,"《六经》注我"与"我注《六经》"这两种"著书"形式,在象山这里是有确定的先后顺序的。"我注《六经》"应该在"《六经》注我"之后。而这意味着,如果两者的先后倒过来,那么"我注《六经》"在象山那里,便与韩愈"因学文而学道"的"倒做"一样,会发生与程颐所讲的"作文害道"同样的毛病,初心虽是由注经而明道,但结果往往是成了"解字"与"闲言语",落入"所谓学问"之"俗"。

当然,弄清了"著书"的先后顺序,避免了"初头"的"俗",并不等于就能"我注《六经》"了。在"《六经》注我,我注《六经》"的语境及其背后的思想中,"我注《六经》"的必要前提自然就是"《六经》注我",即本心的自立。但是具体到上引山对二程的唯唯否否,"至二程方不俗,然聪明却有所不及",这个前提,亦即本心的自立,却又须落实在"聪明"二字上。换言之,二程虽摈弃了作文,初始的路径固然不俗了,但"聪明却有所不及",结果"我注《六经》"仍是学不见道的事情。

象山所谓"聪明",并非无所特指。前曾引及《语录》所记:

> 居象山多告学者云:"女耳自聪,目自明,事父自能孝,事兄自能弟,本无欠阙,不必他求,在自立而已。"①

据此可知,"聪明"实是与象山的本心密切关联的概念,即是由本心而自然发动的耳听目视;由于这中间不夹着丝毫的其他目的,直面对象性的事,因此,这样的耳听目视一定是"耳自聪,目自明",能把握到存于事中的道理。反之,则是自设障碍。象山曰:

---

① 卷三十四《语录上》,第408页。

　　近来论学者言:"扩而充之,须于四端上逐一充。"焉有
此理?孟子当来,只是发出人有是四端,以明人性之善,不
可自暴自弃。苟此心之存,则此理自明,当恻隐处自恻隐,
当羞恶,当辞逊,是非在前,自能辨之。又云:当宽裕温柔,
自宽裕温柔;当发强刚毅,自发强刚毅。所谓"溥博渊泉,而
时出之"。①

二程于聪明有所不及,正是喜欢于本心的扩充上画蛇添足,硬要
作些文字,结果其"我注《六经》"便是不见道的文字。象山对于
程颐的解经,虽然也有具体的肯定,比如象山讲:

　　程先生解"频复厉",言过在失,不在复,极好。②

但总体上,象山对二程,尤其是程颐的解经是不满意的,以为"蔽
固深"。《年谱》十三岁条记象山对其兄复斋评程颐解《艮》卦"艮
其背"为"终是不直截明白",《语录》又记录此事,评语已是"说
得鹘突"。③"鹘突"比"不直截明白"更为严重,已是不明事理的
意思。而且,讲"艮其背"的解释还只是个例,后来象山更进一步
将"鹘突"的评断用于整个《周易程氏传》:

　　程先生解《易》爻辞,多得之象辞,却有鹘突处。④

象山对二程因"聪明""有所不及"而"说得鹘突"的评断,二程自
然已不能亲自反驳,但很容易让人联想到北宋王安石与二程之
间的戏谑与反讥。在王安石与二程还处于政治合作时期,双方
论学的分歧已经显露。王安石与程颢曾有"对塔谈相轮"与"直
入塔中上寻相轮"之争,王安石戏谑程颢于见道如"入壁",程颢

---

① 卷三十四《语录上》,第 396 页。
② 卷三十四《语录上》,第 410 页。
③ 卷三十四《语录上》,第 419 页。
④ 卷三十四《语录上》,第 409 页。

则反讥王安石于见道如"捕风"。[①]入壁自然是陷于黑暗，正是象山所谓的聪明有所不及。当然，在二程看来，象山之学也一定如荆公新学，尽是捕风之语。

引荆公与二程的故事，除了有助于更形象地理解象山对二程的批评，还为了进一步说明，到象山的时代，二程洛学已取代荆公新学，洛学因其"初头"的"不俗"，他们的解经与语录已成为士林追尚的另一种时文；二程有所不及的聪明，已不只是"说得鹘突"，学不见道，而是成了新的问题，仿佛又回到了韩、欧"因学文而学道"的"初头俗了"。前引"居象山多告学者云女耳自聪目自明"那段话，《语录》中记录了两次，另一条记录在前引那段话后，接着还有一段很生动的记载：

> 学者于此亦多兴起。有立议论者，先生云："此是虚说。"或云："此是时文之见。"学者遂云："孟子辟杨、墨，韩子辟佛、老，陆先生辟时文。"先生云："此说也好。然辟杨、墨、佛、老者，犹有些气道。吾却只辟得时文。"因一笑。[②]

辟时文虽不如辟杨、墨、佛、老那么有气道，但时文已是时代的毛病，故象山也仍是作了肯定，以为"陆先生辟时文"，"此说也好"。

既然不满于二程的"我注《六经》"，象山自然有他自己的一套"我注《六经》"的原则与标准、具体方法与解经成果，它们构成他的整个经学。这里只就他的原则与标准略作梳理，作为另章专论象山具体方法与解经成果的引导。

象山"我注《六经》"的原则仍然是坚持本心的自立。这里所谓坚持本心的自立，就是对经典的理解与诠释时，不是落实在经

---

① 参见余英时《朱熹的历史世界》，第 40—42 页。
② 卷三十四《语录上》，第 408 页。

文的字面意义上,而是要落实在本心的自我体会上。象山多用"此""这个"等来指示这一原则。《语录》载:

> 有学者终日听话,忽请问曰:"如何是穷理尽性以至于命?"答曰:"吾友是泛然问,老夫却不是泛然答。老夫凡今所与吾友说,皆是理也。穷理是穷这个理,尽性是尽这个性,至命是至这个命。"①

"如何是穷理尽性以至于命",这一提问,可以从两个层面上来回答,一是经文本身,什么是穷理?什么是尽性?什么是命?为什么穷理、尽性、命之间有这样的先后关系?或者并不存在内在逻辑,等等;二是如何在生命中来实践这个过程?就《语录》记载而论,由于脱离了语境,已无法确知提问者关注的是什么了。但是,从象山的回答来看,他显然是不要回答前一个层次上的提问,而是只在后一个层次上来提示问者。象山所谓"吾友是泛然问,老夫却不是泛然答",就是明确,落实在前一个层次上的只是关注文本义,这个文本义是普遍义,因此"是泛然问";象山不作"泛然答",就是要针对具体的提问者的当下存在。毫无疑问,象山选择这样的回答,当然预设了一个重要前提,即在前一个层次上,提问者对于泛然的文本义是清楚的,因此,难在后一个层次上,即如何落实在提问者的当下生命存在。换言之,对文本义的知是内含在实践义中的。这似乎是后来王阳明知行合一思想的初级版。一方面,它与阳明知行合一思想显然具有高度一致性,另一方面,在象山这里,他不愿意在前一个层次上作分疏,认为文本义已很明白,只要发其本心,其理自然呈现,但事实上前一个层次的分疏是需要认知上的分析工夫的,而

---

① 卷三十四《语录上》,第428页。

且前一个层次与后一个层次之间关系的存在与否,以及必然性、如何实现,等等,也都是需要讨论的。而这些在象山这里,则化为原则都略过了。

当然,略过并不等于完全缺失相关的讨论,只是象山的讨论往往比较随机,而且不作分析性的,多作启发性的,甚至是直接判定,而宗旨是贯彻本心自立的原则。《语录》载:

> 徐仲诚请教,使思《孟子》"万物皆备于我矣,反身而诚,乐莫大焉"一章,仲诚处槐堂一月,一日问之云:"仲诚思得《孟子》如何?"仲诚答曰:"如镜中观花。"答云:"见得仲诚也是如此。"顾左右曰:"仲诚真善自述者。"因说与云:"此事不在他求,只在仲诚身上。"既又微笑而言曰:"已是分明说了也。"少间,仲诚因问《中庸》以何为要语。答曰:"我与汝说内,汝只管说外。"良久曰:"句句是要语。"梭山曰:"博学之,审问之,慎思之,明辩之,笃行之,此是要语。"答曰:"未知学,博学个甚么?审问个甚么?明辨个甚么?笃行个甚么?"①

这则《语录》记录了象山关于《孟子》与《中庸》的诠释,仍是贯彻自立本心的原则。门人徐仲诚请教,象山"使思《孟子》'万物皆备于我矣,反身而诚,乐莫大焉'一章",用意即在贯彻"我注《六经》"要自立本心的原则。仲诚思之一月,所得"如镜中观花",象山也没有放弃原则,对此章作文本字义上的疏解,而是更进一步强调他的自立本心原则,一则指出"此事不在他求,只在仲诚身上";再则更指出"已是分明说了也"。这个"已是分明说了",不仅是指明《孟子》此章旨义很分明,而且也表示自己对仲诚所讲

---

① 卷三十四《语录上》,第 428 页。

的"此事不在他求,只在仲诚身上",已把《孟子》此章旨义讲得很分明了。综而观之,不能认为象山没有解经,但他解经的原则是非常坚守的,不因为门生没有领会而作让步。

此下转入《中庸》的讨论,仲诚问"何为要语",这本是解经中的知识性问题,但象山的回答是"我与汝说内,汝只管说外",许久后又补上"句句是要语"。前一句算是正面讲,让仲诚自立本心;后一句算是反面讲,"句句是要语"等于没有要语,堵死了"说外"的通道,逼着返回"说内",强化象山的解经原则。尤有意思的是,当梭山插话以为,"博学之,审问之,慎思之,明辩之,笃行之,此是要语"时,象山对兄长的话毫不客气,直接驳问:"未知学,博学个甚么? 审问个甚么? 明辩个甚么? 笃行个甚么?"所谓"知学",便是知本心自立。如果不知自立本心,所谓的博学、审问、慎思、明辩、笃行,无非都只是外在的说辞,解释得再清楚,也终究是外在的东西,与自己生命毫无关系。概言之,象山的解经是有分析与讨论的,但他自立本心的原则是坚固的,绝不因解经的需要而发生动摇。

与原则的坚固相匹配,象山对"我注六经"的标准也是定得很高的。这个高,并不是在名物考证的精良,相反,在这个方面象山要求似乎不高,他多次提及,遇到读不懂的就放过去算了。象山的高标准主要体现在两方面:首先,文必须能再现事物由表至内的道理。《语录》载:

> 答曾宅之一书甚详。梭山一日对学者言曰:"文所以明道,辞达足矣。"意有所属也。先生正色而言曰:"道有变化,故曰爻;爻有等,故曰物;物相杂,故曰文;文不当,故吉凶生焉。昔者圣人之作《易》也,幽赞于神明而生蓍,参天两地而倚数,观变于阴阳而立卦,发挥于刚柔而生爻,和顺于道德

　　而理于义,穷理尽性以至于命,这方是文。文不到这里,说
甚文?"①

这则语录因象山《与曾宅之》②一书引起。此信在象山思想中非
常重要,前面两章都有引述。这里则因其与象山关于解经的标
准有关,仍需引述此信,但所引文字不重复,重心也不同。在此
信中,象山从警诫门人安录他的言语谈起,指出"记录人言语极
难,非心通意解,往往多不得其实",时过境迁,更是难以通解。
这是象山对当时已流行的语录体保持警惕。象山以为,与语录
相比较,正式的书信与文稿要严谨可靠许多。接着,象山通过辨
析"存诚"与"持敬"这对概念以为示范,阐明他的本心自在、"此
理本天所以与我,非由外铄",以及心与理无二、仁即此心此理的
核心思想。最后象山引用自己给朱子的书信中的话,"所谓'先
知觉后知,先觉觉后觉'者,以其事实觉其事实,故言即其事,事
即其言",标示了解经的标准。之所以要解经,自然是对经典有
所觉悟,而后通过解经,以自己的觉悟去觉悟他人。但是,这个
"觉"必须是"以其事实觉其事实",否则便只是"终日簸弄经语以
自傅益",不仅谈不上觉,反而"真所谓侮圣言者矣"。

　　《与曾宅之》书对"我注《六经》"的标准作了清晰的论述,即
上引这则《语录》开头所说的"甚详"。其兄梭山似以为象山所立
标准过高,即《语录》中所讲"意有所属",故有"文所以明道,辞
达足矣"的说法,把解经的标准降至"辞达足矣"。但象山的回应
显得很强烈,所谓"正色而言"。从象山对"文"的训释,文的性质
已不是人的言语,而是事物呈现的表象。作为人的言语之文,应

---

①　卷三十四《语录上》,第424页。
②　卷一《与曾宅之》,第3—7页。此下摘引该书信文字,不一一注出。

该是事物呈现的表象的再现,而且由于作为事物表象的文是事物演变的内在理据的呈现,因此,作为人的言语之文必须能呈现事物内在的理据。只有悬以这样的标准,才谈得上是文,否则,"文不到这里,说甚文"?

其次,文除了需见事及理外,象山标示的另一个标准可以称之为力大思雄。《语录》载:

> 有客论诗,先生诵昌黎调张籍一篇云:"李杜文章在,光焰万丈长,不知群儿愚,那用故讥伤? 蚍蜉撼大树,可笑不自量。云云乞君飞霞佩,与我高颉颃。"且曰:"读书不到此,不必言诗。"①

"力大思雄"是前人评论韩愈此诗的话,转用在这里,如果拘于文字,那便限于文学的叙述手法了。如果联系象山以"云云"省去的诗句:"徒观斧凿痕,不瞩治水航。想当施手时,巨刃磨天扬。垠崖划崩豁,乾坤摆雷硠。"反观前述第一条标准所示的"以其事实觉其事实",那么,力大思雄便不只是文学的叙述手法,而更是对大禹劈山治水的伟大历史场景的认识能力。在象山看来,《六经》正是那个伟大历史场景的实录,只有在思想上进入那个历史场景,才真正能够体认到本心,也才足以有能力去"我注《六经》"。否则,借客论诗的话题,便如象山所言:"读书不到此,不必言诗。"

---

① 卷三十四《语录上》,第 421 页。

第二部分　发　　明

孔子十五而志于学,是已知道时矣。虽有所知,未免乍出乍入,乍明乍晦,或警或纵,或作或辍。至三十而立,则无出入、明晦、警纵、作辍之分矣。然于事物之间未能灼然分明见得。至四十始不惑。不惑矣,未必能洞然融通乎天理矣,然未必纯熟。至六十而所知已到,七十而所行已到。事不师古,率由旧章,学于古训,古训是式。所法者,皆此理之,非狥其迹,仿其事。①

①　卷三十五《语录下》,第476页。

第四章　读书法与解经法

　　通常说，方法与结果总是绾合为一体的。方法表征为路径，同时又决定路径，结果呈现在沿路与终点，而方法往往也是结果的重要组成部分。只是，并非所有的人都对自己选择的路径与方法有高度自觉，或者自始至终决无疑虑与修正，相反，往往是确信与质疑共生共长；相应的，沿路与终点的结果也不是都能预见，或者都能达到的，因此，多不免得之则喜，失之则悲。但是，对于象山而言，方法与路径不仅是高度自觉的，而且他对于自己的创新是充满自信、从无疑虑与修正的，因此象山的方法与路径其实已构成他的思想的重要部分。至于他的方法与路径所带来的结果，无论是沿路，还是终点，他都明确设定，并且从不动摇。具体到经学，象山坚信自己对经典的理解是确信无疑的，他的"《六经》注我"与"我注《六经》"只是"自明而后明人""先觉觉后觉"的不同而已。在这点上，他甚至认为《论语》也是存在问题的。前引所谓"《论语》中多有无头柄的说话"即是一例，他对《论语》中所录有子的话语基本否定也是具体的例子，象山更讲：

　　　　观《春秋》《易》《诗》《书》经圣人手，则知编《论语》者亦有病。①

---

① 　卷三十五《语录下》，第434页。

《论语》虽然不是直接的注经著述,但却是孔子与弟子们围绕《六经》展开的对话,因此《论语》可以被视为注经的著述,至少在宋儒这里是毫无疑义的。《四书》为《六经》之阶梯,就是佐证。但在象山看来,"编《论语》者亦有病",后世的注经著述自然更在其次。比较而言,象山对《孝经》的评价似乎更高些。象山曰:

> 《孝经》十八章,孔子于践履实地上说出,非虚言也。[1]

联系到象山对《论语》中所记颜回言行的高度认同,大致也可以确认,以践履为指向的实学正是象山发明本心的基本维度,而《六经》的注释解说,无论是口头,还是书面,都是次要的,甚至是舍本求末的。

当然,象山完全清楚,《六经》既成,注经便成为不可逆转的事实性存在,必须面对。象山曰:

> 书契既造,文字日多,六经既作,传注日繁,其势然也。苟得其实,本末始终,较然甚明。知所先后,则是非邪正知所择矣。虽多且繁,非以为病,只以为益。不得其实而蔽于其末,则非以为益,只以为病。[2]

因此,关键在于"得其实""知先后"。象山之学以本心确立为本;本心既立,则不废传注,传注"虽多且繁,非以为病,只以为益"。

然而,要做到这点很难。这个难,来自两个层面。表层上,科举对士人的负面影响已成为严重的弊病,即象山所谓"取士之

---

① 卷三十四《语录上》,第 415 页。按:朱熹对《孝经》的看法大不同,他在《孝经刊误》中指出:"窃尝考之,传文固多傅会,而经文亦不免有离析增加之失。顾自汉以来,诸儒传诵,莫觉其非,至或以为孔子之所自著,则又可笑之尤者。"(《朱文公文集》卷六十六,《朱子全书》第 23 册,第 3205 页)这里的"或以为"未必是专指象山,但可窥知象山在对待经典的方式上,与朱熹有很大的不同。

② 卷二十《赠二赵》,第 245 页。

科,久渝古制,驯致其弊,于今已剧"。①深层上,人们对科举带来的弊病有所警惕与反省,追慕"前辈议论",激发起"为学之志",但却又陷溺于"乡学"的忽悠之中。两者相较,后者的危害更具隐蔽性。象山曰:

> 今时士人读书,其志在于学场屋之文以取科第,安能有大志? 其间好事者,因书册见前辈议论,起为学之志者,亦岂能专纯? 不专心致志,则所谓乡学者未免悠悠一出一入。

面对这样的现状,象山不愿有丝毫妥协,故标示"先立乎其大者"。象山曰:

> 私意是举世所溺,平生所习岂容以悠悠一出一入之学而知之哉? 必有大疑大惧,深思痛省,决去世俗之习,如弃秽恶,如避寇仇,则此心之灵自有其仁,自有其智,自有其勇,私意俗习,如见睍之雪,虽欲存之而不可得,此乃谓之知至,乃谓之先立乎其大者。②

由于用猛药治重症,致使象山着意于与时流反向而行,如他所讲,"今之论学者只务添人底,自家只是减他底,此所以不同"。③因此,象山的解经法遂不为人关注。解经法又与读书法密切相关,读书法或重在自明自觉,解经法或重在明人觉人。此外,《朱子语类》卷十、十一两卷专论《读书法》,而象山关于读书方法的论述散见于文集各处,未经后人类编归一,加之他论读书自成一风格,多示人以不读书的形象,故象山的读书法也很自然少人关

---

① 卷十九《贵溪重修县学记》,第237页。
② 卷十五《与傅克明》,第196页。
③ 卷三十四《语录上》,第401页。

注。近年来,随着经学研究在宋明理学中的深入,象山的经学思想受到学者关注,其读书法也获得了梳理。①本章希望基于最新的研究,能对象山的读书法与解经法作更进一步的讨论。

第一节　读书法

象山读书法比较完整系统的论述,即"读书之次",可以他的书信《与刘深父》为代表,然后参以其他加以阐明。兹先照录《与刘深父》所云:

> 至于圣贤格言,切近的当,昭晰明白,初不难晓。而吾之权度,其则不远,非假以外物。开卷读书时,整冠肃容,平心定气。诂训章句,苟能从容勿迫而讽泳之,其理当自有彰彰者。纵有滞碍,此心未充未明,犹有所滞而然耳。姑舍之以俟他日可也,不必苦思之。苦思则方寸自乱,自蹶其本,失己滞物,终不明白。但能于其所已通晓者,有鞭策之力,涵养之功,使德日以进,业日以修,而此心日充日明,则今日滞碍者,他日必有冰释理顺时矣。如此则读书之次,亦何适而非思也。如是而思,安得不切近?安得不优游?若固滞于言语之间,欲以失己滞物之智,强探而力索之,非吾之所敢知也。②

首句强调"圣贤格言,切近的当,昭晰明白,初不难晓",这是象山对于包括经典在内的文本的基本态度。象山曰:

---

① 参见向世陵《陆九渊〈春秋〉"讲义"的经学思辨》,《中国哲学史》2020 年第 1 期;杨柱才《象山易学》、刘飞飞《论陆九渊的读书法》,收入欧阳祯人主编《心学史上的一座丰碑——陆象山诞辰 880 周年纪念》,武汉大学出版社 2020 年版。

② 卷三《与刘深父》,第 34—35 页。

> 孩提之童,无不知爱其亲,及其长也,无不知敬其兄。
> 先王之时,庠序之教,抑申斯义以致其知,使不失其本心而
> 已。尧舜之道不过如此。此非有甚高难行之事,何至辽视
> 古俗,自绝于圣贤哉?①

换言之,人的本心是一样的,存于事物中的道理也是一样的,不以
时空而改变。因此面对经典,象山强调总的读书原则就是"吾之权
度,其则不远,非假以外物",只要依其本心,"平心定气"去读即可。

一、自出精神与他批判

由于象山的宗旨在本心的自觉与发明,读书本质上只是一
个外部的引导与印证,因此能读懂,自然表明本心有所共鸣,对
事理已获明察,反之,则表明"此心未充未明,犹有所滞"。只是,
不必为此烦恼,更不必去苦思,否则徒乱本心,"自蹶其本,失己滞
物"。如果能将不懂的暂且放下,只在已读懂的方面鞭策、涵养,
那么"此心日充日明,则今日滞碍者,他日必有冰释理顺时矣"。

当然,要"能于其所已通晓者,有鞭策之力,涵养之功,使德
日以进,业日以修,而此心日充日明",必须是有条件的,那就是
读书要落在自己身上,或者说自己要参与到文本中。象山在《与
吴仲时》书中曰:

> 他人文字议论,但谩作公案事实,我却自出精神与他披
> 判,不要与他牵绊,我却会斡旋运用得他,方始是自己胸襟。②

象山这封信中所讲的,虽然不免有特殊的针对,即对付科考的时
文研读,但亦是他最基本与最根本的读书方法,姑可称之为参与

---

① 卷十九《贵溪重修县学记》,第237页。
② 卷六《与吴仲时》,第88页。

读书法。如果比较象山这一参与读书法和朱熹的读书法,大致可以讲,朱熹的读书法是认知读书法,重在对文本作客观的理解,而象山的读书法重在对文本作主观的参与,以及基于这种参与中的接受。不过,必须紧接着说明,作这样的区别只是为了凸显象山的参与读书法相对于朱熹认知读书法的特点,不可以将这一区别推到极致。从大的方面讲,整个宋代理学就是在打破汉唐经学偏重静态化注释的氛围中展开的,因此无论朱熹或象山,都已完成了对文本从传统的简单接受到批判性接受的转移。从具体到朱熹与象山的读书讲,朱熹《读书法》开卷两条便强调:

> 读书乃学者第二事。

> 读书已是第二义。盖人生道理合下完具,所以要读书者,盖是未曾经历见许多。圣人是经历见得许多,所以写在册上与人看。而今读书,只是要见得许多道理。及理会得了,又皆是自家合下元有底,不是外面旋添得来。①

换言之,在读书的根本是明理以成圣成贤上,朱熹与象山几乎没有区别。但在明确了这样的共同性以后,则又必须指出,象山更强调读者的主观参与性接受。就此而言,象山的读书法堪比于姚斯的接受美学理论。姚斯讲:

> 在这个作者、作品和大众的三角形之中,大众并不是被动的部分,并不仅仅作为一种反应,相反,它自身就是历史的一个能动的构成。一部文学作品的历史生命如果没有接受者的积极参与是不可思议的。因为只有通过读者的传递过程,作品才进入一种连续性变化的经验视野。②

---

① 《朱子语类》卷十,《朱子全书》第 14 册,第 313 页。
② H·R·姚斯《走向接受美学》,H·R·姚斯、R·C·霍拉勃《接受美学与接受理论》,辽宁人民出版社 1987 年版,第 24 页。

在上引《与吴仲时》书后,已讲到象山所言有科考时文研读的具体针对,即象山一开始便以读曾巩文章为例示知如何读,并不限于经典研读,这意味着象山的参与读书法与姚斯的接受理论是一样的,具有普遍的思想意义。

在接着上引那段书信语后,对于接受者如何积极主动地参与到文本中,象山更具体地讲:

> 途间除看文字外,不妨以天下事逐一自题评研核,庶几观它人之文自有所发。所看之文,所讨论之事,不在必用,若能晓得血脉,则为可佳。若胸襟如此,纵不得已用人之说,亦自与只要用人之说者不同。①

从"晓得血脉",到"纵不得已用人之说",便是姚斯所谓的读者使文本"进入一种连续性变化的经验视野"。由于象山认为"尧舜之道不过如此",并非"有甚高难行之事",读者不应"辽视古俗,自绝于圣贤",而应把经典文本处于完全平等的意义上作日常的道理看,因此,象山实际上是把《六经》拉低了,或者说是把读者抬高了,只要读者能融入自己的生命体会,包括《六经》在内的往圣前贤著述就"进入一种连续性变化的经验视野"。可以说,"在这个作者、作品和大众的三角形之中",就对作为读者的大众的参与性强调而言,象山的参与读书法,"自出精神与他披判,不要与他牵绊,我却会斡旋运用得他",恐比姚斯的接受理论有过之而无不及。

基于这样的参与读书法,毫无疑问,就必然面对一个基本的事实,即读者的经验与识见是不一样的,存在着很不相同的阅读与理解层次。由前引《与刘深父》书,可知象山完全意识到这一

---

① 卷六《与吴仲时》,第88页。

事实性存在。正因为如此,故象山反复强调读书应从容易接受处入手,将不易接受的暂且放下。《语录》载:

> 先生云:"学者读书,先于易晓处沉涵熟复,切己致思,则他难晓者涣然冰释矣。若先看难晓处,终不能达。"举一学者诗云:"读书切戒在慌忙,涵泳工夫兴味长。未晓莫妨权放过,切身须要急思量。自家主宰常精健,逐外精神徒损伤。寄语同游二三子,莫将言语坏天常。"①

这里引的这首诗,清楚表明,象山读书预设的前提是"天常"重于"言语",故"读书"的明白与否,根本不是在对象性的书,而是在"切身"的"涵泳工夫",落处就是本心,即"自家主宰"。而前一句话,前引《与刘深父》书也讲了。在另一封《与邵中孚》书中,象山对此讲得更具体。象山曰:

> 大抵读书,诂训既通之后,但平心读之,不必强加揣量,则无非浸灌、培益、鞭策、磨励之功。或有未通晓处,姑缺之无害。且以其明白昭晰者日加涵泳,则自然日充日明,后日本原深厚,则向来未晓者将亦有涣然冰释者矣。②

象山首先提到的"诂训既通"问题,即《与刘深父》书中讲的"诂训章句,苟能从容勿迫而讽泳之",如何做到"诂训既通",且待下文再说。这里仍就象山对"诂训既通之后"的"平心读之",对他的读书方法作进一步阐明。象山的"平心读之,不必强加揣量","则无非浸灌、培益、鞭策、磨励之功"。严格地讲,上一章所论象山《六经》注我,这个"注"字,决不是寻常的"注释",正是此处讲的"浸灌、培益、鞭策、磨励"。换言之,"平心读之"的工夫全

---

① 卷三十四《语录上》,第407—408页。
② 卷七《与邵中孚》,第92页。

是落在自身的"浸灌、培益、鞭策、磨励",而不是在"揣量"对象性的文本。文本"或有未通晓处,姑缺之无害",相反,务求通晓,正坐"强加揣量"之病。

那么,象山所谓的"难晓处"究竟又是什么呢? 象山在《与邵中孚》书中更进一步举例以示之。象山曰:

> 《告子》一篇,自"牛山之木尝美矣"以下可常读之,其浸灌、培植之益,当日深日固也。其卷首与告子论性处,却不必深考,恐其力量未到,则反惑乱精神,后日不患不通解也。

"自'牛山之木尝美矣'以下"与"卷首与告子论性处"的区别,就在于前者多讲具体的"浸灌、培植之益",都属于可以落在个人生命中的践履,用一日工夫,就能得一日收获;后者主要是作形而上的抽象思辨,对于普通读者而言,多属"难晓处",故"不必深考",因为读者的"力量未到",过多思考这些抽象的人性讨论,不仅无益,"反惑乱精神"。象山并不排除"论性处",只是在他看来,这些形而上的抽象思辨,有待于读者自身"力量"的增强,当工夫到了某种程度,这些思辨性的讨论"不患不通解也"。不过,话虽如此说,但很显然,象山的重心还是明确的。读书的目的在于读者的生命有所受用,因此,读书要由易而难,由浅而深。易与难,浅与深,原本是相对的,故其评定在读者。这也是象山凸显读者在文本的历史生命构成中的能动性的表征。至此,可以一言以蔽之,读者参与文本的读书法是象山认为最重要,也是最好的方法,即如象山自己在《与邵中孚》书中所断言,"此最是读书良法"。①

---

① 卷七《与邵中孚》,第92页。

二、章分句断寻其意旨

由于象山读书法的整个重心在强调"接受者的积极参与"，诂训章句"难晓处"暂且放下，因此象山读书法中关于诂训章句的学习方法，在某种程度上被遮蔽，或被忽视。实际上，这是有失偏颇的，因为象山对此既有要求，又有门径。就要求言，仅举象山一句话便足以概之：

> 束书不观，游谈无根。①

只是，象山对读书的要求不在数量，而在真正有所受用。象山曰：

> 后生惟读书一路，所谓读书，须当明物理，揣事情，论事势。且如读史，须看他所以成，所以败，所以是，所以非处。优游涵泳，久自得力。若如此读得三五卷，胜看三万卷。②

当然，读书要达到这个目标，并不容易，故必有门径。象山曰：

> 读书须是章分句断，方可寻其意旨。③

> 后生看《经》书，须着看《注》《疏》及先儒解释，不然，执己见议论，恐入自是之域，便轻视古人。④

如果将此论断，对照前引《与吴仲时》书中所讲的"他人文字议论，但谩作公案事实，我却自出精神与他披判，不要与他牵绊"，几乎完全是冲突与矛盾的。《语录》中还有一则：

> 某读书只看古注，圣人之言自明白。且如"弟子入则孝，出则弟"。是分明说与你入便孝，出便弟，何须得《传》

---

① 卷三十四《语录上》，第 419 页。
② 卷三十五《语录下》，第 442 页。
③ 卷六《与傅圣谟》三，第 79 页。
④ 卷三十五《语录下》，第 431 页。

　　《注》。学者疲精神于此,是以担子越重。到某这里,只是与
　　他减担,只此便是格物。①

首句自称"某读书只看古注",后面又举《论语》"弟子入则孝,出
则弟"为例,强调意思很分明,"何须得《传》《注》",并且申言时
风是疲于《传》《注》,而自己是着力于减轻负担。

　　如何合乎情理地解释象山言语之间的这种冲突与矛盾,从
而真实地把握到他的读书门径? 或以为"某读书只看古注"是
"只看古书"之误。②在没有旁证的情况下,以改字来强作解释,
并不可取。况且,仅就上引这则语录而言,"某读书只看古注,圣
人之言自明白"自为完整一句,此下以"且如"转为具体的举例,
与前一句只有"圣人之言自明白"的关联,与"某读书只看古注"
并无实际关联。当然,后半截的举例,重心是在"减担",不要疲
精神于《传》《注》,但不足以据此改"古注"为"古文"。事实上,
前一条《语录》已非常明确,"后生看《经》书,须着看《注》《疏》及
先儒解释",所谓"须着看",表明象山对看《注》《疏》是视为必要
性前提的。

　　合乎情理的解释应该是,象山的读书门径"须着看《注》《疏》
及先儒解释","章分句断",与此同时,又须明确这不是读书的目
的,更不能缠绕于此。象山曰:

　　　　读书固不可不晓文义,然只以晓文义为是,只是儿童之
　　　　学,须看意旨所在。

　　　　学者须是有志读书,只理会文义,便是无志。③

---

① 　卷三十五《语录下》,第 441 页。
② 　见前注刘飞飞《论陆九渊的读书法》,及其所引李丕洋的解释,《心学史
　　上的一座丰碑——陆象山诞辰 880 周年纪念》,第 587 页。
③ 　卷三十五《语录下》,第 432 页。

"文义"与"意旨"是读书的两个层次。"文义"在前,须先看注疏。对此,象山是非常明确的;而且他对注疏有自己的选择,即"古注"为主。《语录》载:

> 或问读《六经》当先看何人解注?先生云:"须先精看古注,如读《左传》则杜预注不可不精看。大概先须理会文义分明,则读之其理自明白。"①

这则《语录》对于理解象山读书法"须先精看古注",尤为重要。宋儒研究《春秋》,沿袭啖助新《春秋》学派,舍《传》求《经》,这是理学由经学中转出的重要标志,②象山对此是非常肯定的。象山曰:

> 尝阅《春秋纂例》,谓学者曰:"啖、赵说得有好处,故人谓啖、赵有功于《春秋》。"又云:"人谓唐无理学,然反有不可厚诬者。"③

但是,他强调"读《左传》则杜预注不可不精看",在理论上表征了象山义理隐含于史实,史实即是人的生活展开的思想,而就此处所讨论的读书法而言,则无疑充分表明他对"古注"的重视。

在"古注"中,象山不太满意的主要是赵岐的《孟子章句》。象山在前引"须先精看古注"那则语录最后,便转出一句评断:

> 然古注惟赵岐解《孟子》,文义多略。④

这当然也是事实。四库馆臣有很中肯的论断:

> 汉儒注经,多明训诂名物,惟此注笺释文句,乃似后世之口义,与古学稍殊。然孔安国、马融、郑元之注《论》,今

---

① 卷三十四《语录上》,第408—409页。
② 参见拙书《从经学到理学》第三章。
③ 卷三十四《语录上》,第405页。
④ 卷三十四《语录上》,第409页。

载于何晏《集解》者，体亦如是。盖《易》《书》文皆最古，非通其训诂则不明，《诗》《礼》语皆征实，非明其名物亦不解。《论语》《孟子》词旨显明，惟阐其义理而止，所谓言各有当也。①

也许，正如四库馆臣所言，由于"《论语》《孟子》词旨显明，惟阐其义理而止"，不必过多纠缠于"文义"；只是象山所处的时代普通士子研读《论语》《孟子》已大大超过《五经》，而学风却流于章句诂训，故令象山极其不满。象山在《与曾宅之》书中具体讲过一个读书案例：

> 略记得曾有一卷，粘纸数幅，写前辈议论十数段，于后注所见与所疑，又各空其后，以俟某之说……记得当时看毕，甚喜其有志于学，亦甚惜其学未知方。亦尝以示一二朋友，因谓之曰："此人气质志向，固不碌碌，但未得亲师友，胸中杂然，殊未明本末先后之序。……且当示以读书之法，使之无徒耗其精神……"亦略记回书大意，谓读古书，且当于文义分明处诵习观省，毋恃其为已晓，则久久当有实得实益。至于可疑者，且当优游厌饫以俟之，不可强探力索。后日于文义易晓处有进，则所谓疑惑难晓者往往涣然而自解。②

更令象山反感的是，士林时风所向，以学问为名，将自己的东西附会于古注，终日言学，实不见道。象山曰：

> 今讲学之路未通，而以己意附会往训，立为成说，则恐反成心之蟊贼，道之榛棘，日复一日而不见其进。③

---

① 《四库全书总目》卷三十五《经部·四书类一》"《孟子正义》"条，河北人民出版社 2000 年版，第 1 册，第 914 页。
② 卷十《与曾宅之》，第 139 页。
③ 卷七《与彭子寿》，第 91 页。

因此,可以断言,"须先精看古注",实乃象山读书法的门径。所谓"古注",便是前引四库馆臣所标举的"古学",即"汉儒注经"。但是,象山不求全部读通,而是读通多少是多少,先就读懂的"反之吾心",加以印证,使之为己所用。象山曰:

> 某尝令后生读书时,且精读文义分明事节易晓者,优游讽咏,使之浃洽,与日用相协,非但空言虚说,则向来疑惑处,自当涣然冰释矣。纵有未解,固当候之,不可强探力索,久当自通。所通必真实,与私识揣度者天渊不足谕其远也。①

以此统观前引诸条,可以看到象山的表达是高度一致的。

这里还需略作申言的是,象山所要通晓的"文义",主要是史事本身。前引他对杜注《左传》的重视便是一显例。在前引《语录》"后生看《经》书,须着看《注》《疏》及先儒解释,不然,执己见议论,恐入自是之域,便轻视古人"后面,象山接着讲:

> 至汉唐间名臣议论,反之吾心,有甚悖道处,亦须自家有"征诸庶民而不谬"底道理,然后别白言之。②

前后联系起来读,便知象山的"恐入自是之域",便是要摆脱私见,让各种议论在史事的印证下,"反之吾心",即不杂私意的"本心"。这里,象山所谓"自家有'征诸庶民而不谬'底道理",很值得重视。按象山的意思,"反之吾心",见得的便是常理、常识,也即是"征诸庶民而不谬底道理",因为本心与道理是合一的。相形之下,言语是其次的,重要的是看是否合乎道理,而这杆秤既见之本心,也征诸庶民。象山解孟子所言"吾于《武成》,取二三

---

① 卷十一《与朱济道》二,第143页。
② 卷三十五《语录下》,第431页。

策而已矣":

> 昔人之书不可以不信,亦不可以必信,顾于理如何
> 耳。……使书而皆合于理,虽非圣人之经,尽取之可
> 也。……如皆不合于理,则虽二三策之寡,亦不可得而取之
> 也,……盖非不信之也,理之所在,不得而必信之也。①

如此,读书而知文义,也不只是知晓史事本身了,而是要更进一
步明白其中的道理。换言之,知晓文义最后指向的目标是要知
人论世。象山曰:

> 燕昭王之于乐毅,汉高帝之于萧何,蜀先主之于孔明,
> 苻坚之于王猛,相知之深,相信之笃,这般处所不可不理会。
> 读其书,不知其人,可乎?②

总之,读古注以知晓文义,无疑是象山读书的门径。而知晓文
义,主要是以弄清楚史事为重,史事知晓,则本心自有判明,道理
自然彰显。至于言语,能明白的,能认同的,自然可以引为知音,
暂不明白,不能理解与认同的,则可以加以搁置,不必空费精神。
象山曰:

> 前言往训,真先得我心之所同然耳。引翼勉励,惟日不
> 足,何暇与章句儒譊譊,玩愒岁月于无用之空言哉?③

三、抽绎诵咏便自心解

在读"古注"以明"文义"以后,象山读书法最后一项别具风
格的方法是"熟读"乃至反复"诵咏"。这一方法在前引诸条材料
中,其实都有述及,如讲《告子》一篇,自'牛山之木尝美矣'以

---

① 卷三十二《拾遗·取二三策而已矣》,第380—382页。
② 卷三十五《语录下》,第432页。
③ 卷十二《与赵然道》三,第158页。

下可常读之"即是。①只是"诵咏"在象山的读书法中,实为最后一个环节,故在此略作补述。请别引一条材料以见之。

> 《孟子》"登东山而小鲁"一章,抽绎诵咏五六过,始云:
> "皆是言学之充广,如水之有澜,日月之有光,皆是本原上发得如此。"②

为什么反复诵咏这章便能得出这样的识见? 象山此处没有解释。毫无疑问,这是象山个人的读书经验,认同与否,并不重要。但是,需要阐明的是:一、反复诵咏能有益于领会文本,这一经验即便是属于象山个人的经验,也需要承认这对象山而言是一个事实性存在;二、更重要的是,象山这一读书法是建立在他对文本的认知上,并经过某种分析而采用的方法。象山曰:

> "大学之道,在明明德,在亲民,在止于至善",此言大学指归。欲明明德于天下是入大学标的。格物致知,是下手处。《中庸》言博学、审问、慎思、明辨,是格物之方。读书亲师友是学,思则在己。问与辨,皆须即人。自古圣人亦因往哲之言,师友之言,乃能有进,况非圣人,岂有任私智而能进学者? 然往哲之言,因时乘理,其指不一。方册所载,又有正伪、纯疵,若不能择,则是泛观。欲取决于师友,师友之言亦不一,又有是非、当否,若不能择,则是泛从,何所至止?③

这一长段的论述,其要义就在"思则在己"、"皆须即人"。在象山看来,文本也好,师友也罢,言各不一,只有"在己"与"即人",才能真正有所收益,而如何"在己"与"即人"呢? 反复诵咏自己理

---

① 卷三十四《语录上》亦专录此句,曰:"'牛山之木尝美矣'以下,常宜讽咏。"第413页。
② 卷三十四《语录上》,第413页。
③ 卷三十四《语录上》,第411—412页。

解的文句，烂熟于心，使外在的文本完全内化为主体内在的构成，这大概既是象山的理据，更是他自己的经验。

综而观之，象山的读书法最根本的出发点是以读者为中心，而不是以文本为中心。在象山看来，人的生命是不断展开的，生活是向前的，不是往后的；而在这个不断展开与向前的过程中，会遇到种种挑战与困难，这些挑战与困难无法回避，也不允许回避，只能如流水，盈科而后进。读书则是人面对挑战与困难而获取经验与力量的手段与路径之一，但是书只是过去了的经验与教训，并不足以成为人于当下直接面对挑战与克服困难的工具。因此，读书便不是一个简单接受的过程，而应该是一个参与对话、进行评论、反复推敲的过程。在这个过程中，文本虽然是沉默的，但却因为读者的参与而呈现为敞开的状态，同时，读者的参与、评论、推敲使得文本获得意义的延伸。此诚如亨利·詹姆斯所说："评价是欣赏，也是挪用，是去获取智力的财富，去与被评论之事物建立一种良好的关系，并将其纳为己用。"[1]我之所以引用这位 19 世纪后半叶到 20 世纪初的西方文学创作与理论家的话，是因为亨利·詹姆斯是西方文学创作与理论从传统转向现代的代表，[2]借此或足以启发对象山读书法作更具深意的理解。当然，这一深意并不等于要把象山及其所处的时代拉到狭义的现代主义来解释，而是要指出，象山的读书法是明显具有突破传统而转向现代的深刻内涵的，这个所谓的现代就是主体性获得高度彰显，分析与批判的理性精神获得确立，这种彰显与

---

① Prefaces to The Novels and Tales of Henry James："New York Edition" (1907—1909)，New York：Charles Scribner's Sons.

② 参见代显梅《传统与现代之间：亨利·詹姆斯的小说理论》，社会科学文献出版社 2006 年版。

确立在知识层面上也就是表征为象山所指出的"本朝理学"。

在对理学的通常定见中,最足以代表理学的自然是程朱,尤其是朱子集理学之大成。这点毋庸置疑。只是,就对主体性的凸显,以及分析与批判的理性精神的运用而言,象山因其本心的高标,又显然要比朱子在超越传统的向度上更向前推进。这一推进固然可以由朱陆的整个思想来看,但落在读书法上加以彰显,似乎更适合,因为这直接落实在了具体的知识层面。事实上,象山对此具体落实是有高度自觉的。《年谱》淳熙十五年条有"论解书"一节:

> 南丰刘敬夫学《周礼》,见晦庵,晦庵令其精细考索。后见先生,问:"见朱先生何得?"敬夫述所教。先生曰:"不可作聪明,乱旧章。如郑康成注书,枘凿最多。读经只如此读去,便自心解。注不可信,或是讳语,或是莽制。"①

推倒郑注,甚至以为或是讳语,或是王莽伪造,强调读经要不乱旧章,只是如此读去,自然能够"心解"。此所谓"心解",正是前已阐明的从参与到诵咏的过程,也就是作为读者在与文本对话的过程中自得于心的过程。

不过,需要进而说明的是,象山的读书法虽然高度强调作为读者的切己参与,但这个参与最终落实在自己的"心解",即自己的获得,而不是落实在对文本的诠释。在上述这段对话后,象山接着讲:

> 解书只是明他大义,不入己见于其间,伤其本旨,乃为善解书。后人多以己意,其言每有意味,而失其真实,以此徒支离蔓衍,而转为藻绘也。

----

① 卷三十六《年谱》,第 503 页。

这里谈的已是由读书转向解书,即由读书法转向注经法了。但是,由此可以清楚看到,无论是读书,还是注书,象山在自我与文本之间显然划出了一道界线,将自我的识见与文本的真实之义作了区分,彼此印证而不混杂。这中间的分寸感不免很难把握,这也许正是力图突破传统而又不能与传统断裂所形成的一种张力。由此反观前引亨利·詹姆斯所言,也许对象山的读书法更有亲切的体会。

第二节 解经法

象山解经的具体方法可以概括为三,本节依次说明。考虑到解经的具体方法常常体现在具体的解经中,因此对象山解经法的说明也试图结合他的经解来进行。由于象山的解经著述主要集中在《易》与《春秋》,《易》学与《春秋》学是象山经学的重要成果,涉及思想内容,故下辟专章讨论。这里的举例只取他对其他经典,尤以《论语》与《孟子》的诠释为主。当然,这些经典的解释同样反映了象山的思想,但考虑到《孟子》的思想诠释几乎融入到象山的全部思想之中,故此处的举例偏重在方法的说明,而其中的思想则点到为止。

一、大纲提掇来,细细理会去

象山解经首重把握主旨。这一方法既适用于整部经典的解读,也适用于一段经文的理解。象山曰:

> 三百篇之诗《周南》为首,《周南》之诗《关雎》为首。《关雎》之诗好善而已。①

_____

① 卷三十四《语录上》,第 407 页。

这是对整部《诗》的主旨把握。象山从最显见的结构入手，落脚却是主旨。《诗》以《关雎》为首，而《关雎》的诗义在"好善"，这便意味着读《诗》都宜在这一主旨的引导下来进行体会。再看象山对一段经文主旨的把握：

> "所谓诚其意者，无自欺也"一段，总是修身、齐家、治国、平天下之要，故反复言之。如恶恶臭，如好好色，乃是性所好恶，非出于勉强也。自欺是欺其心，慎独即不自欺。诚者自成，而道自道也，自欺不可谓无人知。十目所视，十手所指，其严若此。①

"诚意"一段是否就是修身、齐家、治国、平天下之要，以及三百篇《诗》的主旨是否就是"好善"，这无疑是可以争论的，但象山以此来主导自己对经典的注释，却是他在意的方法。在象山看来，把握主旨，乃是解经的根本，如果忽视根本，解经再精细，都不外是舍本逐末。象山曰：

> 凡物必有本末。且如就树木观之，则其根本必差大。吾之教人，大概使其本常重，不为末所累。然今世论学者却不悦此。②

这虽是讲"教人"，其实也适用于解经，因为解经原本就是自明而明人的教人工作，只是具体落在注解经典的工作而已。

把握主旨，"使其本常重，不为末所累"，当然并不是一件非常容易的事情，所谓"《尚书》一部，只是说德，而知德者实难"。③从技术的层面讲，把握主旨需要注意正反两方面的问题。正面的问题是要准确把握文本中的一些有思想意涵而后人不易理解

---

① 卷三十四《语录上》，第 418 页。
② 卷三十四《语录上》，第 407 页。
③ 卷三十五《语录下》，第 431 页。

的关键用语。象山举例曰:

> "天下之言性也,则故而已矣。"此段人多不明首尾文
> 义。中间"所恶于智者"至"智亦大矣",文义亦自明,不失
> 《孟子》本旨。据某所见,当以《庄子》"去故与智"解之。观
> 《庄子》中有此"故"字,则知古人言语文字必常有此字。①

孟子以为天下言性,"则故而已矣",这一"故"字的准确理解,涉
及对孟子整段文义的把握,象山引《庄子》"去故与智",便是对此
关键文字作出了合理性的思想诠释。

反面的问题则主要是在经文的理解与阐扬上,能克制炫耀
博学的欲望与诊治好论辞语的毛病。象山《与项平甫》曰:

> 《孟子》揠苗一段,大概治助长之病,真能不忘,亦不必
> 引用耘苗。凡此皆好论辞语之病,然此等不讲明,终是为心
> 之累。②

《孟子·公孙丑上》此段,乃以一则寓言来反向说明孟子养气之
道的一个关键点"勿助长"。什么是"勿助长"? 为什么必须"勿
助长"? 如何"治助长之病"? 这些既是颇费思量的理论问题,也
是行之不易的践履问题。孟子善喻,他以一则拔苗助长的寓言
非常形象真切地将上述问题讲清楚了,这则寓言只有四十余字,
可谓精练而精彩。但在象山看来,如真知"治助长之病","亦不
必引用耘苗",否则反而染上"好论辞语之病"。这当然不全是
针对孟子讲,更是针对宋人的经解讲学。然而,何以要如此干
净简洁,以至于如此妙喻也要归入"好论辞语之病"呢? 象山
接着讲:

---

① 卷三十四《语录上》,第 415 页。
② 卷五,第 66 页。

一处不稳当,他时引起无限疑惑。凡此皆是英爽、能作
文、好议论者,多有此病。若是朴拙之人,此病自少。所以
刚毅木讷近仁,而曾子之鲁乃能传夫子之道。

可知症结不在妙喻本身,而是在因为妙喻而容易转入好论辞语,
从而忘了"勿助长"的主旨。这种毛病尤其容易发生在"英爽、能
作文、好议论者"身上,孟子自然就是这样的英才。在孟子,尚已
不能完全避免"好议论"之讥,更何况不能望其项背的寻常书生。
故象山一则就经验的层面讲,"若是朴拙之人,此病自少";再则
就经文作出阐扬,"所以刚毅木讷近仁,而曾子之鲁乃能传夫子
之道"。

象山当然不反对辨明主旨,他是把对主旨的辨明作为"知"
看待,而"知"又是前置性的前提。所以象山在此信的最后指出:

凡人之病,患不能知,若真知之,病自去矣,亦不待费力
驱除。真知之,却只说得"勿忘"两字。所以要讲论者,乃是
辨明其未知处耳。

毫无疑问,象山所谓"真知",便是与本心的契合;而本心契合,
自然也就明理,通体皆是道义。如此,"病自去矣,亦不待费力
驱除"。

由此亦可知,解经的把握主旨固然属于"知"的范畴,但其实
在象山是含摄"行"的。只是后来王阳明倡明的"知行合一",在
象山那里并不作为一个哲学概念专门提出,象山的这一思想有
所遮蔽罢了。指出这一点,一方面自然表明阳明思想在此问题
上更进一层,或更具理论的自觉,另一方面也须看到象山思想中
内含着知行合一的观念,而且,在象山这里,这也许根本不属于
需要专门加以疏证的问题,因为在象山的论述中,无处不内含着
这一观念的精神。尤需指出的是,象山为了强调知对于行的含

摄,在经文有所冲突时,甚至完全以此立场来进行解释。请引一例以见之。《语录》载:

> 夫子曰:"由!知德者鲜矣。"要知德。皋陶言"亦行有九德",然后乃言曰"载采采"。事固不可不观,然毕竟是末。自养者亦须养德,养人亦然。自知者亦须知德,知人亦然。不于其德而徒绳检于其行,行与事之间,将使人作伪。①

象山解《论语·卫灵公》中的孔子论断,以申明"知德"为主旨。但这一解释与《尚书·皋陶谟》皋陶所强调的"行有九德"、"载采采"似有所冲突,后者强调的是德不在知,而见之于行,应该以所行之事为九德之验。象山依其对"知德"为主旨的确认,以为"事固不可不观,然毕竟是末",因为象山以为,"不于其德而徒绳检于其行,行与事之间,将使人作伪",即如果拘执于行事以验德,作伪的情况是很多的,也是很容易发生的,甚至于连当事人本人也自以为真诚而不以为是作伪。因此,"知德"是根本。

把握主旨,可以说是象山解经的切入口,仅此自然不能算是解经的完工,甚至也不能说是已完成了对主旨的把握,因为主旨固然如诗眼之于诗,尽显一诗之精神,但终须贯通于全部,才足以真正为主旨。象山曰:

> 大纲提掇来,细细理会去,如鱼龙游于江海之中,沛然无碍。②

因此,在主旨把握以后,"细细理会去",便是把握主旨的具体化。只有做到了"细细理会去",才可能"如鱼龙游于江海之中,沛然无碍",否则把握主旨便只能说是空话。

---

① 卷三十五《语录下》,第466页。相近解读,《语录》别有记载,见卷三十四《语录上》,第403页。
② 卷三十五《语录下》,第434页。

　　大纲与细目之间的关系,有时并不可一概而论,固执于纲目的固定体例。且以象山对《诗》《书》的解读为例。前文讨论本心部分时,曾反复论及,在象山看来,经典记录与呈现的是古人实际活动的历史展开,而道理隐涵于其中。就此而论,《诗》《书》堪称《六经》中的基础性经典。事实上,象山对这两种经典都非常重视,前引论《诗》是一佐证;对《书》则更甚,可以说是有过之而无不及,曾言"吾之深信者《书》"。①

　　象山对《诗》《书》的纲目关系有全然不同的判识,他讲:

　　　　《大雅》是纲,《小雅》是目,《尚书》纲目皆具。②

为什么《诗》有纲目之别,而《书》纲目具于一篇之中? 纲与目在象山这里,是否有内涵上的区别? 象山曰:

　　　　《诗·大雅》多是言道,《小雅》多是言事。《大雅》虽是言小事,亦主于道,《小雅》虽是言大事,亦主于事。此所以为《大雅》《小雅》之辨。③

据此可知,纲与目的区别在"言道"与"言事"。言道自然是简明直截,可以为纲;言事需要交代原委,宜置于目。只是,《诗》原本是形象性的艺术表达,无疑都与事相有关,但象山着意于指出仍有"言道"与"言事"的重心不同。作为主旨的把握,自然是针对主旨,故作此区分与点示,对于解经无疑是关键性的方法。

　　与《大雅》《小雅》的"言道"与"言事"相分有别,"《尚书》纲目皆具",这便意味着,《书》虽然全是史事记录,但事与理合一,解读便不可只作故事看,而须由事见其理。象山尝曰:

---

① 卷三十四《语录上》,第 403 页。
② 卷三十五《语录下》,第 434 页。
③ 卷三十四《语录上》,第 404 页。

韩文有作文蹊径，《尚书》亦成篇，不如此。①

这一比较耐人寻味，象山所指是什么？韩文是宋学之前导，其关键在文以载道。只是韩文为道而作文，其中便有所谓的作文方法，亦即"蹊径"。《尚书》并非有意要为道，而是本心所发的活动，同时，虽是活动，却通体皆是道义，故它各篇自成篇章，不须什么雕琢，自然也无所谓"作文蹊径"。对经典的纲目有此判明，根本的方法有了保证，"细细理会去"，就只是一个时间问题了。

二、须当理会他所以立言之意

象山解经的第二个基本方法，用他解读《孟子》的话，就是"须当理会他所以立言之意"。②粗看，理会立言之意与前述的把握主旨，似乎所同胜过所异。然而细加体会，两者虽然目标是一致的，但就解经的方法而论，实有不可忽视的区别。这个区别有二，一是把握主旨可以认为是普遍意义上的解经方法，举凡解经都须秉持这一方法；理会立言之意，更在于具体语境中的体会。二是经典所记并非全是立言，许多是记事，对事的分析与对言的理解不完全相同，事的背后是道理，故把握主旨是由事而见理，言则更多涉及语境，理会立言之意在方法上须重在体会语境。

在《语录》中，象山尝因答门人李伯敏之问论如何践行孟子所讲的"尽其心者知其性，知其性则知天矣"，而延伸到如何读《孟子》与解《孟子》。前者在第一章中曾引及，后者在上一章中亦引及，但象山与李伯敏后续的答问，对《孟子》解释非常细致，

---

① 卷三十五《语录下》，第 466 页。
② 卷三十五《语录下》，第 445 页。

而且最后也据此得出"须当理会他所以立言之意"的方法,故下文便以此为例,来体会象山此一解经方法的运用。①此外,需要先作说明的是,象山对《孟子》的解释同样也是在示门人以读书法,但此处重在从解经的角度去看,因为他这里示门生的读书法是通过对经典的解释来呈现的,只不过象山的解经不是书之以笔,而是说之以言。

李伯敏问象山,孟子所谓"尽心"究竟如何践行? 孟子讲的性、才、心、情如何分别? 象山回答四者"都只是一般物事,言偶不同耳",如强作分别,便"只是解字"了。接着便有连续三个问答,涉及如何具体地解释《孟子》。

第一个问答,李伯敏问性、才、心、情"莫是同出而异名"? 这一提问显然是对象山前面所答的四者"都只是一般物事,言偶不同耳",有所不满,故作此进一步追问。所谓"同出而异名",无疑涉及"解字",象山虽不满解字,但伯敏的追问表明,即便在象山门下,解字亦是解经不可回避的。象山的回答很详细,先是答以理会立言之意的基本方法,然后更以具体文本的解释为例作示范。其基本方法是:

(1)不须得说,说着便不是,将来只是腾口说,为人不为己。(2)若理会得自家实处,他日自明。(3)若必欲说时,则在天者为性,在人者为心。(4)此盖随吾友而言,其实不须如此。(5)只是要尽去为心之累者,如吾友适意时,即今便是。

从伯敏的追问而言,象山第(3)句话作了明确的回答。但是,象山紧跟着作了(4)的补充,强调(3)的回答是随伯敏的追问而

---

① 详见卷三十五《语录下》,第444—445页,下文随引分析,不另细注。

言,只是特定语境中的回应,不能作为标准的解释。换言之,基本方法就是不落于文字,要体会具体语境。不过,象山并不是直接说"在天者为性,在人者为心"不能作为标准解释,而是说"其实不须如此",也就是(1)开头就申明了的"不须得说"。然而,为什么"不须得说"? 象山的理由有二:其一是(1)所讲的"说着便不是",这便等于间接讲,凡说着,便落具体文字了,便限定了,便不能作为标准的解释。其二就是这样的解释属于"为人不为己",以及(2)所表达的"他日自明"。至于(5)则转落在尽心工夫了,已溢出单纯的解经方法。

再看象山的具体文本解释示范。象山以"牛山之木"章为例,曰:

> "牛山之木"一段,血脉只在仁义上。"以为未尝有材焉","此岂山之性也哉?""此岂人之情也哉?"是偶然说及,初不须分别。所以令吾友读此者,盖欲吾友知斧斤之害其材,有以警戒其心。

此章孟子言及"山之性"与"人之情",但象山以为这并非是孟子在对性、情作界定,而只是"偶然说及",也就是特定语境中的表达,因此解释经典时,对于这样的言语,就不宜纠缠,"初不须分别"。象山接着讲:

> "日夜之所息",息者,歇也,又曰生息。盖人之良心为斧斤所害,夜间方得歇息。若夜间得息时,则平旦好恶与常人甚相远。惟旦昼所为,梏亡不止,到后来夜间亦不能得息,梦寐颠倒,思虑纷乱,以致沦为禽兽。人见其如此,以为未尝有才焉,此岂人之情也哉? 只与理会实处,就心上理会。……圣贤急于教人,故以情、以性、以心、以才说与人,如何泥得? 若老兄与别人说,定是说如何样是心,如何样是

性、情与才。如此分明说得好，划地不干我事，须是血脉骨髓理会实处始得。凡读书皆如此。

此段是对性、情的"偶然说及"作进一步的论证。象山通过"日夜之所息"的解释，说明孟子因"牛山之木尝美矣"而引发议论，才牵出了人之情、有才无才的问题，孟子此章的主旨在仁义，情、性、心、才都只是孟子阐扬仁义主旨时，因其语境而"偶然说及"。如果注释此章，"定是说如何样是心，如何样是性、情与才"，当然也是可以的，但"如此分明说得好，划地不干我事"。虽然这个"不干我事"也是溢出了解经方法，而进入尽心的践履问题，但是象山此一结论，终究是建立在此一大段的论证上，也就是基于他对孟子此章的语境分析上的。

如果说，上一解答对语境的体会是指出孟子的论述风格与语气，那么接着的第二个问答，语境则转为对话。李伯敏"又问养气一段"，象山曰：

> 此尤当求血脉，只要理会"我善养吾浩然之气"。当吾友适意时，别事不理会时，便是"浩然"。"养而无害，则塞乎天地之间。""是集义所生者，非义袭而取之也"。盖孟子当时与告子说。告子之意，"不得于言，勿求于心"，是外面硬把捉的。要之亦是孔门别派，将来也会成，只是终不自然。孟子出于子思，则是涵养成就者，故曰"是集义所生者"，集义只是积善。"行有不慊于心则馁矣"，若行事不当于心，如何得浩然？此言皆所以辟告子。

象山指出孟子论养气一段，全是针对着告子而发。孟子讲"浩然"、讲"集义所生"、讲"行有不慊于心，则馁矣"，"皆所以辟告子"，而告子的问题"是外面硬把捉的"，这样的路径虽然"将来也会成，只是终不自然"，故孟子所谓"养气"是要从心里内生出来，此亦前引对李伯敏讲的自家适意时便是尽心。象山的解释是否正确，另当别论，此处重在由此指出象山的解经方法，即语境还原的第二种类型。

第三个问答，"又问养勇异同"。象山曰：

> 此只是比并。北宫用心在外，正如告子"不得于言，勿求于心"；施舍用心在内，正如孟子"行有不慊于心，则馁矣"。而施舍又似曾子，北宫又似子夏。谓之似者，盖用心内外相似，非真可及也。

在这一问答中，象山对于孟子的语境还原，则是指出孟子论述中所运用的比较法。象山对比较方法的体会与运用，可谓非常得心应手。他先是指出北宫与施舍是一对比，以此标示用心之内外的不同；继而又引入曾子与子夏，分别对应施舍与北宫。这样的解释显然更贴近一层，因为只是指出北宫与施舍的比较，由于北宫与施舍的材料甚少，以此说明用心之内外，并不一定非常有效；但是引入曾子与子夏，对于熟读《论语》的士子，形象无疑更为亲近，从而由此及彼，对北宫与施舍的理解获得增强。象山充分意识到这样的引入对比，只是一个点示，如果拘泥于此，真的把施舍与北宫看作是曾子与子夏，则又是犯了语障，故紧跟着说明，"谓之似者，盖用心内外相似，非真可及也"。

经此三个问答，象子最后总结：

> 孟子之言，大抵皆因当时之人处己太卑，而视圣人太高。不惟处己太卑，而亦以此处人，如"是何足与言仁义也"之语可见。不知天之予我者，其初未尝不同。如"未尝有才焉"之类，皆以谓才乃圣贤所有，我之所无，不敢承当着。故孟子说此乃人人都有，自为斧斤所害，所以沦胥为禽兽。若能涵养此心，便是圣贤。读《孟子》须当理会他所以立言之

意,血脉不明,沉溺章句何益?

非常清楚,如果不能还原语境,只在文字表面上求解释,对于经典的解释是不可能把握到"立言之意"的,而立言之意不能真正理会,所谓的注释经典只是无益的沉溺章句。

三、将尽信乎? 抑其间有拣择

象山解经的第三个基本方法,可以概之为质疑拣择法。把握主旨、语境还原,预设的前提是对经典的确信无疑,总体上可以视为经典的诠释。质疑拣择法在广义上,当然也是经典的诠释,但对经典确信无疑的预设前提显然是放弃了。且看《语录》一段记载:

> 伯敏尝有诗云:"纷纷枝叶谩推寻,到底根株只此心。莫笑无弦陶靖节,个中三叹有遗音。"先生肯之。呈所编《语录》。先生云:"编得也是,但言语微有病,不可以示人,自存之可也。兼一时说话有不必录者,盖急于晓人,或未能一一无病。"时朱季绎、杨子直、程敦蒙先在坐,先生问子直学问何所据? 云:"信圣人之言。"先生云:"且如一部《礼记》,凡'子曰'皆圣人言也。子直将尽信乎? 抑其间有拣择。"子直无语。先生云:"若使其都信,如何都信得? 若使其拣择,却非信圣人之言也。"①

这则语录可以作两截看,后半截是提出质疑拣择法,前半截则可以视作质疑拣择法的理据性伏笔。后半截针对杨子直的"信圣人之言",象山虽然以商量的语气进行讨论,并以质疑的语句进行表达,"若使其都信,如何都信得"? 但结论显然是明确的,即

---

① 卷三十五《语录下》,第445—446页。

圣人之言都相信是不可能的,只能"间有拣择"。"间有拣择"是最终的取舍,前提则是经过了"如何都信得"的质疑。因此,质疑与拣择实是象山合二为一的过程。

前半截所以视为后半截的理据性伏笔,不仅是因为质疑拣择法是由李伯敏呈所编《语录》事而引起的话题,而且是因为象山对《语录》的看法内含着他对经典解释取质疑拣择法的理据。象山虽然肯定李伯敏《语录》编得也是好的,但又强调"言语微有病,不可以示人,自存之可也"。"言语微有病",是因为"兼一时说话有不必录者,盖急于晓人,或未能一一无病"。这样的文本,由于记录者是语境中人,自存自然毫无问题,甚至会有极大的亲切感。但是对于非语境中人,尤其是后人,时过境迁,言语形式也发生变化,那么言语中的毛病就可能成为语障,甚至产生误导。象山对于语录的警惕是一贯的,他强调书写较之语录更可靠。然而,即便是书写文本,同样也属于特定语境,"言语微有病"的问题是无法彻底避免的。概言之,圣人之言不可尽信,实是其有充分理据的。前文论读书法,尝引及一则语录,强调因往哲之言、师友之言以进学,但不能"泛观""泛从",援引于此,亦足见象山把质疑拣择方法背后的理据作了充分的阐明。只是如此而论,方册所载不可泛观,师友之言不可泛从,那么,问题也就随之而来,即"后之学者顾何以处此"?[①] 简明地讲,就是质疑拣择法又应当如何具体操作呢?

象山解释经典的质疑拣择法,就其实际运用而言,不可一概而论。比如,象山曰:

---

① 这段论述在卷二十一《杂著·学说》中有专门论述,第 263 页。前文论读书法,引自卷三十四《语录上》,第 411 页。两段文字基本一样。

《系辞》首篇二句可疑,盖近于推测之辞。

吾之深信者《书》,然《易·系》言:"默而成之,不言而信,存乎德行。"此等处深可信。①

对《书》,象山深信之;对《易·系辞》,有可疑处,也有可深信处。其间,象山自然是有他或深信或质疑、或取或舍的理据,比如他讲《系辞》首篇二句"盖近于推测之辞"是理据;但是有些理据于当下的判断中并没有明确指明,如上引对"默而成之"语的深信。

如何进一步来确认象山对此方法的运用?窃以为或宜二径并进。其一,从象山心学的基本宗旨与方法来确认。象山立学宗旨在自立本心,本心既立,无论临事与论学,本心自然就能洞见道理,或信或疑,或取或舍,当下即是。象山曰:

古者十五入大学,《大学》曰:"大学之道,在明明德,在亲民,在止于至善。"此言大学指归。欲明明德于天下是入大学标的。格物致知是下手处。《中庸》言博学、审问、慎思、明辨,是格物之方。读书亲师友是学,思则在己,问与辨皆须在人。②

象山对《大学》三纲领八条目的阐明扣其主旨,"欲明明德于天下是入大学标的。格物致知是下手处";而格物之方则援引《中庸》的"博学、审问、慎思、明辨"。但是,象山的结论是,"读书亲师友是学,思则在己,问与辨皆须在人"。思的具体形式,可以是自己内在的思考,也可以呈现为外在的问与辨。问与辨,就是质疑与拣择。故其所谓"皆须在人",亦即"在己"。因此,自立本心是贯彻质疑拣择法的根本,这是可以确认的。但是,仅此终究不够

---

① 卷三十四《语录上》,第403页。
② 卷二十一《杂著·学说》,第262—263页。此段引文前引之论读书法,见卷三十四《语录上》,第411页。

具体。故在明确此一路径的同时,宜细观象山具体的经说,作为掌握象山解经质疑拣择法的另一路径。上引《学说》其实已是一例,请更举象山的《论语说》《孟子说》,以见具体。

先看象山的《论语说》。①象山的《论语说》主要解释了"志于道,据于德,依于仁,游于艺",而以前三句为重。释"志于道"。象山以"道者,天下万世之公理,而斯人之所共由也"破题。接着,象山指出,君臣父子各有其道,"惟圣人惟能备道";常人固然不能备道,但也不能尽亡其道。然后,象山转出他的立论:

> 民之于道,系乎上之教;士之于道,由乎己之学。然无志则不能学,不学则不知道。故所以致道者在乎学,所以为学者在乎志。

在得出这个结论后,象山又拣择孔子的两句话与孟子的一句话,佐证他的结论。

释"据于德"。象山先标示"圣人之全德",然后引《皋陶谟》之九德说,指出德之在人不可求全责备,虽一德亦不必求全,即便"有微善小美之可取而近于一者,亦其德也",所谓"据于德",便是据微善小美,"日积日进,日著日盛,日广日大矣"。

释"依于仁"。象山开宗明义,"仁,人心也"。然后引孔门弟子进行分析,指出圣人能"尽仁","常人固未可望之以仁,然亦岂皆顽然而不仁"? 圣人与常人在人心上的差别,不在仁之有无,而仅在完备与不足。仁之在人,"皆受天地之中,根一心之灵,而不能泯灭者也"。故当"依于仁"。

释"游于艺"。象山解得很简单,以为"艺者,天下之所用,人之所不能不习者也"。游于艺,固无害于道、德、仁,相反,三者于

---

① 卷二十一《杂著·论语说》,第263—265页。

艺中而有可见者。

整篇解说,除了"游于艺"外,其余三句,象山都拣择相关经典文句或人物事迹,予以佐证自己的立论。象山的立论全由自己的本心所发,并不玄远高妙,而是平易亲切,虽常人亦足以接受。象山曰:

> 古人皆是明实理,做实事。①

> 因叹学者之难得云:"我与学者说话,精神稍高者,或走了,低者至塌了,吾只是如此。吾初不知手势如此之甚,然吾亦只有此一路。"②

这其实也正是象山质疑拣择的解经方法的具体运用。

再看《孟子说》。这里仅取开篇释"志壹动气"以例见之。象山曰:

> "志壹动气",此不待论,独"气壹动志",未能使人无疑。孟子复以蹶趋动心明之,则可以无疑矣。壹者,专一也。志固为气之帅,然至于气之专壹,则亦能动志。故不但言"持其志",又戒之以"无暴其气"也。居处饮食,适节宣之宜,视听言动,严邪正之辨,皆无暴其气之工也。③

"志壹动气"与"气壹动志"出自《孟子·公孙丑上》"公孙丑问曰夫子加齐之卿相"章。象山指出,"志固为气之帅",因此"志壹动气,此不待论";但孟子同时强调"气壹动志",如果不加说明,则"未能使人无疑",因为气原本就是流动不居的,它的专壹与否,又如何能够摇动志的坚固呢?象山指出,"孟子复以蹶趋动心明之,则可以无疑矣"。孟子在并言"志壹则动气,气壹则动志也"

---

① 卷三十四《语录上》,第396页。
② 卷三十四《语录上》,第404页。
③ 卷二十一《杂著·孟子说》,第265页。

之后，紧跟着追加了一句说明："今夫蹶者趋者，是气也，而反动其心。"指出了蹶趋虽是气的流变，但足以摇动其心，故而摇动心志。因此，"气壹动志"便"可以无疑矣"。由此而知，象山的质疑拣择法，其质疑绝非为疑而疑，其拣择也绝非为信而信，疑与信皆依本心而见得实理为准。象山曰：

> 人心有消杀不得处，便是私意，便去引文牵义，牵枝引蔓，牵今引古，为证为靠。①

换言之，依循本心，正是去除私意。凡人心私意消杀不了，一切引经据典，都只是"牵枝引蔓"，以今人古人之言语作外在的证据与依靠，而这正是解经之弊病。

综而观之，象山解经法的把握主旨、还原语境、质疑拣择，自成一体。其中细分，把握主旨可谓目标，还原语境与质疑拣择则是方法。总体而言，象山的解经法虽然也沿用汉唐经注的诂训章句，但只是作为初级手段，他的解经根本上是作义理的阐明，这也是他以把握主旨为目标的根本原因。在这个意义上说，象山的解经法已完全跳出经学的窠臼，而进入了分析的批判的理学形态。就此而论，加之象山的解经法与他的读书法一样，完全是从接受者的角度来展开的，更进一步地分析，象山的还原语境与质疑拣择作为理学的解释学，颇可以借镜于西方以伽达默尔为代表的哲学诠释学与以哈贝马斯为代表的批判诠释学之间的思想转移，②从而彰显象山解经法的思想意义。一方面，伽达默尔的哲学诠释学是用历史主义对抗客观主义，就此而论，象山解

---

① 卷三十五《语录下》，第 458 页。

② 参见傅永军《从哲学诠释学到批判诠释学》，收入杨乃乔主编《比较经学：中国经学诠释学传统与西方诠释学传统的对话》，上海人民出版社 2018 年版，第 731—743 页。

经法的还原语境可谓相似,象山所要挑战的也正是汉唐经学,乃至朱熹的经典注释学,因为朱熹的经典注释学正是在充分吸收汉唐经学基础上,以追求客观主义为表征的。另一方面,伽达默尔在以历史主义对抗客观主义的同时,又过度张扬了传统、权威、成见的影响力和合法性,从而为哈贝马斯所不满,进而提出交往批判理论。哈贝马斯的交往批判理论采用重建而非历史的方法,批判性地借用各种竞争的理论和历史先例,而这种借用的基础自然是从主体出发,进而在主体与各种理论与史实之间建构起主体间性。①不能否认,象山解经法中的质疑拣择多少是具有相似的思想倾向的。

---

① 除了前注以外,哈贝马斯提出交往批判理论及其性质的简约介绍,可以参见詹姆斯·戈登·芬利森《哈贝马斯》第二章,译林出版社 2015年版。

第五章 《易》学与《春秋》学

象山的解经法由于最终归趋于重建而非历史的方法，因此决定了象山的经学决不可能重蹈汉唐经学的旧辙，即在知识形态上不会回到传统的经传注疏形式。就此而言，象山便与朱子有着巨大的不同。朱子思想是新的，但形式上呈现出明显的传承性，他毕生倾注心血的《四书章句集注》就是最显见的典型。朱子的做法当然可以视为保守，但却也实现了知识形态的连续性。象山不仅思想上创新，而且在知识形态上似乎也不在意断裂。这使得象山虽然有意要撰写专门的注经著作，但此意愿终究不强烈。《年谱》淳熙十六年条载：

> 先生始欲著书，尝言诸儒说《春秋》之谬尤甚于诸经，将先作传。值得守荆之命而不果。①

表面上看，知荆门军公务繁重是一客观原因，但象山的注经意愿不强实是根本。这使得象山对诸经虽多有独到识见，却少有系统的注经著作，而多流于零散的思想表达。如论《诗经》，象山曰：

> 三百篇之诗，有出于妇人之手，而后世老师宿儒，且不能注解得分明，岂其智有所不若？只为当时道行、道明。②

---

① 卷三十六《年谱》，第 506 页。
② 卷三十五《语录下》，第 436 页。

指出三百篇中有出于妇人之手,诚乃卓见,但在解释为什么后世老师宿儒不能注解得分明的问题,象山给出的答案,不是"智有所不若","只为当时道行、道明"。这一答案显然缺乏知识上的依据,但在象山这里,作此回答完全是成立的,因为象山曰:

> 古人不求名声,不较胜负,不恃才智,不矜功能,通身纯是道义。①

妇人虽可能不通文字,但处身于"通身纯是道义"的生活世界,同样可以咏诵出好的诗歌。即便是象山最深信不疑、最为肯定,用力恐亦颇深的《尚书》,②他也不曾予以注疏,而只是信手拈来以为印证与阐发自己思想之用。概言之,以传统经学的知识形态来看,象山的经学成就实在是微不足道的,他在以新的知识形态来表达自己的思想方面,即由经学转出理学,实在是远出朱子之上的。南宋时期,诸儒大致都已经摈弃汉唐注疏,适应并流行以理说经的新知识形态,如张九成《孟子解》,但如象山这样,不惜以不读书、不著书而自损,以至近乎反智的形象,来冲破旧的知识形态对基于本心的实学的羁绊,实是独树一帜而卓然不群的。

只是,在充分明白了象山这一基本立场后,又必须指出,象山终究仍处身在经学的时代,他的思想表达的知识形式仍旧有着无法抹去的经学底色。③这不仅表征于象山思想陈述中随处可见的引经据典,以及上述他尝想就《春秋》专门作传的意愿,而且更具体地体现在他相对集中的解经著作中,尽管非常有限,尽

---

① 卷十四《与严泰伯》三,第184页。
② 深信者,见卷三十四《语录上》:"吾之深信者《书》。"(第403页)肯定者,见卷三十五《语录下》:"《尚书》纲目皆具。"(第434页)用力者,卷十《与胡无相》:"山间朋友近多读《尚书》。"(第133页)
③ 参见许家星《"吾之深信者〈书〉"——从〈尚书〉之论管窥象山学的经学底色》,《中国哲学史》2021年第5期。

管在知识形态上充分体现了象山自己的独特风格。

象山相对集中的解经对象是《易》与《春秋》。《庄子·天下》讲：

> 《诗》以道志，《书》以道事，《礼》以道行，《乐》以道和，《易》以道阴阳，《春秋》以道名分。①

因此，《易》在先秦只是六书之一，并无特殊。到《汉书·艺文志》，则指出：

> 《乐》以和神，仁之表也；《诗》以正言，义之用也；《礼》以明体，明者著见，故无训也；《书》以广听，知之术也；《春秋》以断事，信之符也。五者，盖五常之道，相须而备，而《易》为之原。②

《易》被定性为群经的基础与根源。宋儒建构理学，以《易》为思想架构，确立起自形上而形下的系统。《春秋》本是鲁国的史书，因以为是孔子删修，于史实中寓有大义，则成为后人评断现实的依据。宋儒建构理学，起于现实关怀，终于理据建立，故《春秋》与《易》是最受关注的经典。象山重视此二经，实是宋儒论学的共同特征。

此外，依常理，"道阴阳"的《易》超乎形下之器物，所论应该是隐微的，"道名分"的《春秋》记录具体的事迹，所论应该是显明的。只是，易理虽抽象却具有普适性，可以畅言阐明，而史迹虽具体却有禁忌，反为难言。象山尝曰：

> 《春秋》之书灾异，非明乎《易》之太极，《书》之《洪范》者，孰足以知夫子之心哉？③

---

① 郭庆藩《庄子集释》，中华书局 1954 年版，第 462 页。
② 《汉书》卷三十，中华书局 1962 年版，第 1723 页。
③ 卷二十三《讲义》，第 282 页。《洪范》讲五行，虽与讲阴阳之《易》为不同系统，但推天道以明人事的宗旨无二。象山对《洪范》亦甚重视，在荆门任职时特选讲其中章节以代醮事。

因此,《易》与《春秋》在形式与内容上各有自己的隐微与显明。隐微的易理可以表征于显明的史迹,而显明的史迹反过来可以印证隐微的易理。在此意义上,《易》与《春秋》实足以互参印证。象山经学聚焦于此二经,与二经的这一特性亦不无关系。

由于上述两层关系,故象山的《易》学与《春秋》学,不仅对于理解象山的由经学转出理学,以及寓理学于经学中的思想方法与形式有重要意义,而且对于理解象山思想本身具有不可或缺的作用。象山的《易》学与《春秋》学构成他发明本心与实学的重要环节,故辟此专章而论之。

第一节 《易》学

据《年谱》,象山接触《易》学是比较早的,他在十三岁时因其兄复斋反复诵读程颐《伊川易传》,从而引发质疑与批评。[①]这一立场,象山后来一直是坚持的,甚至表现得很强烈。《语录》载:

> 临川一学者初见,问曰:"每日如何观书?"学者曰:"守规矩。"欢然问曰:"如何守规矩?"学者曰:"伊川《易传》,胡氏《春秋》,上蔡《论语》,范氏《唐鉴》。"忽呵之曰:"陋说!"良久复问曰:"何者为规?"又顷问曰:"何者为矩?"学者但唯唯。次日复来,方对学者诵"《乾》知太始,《坤》作成物,《乾》以易知,《坤》以简能"一章,毕,乃言曰:"《乾文言》云'大哉乾元',《坤文言》云'至哉坤元'。圣人赞《易》,却只是个'简易'字道了。"遍目学者曰:"又却不是道难知也。"又曰:"道在迩而求诸远,事在易而求诸难。"顾学者曰:"这方唤作规矩,公昨日来道甚规矩。"[②]

---

① 卷三十六《年谱》十三岁条,第483页。
② 卷三十四《语录上》,第429页。

这段对话,虽然还涉及胡安国《春秋传》、谢良佐《论语解》、范祖禹《唐鉴》,宗旨在论规矩,破时流沉溺于文本而轻忽践履之弊,标示象山心学工夫论的核心思想"简易",但"简易"却是来自《易》,因此这段话不仅可以视为象山《易》学的重要观念与对程氏《易传》的批评,而且也充分表征了《易》学构成了象山心学的理论基础。

因上述象山对程颐《易》学的批评,学界关于象山《易》学的最新研究有专论象山《易》学对程氏《易》学的批判继承;[①]此外,亦有依据象山心学,全面梳理象山《易》学以冀系统化阐明象山之心学《易》学的最新研究。[②]窃以为,象山《易》学诚有对程氏《易》学的批判继承,以及其心学《易》学的基本精神,上文引录《语录》即为了阐明象山《易》学的这两个特征,但如果对象山《易》学的理解限于此,则又有所遮蔽。象山三十三岁秋试乡举、三十四岁春试南宫,皆为《易》卷,[③]足以表征象山于《易》实有专攻。虽然象山没有详尽的释《易》著作,但今《陆九渊集》卷二十九《程文》收录了象山解试与省试各三份试卷;此外,卷二十一《杂著》有《易说》《易数》及补充,以及《三五以变错综其数》诸篇。这些著述比较集中地反映了象山的《易》学。本章试依据这些著

① 参见杨柱才《陆九渊对〈程氏易传〉的继承与批评——兼议陆九渊的学术渊源》,收入欧阳祯人主编《心学史上的一座丰碑——陆象山诞辰880周年纪念》,第407—412页。
② 参见王新春《哲学视域下的象山心学的易学重建》,收入欧阳祯人主编《心学史上的一座丰碑——陆象山诞辰880周年纪念》,第413—424页。更早的研究请参见黄黎星《论陆九渊〈易〉说》,《中国哲学史》2004年第4期;范立舟、王华艳《〈周易〉与象山心学》,《学术交流》2005年第2期;杨柱才《陆九渊的易学思想》,《周易文化研究》2010年刊。
③ 卷三十六《年谱》,第486页。

述,参以象山的其他论述,冀窥其《易》学的规模、风格与特点。

一、归理于心

卷二十一《杂著》所收诸篇,仅从篇名便可断知,象山之《易》学是义理与象数并重,这是他的《易》学规模。宋代《易》学的突破性成就在义理,以胡瑗、程颐为代表,但象数《易》学并不消沉,北宋有邵雍,南宋有朱震,至朱子已努力兼摄义理与象数。因此,仅就规模而言,象山《易》学亦可谓无特别之处。但如细加研究,则象山《易》学于此规模中所体现的风格与特征终又不同凡响。象山在《易说》开篇曰:

> 此理塞宇宙,谁能逃之,顺之则吉,逆之则凶。其蒙蔽则为昏愚,通彻则为明智。昏愚者不见是理,故多逆以致凶。明智者见是理,故能顺以致吉。①

《易》的功用是使人避凶致吉,而《易》所以有此功用,在于《易》揭明了宇宙之理,使人"顺以致吉","逆以致凶"。这表明,象山《易》学的基点在义理;而且象山强调理是客观的存在,塞乎宇宙,无人能逃之,其心学精神隐晦不彰。但此下一段,象山便别具论说:

> 说《易》者谓阳贵而阴贱,刚明而柔暗,是固然矣。今《晋》之为卦,上离,六五一阴,为明之主,下坤,以三阴顺从于离明,是以致吉,二阳爻反皆不善。盖离之所以为明者,明是理也。坤之三阴能顺从其明,宜其吉无不利,此以明理顺理而善,则其不尽然者,亦宜其不尽善也。不明此理,而

---

① 卷二十一《杂著·易说》,第 257 页。此下分析《易说》不另出注,见第 257—258 页。

> 泥于爻画名言之末,岂可与言《易》哉? 阳贵、阴贱、刚明、柔暗之说,有时而不可泥也。

理虽然是客观的,然而《易》既揭明之,自然呈现于诸如"阳贵、阴贱、刚明、柔暗之说",但象山以为"有时而不可泥也",这便将客观的理悬置了。象山以《晋》卦为例加以阐明,即上引文中所说的《晋》卦"上离,六五一阴,为明之主,下坤,以三阴顺从于离明,是以致吉,二阳爻反皆不善"。实际上,《易》学论阴阳,既有主阳说,近儒家,也有主阴说,近道家。程颐《易》学据《易传》"一阴一阳之谓道",主张的是阴阳并重说,朱子推崇周敦颐《太极图说》,主张的也是阴阳并重说,此说既是理学论《易》之主流,亦可视为程朱理学援道入儒之表征。①象山十三岁起便涉及程氏《易》学,他与朱子辨无极也明确指出朱子的援道入儒,可以断言他对《易》学史上偏重道家的主阴说,以及程朱的阴阳并重说是很清楚的。因此,他假借解释《晋》卦,重心并不在破主阳说,而在强调"泥于爻画名言之末,岂可与言《易》哉"?"爻画名言"皆为"末",那么又从何识"理"呢?

象山接着举《大壮》与《泰》二卦,分别指出识理之本。他解释《大壮》卦:

> 雷在天上,《大壮》,君子以非礼弗履。非礼弗履,人孰不以为美? 亦孰不欲其然? 然善意之微,正气之弱,虽或欲之而未必能也。今四阳方长,雷在天上,正大之壮如此,以是而从事于非礼弗履,优为之矣。此颜子请事斯语时也。

---

① 叶适于《习学记言序目》中破斥阴阳并重说,强调主阳说,正因为阴阳并重说成为主流。参见拙稿《还理于〈象〉——叶适易学的破与立》,载《周易研究》2021年第1期,收入拙书《从经学到理学》第五章附文《叶适易学的还理于象》。

《大壮》卦上震下乾，四阳在下，阳气盛壮，刚壮有力，象征着运势强盛，但雷在天上，警示之象，卦辞为"利贞"，利于贞固，故君子观此卦象，虽处运势强盛之中，亦应当怀持敬畏之心，非礼弗履。象山的解释虽然是由卦象而起，但落脚显然已在实际的生活经验，即所谓非礼弗履固然人皆以为美，且都希望践行，只是"善意之微，正气之弱，虽或欲之而未必能也"，因此能于运势强盛之时从事于非礼弗履，便更为难得。象山最后将此卦精神印证于《论语·颜渊》的"颜渊问仁"章，以为《大壮》卦表达的正是"颜渊问仁"章中颜回听闻孔子"克己复礼为仁"，以及"非礼勿视，非礼勿听，非礼勿言，非礼勿动"之细目的教导时，表示"回虽不敏，请事斯语矣"。上述分析，重要的不在说明象山对《大壮》卦的思想义理解读，而在看到他阐明此义理所依循的根据。在象山这里，《易》理的根本依据不在"爻画名言"，"爻画名言"只是《易》理的一种表达，《易》理根本依据在生活经验，即事的本身。这正印证了象山心学的基本命题之一："宇宙内事乃己分内事，己分内事乃宇宙内事。"

与《大壮》卦的释解相应，象山接着对《泰》卦的解读，则印证了他的另一基本命题："宇宙便是吾心，吾心即是宇宙。"象山曰：

> 《泰》之九二言包荒，包荒者，包含荒秽也。当泰之时，宜无荒秽。盖物极则反，上极则下，盈极则亏，人情安肆，则怠忽随之，故荒秽之事，常在于积安之后也。

安泰之时，宜无荒秽，但"荒秽之事，常在于积安之后"，之所以会出现这样的变化，表面上看可以概而以为"物极则反，上极则下，盈极则亏"的普遍道理，但根本的原因在于"心情安肆"。人心在安泰之时，丧失了象山在《大壮》卦中所标示的敬畏之心，从而"怠忽随之"，使"荒秽之事"发生。较之《大壮》卦的释解，象山对《泰》卦的解读更跳脱出"爻画名言",直指人心。

由此二卦的释解,足已看到象山解《易》的基本方法,即《易》学的要义在明理而避凶致吉,理虽然充塞于宇宙,万物应依循之,但明理之本在事与心的把握,而事归根到底是人的行为,因此心实质上承载着理的展开。故象山于《易说》最后总结道:

> "《易》之为书也不可远,其为道也屡迁。变动不居,周流六虚,上下无常,刚柔相易,不可为典要,唯变所适。"临深履冰,参前倚衡,傲戒无虞,小心翼翼,道不可须臾离也。五典天叙,五礼天秩,《洪范》九畴,帝用锡禹,传在箕子,武王访之,三代攸兴,罔不克敬典。不有斯人,孰足以语不可远之书,而论屡迁之道也。

由于《易》所揭示之理乃屡迁之道,因此凡落在"爻画名言"者,实"不可为典要,唯变所适",而其中的关键存乎人,"不有斯人,孰足以语不可远之书",而人之根本在心,唯"小心翼翼,道不可须臾离也"。象山《易》学在义理阐发上的风格与特征可以一语以蔽之:归理于心。

前文述及,象山《易》学的进路是程颐《易》学。程颐《易》学虽然以理的揭明为宗旨,但其揭明之理在本质上是一种赋值,即将人的价值赋予表征自然之理的卦爻,从而获得形而上的依据。由于人的价值确认终究决定于人的观念,因此程颐《易》学内在地存在着滑向以心言《易》的潜在逻辑。只是在程颐《易》学中,这种趋势被自觉地阻断了,但只要存在着这样的内在逻辑,归理于心是一个自然的结果。在象山以前,这样的思想过程已经展开,只是尚存于不自觉之中,或者是思想的论述尚不够成熟。①

---

① 参见拙书《从经学到理学》第五章"易学转出理学及其延异"。

至象山，由上述《易说》的诠释，可以清楚地看到，尽管只是一篇五百余字的短文，具体仅涉及《晋》《大壮》《泰》三卦，但象山已非常娴熟地从普遍客观的《易》理讲起，经过主阴、主阳、阴阳并重说的区分，将爻画名言归之于末，即消解了《易》理的普遍客观性，同时以《晋》《大壮》《泰》三卦为例，将理归于心，从而确立起以心学言《易》理的基本范式。

由于本心是把握《易》理的根本，本心的状态实际上成为体会《易》学的前提，因此在象山看来，《易》之卦爻所揭明的义理，反过来也正是在启悟人洗心涤妄。象山曰：

> 蓍卦之德，六爻之义，圣人所以复乎天交乎物者，何其至耶。以此洗心，则人为之妄涤之而无余。人妄既涤，天理自全，退藏于密微之地，复乎天而已。由是而吉凶之患与民同之，而己之心无不尽。心既尽，则事物之交，来以神知，往以知藏，复何累之有哉？

这里，象山便将他的由心解《易》的结果，即将把握到的《易》理之功用彻底落实在洗心涤妄。换言之，《易》所承载的义理既靠人心在流变不已中去体会把握，把握到的义理反过来又启悟人去洗心涤妄。因此，在象山的以心解《易》中，卦爻只是一个认知的工具，或者只是一个中介，洗心涤妄乃是宗旨，卦爻不可泥滞。故象山续曰：

> 妄涤而复乎天者自尔微，心尽而交乎物者无或累，则夫蓍卦六爻之用，又岂可以形迹滞？而神知之说，又岂可以荒唐窥也哉？①

---

① 卷二十九《程文·圣人以此洗心退藏于密吉凶与民同患神以知来知以藏往》，第340页。

二、不有斯人不足以言象数

象山的《易》学义理与象数并重,而心学精神则一以贯之。象山曰:

> 大衍之数五十,其用四十有九,则由衍以生蓍。四营而成《易》,十有八变而成卦,则由蓍以立卦。蓍生卦立,刚柔相推,吉凶以告,爻在其中矣。人为之妄尚安得而与于其间哉?①

《易》的象数固然告之以吉凶,但根本仍取决于人,人如不能洗心涤妄,象数所告知以吉凶,人也终不能安身于中。总之,对人的强调,诚乃象山《易》学的基本立场。象山曰:

> 重卦而为六十四,分三才。初、二,地也,初地下,二地上。三、四,人也,三人下,四人上。五、六,天也,五天下,六天上。一生二,二生三,三生万物。②

> "《易》与天地准","至神无方而易无体",皆是赞《易》之妙用如此。"一阴一阳之谓道",乃泛言天地万物皆具此阴阳也。"继之者善也",乃独归之于人。"成之者性也",又复归之于天,天命之谓性也。③

人与天地构成三才,只有人始终有人的自觉与担当,才能赞天地之化育,从而尽三才之道。也只有在这个意义上,作为一己有限的生命,才可能真正成就自己秉自然而具有的超越一己之有限而上达天命。

由于象山以人为中心,故他对《易》学象数取平易的经验性解释,反对神秘化。象山曰:

---

① 卷二十九《程文·圣人以此洗心退藏于密吉凶与民同患神以知来知以藏往》,第341页。

②③ 卷三十五《语录下》,第477页。

后世言易数者,多只是眩惑人之说。①

具体而言之,象山主要根据《河图》与《洛书》来说明《易》学象数,并辅以经验性的佐证。象山曰:

《河图》属象,《洛书》属数,《先天图》非圣人作《易》之本旨,有据之于说《易》者陋矣。②

此话包含了两层意思。一是象山依据《河图》与《洛书》说明《易》学象数,这在他的《易数》及《又》中有详细叙述。如《易数》第一段云:

一得五,合而为六,天一生水,地六成之,故一得六合而成水。二得五,合而为七,地二生火,天七成之,故二得七合而成火。三得五,合而为八,天三生木,地八成之,故三得八合而成木。四得五,合而为九,地四生金,天九成之,故四得九合而成金。五得五合而成十,天五生土,地十成之,故五得十合而成土。论五行生成:水合在一六,火合在二七,木合在三八,金合在四九,土合在五十。③

这段叙述是对《系辞上》"大衍之数五十"章中的"天数五,地数五,五位相得而各有合"句,以及"天一地二,天三地四,天五地六,天七地八,天九地十"章的统合性解释。所谓统合性解释,就是将上述两句合在一起解释。包括程颐在内的诸多儒者,尝认为这两句存有错简,"天一地二,天三地四,天五地六,天七地八,天九地十"应该在"天数五,地数五,五位相得而各有合"的前面,象山虽然没有具体说明这一文本上的问题,但他的解释显然是

---

① 卷三十四《语录上》,第 410 页。

② 卷三十六《年谱》,第 504 页。

③ 卷二十一《易数》,第 258 页。

认同这一看法的。按照这一叙述，象山对于《易》学的象数问题，持非常简明与平实的看法，即《易》既是自然之理，也必有自然之数，理与数只是异名而已，都是圣人对天地自然规律的认识，即"天一地二，天三地四，天五地六，天七地八，天九地十"章所指出的，"天垂象，见吉凶，圣人象之；河出图，洛出书，圣人则之"，《易》学之象数最终归结于《河图》与《洛书》。

象山依据《河图》与《洛书》来说明《易》学象数，而预设的前提是以人为中心。象山曰：

> 天地既位，人居其中，向明而立，则左右前后为四方。天以气运而为春夏秋冬，地以形处而为东西南北，四数于是乎见矣。①

简言之，象数虽然是对《易》理的呈现，但这个呈现是因人而设定的。人是整个象数世界的中心，如果没有人这个中心，象数也不具有任何意义。象山曰：

> 五方之形，正分之亦四，隅分之亦四，五无分界，故天有四时，春木、夏火、秋金、冬水，而土寄旺四季。孟子言四端，不言信，孔子尝独言信，曰："自古皆有死，民无信不立。"又曰："人而无信，不知其可也。"又屡言"主忠信"。医家言六脉，皆有胃脉，人无胃脉则死，亦此理也。故四为数之大纪，五在其中矣。四营成《易》，亦此义也。②

依象山的解释，"人居其中"，就如五行之土散于金木水火，亦如时空虽四分为春夏秋冬与东南西北，但五在其中；信与四端的关系也是如此。换言之，"人居其中"是前提，如果没有了人，天地

---

① 卷二十一《杂著·三五以变错综其数》，第262页。
② 卷二十一《杂著·易数又》，第260页。

也无所谓存在与否,正如"人无胃脉则死";同样,人只有挺立于天地之间,人也才是有意义的存在,所谓"上是天,下是地,人居其间。须是做得人,方不枉"。①

二是象山论《易》学象数取《后天图》。②《河图》《洛书》是《易传》中明确指出的,而后世言《易》学象数所热衷的《先天八卦图》是宋人根据《说卦传》中的"天地定位,山泽通气,雷风相薄,水火不相射"而创设的。与此对应,宋人还根据《说卦传》中的"帝出乎震,齐乎巽,相见乎离,致役乎坤,说言乎兑,战乎乾,劳乎坎,成言乎艮"创设了《后天八卦图》。两图相较,《先天图》更重对称性,有固化的趋向;《后天图》更重变动性,揭明事物的流变。前述象山论《易》学义理的精神在流变,爻画名言尚不足以泥,《先天图》的固化对称性显然不合象山对《易》的基本理解。故他强调《先天图》"非圣人作《易》之本旨,有据之于说《易》者陋矣"。

象山对于《后天图》作有详尽解释。为了充分理解象山的思想,这里不妨照录他的解释。《语录》载:

> "帝出乎《震》":帝者,天也。《震》居东,春也。《震》,雷也,万物得雷而萌动焉,故曰"出乎《震》"。"齐乎《巽》":《巽》是东南,春夏之交也。《巽》,风也,万物得风而滋长焉,新生之物,齐洁精明,故曰"万物之洁齐也"。"相见乎

---

① 卷三十五《语录下》,第450页。
② 据《年谱》,绍熙三年象山为荆门军吏民讲解"皇极","有讲义,仍书《河图》八卦之象,《洛书》九畴之数于后,以晓后学"。象山此次施教的内容备载于《荆门军上元设厅皇极讲义》,文末附有《洛书》与《后天八卦图》。(卷二十三,第286页)《年谱》说明"先生未及著书发明,后学傅季鲁作《释义》以明之"(卷三十六,第510页),但此图已足证象山对《后天八卦图》的认可。下引卷三十四《语录上》中解释"帝出乎震"一段虽是针对《说卦》,但也关联着象山对《后天图》的理解。

《离》"：《离》，南方之卦也，夏也。生物之形至是毕露，文物粲然，故曰"相见"。"致役乎《坤》"：万物皆得地之养，将遂妊实，六七月之交也。万物于是而胎实焉，故曰"致役乎《坤》"。"说言乎《兑》"：《兑》，正秋也。八月之时，万物既已成实，得雨泽而说怿，故曰"万物之所说也"。"战乎《乾》"：《乾》是西北方之卦也。旧谷之事将始，《乾》不得不君乎此也。十月之时，阴极阳生，阴阳交战之时也，龙战乎野是也。"劳乎《坎》"：《坎》者，水也，至劳者也。阴退阳生之时，万物之所归也。阴阳未定之时，万物归藏之始，其事独劳，故曰"劳乎《坎》"。"成言乎《艮》"：阴阳至是而定矣。旧谷之事于是而终，新谷之事于是而始，故曰"万物之所成终成始也"。①

在这段解释中，象山将《说卦传》"帝出乎震"一段，即宋人据以创设的《后天八卦图》中的八卦分别给予阐释，而阐释的主要依据是《说卦传》"帝出乎震"一段后续的文字，即"万物出乎震，震，东方也"一段。通常以为，"帝出乎震"一段是古说，而"万物出乎震，震，东方也"一段是《说卦传》的作者对"帝出乎震"这一古说的阐释。因此，象山实际上是将两者合起来加以解释。

由于象山的整个解释是依据《说卦传》来展开的，故没有超出《说卦传》的内容。但是，有两点却是值得注意的：一是象山重于经验性的说明，悬置了神秘性语辞的诠释。对于古说一段中的"帝出乎震"之"帝"，象山径直解为"天"，完全作纯自然的经验性说明；而对于"万物出乎震，震，东方也"这段解释中的最后一句"神也者，妙万物而为言者也"，干脆没有提及。象山的整段

---

① 　卷三十四《语录上》，第415—416页。

解释完全是将万物的盛衰置于时空的流变中作近乎自然的,亦即经验性的说明,正如前文所述象山举"人无胃脉则死"以释"人居其中"一样。二是象山强调万物的盛衰是一个成始成终的过程。在上引这则长段语录之后,《语录》接着又载录了前引《易说》中的最后一段,即对"《易》之为书也不可远,其为道也屡迁。变动不居,周流六虚,上下无常,刚柔相易,不可为典要,唯变所适"的阐发,所不同的是,在《易说》此段最后一句"不有斯人,孰足以语不可远之书,而论屡迁之道也"后,象山紧接着讲了一句意味深长的话:

> "其为道也屡迁",不迁处;"变动不居",居处;"周流六虚",实处;"上下无常",常处;"刚柔相易",不易处;"不可为典要",要处;"唯变所适",不变处。①

所谓"不迁处",正是指"其为道也屡迁",即唯有变化才是不变的。其下六个解释,也都同样作此解释。要言之,象山着意于《易》学之变。因此,《易》学之象数同样"不可为典要","唯变所适"才是《易》学所启示的"不变处"。

象山对"变动不居"与"不可为典要"的强调,不只是流于泛泛空谈,而是贯彻于具体的自然认识中。象山对唐僧一行非常佩服,称赞"一行数妙甚,聪明之极,吾甚服之",②但仍指出其所造《大衍历》必须改变。象山曰:

> 《尧典》所载惟"合羲、和"一事。盖人君代天理物,不敢不重。后世乃委之星翁、历官,至于推步、迎策,又各执己见以为定法。其他未暇举,如唐一行所造《大衍历》,亦可取,

---

① 卷三十四《语录上》,第416页。
② 卷三十五《语录下》,第464页。

疑若可以久用无差，然未十年而已变，是知不可不明其理
也。夫天左旋，日月星纬右转，日夜不止，岂可执一？故汉
唐之历屡变，本朝二百余年，历亦十二三变。圣人作《易》，
于《革卦》言"治历明时"，观《革》之义，其不可执一明矣。①
历法为传统时代重要典章制度，表征着"人君代天理物"，但却难
以执一以为定法。僧一行是唐代著名的天文学家，精通历象、阴
阳、五行之学，他奉命编制的《大衍历》即是推《周易》大衍之数结
合大规模实测而造，其精密超胜以前的历法。尽管如此，仍然
"未十年而已变"。象山以此为例，"其他未暇举"，最后取《革
卦》"治历明时"辞，以为"观《革》之义，其不可执一明矣"，论定
唯有变化才是不变之理。

　　强调变化，不可执一，应对的关键自然就落在了人，落在了
人依其本心的发用。因此，象山《易》学虽然义理与象数并重，但
其心学的立场与宗旨是一以贯之的，义理与象数都只是自然呈
现的现象，它们指向的全是人本身。象山曰：

　　　　五行书，以人始生年、月、日、时所值日辰，推贵贱贫富、
　　　　夭寿祸福详矣，乃独略于智愚、贤不肖。曰纯粹、清明，则归
　　　　之贵、富、寿、福；曰驳杂、浊晦，则归之贱、贫、夭、祸。……
　　　　《易》有《否》《泰》，君子小人之道迭相消长，各有盛衰。纯
　　　　驳、清浊、明晦之辨不在盛衰，而在君子小人。②
这是象山关于命理的一段评论，最后转过话头，落在《易》学上，
一切消长盛衰，全在君子小人。

　　事实上，象山对世界的观察，始终是系于人的。为了佐证这

---

① 卷三十五《语录下》，第431页。
② 卷二十《赠汪坚老》，第246页。

一结论,请接着前述象山论僧一行的天文历法,举象山观天文以隐喻人事一例以见之。象山的《赠疏山益侍者》①是一篇很有意味的文字,整篇文字不多,主要记录象山替岳母勘墓的行程,但他实际要记录的是这几天中的星象变化,即赠文开篇之所记:

> 淳熙己酉孟秋,中气在月之初,填星复顺入龙氐,直二
> 大星之间,比下星如心大星之于前星。二日之夕,微出其
> 西。三日之夕,微出其东。四日,益东。如朔之在西,则其
> 正隐于三日之朝矣。

这段星象记录的大意是:淳熙己酉年农历七月初一,正逢二十四节气的某一中气,填星(土星)再次顺行进入二十八宿的氐宿,因氐宿是二十八宿东方苍龙七宿的第三个,故称龙氐;氐宿有两颗较亮的星,填星正处于两星之间,跟下星的距离约与苍龙七宿中的第五颗心宿大星与前星的距离相等。初二,填星移动到下星西面了一点;初三,又移至东一点,初四更东。如新月在黎明时分与太阳同时升起,正好被太阳的光芒遮蔽。

紧接着这段星象的记录,象山关于星象问题作了一段引古议今的评论:

> 古羲和之官甚重,《尧典》独详其职。后世星翁历官,为
> 贱有司,人庸识暗,安能举其职哉? 因循废弛,莫董正之。
> 是等或有所记,后有治其事者,不无所助。

上古推重天文历算,一方面是生活与生产的需要,另一方面也是精神信仰与世俗政治的需要,后者在汉代更被衍生出诸如董仲舒的天人合一与感应的哲学。宋代理学的昌盛,实际上是剔除这种比较粗鄙的天人合一与感应思想,还自然世界以规则与道

---

① 卷二十《赠疏山益侍者》,第 250 页。

理,即所谓天理,同时追求合具象与抽象为一体的象数表达。虽然天理与人性贯通是理学的宗旨,但天人合一与感应的思想已被相当地超越,自然的观察与认识已渐与精神信仰与世俗政治相分离,呈现为客观性的知识,王安石的"天变不足畏"正是这一思想趋势的自觉表达。从这个意义上看,象山批评"后世星翁历官""人庸识暗",不足以胜任,从而"因循废弛,莫董正之",其实反映了星翁历官的工作性质与功能发生了转变。然而象山特意记下七月初的几天星象,显然不只是为了星象本身的记录,而是隐喻着特定的人事,即他在批评当代的星翁历官之后讲的那句话,"是等或有所记,后有治其事者,不无所助"。

　　然而,象山借星象而隐喻的特定人事,究竟是什么呢? 象山没有正面回答,只是转记这几天他勘墓的行程,以及与同行的友人吴大年、胥必先谈及星象与人事合若符节之事,最后应益侍者的请求而写下这篇赠文。象山的表达是非常含蕴的,又是非常明确的。含蕴的是他没有明说这几日的星象所对应的人事,明确的是他指出自己已告知具体的友人足以证明自己的认识。实际上,这几日的星象所对应的人事正是朝廷的宫变,象山不能明白地落于文字,却又不愿放弃自己的观象所得,故托名于益侍者的请求而留下这篇赠文。

　　据唐《开元占经》,填星在五行中属土,主中宫女主,即太后或皇后。①又《说卦传》"帝出乎震","震,东方也",故东方苍龙七宿隐喻皇室。月喻女主,日喻皇帝。七宿中以中间的房、心二宿最要,喻明堂中枢所在。填星从氐宿往房、心顺行,喻指女主顺

---

① 岁星为帝,填星为女主,似为宋人之常识。参见陈仁之所编《文选补遗》卷十八《灾异对》,四库本。

应渐近中心,是为吉;"填星复顺入龙氏"之"复顺",表明此前填星逆行。淳熙己酉七月,正发生孝宗内禅光宗之事。①象山刻意记录下这几天的星象,正是为了影射朝廷所发生的事情。象山关于这件事情本身的看法,不是此处要讨论的。引述这段文字,目的在佐证象山之论自然现象全在人事;而由于象山此文隐晦,故特意拈出,或尤足以见其思想以人为中心的意趣。

三、九卦之序的心学宗旨与归趣

象山《易》学,无论是义理,还是象数,既然最终都落在人,落在人的本心,那么其《易》学之聚焦也必然落在本心的工夫上,而最重要的表征则在象山关于"九卦之序"的论说。②鹅湖会上,"九卦之序"是重要的论题,首先由朱熹、吕祖谦论及,象山进而提出了自己的论述,并得到朱、吕的极大信服。《年谱》载邹斌的记录:

> 朱、吕二公话及九卦之序,先生因亹亹言之。大略为:……二公大服。③

《诗》之"亹亹文王",称颂的是文王;《系辞上》的"成天下之亹亹者",更是称颂易占的神器蓍龟。以"亹亹"形容象山述论九卦之序,而令朱、吕"二公大服",可知对象山称誉之重。邹斌乃象山高弟,如此记录,可以视为对师门的推重。但象山本人对九卦之序的论述,实也极为看重,邹斌所记只取其略,《语录》更有详尽论说。④这是象山论《易》最具篇幅者,足以表征象山《易》学的根

---

① 关于孝宗内禅光宗之事及其思想史意义,参见余英时《朱熹的历史世界》,第764—803页。
② 参见赵荣华《象山心学视野下的九卦之序——兼与张勇先生商榷》,《周易研究》2010年第2期。
③ 卷三十六《年谱》,第490—491页。
④ 卷三十四《语录上》,第416—418页。

本。在对九卦详作分疏后,象山概言之:

> 九卦之列,君子修身之要,其序如此,缺一不可也,故详
> 复赞之。①

这个"详复赞之",既是象山对《系辞传》三陈九卦的说明,也是他研《易》心得的夫子自道。

为了充分彰显象山《易》学的旨趣,请进一步述其关于"九卦之序"的论说。"九卦之序"见于《系辞下》第七章。该章开宗明义:"《易》之兴也,其于中古乎? 作《易》者,其有忧患乎?"所谓"中古",系商末;所谓"忧患",论具体可专指司马迁讲的"文王因而演《易》",缘于商末昏暗而预卜周与商的前程,论普遍则可泛指《易》的创作缘于人对于个体乃至整个人类的未来具有不可确知的普遍的忧患意识。未来总是充满着不确定性的,如何在充满不确定性的境遇中,防忧虑患,化险为夷,《系辞传》接着三陈九卦,以作申言。

首述九卦内涵:

> 《履》,德之基也;《谦》,德之柄也;《复》,德之本也;
> 《恒》,德之固也;《损》,德之修也;《益》,德之裕也;《困》,德
> 之辨也;《井》,德之地也;《巽》,德之制也。

象山照录此句,但在具体阐释以前,先针对开篇的"中古"及其"忧患",指出:

> 上古淳朴,人情物态,未至多变,《易》虽不作,未有阙
> 也。逮乎中古,情态日开,诈伪日萌,非明《易》道以示之,则
> 质之美者无以成其德,天下之众无以感而化,生民之祸,有
> 不可胜言者。圣人之忧患如此,不得不因时而作《易》也。

---

① 卷三十四《语录上》,第418页。

《易》道既著,则使君子身修而天下治矣。

此一分疏,完全依象山一贯的思想,对《易》的创作由来作出说明。象山强调,上古淳朴,人自具本心,通体皆是道义,中古以降,诈伪日萌,故圣人"不得不因此而作《易》也"。这一阐释虽然仍是扣着《系辞传》的"中古"而发,但具体内容显然已非专指文王囚困的忧患,而是"上古"之"淳朴"转为"中古"之"诈伪"的普遍性存在。换言之,象山《易》学针对的是人的普遍性问题,即本心为何由淳朴转为诈伪,以及如何复返的问题。正是基于这样的普遍性关怀,象山进而对九卦作出解释。

象山对九卦内涵的整个分疏甚长,前人以为前三卦《履》《谦》《复》为进德之大端,故这里只引象山对前三卦的阐释,以见其心学的宗旨与归趣。象山曰:

> "是故履,德之基也",《杂卦》曰"履,不处也",不处者,行也。上天下泽,尊卑之义,礼之本也。经礼三百,曲礼三千,皆本诸此常行之道。"履,德之基",谓以行为德之基也。基,始也,德自行而进也。不行则德何由而积?"谦,德之柄也",有而不居为谦,谦者,不盈也。盈则其德丧矣。常执不盈之心,则德乃日积,故曰"德之柄"。既能谦然后能复,复者阳复,为复善之义。人性本善,其不善者迁于物也。知物之为害,而能自反,则知善者乃吾性之固有,循吾固有而进德,则沛然无他适矣。故曰"复,德之本也"。

在这一大段的解释中,除了三卦内涵的界定外,一个很重要的内容是解释为什么作为"德之本"的《复》卦会列在《履》《谦》二卦之后;而且,依象山本心于中古以降而流于诈伪的说法,《复》卦正符合他复返本心的宗旨。如何给出合理的解释,实足以反映象山的精神归趣。象山的阐释非常明确,即行动是复返本心的起点。离开了人的现实践履，任何关于复返本心的言语都只是空说，用象山的话说，就是"闲议论"。这与象山疏证心学谱系时要标举颜回是一致的，也是象山心学极具实践性维度的表征。对此精神，象山在鹅湖会上"亹亹言之"，显然是非常清楚的，故邹斌的记录虽然是大略，但却因采用了设问而答的文体，从而使象山的精神得以准确彰显。邹斌录云：

> 《复》是本心复处，如何列在第三卦，而先之以《履》与《谦》？盖《履》之为卦，上天下泽，人生斯世，须先辨得俯仰乎天地而有此一身，以达于所履。其所履有得有失，又系于谦与不谦之分。谦则精神浑收聚于内，不谦则精神浑流散于外。惟能辨得吾一身所以在天地间举错动作之由，而敛藏其精神，使之在内而不在外，则此心斯可得而复矣。①

邹斌的记录，既很好地再现了鹅湖会上思想对话的语境，也准确地表达了象山易学基于本心而落实于践履的实学精神。

《系辞传》在首述九卦内涵之后，此下两段论述，即"《履》，和而至。《谦》，尊而光。……"与"《履》以和行。《谦》以制礼。……"，是对九卦的功用，以及如何达到九卦的要求，进行了简明扼要的说明。象山逐一进行了阐释与申说，要言不烦，此处不再具体引述而赘言。只强调一点，即象山于整个九卦的阐释最后所指出的：

> 九卦之列，君子修身之要，其序如此，缺一不可也。故详复赞之。②

---

① 卷三十六《年谱》，第 490 页。
② 卷三十四《语录上》，第 418 页。

这不仅明确了九卦的核心精神与列序的内在逻辑,而且也明确表达了象山对《系辞传》以及他本人为什么要对九卦"详复赞之"的原因。概言之,在象山看来,《易》学的全部精神就在强调人于现实生活中的实践性展开,现实生活充满着不确定性,始终处于变化之中,而处于不确定性中的人应该始终固其本心,发而为实学。这便是象山《易》学之根本。

因此,对于象山而言,《易》无论是义理,还是象数,都是简单的,义理就是呈现于人的实践活动,即事中的道理,象数则是义理的某种符号性表达,全部的归宿在人的活动,而人的活动又归之于人心。而所谓的心,即如象山曰:

> 吾所谓心,天之所予我者也。①

天之所予我者,故心自然不假外求,义理与象数同样只是外在的知识表象,而根本在于心。只要把握住这一点,就足以对《易》实现祛魅的目的,还其"易简"的本质。象山曰:

> 后世言《易》者以为《易》道至幽至深,学者皆不敢轻言。然圣人赞《易》则曰:"《乾》以易知,《坤》以简能。易则易知,简则易从。易知则有亲,易从则有功。有亲则可久,有功则可大。可久则贤人之德,可大则贤人之业。易简而天下之理得矣。"②

第二节 《春秋》学

淳熙九年,象山四十四岁,除国子正,始赴国学讲书。是年"八月十七日,讲《春秋》六章";次年"二月七日,讲《春秋》九章。

---

① 卷二十《赠丁润父》,第 247 页。
② 卷一《与曾宅之》,第 4 页。

七月十五日,讲《春秋》五章。十一月十三日,讲《春秋》四章。诸生叩请,挛挛启谕,如家居教授,感发良多"。①今收入《陆九渊集》的《大学春秋讲义》分别注明是"淳熙九年八月十七日""十年二月七日""七月十七日""十一月二十二日",前两次与《年谱》记录日期相同,后两次则分别延后两天与九天。文集卷二十三《讲义》共收三篇,除《大学春秋讲义》外,前有《白鹿洞书院论语讲义》,后有《荆门军上元设厅皇极讲义》,都属于象山讲经的重要著作。据《白鹿洞书院论语讲义》朱子跋文,知此《讲义》是象山讲经以后再写定,故推测《大学春秋讲义》后两次的日期延后,或也是讲经以后的改定日期。

后七年,淳熙十六年条载:

> 先生始欲著书,尝言诸儒说《春秋》之谬尤甚于诸《经》,将先作传。值得守荆之命而不果。②

虽然不果,但此言足以表明象山自诩对《春秋》是颇有心得的。今存《大学春秋讲义》固然很有限,然在上述象山的经学《讲义》中,已属于最多的,且讲于国学,实是理解象山《春秋》学的重要资料,故近年已有学者据此专门分析象山的经学思辨。③此处希望能够紧扣象山本心发明为实学的基本思想,作进一步的申论,既彰象山《春秋》学的特色,又见其心学思想的展开。

一、《春秋》大概是存此理

象山以为"诸儒说《春秋》之谬尤盛于诸经",由于没有具体

---

① 卷三十六《年谱》,第493—494页。
② 卷三十六《年谱》,第506页。
③ 参见向世陵《陆九渊〈春秋〉讲义的经学思辨》,《中国哲学史》2020年第1期。

点名,故不能确知象山所讲的"诸儒"究竟指谁。汉唐注《春秋》者自然很多,但如果考虑到汉唐注《春秋》其实已是舍经注传,且三《传》各立门户,已难说是在直接"说《春秋》"了;而入宋以来,宋儒受啖助新《春秋》学的影响,舍传求经,打破三《传》的门户壁垒,对《春秋》有许多著述,甚至可以说是宋人解经的重点。①不仅北宋已有多部《春秋》学的重要著作,而且后来被理学奉为解说《春秋》的代表性著作的南宋胡安国《春秋传》,也已在象山出生前就问世了。因此,推测象山所不满的"诸儒",更多的还是指宋儒,此虽不中,或亦不远。

与宋代整个《春秋》学接续啖助新《春秋》学一样,象山对啖助新《春秋》学同样给予了高度肯定。象山曰:

> 尝阅《春秋纂例》,谓学者曰:"啖、赵说得有好处,故人谓啖、赵有功于《春秋》。"又云:"人谓唐无理学,然反有不可厚诬者。"②

由于象山认为"惟本朝理学,远过汉唐",③因此,他能直接将啖助新《春秋》学视为唐代理学的标志,足见他在思想与方法上对啖助新《春秋》学的自觉接续。

在《春秋》学的解经方法上,如前所述,啖助新《春秋》学最重要的特征就是舍传求经,而在思想上,则由追问孔子为什么删修《春秋》,进而揭明存于历史表象后的人的意识内涵,即理、情、义。就《春秋》学的舍传求经方法而论,宋儒已普遍接受,象山自然也不例外,此不待赘述。就思想而言,象山基本上也是接着啖

---

① 关于啖助新《春秋》学及其对宋儒的影响,参见拙书《从经学到理学》第三章。

② 卷三十四《语录上》,第405页。

③ 卷一《与李省干》二,第14页。

助新《春秋》学的精神来推进的,当然思想的重心已大不同,而由此带来的思想表达也已非经学所笼罩。象山曰:

> 圣人作《春秋》,初非有意于二百四十二年行事。又云:《春秋》大概是存此理。又云:《春秋》之亡久矣,说《春秋》之谬,尤甚于诸经也。①

《语录》所记象山这三句话,是否在一个语境中所说,已不得而知,但《语录》编纂者以"又云"的形式将此三句作环环相扣的连续性编录,诚可谓极具识见。因为这三句话虽然很简单,但实际上已表达了象山《春秋》学的基本立场。这三句话后,《语录》又接着四段话,可以说是对这三句的补充。第一句话包含了两层意思,一是明确《春秋》是孔子删修的。是否认定孔子删修《春秋》,这是今古文经学的重大分歧,象山完全认同啖助新《春秋》学的观点,取今文经学的立场,确认"圣人作《春秋》"。象山还通过比较来强调这一确认,他讲:"观《春秋》《易》《诗》《书》经圣人手,则知编《论语》者亦有病。"②二是探究孔子删修《春秋》的原因。既然明确孔子删修《春秋》,自然就带来第二个问题,即孔子为什么要删修《春秋》? 象山以为,孔子删修《春秋》"初非有意于二百四十二年行事",即历史表象的记录不是孔子删修《春秋》的目的,这也完全是接受了啖助新《春秋》学的思想起点。这三句话后紧接着的,就是前文所引象山对啖助新《春秋》学的称誉,正是具体的补充。

接着第二句话,"《春秋》大概是存此理",便是明确给出了孔子为什么删修《春秋》的答案。孔子删修《春秋》的目的是揭明存

---

① 卷三十四《语录上》,第 405 页。
② 卷三十四《语录上》,第 434 页。

于历史表象背后的"理"。就此答案而言,象山显然要比啖助新《春秋》学简单了许多。啖助新《春秋》学以为,历史表象的背后存有事物的理、人的情,以及权衡之后的义,象山只是归之于"存此理"。如何理解象山的这种简单化的归约?一方面,应该意识到啖助新《春秋》学与象山《春秋》学在知识形态上已有本质区别。象山虽然称誉啖助新《春秋》学,以为唐代已有"理学"的表征,但这个理学只是经学的土壤中生发出的理学萌芽,啖助新《春秋》学本质上仍是经学。象山的《春秋》学虽然形式上仍是在讲经学,但实质上已全是理学了,《春秋》学本身只是象山阐明自己思想的某种知识道具,尽管作为知识道具的经学蕴涵着深厚而丰富的价值系统,并具有远胜一般知识的性质。另一方面,当意识到象山的《春秋》学已是阐明他思想的知识道具,那么他讲的"《春秋》大概是存此理",这个"理"就不完全是啖助新《春秋》学所揭明的历史表象背后的"理"。啖助新《春秋》学的"理"是狭义的事物之理,而象山认为《春秋》所存此理,在他的思想中,乃是本心,即前面章节中已引及的象山著名论断:

> 盖心,一心也,理,一理也,至当归一,精义无二,此心此理,实不容有二。①

而在这三句话后紧跟着的一句语录,"千古圣贤若同堂合席,必无尽合之理。然此心此理,万世一揆也",②则可以说正是第二句话的进一步申说。因此,象山所归约的"理",其实已是以心与理的不容有二,涵摄了啖助新《春秋》学在历史表象背后所析分出的理、情、义。换言之,象山的《春秋》学只有放置在象山的心

---

① 卷一《与曾宅之》,第4—5页。
② 卷三十四《语录上》,第405页。

学中，才足以恰当地理解，反之，如果将象山心学放置在《春秋》学中来理解，那么不仅象山的心学将暗然不彰，他的《春秋》学似也无所谓新见。

　　显然，象山对自己的《春秋》学定位具有高度的自觉，故有第三句话："《春秋》之亡久矣，说《春秋》之缪，尤甚于诸经也。"《春秋》于史事中寓褒贬，但这个褒贬不在具体的史事，而在由史事所呈现出的理。象山《春秋》学的目标是要明理。只是，理之所以成其为理，在于它揭示了某种普遍性，因而也呈现出某种抽象性。这种普遍性与抽象性，往往使得人们在认识上发生分歧。前引象山所谓的"千古圣贤若同堂合席，必无尽合之理。然此心此理，万世一揆也"，作正面解，可以如上述，视为第二句的申说；作反面解，便可以作"说《春秋》之缪尤甚于诸经也"的注脚。因此，真正把握《春秋》隐寓于二百四十二年历史中的理，既不是简单地拿《春秋》作僵化的法令来评断当下的生活，即如接着的一条象山语录所云，"后世之论《春秋》者，多如法令，非圣人之旨也"，[1]也不是简单地对人与事作铢称寸量的所谓真实性还原能实现的。为什么呢？象山接着的一条语录讲得很清楚，第三章中曾引用，此不妨再引一遍：

　　　　铢铢而称之，至石必缪，寸寸而度之，至丈必差，石称丈量，径而寡失，此可为论人之法。且如其人，大概论之，在于为国、为民、为道义，此则君子人矣。大概论之，在于为私己、为权势，而非忠于国、狥于义者，则是小人矣。若铢称寸量，校其一二节目而违其大纲，则小人或得为欺，君子反被猜疑，邪正贤否，未免倒置矣。[2]

──────────

[1][2]　卷三十四《语录上》，第405页。

换言之,所谓的真实性还原,在象山看来,是不可能的,相反,"铢称寸量,校其一二节目",往往会"违其大纲"。那么,什么才是正确的明理方法呢?象山以论人为例,就是区分君子与小人。诚然,君子与小人的分别并不容易,象山所标举的"为国、为民、为道义",抑或"为私己、为权势、而非忠于国、狗于义",也不是很容易掌握的客观标准,"小人或得为欺,君子反被猜疑,邪正贤否,未免倒置",这样的现象在历史与现实中每每出现。但是,在象山的思想中,人的本心就是一杆秤,只要本心不丧失,"为国、为民、为道义",还是"为私己、为权势",昭然若揭。毫无疑问,象山的这个论断可以从各种角度加以质疑,然而对于象山而言,本心的普遍性先在,"斯人千古不磨心",乃是他的心学的理论预设前提,质疑并无意义,发明才是根本。

二、内惧于心

基于上述象山三句话所表达的基本立场,象山在太学主要聚焦于两个方面来阐释他的《春秋》学,一是内惧于心,二是外恪于礼。这两个方面大致对应于象山思想的核心理念,即本心与实学。内惧于心,就是由《春秋》而体认到本心;外恪于礼,则是由《春秋》而认识到实学就是践履。

先述内惧于心。历史虽然表现于纷纷攘攘的种种事相,但都是由人的行为所形成的,而人是有思想的存在,人的行为受制于人的思想。历史中的人尽管有着种种不自由,其行为呈现出许多不得已,甚至可以将全部的历史过程理解为各种客观力量的推衍,但人终究是由其思想支配下的意志决定了自己的行为选择,无论其思想是自觉的,还是不自觉的。因此,面对历史,不同的人自然看到不同的历史面相,从而加以聚焦,以为理解历史的关键。对于象山来讲,他的聚焦就在人心。

淳熙十年二月七日象山在太学讲解《春秋》"九年春王正月,公如齐。公至自齐。夏,仲孙蔑如京师"章,其"内惧于心"的《春秋》学核心思想呈现得非常典型,请照引以见之。象山曰:

> 古者,诸侯之于天子,比年一小聘,三年一大聘,五年一朝。天子五年一巡狩。周制,六年五服一朝,又六年王乃时巡。考制度于四岳,诸侯各朝于方岳,所以考制度,尊天子也。故曰天子无事与诸侯相见曰朝,考礼、正刑、一德,以尊天子。穀梁子以为天子无事,诸侯相朝,误矣。《礼》所谓两君相见者,不能无是事耳,非定制也。比年小聘,三年大聘,诸侯交相聘问,则有定制矣。故曰朝觐之礼,所以明君臣之义也;聘问之礼,所以使诸侯相尊敬也。是故一不朝则贬其爵,再不朝则削其地,三不朝则六师移之,三王之通制也。义之所在,非由外铄,根诸人心,达之天下,先王为之节文,著为典训,苟不狂惑,其谁能渝之? 宣公即位九年,两朝于齐,乃一使其大夫聘于周室。王迹既熄,纲常沦致,逆施倒置,恬不为异。《春秋》之作,其得已哉? 直书于策,比而读之而无惧心者,吾不知矣。①

周朝行封建,巡狩与朝聘是具体的制度安排。秦以后行郡县,以郡县制来看封建制,巡狩与朝聘不免纯是一种形式,"穀梁子以为天子无事,诸侯相朝",便是持这样的看法,而象山明确指出"误矣"。象山以为,"朝觐之礼,所以明君臣之义也;聘问之礼,所以使诸侯相尊敬也",周制乃是有意味的形式。因此,遵守与维护这一制度是历史得以正常运行的保证,相反,如果违背这一

---

① 卷二十三《讲义》,第278—279页。

制度安排,就要受到相应的惩处,"一不朝则贬其爵,再不朝则削其地,三不朝则六师移之"。从表象上看,任何一种制度安排都不外是人的创设,既是人的创设,自然也是可以更改的。但是,象山以为,特定历史境遇的制度安排,并不完全是外设的,而是根基于人的内在需求的,因此遵守与维护这一制度安排,实质上是对人的内心的服从;除非人失其本心,陷于狂惑,否则便不会违背制度,即象山所谓"义之所在,非由外铄,根诸人心,达之天下,先王为之节文,著为典训,苟不狂惑,其谁能渝之"?然而春秋礼崩乐坏,致使鲁宣公即位九年,完全从地缘政治的权重考量,两次行朝礼于强盛的齐国,而对周天子却不放在心上,只象征性地派了一次大夫行聘礼于周室;更为残酷的是,当"王迹既熄,纲常沦致"时,人们对于"逆施倒置,恬不为异"。如前所述,孔子记录这样的历史,其用心究竟是什么,这是《春秋》学的核心问题,即透过历史的表象,后来者如何去体会孔子记录历史的目的。显然,历史终究是过去了的故事,它对于今人并无实质上的意义,况且历史不会重演。因此,历史给予后人的是历史表象背后所透射出的道理,故象山对于宣公九年如齐的分析,便是由这一故事本身去阐释朝聘制度及其理据。只是象山的阐释并不限于此,如果限于此,象山的《春秋》学并没有超出啖助新《春秋》学的识见。象山《春秋》学的新意在于他由此呈现于事中的道理,进一步聚焦于人心的明觉,即他最后的点示,"比而读之而无惧心者,吾不知矣"。象山强调,研读《春秋》的根本是在于由历史而体认到本心的陷溺,从而引发当下的惊惧,意识到本心的存在及其坚守。换言之,象山《春秋》学的重要特性就是经由人对历史的认知,最终归结到本心的体认。

历史是人的历史,历史的主体是人,本心应该是人的历史展开的动力与依据,如果本心陷没,人的历史便呈现出混乱,甚至身处于混乱而以为正常。如何使人常怀惧心,不失本心,这是一个恒常的艰难挑战。通常的惩处,如前引的"一不朝则贬其爵,再不朝则削其地,三不朝则六师移之",乃是诉诸现实中的名位权利,而一旦计算名位权利,已经失其本心,更何况名位权利尚可以计算,眼前的与长远的,实不足以使人真正常怀惧心。因此,《春秋》多记天象的异常变化,以自然现象的极端异常来震醒人心,如淳熙九年八月十七日象山讲解的"秋七月甲子,日有食之,既"章。只是,"子不语怪力乱神",①这是孔子人文与理性精神的真正表征。如何理解《春秋》记载的天变异象,进而阐发儒家的政治思想并贯彻于实践,不仅是《春秋》学的一个重要问题,而且也是现实中儒家需要面对的重要问题。象山对此的阐释,既是他解读《春秋》内惧于心思想的延伸,同时也构成了他的《春秋》学的重要内涵。

在天变异象的问题上,象山的表述似乎是有点矛盾的,如果不细加体会,不免有所困惑。一方面,象山非常明确地指出天象的变化自有其规律。在讲解"秋七月甲子,日有食之,既"章时,象山曰:

> 春秋日食三十六,而食之既者二。日之食与食之深浅,皆历家所能知。有盖有数,疑若不为变也。②

象山这一讲解,表明他具有良好的天文学知识。象山指出,《春秋》242 年间有 36 次日食,其中"食既"即日全食有两次;至于日食之深浅,天文学家已能推算,因此日食纯是自然现象,并非是

---

① 《论语·述而》。
② 卷二十三《讲义》,第 277 页。

天象的异变。如果就实际的政治实践而言，象山对王安石著名
的三不畏之一"天变不足畏"，自然也是耳熟能详，虽未必完全认
同荆公此一表达，但以象山对荆公质与志的称誉，也不至于完全
误解其本意而彻底否定。事实上，象山对于汉儒粗弊的天人感
应论是彻底否定的。在淳熙十年十一月二十二日的《春秋》讲解
水灾时，象山曰：

> 汉儒专门之学流为术数，推类求验，旁引曲取，狥流忘
> 源，古道榛塞。……董仲舒、刘向犹不能免，吁！可叹哉！
> 是年之水，（董）仲舒以为伐邾之故，而（刘）向则以为杀子赤
> 之咎，是奚足以知天道而见圣人之心哉？①

但另一方面，象山又认为天人之间存在着确信无疑的相互感应。
在前引的"有盖有数，疑若不为变也"后面，象山紧接着指出：

> 然天人之际，实相感通，虽有其数，亦有其道。②

诚如前文讨论象山《易》学时，曾论及他以星宿变化隐喻孝宗内
禅光宗之事一样，象山是坚持天人感通的思想的。象山虽然否
定汉儒那套天人感应论，但他同时也指出，"后人觉其附会之失，
反滋怠忽之过"。③换言之，天人之际有着确信不疑的关系，只是
如何予以正确的理解与落实，这是把握象山《春秋》学的一个
关键。

大致说来，象山对于天人之际持两个基本观念。其一是人
应该敬畏自然，重视灾变。人生活在自然中，自然的运行有其自
身的规律，灾变于自然无所谓正常与否，只是对于人的生活构成
了深重破坏性的影响，这在远古时代尤甚。人虽然不能左右自

---

①③　卷二十三《讲义》，第282页。
②　　卷二十三《讲义》，第277页。

然的灾变发生,但却可以尽自己的努力,以正确的方法来尽可能
消除灾变的危害。这就需要从根本上培养起敬畏自然、重视灾
变的观念,将灾变危害的消除作为人的天职。象山曰:

> 夫金穰、水毁、木饥、火旱,天之行也。尧有九年之水,
> 则曰浡水警予,盖以为己责也。昔之圣人,小心翼翼,临深
> 履冰,参前倚衡,畴昔之所以事天敬天畏天者,盖无所不用
> 其极,而灾变之来,亦未尝不以为己之责。①

但是,人类早期对于自然的这种敬畏,以及对待自然灾变的自省
与自责精神,在后世却日渐丧失。造成这种状况的原因,象山归
之于"周道之衰,王迹既熄,诸侯放肆",也就是人类自身的文明
出现了问题。正因为如此,所以孔子作《春秋》而书灾异,就是为
了重新唤醒世人对自然的敬畏,这一精神不仅呈现于《春秋》之
书灾异,而且也是《易》之太极、《书》之《洪范》的精神要旨。象
山曰:

> 周道之衰,王迹既熄,诸侯放肆,代天之任,其谁尸之?
> 《春秋》之书灾异,非明乎《易》之太极,《书》之《洪范》者,孰
> 足以知夫子之心哉?②

这里顺便补充一句题外话,象山之所以与朱子就太极之上是否
有无极发生严重的争论,其中一个重要的原因,就在于只有确立
太极的终极概念,在象山看来,人对自然才足以保持敬畏,如果
太极之上更置一无极,人对自然的敬畏在某种意义上就因太极
的虚无化而失去了敬畏的对象。至于太极无极之争的其他义
涵,另章再论。

　　其二则是依循上述的第一个观念,强调面对灾变而自治,从

---

① ②　卷二十三《讲义》,第282页。

根本上明确内惧于心的宗旨。象山曰：

> 昔之圣人未尝不因天变以自治。洊雷震，君子以恐惧修省。君子无终食之间违仁，造次必于是，颠沛必于是，所以修其身者素矣。然洊雷之时，必因以恐惧修省，此君子之所以无失德而尽事天之道也。况日月之眚见于上乎。遇灾而惧，侧身修行，欲销去之，此宣王之所以中兴也。知天灾有可销去之理，则无疑于天人之际，而知所以自求多福矣。①

概言之，《春秋》之书灾异，象山之认同"天人之际，实相感通"，既不是对汉儒那套天人感应论的简单继承，也不是简单接受后人因汉儒的附会之失而忽忽天人关系，而是强调天变"虽有其数"，但人对于天人感通，"亦有其道"。这个道，就是"恐惧修省"，"自求多福"。象山关于《春秋》之书灾异的阐述，属于他对《春秋》一个具体问题的解决，同时更是属于他对孔子为什么修《春秋》的回答，对《春秋》所蕴含义理的阐明。

三、外恪于礼

再论外恪于礼。内惧于心，旨在本心的自觉与存养，但如果只是内惧于心，不能加以践履，那么内惧于心终究不成其为实学。象山对本心的发明，最终是要落实于实学的，即具体的成己成物。成己成物的践履，自然不是没有客观标准，而是有礼义可循的，礼义其实就是事物之理的某种制度化呈现。故象山认为，外恪于礼，尊崇礼义，实是《春秋》非常重要与基本的思想，而其实质是对理的遵循。象山尝与人书信中讲：

---

① 卷二十三《讲义》，第277页。

理之所在，匹夫不可犯也。犯理之人，虽穷富极贵，世莫能难，当受《春秋》之诛矣。①

《春秋》对礼义的尊崇，象山主要围绕着两个方面加以阐明，一是涉及《春秋》大义的华夷之辨，另一是乱臣贼子惧的具体史事。关于后者，如象山讲解"冬十月己丑，葬我小君敬嬴"章：

襄仲杀太子恶，敬嬴为之也。敬嬴非嫡，而薨以夫人，葬以小君，鲁君臣之责深矣。《春秋》作而乱臣贼子惧，盖为是也。②

春秋礼崩乐坏，此类史事实在是很多。如紧接着上章，象山又讲解"雨不克葬，庚寅日中而克葬"章：

葬不为雨止，以其有雨备也。雨不克葬，是无雨备。漆车载蓑笠，士丧礼也。诸侯葬其母，而无雨备，岂礼也哉？③

葬礼自有礼制，但春秋时期已乱，该行的礼不行，不该行的礼则行。内部乱，诸侯之间亦然。如象山讲解"公孙归父如齐，葬齐惠公"章：

宣公为弑君者所立，惧齐见讨，故事齐以求免。齐悦其事己，而定其位。自是齐、鲁之交厚，而鲁之事齐甚谨。齐侯之卒，宣公既身奔其丧，及其葬也，又使其贵卿往会。直书于策，乱臣贼子，得无惧乎？④

象山这章的讲解，不仅指出《春秋》所记史事本身的性质，如前述两章的讲解，而且进一步揭明了春秋礼崩乐坏背后的原因，即所有的行为全取决于当下功利的考量；礼崩乐坏是表象，本质

① 卷十二《与刘伯协》二，第169页。
② 卷二十三《讲义》，第277页。
③ 卷二十三《讲义》，第278页。
④ 卷二十三《讲义》，第280—281页。

上则是礼乐所依据的,同时也是所承载的道义,受到了全面的颠覆。

相对于乱臣贼子惧的具体史事,华夷之辨的问题作为《春秋》大义,在宋代因为面临外部压力而获得了特别的彰显,至南宋尤甚。象山对华夷之辨的关注没有停留在表面,而是力求从背后的理据上来凸显问题的实质,即华夷之辨在表象上彰显为"贵中华,贱夷狄",内在的合理性依据则是对礼义的尊崇。象山的《大学春秋讲义》,首讲"楚人灭舒蓼"章,就开宗明义地指出:

> 圣人贵中国,贱夷狄,非私中国也。中国得天地中和之气,固礼义之所在。贵中国者,非贵中国也,贵礼义也。虽更衰乱,先王之典刑犹存,流风遗俗,未尽泯然也。夷狄强盛,吞并小国,将乘其气力以凭陵诸夏,是礼义将无所措矣,此圣人之大忧也。楚人灭弦、灭黄、灭江、灭六、灭庸,至是又灭舒蓼,圣人悉书不置,其所以望中国者切矣。[1]

春秋无义战,楚人之灭弦、灭黄、灭江、灭六、灭庸、灭舒蓼,原本只是诸侯之间的争战,但象山首先是从华夷之辨的高度来审视诸侯间的争战,进而又把礼义赋予华夷之辨,使得《春秋》所记载的史事获得了某种特定的思想意涵,即历史的展开究竟是应该依循道理,还是乘其气力? 显然,象山取前者。

基于这一观念,象山不仅以此作为理解春秋战事的重要视角,而且以此推测孔子记录史事的用心,实质上则是阐明他自己的观念。比如他解释"九月,晋侯、宋公、卫侯、郑伯、曹伯会于扈,晋荀林父帅师伐陈"章:

---

[1]　卷二十三《讲义》,第 277 页。

第五章　《易》学与《春秋》学

晋自灵公不君之后，浸不竞于楚。楚之政令日修，兵力日强。然圣人之情，常拳拳有望于晋，非私之也，华夷之辨当如是也。前年陈受楚伐，势必向楚。扈之会，乃为陈也。陈不即晋，荀林父能并将诸侯之师以伐陈，《春秋》盖善之。①

象山认为孔子是把晋视为礼义中华的代表，因而寄予厚望，凡晋之稍有作为，即予肯定，如上引"陈不即晋，荀林父能并将诸侯之师以伐陈，《春秋》盖善之"。反之，如果晋无所作为，孔子则深以为绝望，此绝望非因为族群或地理，而因为礼义之毁灭。象山解"晋人、宋人、卫人、曹人伐郑"章曰：

左氏谓郑及楚平，诸侯伐郑，取成而还。诸侯伐郑而称人，贬也。晋楚争郑，为日久矣。《春秋》常欲晋之得郑，而不欲楚之得郑；与郑之从晋，而不与郑之从楚，是贵晋而贱楚也。晋之所以可贵者，以其为中国也。中国之所以可贵者，以其有礼义也。郑介居二大国之间，而从于强令，亦其势然也。今晋不能庇郑，致其从楚。陈又有弑君之贼，晋不能告之天王，声罪致讨，而乃汲汲于争郑，是所谓礼义者灭矣，其罪可胜诛哉？书人以贬，圣人于是绝晋望矣。②

这段讲解，象山进一步明确，晋之礼义的毁灭，根源在于晋的政治决策完全趋于现实的功利，置道义于不顾。象山在讲解"公孙归父如齐"时，更明确指出了这一点：

归父之往，则以取绎之故。齐惠公卒未逾年，而国佐实来，徇私弃礼，见利而不顾义，安然行之，不畏于天，不愧于人。人心之泯灭一至于此。吁！可畏哉！③

---

① 卷二十三《讲义》，第279页。
② 卷二十三《讲义》，第281页。
③ 卷二十三《讲义》，第283页。

换言之,在象山看来,徇私见利而弃礼义,与人心之泯灭实相表里。

前文言及,象山《春秋》学对礼义的标举,根源在于礼义的背后是道理,但是《春秋》是反映儒家政治思想的经典,这个礼义背后的道理必须含有具体的内涵,儒家的政治思想才能不流于空洞虚幻。因此,对于象山而言,无论就儒家政治思想的普遍涵义,还是就南宋的政治现实,象山的《春秋》学至此必须作出更进一步的明确说明,才足以使其《春秋》学真正成其为实学。在讲解灾变之"饥"时,象山将他表征于礼义及其背后的道理的《春秋》大义作了明确的落实。象山曰:

> 作之君师,所以助上帝宠绥四方。故君者所以为民也。书曰:"天视自我民视,天听自我民听。"孟子曰:"民为贵,社稷次之,君为轻。"岁之饥穰,百姓之命系焉,天下之事孰重于此。《春秋》书饥盖始于是。圣人之意,岂特以责鲁之君哉?①

民生乃为一切政治存在与成立的根本,《春秋》虽是鲁国的历史,但揭明的政治理念却是普遍的。象山曰:

> 汤放桀,武王伐纣,即"民为贵,社稷次之,君为轻"之义。孔子作《春秋》之言亦如此。②

可以说,这既是象山《春秋》学强调外恪于礼的最终依据,也是象山整个《春秋》学的宗旨。

然而,当象山《春秋》学的宗旨落实到百姓之命时,他尊崇的礼义有时便难免与其宗旨产生某种张力,乃至紧张。《语录》载:

---

① 卷二十三《讲义》,第 283 页。
② 卷三十五《语录下》,第 473 页。

> 做得工夫实,则所说即实事,不话闲话,所指人病即实
> 病。因举午间一人问虏使善两国讲和。先生因赞叹不用兵
> 全得几多生灵,是好。然吾人皆士人,曾读《春秋》,知中国
> 夷狄之辨。二圣之仇,岂可不复?所欲有甚于生,所恶有甚
> 于死。今吾人高居无事,优游以食,亦可为耻,乃怀安非怀
> 义也。此皆是实理实说。①

宋金讲和,百姓生灵得全,这自然是符合象山《春秋》学以百姓生
命为根本的宗旨,故赞叹;然华夷之辨不明,靖康之耻未报,甚而
承平久之而高居无事,优游以食,则又是"怀安非怀义也",实士
人之可耻。显然,这之间的张力与冲突是巨大的。北伐中原,恢
复华夏礼义,这近乎是南宋士人的道德原则,也是他们的理想追
求。象山尝与朱子书信中曰:

> 金陵虎踞江上,中原在目。朝廷不忘《春秋》之义,固当
> 自此发迹。②

但残酷的现实是,一旦战事开始,无论胜败,生灵涂炭,蒙受苦难
者都是百姓,这就与象山以百姓生命为根本的政治理念相冲突。
如果仅在边界划定清楚的论域中进行讨论,可以说持守一种立
场与观念都是能够做到自洽的,但是如果在论域叠加时,尤其是
当面临现实问题的处理时,相关取舍的固有张力就自然显现出
来。象山《春秋》学所涉的外恪礼义,在北伐恢复中原与战争生
灵涂炭之间就面临了这样的困境,故他在听闻宋金两国讲和时,
一则为喜,一则为忧。也许,在象山的思想中,上述的理论张力
与冲突可能并不存在,因为正如他强调的"吾人皆士人,曾读《春

① 卷三十五《语录下》,第 457—458 页。
② 卷十三《与朱元晦》二,第 181 页。

秋》,知中国夷狄之辨",他所忧患的是专门针对士人的怀安而忘义,而以百姓生命为本也完全属于礼义的应有之义。至于身处现实的境遇,如何选择战争抑或和平,只能具体而论了。也许,这也正是象山所谓的"实理实说"。

第六章　易简工夫

　　象山心学基于预设本心的先验性存在，强调这一存在的本然性呈现，就足以表征为实学，因此凡落于言语的知识即便是具有某种传达的功能，终究与实学有一间之隔。虽然在知识形态，具体地说便是经学，已然构成人在体会自己本心的境遇下，象山不得不阐明自己的读书法与解经法，并尝试着突破既有的经学模式，力图从经学中导出通向实学的理学，但只要借助于既有的知识形态，对于象山而言，就是一种不得已而为之的支离性工作。所谓支离，既是破碎的，又是背离的。这种破碎与背离是相对于本心的整全与存在而言的。因此，象山对本心的发明，绝不寄望于这样的支离事业，而着意标举他的易简工夫。鹅湖会上，当象山举诗"易简工夫终久大，支离事业竟浮沉"，以此为自己与朱子贴上标签时，朱子"失色"，实是不足为奇的，因为朱子这样的穷经以明理的知识诉求，如果被象山斥之为"支离事业"，那么所谓的"易简工夫"又将是什么样的工夫呢？

　　论其出典，象山的"易简工夫"当然为人耳熟能详。《易·系辞传上》首章曰：

　　　　乾以易知，坤以简能。易则易知，简则易从。易知则有亲，易从则有功。有亲则可久，有功则可大。可久则贤人之

德,可大则贤人之业。易简而天下之理得矣。天下之理得,
而成位乎其中矣。

象山也是明确引此以阐明自己的为学工夫的。在《与高应朝》书
中,象山曰:

为学不当无日新,《易》赞《乾》《坤》之简易,曰:"易知易
从,有亲有功,可久可大。"然则学无二事,无二道,根本
苟立,保养不替,自然日新。所谓可久可大者,不出简易
而已。①

当然,细加分析,《系辞传》的本义与象山的阐释是发生了主体转
变的。《系辞传》论易简,主体是乾坤,这点象山也是非常清楚
的,他说"《易》赞《乾》《坤》之简易";象山则是转用于人之为学。
从《易》学的基本原理讲,这样的转用是毫无问题的,因为按照
《易·象传》的"君子以"句式,卦象正是以对人的启示为宗旨,象
山由《易》赞《乾》《坤》之简易"而转出"简易"即人之为学的根
本,完全是正当的。因此,问题不在于"易简"由乾坤转落在人之
为学,而在于象山如何来进一步说明"易简工夫"。然而,在上引
象山的书信中,他似乎并没有对"易简工夫"作进一步阐发的意
愿,相反,他对《系辞传》本身的论述还要作进一步的简化,即完
全聚焦于"简易"二字。《系辞传》对乾坤的易简特性作了"易则
易知,简则易从。易知则有亲,易从则有功。有亲则可久,有功
则可大"的说明,旨在分析性地指出为什么易简是重要的、易简
能产生怎样的作用,以及易简最终能达到怎样的结果,而象山似
乎对此分析性的论证过程全然不在意,只是强调"学无二事,无
二道",关键全在确立"根本","根本苟立,保养不替,自然日新。

---

① 卷五《与高应朝》,第 64 页。

所谓可久可大者,不出简易而已"。

不过,象山的阐释中还是不经意间透露出一些为学工夫的细目,比如"根本苟立"与"保养不替"就是两个显见的阶段,内涵有所不同。立根本自然就是要立本心,但立起来与否的标准是什么呢?对于保养,象山指出要在"不替",意即不衰退,而如何实现这个不衰退呢?显然,仅是易简二字,在象山固然是亲切受用的,在别人便须有所分疏。此外,象山标示的为学易简工夫,其为学与其说是知识意义上的,毋宁说更是整个存在意义上的,实可谓象山心学的归宿。

如前所述,由于象山心学旨在新思想的确立,故于为学乃至知识形态上表现出与时流的巨大违和感,以致令朱子"失色"。新思想往往伴随着新的方法、新的知识形态。朱子固然也是新思想的引领者与建构者,也无疑尝试着新方法、呈现出新的知识形态,但由于朱子致力于旧学与新知的互摄融通,思想气象与风格皆与象山迥异。向来论象山工夫者,由此或流连于朱陆之争,或混知识与存在于一体,实有许多似是而非之弊,以及隔靴搔痒之憾。故在经过本心与认知、本心与实学、本心与言语三章的讨论,阐明了象山心学的核心概念本心以后,更经过对象山读书与解经法的剖析,以及对象山《易》学与《春秋》学的个案性解读,专辟本章,依循象山标示的立本与保养两个阶段,以论象山的易简工夫,既可视为对象山心学的进一步展开,也可视为对象山心学的归结性彰显。

第一节 立根本

象山所谓立根本,便是立本心。本心之所以为根本,且能够确立与应该确立,盖因为本心是自然赋予人的,人亦因此本心的确立而成其为人。象山曰：

> 此天之所以予我者，非由外铄我也。思则得之，得此者
> 也；先立乎其大者，立此者也；积善者，积此者也；集义者，集
> 此者也；知德者，知此者也；进德者，进此者也。①

这里的"此"，专指本心。由于本心是"天之所以予我者"，因此本心是内在于生命自身的存在，只要生命存在，这一自然所赋予人的内在存在就必然存在，而且，也只有本心存在，我之生命才真正存在，或具有意义。这一确认，对于象山心学而言，实际上是预设的思想前提，这一思想前提不在可以讨论的范围，近乎公理。

象山使用"本心"，此前已作阐明，这个"本"包含着本来与本然两层含义：本来指向此心的原生性，偏于性质的界定；本然则标示此心的自在性，偏于状态的描述。这里重申这样的分疏，是为了进一步说明象山的确立本心，必须结合这两层含义来统合地理解，这一统合性体现在象山紧接着"此天之所以予我者"后所讲的"非由外铄我也"。本心的确立既是生命内在的要求，决非外部的植入；也是生命自然的展开，而非外部的型塑。本来以本然的状态确立，本然因其本来的性质而展开。本心的预设前提，使得象山的确立本心，乃至他的整个思想具有某种正当性。也正是因为具有这种正当性，象山心学在风格上表现出非常强烈的一贯性，他对自己的简易工夫在理论与实践上都高度自信。此外，"本心"这个预设前提对于象山整个思想的贡献与其说是在"心"字上，毋宁说是在"本"字上，因为象山思想虽然以心学为表征，但他心学的重要基石正是在这一"本"字。强调这点，实足

---

① 卷一《与邵叔谊》，第1页。

以彰显象山心学的根本,后来阳明心学重在心体的阐扬,与象山心学的重要不同在此,阳明论说象山心学有所粗的原因也在此。

当然,尽管如此,相对于"本"的标示,作为心学,象山对于"心"的内涵,显然还是作了更多的阐明。不同的是,对"本"的标示重在强调其内在性与自在性,固化其地位,即所谓的"根本";对"心"的阐明则偏重于功能性的具体描述,以涵盖心之全体大同。如在上引这一书信中,他对心的描述,从思与立,到积善与集义,知德与进德,既涵盖认知与践行两个维度,又在认知的维度上包含了事实与价值两方面的内涵。

一、文义轻而事实重

先略说认知的维度。象山的知,即所谓"思则得之,得此者也"。这个"思"自然是本心之思,亦即孟子标示的"心之官则思",完全是一种认知的活动,是以"思"涵摄了从感知到理性认识的全过程。而"得之""得此者",在象山的语境中,实际上包含了两层意思,一是指得本心,二是指获得本心所蕴含着的事物之理。这两层意思,就象山的心而言,原本就是一而二,二而一的;就"理"而言,象山的本心之知,既有事实认知的内涵,又有价值认知的确定。对此,象山不仅是非常明确的,而且更是很自信的。象山曰:

> 吾所明之理,乃天下之正理、实理、常理、公理,所谓"本诸身,证诸庶民,考诸三王而不谬,建诸天地而不悖,质诸鬼神而无疑,百世以俟圣人而不惑者也"。学者正要穷此理,明此理。[①]

---

① 卷十五《与陶赞仲》二,第194页。

这里所讲的"天下之正理、实理、常理、公理",在象山的思想语境中,无疑是包括了事实认知与价值认知两方面的内涵,而且这两层内涵也没有非常明确的区分,甚至事实认知的内涵是呈以价值认知的知识形式的,因为象山心学最终落在具有高度实践性的实学,而实践是由事实认知转为价值认知来决定的。事实上,这不仅是象山心学的基本特征,也是整个宋代理学的基本特征,因此理学也很容易被定位于道德哲学,往往全落在价值认知的层面进行讨论。唯因如此,故诚有必要对事实认知的内涵作出专门的标示。对于象山来说,他的本心之知是面向外在事物与实践的,因此他的本心认知虽然最终落在价值认知上,但这个价值认知是基于事实认知的,或者说在价值认知中必须包括事实认知,因为只有如此,基于这样的认知所展开的实践才可能是有效的。象山引《中庸》"本诸身,证诸庶民,考诸三王而不谬,建诸天地而不悖,质诸鬼神而无疑,百世以俟圣人而不惑者也",可以说正表达了这层思想。

不过,在分析了象山的心之思包括事实认知与价值认知后,又必须指出,象山在他的言说中,似乎有意识地含混这种区别。宋代理学的重要思想成就之一,就是将心作为活动而又存在的本体,进行精密的剖析,从而使关于心体的内涵,即性体,清晰地呈现出来,这也正是宋代理学虽上承孟子心性理论而实际上极大地发展了的表征。但是,象山显然对此是不满的,他认为这样的精密剖析,根本就不是真实可靠的学问。象山曰:

> 学者之不能知至久矣!非其志其识能度越千有五百余年间名世之士,则《诗》《书》《易》《春秋》《论语》《孟子》《中庸》《大学》之篇正为陆沉,真柳子厚所谓独遗好事者藻绘,以矜世取誉而已。尧、舜、禹、汤、文、武、周公、孔子、孟子之

心,将谁使属之。①

落在文字上的东西,只是"好事者藻绘,以矜世取誉而已",而千古不灭的本心却湮没陆沉。象山着意标举的是诸圣之心,而非经典本身,经典的价值在于能从中体会到诸圣与自己一样的心,否则只是虚文,甚至沦为矜世取誉的工具。由于剔除了表征知识的文本研究,因此心的认知维度中的事实认知与价值认知便不容易作出细分,"思则得之"的本心,其自觉与确立便成为一种当下而又连续的过程,思的性质与内涵直接表征于最终的判识,并同时呈现于语默动静的取舍。

象山关于本心的这一把握,从宋代理学对先秦儒学的超越而言,确实是可以唯唯否否的。从否定的角度,象山剔除表征知识的文本研究,实际上是通过取消知识获得过程中的一个分析性环节,将心的认知活动笼统含糊化了。这意味着,宋代理学在理论上超越先秦儒学的部分,即细密的理论分析与最终的理论建构,都失去了得以实现的必要环节。但从肯定的角度,由于宋代理学在知识的意义上原本即是对汉唐经学的反动,因此理学经由疑传而疑经的知识与思想锤炼,应该获得真正的精神启蒙,用象山的话语就是要本心自觉与确立,并面向生活本身,从而开辟出新的知识与思想,在精神实质上真正继承先秦儒学。然而理学的现实发展不仅未能脱离经学的笼罩,而且在出入于汉唐经学的基础上又以新的形式重新沉溺于繁文碎义,故象山的本心把握,又可以说是对这一趋势的纠正。对此,象山是高度自觉的。象山曰:

> 书亦政不必遽尔多读,读书最以精熟为贵。……近所

---

① 卷十四《与侄孙濬》三,第190页。

> 以开发之者非在文义,每为(刘)德固解说,必令文义明畅,
> 欲不劳其思索,不起其疑惑,使末不害本,文不妨实。常令
> 文义轻而事实重,于事实则不可须臾离,于文义则晓不晓不
> 足为重轻,此吾解说文义之妙旨必先,亦不可不知也。

所谓"文义轻而事实重,于事实则不可须臾离,于文义则晓不晓
不足为重轻",正是象山立本心这一根本的关键所在,故他强调,
"此吾解说文义之妙旨必先,亦不可不知也"。这一关键的思想
性质,在于它引向的是要面对事实本身,而不是故纸堆。前文第
二章尝引及《年谱》淳熙十五年条末所记象山听闻朱子《喜晴诗》
"书册埋头何时了,不如抛却去寻春"时,当即"色喜"而予以肯
定,以为朱子"至此有觉",足以再引作上述思想的注脚。

当然,象山也很清楚,他的这一关键对许多人来讲,并不是
那么容易把握住的,故他紧接着感叹:

> 然此亦岂可强为之哉? 非明实理,有实事实行之人,往
> 往乾没于文义间,为蛆虫识见以自喜而已。安能任重道远,
> 自立于圣贤之门墙哉?[1]

这里,象山转出了他的重要结论。按照象山的意思,能够真正摆
脱"乾没于文义间",转而直面事实,不作须臾分离,必须有一个
刚性的前提,那就是"非明实理,有实事实行之人"不可。象山的
这个说法颇有意味,因为它虽然将"明实理"与"有实事实行"并
举,但是"明实理"与否很难判识,"有实事实行"容易确认。因
此,象山虽然是并举"明实理"与"有实事实行",但显然后者构成
了前者的前提条件。换言之,在关于心的功能性描述上,象山虽
然是认知与践履并举,但最终是以践履为前提的;而且更是以践

---

① 卷十四《与胥必先》,第186页。

履为归宿的,因为象山对此的判定非常决绝,他强调不经过实事实行的人,不仅"往往乾没于文义间",而且充其量只能是"为蛆虫识见以自喜而已",决无可能"任重道远,自立于圣贤之门墙"。

二、以立心统摄日用

由此,再略说践行的维度。由上述对于认知的分析,已不难意识到,在象山的思想中,相对于认知,践行无疑更受他的关切。事实上,甚至可以认为,在象山那里,践行就是全部的工夫。象山与陆九龄尝有一段"何处做工夫"的答问:

> 复斋家兄一日见问云:"吾弟今在何处做工夫?"某答云:"在人情、事势、物理上做些工夫。"复斋应而已。①

所谓"人情、事势、物理",固然也可以限定在认知的层面,但象山此处的回答显然不可能作这样的限定,他的"在人情、事势、物理上做些工夫",固然基于对"人情、事势、物理"的认知,但主要指向的无疑是日常生活的践行。象山对于单纯地谈论认知是颇不以为然的,此有象山赠人并自警之语以为证:

> 此理塞宇宙,古先圣贤常在目前,盖他不曾用私智。"不识不知,顺帝之则。"此理岂容识知哉?"吾有知乎哉?"此理岂容有知哉?吾书此,非敢以赠辅之,亦聊以自警耳。②

"理岂容识知哉?"虽然是以疑问的方式表达,但指意是明确的,理不容识知。理不容识知,那么又将如何呢?答案也很明确,"不识不知,顺帝之则"。象山引《诗经·皇矣》这句诗,着意强调

---

① 卷三十四《语录上》,第 400 页。
② 卷十二《与张辅之》,第 163—164 页。

的就是他的基本立论,即尧舜时代的人通体皆是道义,所发言行都是本心的呈现,与自然的法则相吻合。在象山这里,因为有着"心即理"的哲学认定,因此理是本心所涵具,随事自然呈现,只需依循践行即可,不容也不必刻意去识知,否则反为知障。

由于本心所涵具之理终究不能凭空呈现,而只能见之于事,见之于践履,故象山的"在人情、事势、物理上做些工夫",自然将心引向对事物的敞开。陆九龄对此表示认同,"应而已"。不过,象山显然是意识到了九龄的认同与他的指意是有所错离的,这种错离不仅为九龄有,实际上也为大多数人所有。因此,象山随后马上强调:

> 若知物价之低昂,与夫辨物之美恶真伪,则吾不可不谓之能。然吾之所谓做工夫,非此之谓也。①

这一强调似乎在努力表示,所谓的"在人情、事势、物理上做些工夫",也不能简单地理解为生活践履本身。尽管象山这里讲的"知物价之低昂,与夫辨物之美恶真伪",主要不是普遍意义上的事物认知、道德评判、审美判识,更多的仍是日常生活中商品买卖上的识货议价,然而即便是这样的日用践履,而且象山也足以把握,"不可不谓之能",但这些仍然不是"吾之所谓做工夫",即不是象山所谓的简易工夫。这就带来一个问题,由认知的分析,知道象山所谓的立根本是落在践履,是心向事敞开,但由对践履的分析,则象山又否认日用践履本身就是立根本,那么,"吾之所谓做工夫",究竟又是什么呢?

答案当然是明确的,"吾之所谓做工夫",既不在认知,也不在践履,而只是立本心。为什么呢? 在象山那里,由于认知与践

---

① 卷三十四《语录上》,第 400 页。

履是合二为一的,因此仍然可以归约到认知上来回答。象山以
为,工夫如落在外部对象的认知,这将是一个不可胜穷的过程。
象山曰:

> 人情物理之变,何可胜穷,若其标末,虽古圣人不能尽
> 知也。稷之不能审于八音,夔之不能详于五种,可以理揆。
> 夫子之圣,自以少贱而多能,然稼不如老农,圃不如老圃,虽
> 其老于论道,亦曰学而不厌,启助之益,需于后学。①

据此可知,如果将工夫问题归结在认知上看,象山与朱子的观点
截然不同。朱子在《大学章句》中补“格物致知”章曰:

> 所谓致知在格物者,言欲致吾之知,在即物而穷其理
> 也。盖人心之灵莫不有知,而天下之物莫不有理,惟于理有
> 未穷,故其知有不尽也。是以《大学》始教,必使学者即凡天
> 下之物,莫不因其已知之理而益穷之,以求至乎其极。至于
> 用力之久,而一旦豁然贯通焉,则众物之表里精粗无不到,
> 而吾心之全体大用无不明矣。②

与朱子的“豁然贯通”而“众物之表里精粗无不到”的认知自信相
反,前述象山以为认知的不可胜穷,近于怀疑论,甚至是不可知
论的。联系到象山对《庄子》的熟悉,③象山的这一思想很容易
让人觉得来自庄子思想。但是,细读《庄子·养生主》的论述:

> 吾生也有涯,而知也无涯。以有涯随无涯,殆已。

以及《庄子·天下》对“自以为最贤”的名家惠施的批评:

---

① 卷一《与邵叔谊》,第 2 页。
② 《朱子全书》第 6 册,第 20 页。
③ 如论“平心”原出于《庄子》(卷十一《与李宰》二,第 149 页)、因庄子讥
田常盗仁义以窃国,指出庄学“自有盗仁义以窃天下之计”(卷十九《经
德堂记》,第 236 页),以及见诸《语录》中的随口引用《庄子》语以作论
证或阐发。

> 惜乎惠施之才,驳荡而不得,逐万物而不反,是穷响以
> 声,形与影竞走也。悲夫!

可以发现,象山与庄子在思想与论证,以及最终的结论上,都是
截然不同的。庄子是真正的不可知论,论据是认知主体有限,而
认知对象无限,最终的结论是以反智来摆脱"穷响以声,形与影
竞走"的可怜状态。象山的不可知论虽然也是基于认知主体的
有限与认知对象的无限,但庄子的论证比较近于认知对象的静
态化处理,即认知对象是广大无边的,认知主体不具备完全认知
的能力,而象山的论证更偏向认知对象的动态化呈现,即认知对
象是在时间中展开而丰富的,认知主体不可能去认知尚未呈现
的对象。换言之,在庄子那里,不可知论是刚性的,而在象山这
里,认知主体并不是缺乏认知对象的能力,而只是认知对象尚没
有呈现而已,不可知论并不是刚性的。因此,象山也没有归趋于
庄子那样的反智论,他没有真的让人从对象的认知中退回,而是
让人不必苛责自己面对新事物而有所不知,强调人提升认知的
根本不在对象的把握,而在保持心的认知活力,这样才是彻底的
化繁就简的路径,这一路径既克制了庄子的逃避性的反智哲学,
也摆脱了朱子的繁琐性的支离哲学。①

尤其是,象山心学的核心理念是"心即理",虽然这个"心即
理"并非是指心已蕴含着理,而是心具有认知理的能力,因此,工
夫的根本就在立心,心既立,以心直面于事,即对象化的践履,则
存于事中的所有道理都会随着事的展开而向心敞开,理与心同
步呈现。毫无疑问,在象山看来,这样的用力,工夫聚焦在单一

---

① 参见拙稿《儒道两家对道的阐释及其旨趣》,收入拙书《儒学之镜》,新
星出版社 2017 年版。

的心,不会支离破碎,道理也是在单一的心上获见,不会繁琐难穷。要而言之,心为根本,立得根本,一切问题迎刃而解。这就仿佛人处在病毒横肆的境遇中,防止病毒的传染侵入当然是重要与必要的,但病毒无孔不入,东防西防,虽竭尽全力,不胜其烦,但仍可能百密一疏,甚至根本防无可防,最终还是仰赖个体的免疫能力。个体的免疫能力增强,乃至强大无比,自然百毒不侵。以此喻象山之立根本,虽不中,亦可谓不远。

三、立志

从理论上讲,立本心的工夫具有明显的简易性,而且一旦本心挺立,其功效也将是显著的,这种显著的功效反过来又进一步证明立本心的工夫是足以成立的。象山曰:

> 心逸日休,心劳日拙,德伪之辨也。岂唯辨诸其身?人之贤否,书之正伪,举将不逃于此矣。自有诸己至于大而化之,其宽裕温柔足以有容,发强刚毅足以有执,齐庄中正足以有敬,文理密察足以有别,增加驯积,水积木升,固月异而岁不同。然由萌蘖之生而至于枝叶扶疏,由源泉混混而至于放乎四海,岂二物哉?《中庸》曰:"诚者,物之终始,不诚无物。"又曰:"其为物不贰。"此之谓也。[1]

象山思想的高度自信,除了逻辑的理据,自然也有他本人的经验在支撑,所谓"蔽解惑去,此心此理,我固有之,所谓万物皆备于我,昔之圣贤先得我心之所同然者耳"。[2]

然而,象山的个人经验是否具有普遍性,这原本就是一个存

---

[1]　卷一《与邵叔谊》,第1页。
[2]　卷一《与侄孙濬》,第13页。

疑的问题。即便是具有逻辑理据的推理,在现实中不能充分实现,也是很正常的。对此,象山也很清楚,他讲:

> 天下虽有美材厚德,而不能以自成自达,困于闻见之支离,穷年卒岁而无所至止。若其气质之不美,志念之不正,而假窃傅会,蠹食蛄长于经传文字之间者,何可胜道?①

尤为不堪者,象山充分意识到,世风日下,他理想中通体都是道义的那个尧、舜时代早已过去,"方今熟烂败坏,如齐威、秦皇之尸",②文明虽已使野蛮有了极好的包装,但烂熟了的包装亦彻底败坏了人的素朴之心。因此,立本心的根本入手应该是使本心从烂熟了的文明中振拔出来,这一振拔,在象山那里,便是立志。这是象山得之于孔、孟而落在易简工夫上的重要阐扬。

象山在《论语说》与《孟子说》中首重对"志"的阐明。在《论语说》中,象山主要是将孔子的"志于道"界定为"志于仁",从而明确了志的内涵;最后落实在"孟子曰'士尚志',与志于道一也",③既是对孟子所倡的士以担道为志的揭明,也是对溺于虚文名利的时流士风的针砭。而在《孟子说》中,则主要通过分析"志壹动气"与"气壹动志",申明志的重要与如何处理好志与气的关系。因此,比较起来,《论语说》重在志的内涵阐明,《孟子说》推进志的确立方法。从工夫论的角度看,象山以立志为本的易简工夫正是沿着孟子的志与气关系的进一步展开。

孟子讲:"夫志,气之帅也;气,体之充也。夫志至焉,气次焉。"④气是万物的质料与能量,人的身体亦是气的充塞,故曰

---

① ② 卷一《与侄孙濬》,第 13 页。"傅",原作"传",今从《全集》本改。
③ 卷二十一《杂著·论语说》,第 263—264 页。
④ 《孟子·公孙丑上》。

"气,体之充也"。身体在环境中生存,身体之气与环境中的万物之气相磨荡,致使身体对所处境遇产生感应兴发。这一感应兴发影响于人的身心,最终呈现于人的行为。第二章中曾言及,象山对人的感应兴发高度重视,甚至强调"人之为学,贵于有所兴起",①这与二程是一致的。二程尝言,"医书言手足痿痹为不仁,此言最善名状",②手足痿痹就是人的身体丧失感应兴发的能力;而以手足痿痹表征不仁,对应于前述象山界定"志于道"就是"志于仁",也充分说明了象山与二程的一致不仅在于都重视感应兴发的形式,而且还在于将感应兴发的内涵都归趋于仁。仅此而言,象山心学虽极不满于二程,但终在二程以降阐扬仁学为宗旨的理学洪流中。

身心的感应兴发及其最终的行为确定,无疑是一个复杂的过程。人虽然首先是身体的存在,但同时也是一个精神的存在,即便单是心的因素已复杂难言,身心关系更是大的问题。但孟子采用了比较归约的方法,即他以为,身心的感应兴发及其最终的行为确定,核心是心志,即全部的感应兴发最终表征在心聚焦于一个确定的方向,从而形成心之所向的志;当志确定以后,整个身心之气就受志统帅,即所谓"夫志,气之帅也",进而引动整个身体在境域中作出行为上的应对,"夫志至焉,气次焉"。据此,实现志的专壹,既是关键要处,也是方便法门。象山视立志为易简工夫,易简二字虽取自《易》学,但立志无疑来自孟子。

然而,心志的凝聚受到非常复杂的因素决定。人是身体的存在,这一存在必须依赖于相应的物质条件;同时,人作为精神的存

---

① 卷三十四《语录上》,第 407 页。
② 《程氏遗书》卷第二上,《二程集》,第 15 页。

在,人心受制于人所秉承的观念、认知、惯习、能力等各种因素,其间充满着偶然性与不确定性。立志这一关键要处虽是方便法门,但真正实现却要受制于许多因素。孟子对此无疑是洞明的,但他也是作了一个简明的归约,即凸显物质财富对人的心志所具有的最基本的决定性影响,强调人的存在与发展的物质条件是心志保持稳定的重要前提,所谓"若民,则无恒产,因无恒心"。①只是,孟子的这一思想更多的是服务于他的行仁政的王道政治哲学,如他强烈主张的"养生送死无憾,王道之始也",②主要不是在心性存养的方面来展开论述的。相反,对于士,孟子赋予了更高的期许,指出"无恒产而有恒心者,惟士为能"。③这意味着,在孟子那里,志之有无,其实已成为士的标准,不待赘言;后来荀子又将士区别为正身之士与仰禄之士,可以说是对此确认的进一步细化。④

因此,当象山接过孟子言志的话头时,孟子的"无恒产而有恒心者,惟士为能"已属于观念乃至行为的预设前提。然而事实上,在现实生活中,"惟士为能"的"志",且不说尚无恒产者,即便是有恒产者,也不容易确立,如象山所谓,"道非难知,亦非难行,患人无志耳"。⑤那么,立志之难又究竟难在何处呢?象山曰:

> 愚不肖者之蔽在于物欲,贤者智者之蔽在于意见,高下污洁虽不同,其为蔽理溺心而不得其正,则一也。然蔽溺在污下者往往易解,而患其安焉而不求解,自暴自弃者是也。蔽溺在高洁者,大抵自是而难解,诸子百家是也。⑥

---

①②③ 《孟子·梁惠王上》。

④ 参见余英时《士与中国文化》,上海人民出版社 1987 年版,第 40—41 页。又,"志"在金文与小篆中都是上"之"下"心",属于形声兼会意字,秦汉隶书始渐变"之"为"士",或亦佐证孟子思想被接受的过程。

⑤ 卷一《与侄孙濬》,第 13 页。

⑥ 卷一《与邓文范》一,第 11 页。

难在"物欲",容易理解,这与孟子所讲的"养生送死无憾"可以勉强比拟。可以比拟,是因为"物欲"与"养生送死无憾"都牵扯到物质生活;所谓勉强,则因为"欲"与"无憾"还是有根本的区别。只是这里不必纠缠于此,因为象山已将此类归于"愚不肖者",而且此类"蔽溺在污下者往往易解",如果安于污下而不求解,"自暴自弃者是也",故不足以言。需要予以说明是"意见"之难。"意见"乃是一种认识,并非如物质对于生命存在那样构成刚性需求,虽然"物欲"不等于刚性需求,而且既然是"欲",便已然溢出刚性需求,但由于"物欲"的界定标准具有相对性,加之人的物质生活需求的日益提升本身是否具有合理性与可能性都是可以充分讨论的,所以"物欲"权且可以归于一种客观性需求。上文讲对此不必纠缠,也有这个因素在其中。然而,"意见"虽然只是一种认识,但认识恰恰是决定着心之所向,即志的凝聚与关注方向。换言之,"意见"直接影响到"志"。而且,象山指出,与"蔽溺在污下者"不同,因"意见"而影响"志"者,往往是与"愚不肖者"相反的"贤者智者",这样的"贤者智者"因自以为志在"高洁",反而"自是而难解",犹如"诸子百家"。

细细体味象山对于"贤者智者之蔽在于意见",以及"自是而难解"的揭示,象山着意要破除的不仅在"意见",更在"自是而难解"。在上引这段话前,象山讲了一个具体的事例,以为铺垫。象山曰:

> 闻秋试一中,亦为之喜。试中,试不中,有校定,无校定,本不足深计,所可喜者,得失之心未去,未释然耳。此心犹未释然,则所谓弃旧者特弃其末,未弃其本也,宜其谓之稍弃。此乃害心之本,非本心也,是所以蔽其本心者也。①

---

① 卷一《与邓文范》一,第11页。

科举中榜而为之喜,实在是人之常情,然象山以为"所可喜者,得失之心未去,未释然耳"。象山的批评虽不免苛刻,但却也揭明了事实。人既抱持着某种"得失之心",自然必依据着某种"意见";而只要依据某种"意见",无论这一"意见"是否合理,都会陷入"自是而难解"的境地,因为所谓的合理都是某种"意见"的证明,这恰恰是有悖于本心的。因此,象山的结论很清楚,蔽溺于意见,就不是本心的呈现,相反,"是所以蔽其本心者也"。

由此可见,在确立心志的问题上,象山接续了孟子的思想,但重心是有所不同的,这个不同的根本是孟子即便强调以志帅气,但并没有刻意于论证志与心具有同一性,而象山完全将立志落在立本心上。如果不能达到本心的确立,则一切其他的改变,"所谓弃旧者特弃其末,未弃其本也,宜其谓之稍弃"。概言之,确立本心是象山念兹在兹的思想,也是他简易工夫的核心要义。

正因为如此,象山在《孟子说》中要刻意对"必有事焉而勿正心勿忘勿助长也"进行断句的论证。此句出自《孟子·公孙丑上》,象山曰:

> "必有事焉而勿正心",是一句。"勿忘,勿助长也",是一句,下句是解上句。《孟子》中有两正字同义:"必有事焉而勿正心",一也;"言语必信,非以正行也",二也。"勿正"字下有"心"字,则辞不亏,"勿忘"字上无"心"字,则辞不赘。此但工于文者亦能知之。①

按此句的断句问题,赵岐注本是"必有事焉而勿正",宋人始有断"必有事焉而勿正心",象山正是新的断法。朱子《孟子集注》云:

① 卷二十一《孟子说》,第265页。

第六章　易　简　工　夫

> 必有事焉而勿正，赵氏、程子以七字为句。近世或并下文"心"字读之者，亦通。……正，预期也。《春秋传》曰"战不正胜"是也。如作正心，义亦同。此与《大学》之所谓正心者语意自不同也。[①]

象山与朱子是同时代人，故此处所谓"近世"应该不包括象山；而所谓"程子以七字为句"，则专指小程子伊川。《二程遗书》载：

> 侯世与云：某年十五六时，明道先生与某讲《孟子》，至"勿正心勿忘勿助长"处，云："二哥以'必有事焉而勿正'为一句，'心勿忘勿助长'为一句，亦得。"因举禅语为况云："事则不无，拟心则差。"某当时言下有省。[②]

此条收入《二程遗书》卷一的"拾遗"，作为最终的编定者，朱子自然是记忆深刻的，他在确知程颐坚持赵岐传统断句的情况下，同时接受程颢的断句，显然还是有考虑的。事实上，程颢也是持两说，所谓"亦得"便是。因此，在这个断句上，意味着三种不同的主张。一是程颐所坚持的传统断句"必有事焉而勿正"，二是象山所坚持的新断句"必有事焉而勿正心"，三是程颢、朱子的两可说。[③]

---

① 《朱子全书》第 6 册，第 283 页。朱子所谓"近世"者，是否专指象山，不能确定。

② 《河南程氏遗书》卷一，《二程集》，第 12 页。

③ 按此句训诂多有歧见。顾炎武认同朱陆同时代的名臣与学者倪思的判识，以为"勿正"是"勿忘"传写之误，并进一步引证《书经》例，曰"叠二'勿忘'，作文法也"。见《日知录》卷七，《顾炎武全集》第 18 册，上海古籍出版社 2011 年版，第 322 页。今人杨伯峻云："朱熹《集注》引公羊僖公二十六年《传》'战不正胜'，云：'正，预期也。'按《公羊传》之'正'，当依王引之《经义述闻》之言'正之言定也，必也'，《穀梁传》正作'战不必胜'，尤可证。朱熹之论证既落空，则此义训不足取矣。"见《孟子译注》，中华书局 1960 年版，第 70 页注 30。

209

按照朱子的注，"正，预期也"，此与程颢的解释是相近的，《二程遗书》记明道语曰：

> 孟子谓"必有事焉，而勿正，心勿忘，勿助长。"正是著意，忘则无物。①

"著意"虽与"预期"略有不同，但基本旨义是一样的。《二程遗书》卷一"拾遗"中另有一条：

> "必有事"者，主养气而言，故必主于敬。"勿正"，勿作为也。"心勿忘"，必有事也。"助长"，乃正也。②

此条没有标明大程子或小程子，但对"勿正"的解释与前述相近，但是点出了一个关键，即强调"必有事"者，"主养气而言，故必主于敬"。换言之，"勿正/心"、"心/勿忘"、"勿助长"，所涉皆在二程洛学的持敬工夫上，朱子对此断句持两可，也是旨在工夫。程颐对"必有事"者上的持敬工夫别有申说，其答问门人曰：

> 问："必有事焉，当用敬否？"曰："敬只是涵养一事。必有事焉，须当集义。只知用敬，不知集义，却是都无事也。"……问："敬义何别？"曰："敬只是持己之道，义便知有是有非。顺理而行，是为义也。若只守一个敬，不知集义，却是都无事也。"③

很显然，虽然程颐通过敬义相夹，以防持敬的向内逼仄化，但整个解释终究全限定在工夫上。

那么，象山否定传统断句，也不认同两可断句，只坚持新式断句，并引《孟子》内文加以自证，又应当如何理解呢？象山强调"'勿正'字下有'心'字，则辞不亏，'勿忘'字上无'心'字，则辞

---

① 《河南程氏遗书》卷十一，《二程集》，第132页。
② 《河南程氏遗书》卷一，《二程集》，第12页。
③ 《河南程氏遗书》卷十八，《二程集》，第206页。

不赘。此但工于文者亦能知之",虽然是就文法上着眼,但所争显然不止于"但工于文者"。象山《与曾宅之》书中曰:

> 且如"存诚""持敬"二语自不同,岂可合说?"存诚"字于古有考,"持敬"字乃后来杜撰。……观此二字,可见其不明道矣。①

"持敬"之所以"不明道",根本在于持敬似乎用力于内心的涵养,程颐还要特意提出敬义夹持,但在象山看来,已落有意作为之嫌,失其本心,而本心的本然明觉正是象山全部立论的要旨。贵溪县宰吴博公三请象山为其"敬斋"作记,象山特意指出独悬敬字的问题,提醒吴博公谨加辨析:

> 古之人自其身达之家国天下而无愧焉者,不失其本心而已。……心之所为,犹之能生之物得黄钟大吕之气,能养之至于必达,使瓦石有所不能压,重屋有所不能蔽。则自有诸己至于大而化之者,敬其本也,岂独为县而已。虽然,不可以不知其害也。是心之稂莠,萌于交物之初,有滋而无芟,根固于怠忽,末蔓于驰骛,深蒙密覆,良苗为之不殖。实著者易拔,形潜者难察,从事于敬者尤不可不致其辨,公其谨之。②

因此综而言之,象山坚持"'必有事焉而勿正心',是一句。'勿忘,勿助长也',是一句,下句是解上句",诚乃"勿正/心"在程朱仅是工夫,在象山则固然是工夫,但更涉其根本,即对本心的预设性存在。换言之,作为简易工夫的立本心,在象山这里,完全是合乎目的的手段,是工夫与本体的绾合为一。

---

① 《陆九渊集》,第3—6页。
② 卷十九《敬斋记》,第227—228页。

第二节　保养不替

立本心因其重在内涵与性质的确认,本心的立得与未能立得,截然分明,不存在着才立未立,或立得几分的情况,中间容不得含糊,因此本心的确立呈现出全体的完整性。另一方面,本心的确立是在面向事的状态中呈现的,而事是永处于展开中的,因此全体的完整性的本心确立又呈现出当下的即时性。当本心确立时,存于本心而呈于具体事物中的理当下获得清楚明白,这便意味着,当下的具体事物之理的清楚明白与否,实际上又足以成为鉴定本心确立与否的表征。然而,诚如前引象山所强调的,"人情物理之变,何可胜穷,若其标末,虽古圣人不能尽知也",本心的瞬间确立虽愚夫愚妇亦能实现,而本心的永恒确立则即便圣贤亦有所不能。故象山的易简工夫,在"根本苟立"后,"保养不替"便是紧随其后的紧要工夫,唯有"保养不替",才足以保证与实现"自然日新"。

一、存诚与寡欲

所谓"保养不替",前已言及,"不替"者,意即不衰退;而"保养"者,潜台词自然是本已存有一待保养者,在象山自然就是为人固有的本心。因此,保养不替就是要不衰退地保养本心,故象山强调"存诚"。象山曰:

"存诚"字于古有考……《易》曰:"闲邪存其诚。"孟子曰:"存其心。"某旧亦尝以"存"名斋。孟子曰:"庶民去之,君子存之。"又曰:"其为人也寡欲,虽有不存焉者寡矣;其为人也多欲,虽有存焉者寡矣。"只"存"一字,自可使人明得此理。此理本天所以与我,非由外铄。明得此理,即是主宰。

真能为主,则外物不能移,邪说不能惑。①

由"存诚"一词,将《易》的"闲邪存其诚"与孟子的"存其心"互训,存诚转为存心,诚所表示的真实之意就构成了心的内涵与性质;但就工夫而言,存诚与存心的关键是在"存",因为正是这个"存"字,体现了"保养不替"。为了强调"存"的重要性,象山不仅引孟子语"庶民去之,君子存之",将本心的"存之"与"去之"悬为君子与庶民区别的标准,而且指出"只'存'一字,自可使人明得此理"。此处略需说明的是,象山进一步讲,"此理本天所以与我,非由外铄",这个"此理"应有两层意思,一是指上文他所讲的这番道理,二也是指此心,即本心。只是在象山那里,心即理是一个基本命题,不待赘述,所以他接着的话便是"明得此理,即是主宰"。本心即理,本心亦即主宰;当且仅当本心"真能为主,则外物不能移,邪说不能惑"。

不过,话如只是至此,则终是表达了意愿,就如象山自言"某旧亦尝以'存'名斋"而已,并没有示以保养不替的具体方法。故象山进一步又引孟子语,"其为人也寡欲,虽有不存焉者寡矣;其为人也多欲,虽有存焉者寡矣",始标示了存心,也就是保养不替的重要路径"寡欲"。

然而耐人寻味的是,孟子讲"寡欲",针对的主要是与"养心"相对应的感官欲望。孟子在"养心莫善于寡欲"章前曾指出:

> 口之于味也,目之于色也,耳之于声也,鼻之于臭也,四肢之于安佚也,性也。有命焉,君子不谓性也。②

可以充分佐证这一点。朱子的注也非常明确:

---

① 卷一《与曾宅之》,第3—4页。
② 《孟子·尽心下》。

> 欲,如口鼻耳目四支之欲,虽人之所不能无,然多而不
> 节,未有不失其本心者,学者所当深戒也。①

这里附带着说一下,朱子的注还将感官之欲与本心对应表出,亦可见本心的概念实为诸儒共用,只是象山着意凸显了,使之成为他的思想的核心。但是,象山接过孟子"寡欲"的话头,却没有顺着如何克制感官欲望以存其本心,而是将"寡欲"的对象引向了知识诉求。在《与曾宅之》书中,象山接着讲:

> 所病于吾友者,正谓此理不明,内无所主;一向萦绊于
> 浮论虚说,终日只依借外说以为主,天之所与我者反为客。
> 主客倒置,迷而不反,惑而不解。坦然明白之理可使妇人童
> 子听之而喻;勤学之士反为之迷惑,自为支离之说以自萦
> 缠,穷年卒岁,靡所底丽,岂不重可怜哉?②

显然,以象山对《孟子》的烂熟于心,绝不至于不知孟子"寡欲"所针对的是感官之欲,但他偏偏引此来发挥解释成"浮论虚说"。象山这样的发挥,毫无疑问与这封书信的特定语境有关,即它针对着曾宅之"一向萦绊于浮论虚说"的毛病,但是,象山对"寡欲"作如此显见的延异性发挥,也绝不完全是因为特定语境中的对象,而更是具有普遍性的针对。象山曰:

> 志于声色利达者,固是小;剿摸人言语的,与他一般
> 是小。③

在象山这里,感官之欲需要节制,已是不必赘言的道理,孟子讲得那么清楚明白,根本不必再作解释,只须践行即可,如果明明知晓这一道理,仍志于声色利达,原本即是不足以论的自暴自

---

① 《孟子集注》,《朱子全书》第 6 册,第 455 页。
② 卷一,第 4 页。
③ 卷三十五《语录下》,第 452 页。

弃,即"固是小"。象山着意要指出的,不是现实中普遍存在的人
人明白"固是小"的"声色利达"之欲,因为这样的欲望即便人人
皆有之,人人亦皆以为耻,或至少不以为是足以堂而皇之而高标
的。象山曰:

> 人要有大志。常人汩没于声色富贵间,良心善性都蒙
> 蔽了。①

但是,与此"声色利达"之欲相反,"剿摸人言语的",人人则不以
为耻,反以为荣,因为这个所谓的"剿摸人言语的",表面上就是
整天袭人言语,论说学问,看起来是一心向学,绝不是"声色"之
类的感官之欲,也好像不是"利达"之类的富贵之欲,但其实骨子
里全是与"志于声色利达者""一般是小"的欲。

由于这种"剿摸人言语的"表现为一心向学,而现实的科举
又从制度上为这样的一心向学提供了支撑,因而潜藏于知识诉
求中的欲望对于士人的危害,恰恰等同于感官之欲,甚至有过之
而无不及。《语录》载:

> 朱济道说:"临川从学之盛,亦可喜。"先生曰:"某岂不
> 爱人人能自立,人人居天下之广居,立天下之正位。立乎其
> 大者,而小者弗能夺。然岂能保任得朝日许多人在此相处?
> 一日新教授堂试,许多人皆往,只是被势驱得如此。若如今
> 去了科举,用乡举里选法,便不如此。如某却爱人试也好,
> 不试也好,得也好,不得也好。今如何得人尽如此?某所以
> 忧之,过于济道。所悯小民被官吏苦者,以彼所病者在形,
> 某之所忧人之所病者在心。"②

---

① 卷三十五《语录下》,第 450 页。
② 卷三十五《语录下》,第 456—457 页。

象山讲得非常明白,在科举已为制度化了的形势下,士人的欲望已自觉不自觉地包装成对知识的追求,在平时不容易发现,"一日新教授堂试,许多人皆往,只是被势驱得如此",表现得淋漓尽致。这种追求与受官吏盘剥而陷于贫穷的小民欲求脱困之心大有不同,后者是可以充分理解的,并足以引起人同情怜悯的,但潜藏于知识追求中的欲望,却是真正使人的本心丧失,令人担忧。

科举既已制度化,象山深知势所必然,他自己也难以摆脱科举,但他强调如何在这样的制度之势能下,仍然能够将科举的功能目的与知识的滋养本心相分离,使本心的保养不因科举而衰退,即他与朱济道所讲的,"如某却爱人试也好,不试也好,得也好,不得也好"。只是,这样的分割在象山是能够做到的,如他自道:

> 吾自应举,未尝以得失为念,场屋之文,只是直写胸襟。[1]

但对于大多数人,却是极难的,象山对此非常明白,故他与朱济道讲:"今如何得人尽如此?"既如此,则又应当如何解决呢?这正是象山接过孟子"寡欲"的话头,将它转落在"剿摸人言语的"所谓学问追求上。象山作此强调,并不是认为政府可以不承担责任,而是以为士人自身对此要建立起自觉,从而摆脱流俗对本心的习染。象山在《贵溪重修县学记》中,着重围绕着科举的弊端而强调士人对"正学"的责任,象山指出,科举的流弊"于今已剧,稍有识者必知患之",只是风俗一旦形成,不仅积重难返,甚而以为理所当然,唯此,士人应当无所悼惧,无所维絷,勇以自立,拨乱反正。象山曰:

---

[1] 卷三十四《语录上》,第 409 页。

第六章 易简工夫

不徇流俗而正学以言者,岂皆有司之所弃,天命之所遗! 先达之士由场屋而进者,既有大证矣。是固制时御俗者之责,为士而托焉以自恕,安在其为士也? ……士而有识,是可以察其故,得其情,而知所去就矣。退不溺其俗而有以自立,进不负所学而有以自达,使千载之弊一旦而反诸其正,此岂非明时所宜有,圣君所愿得,而为士者所当然乎?①

至此,象山将本心保养不替由孟子的"养心莫善于寡欲"具体转落在士人振拔于科举对人的陷溺,其思想与现实根源彰显无遗。

二、剥落净尽

由此出发,象山从正反两方面来护持本心的保养不替。所谓正的方面,就是让人自立本心;所谓负的方面,就是剔除表征为知识的"意见"对本心的羁绊。正与负虽是相对的两个方面,但其实也是同一件事,本心自立得一分,羁绊自然是少一分,反之亦然。尽管如此,象山的论述终究还是有所侧重,这种侧重或因为论说的对象,或因为他自己的感受,总之乃是具体语境使然;而这也正是象山论学的基本风格。

先看负的方面。如何剔除表征为知识的"意见"对本心的羁绊,在象山看来,实在是非常困难的事情。象山曰:

生于末世,故与学者言费许多气力,盖为他有许多病痛。若在上世,只是与他说"入则孝,出则弟",初无许多事。②

① 卷十九《贵溪重修县学记》,第237页。
② 卷三十四《语录上》,第399页。

由于末世已完全陷于所谓知识的世界，人已不再生活于质朴的上世，知识本身的正当性完全取代了本然存在的本心的正当性，因此要叫醒被表征为知识的意见所羁绊的人，其难度远甚于普通的道德教化。象山曰：

> 此道与溺于利欲之人言犹易，与溺于意见之人言却难。①

这其中难易差别的原因，即在于"溺于利欲"在文明的过程中已被确认为负面性的追求，人虽无法也不应根除"利欲"，但"溺于利欲"终属不当，因此在这样的共同认知下，对"溺于利欲之人"加以唤醒还是容易的；相形之下，知识是文明建构的重要基础与根本依据，追求知识不仅是应该的，而且几乎是必须的，故对于沉溺于其中的人加以唤醒，近乎是向整个文明形成挑战。

当然，象山于此也是有所斟酌的，他强调"溺于意见"，便是刻意要将表征为知识的"意见"与真正的知识加以区别。只是真正的知识与意见的区分标准是非常难以确定的，这正如在科学已成为真正知识的象征的现代，科学与非科学的划分界线难以界定一样。逻辑实证论以能否被经验验证作为一个命题是否具有意义，从而划分科学与非科学；波普尔则批评这一划分准则，提出只有"可证伪性"才足以作为科学的必备特征。虽然波普尔的可证伪原则对于科学的评判问题作出了极大的推进，但仍然被认为过于理想化而忽视或不符合实践中的科学活动所具有的丰富性与复杂性。以此反观象山，在知识尚处于经验、习俗，乃至与信仰相混合，事实命题与价值命题不作区分的传统时代，划分真正的知识与所谓的意见既是一个难以解决的问题，更是一个尚未成为知识必须真正面对的问题。

---

① 卷三十四《语录上》，第 398 页。

第六章　易　简　工　夫

　　因此,当象山触碰到这一问题时,一方面充分表征了象山思想在知识形态上对时代的超越性。象山充分意识并自觉到自己的时代已进入"理学"的时代,理学固然脱胎于经学,但理学既为新的知识形态,便已经不为经学的知识形态所羁绊,否则至少在知识形态上便流于"剿摸人言语的""意见",绝非属于真正的知识,亦即谈不上是揭明道理、提供真正新知识的理学。只是,象山虽然有此知识形态认识上的时代超越,但却终究深受理学的新知识形态的时代局限,即难以提出具有普遍客观性的知识建设,而只能托之于所谓唐虞时代的本心自觉,将知识的问题转成为实践的问题。象山曰:

> 只当如常人,见人不是,必推恻隐之心,委曲劝谕之,不可则止。若说道我底学问如此,你底不是,必为人所攻。兼且所谓学问者,自承当不住。①

尽管转成为实践的问题,但象山仍然将此实践归之于"学问",以他的"实学"加以标示。

　　只是,由于不能在具有普遍客观标准的知识层面对"实学"作出衡定,故而衍生出另一方面,即象山在知识与意见的区分问题上的识见不仅具有浓重的主观性,甚至不惜透出强烈的反智性。象山曰:

> 人品在宇宙间迥然不同。诸处方哓哓然谈学问时,吾在此多与后生说人品。②

这便彻底陷入了以尊德性替代道问学的误区。"学问"尚无客观标准,"人品"更是难以鉴别;而一切的谈论学问既无客观标准,

---

① 卷三十五《语录下》,第 439 页。
② 卷三十四《语录上》,第 400 页。

那么知识的追求都不免沦为意见的争执,进而推衍为意气的激荡。象山曰:

> 后世言学者须要立个门户。此理所在安有门户可立?学者又要各护门户,此尤鄙陋。①

"各护门户"虽深为象山所厌弃,而且他热衷于与人辨学,便是为了要在学问上确立一个真实可靠的基石,并不在意对象本身,如他自白:"凡事只看其理如何,不要看其人是谁。"②然而,由于真实可靠的基石在象山那里只是每个人的本心,他不仅强调"自立自重,不可随人脚跟,学人言语",③而且"不专论事论末,专就心上说",④因此,在象山是工夫简易,在其他人则难以把握,虽"尤鄙陋"之门户,终难逃避。

实际上,外部知识与认知主体之间的张力在本心确立上所带来的负累,象山是非常明白的。象山致力于破除士人在知识上的追求,甚至不惜自己背上不读书的反智形象,正因为他看到了本心由于沉溺于知识而丧失了本来具有的力量,而且所谓的知识还往往不是真学问,只是"意见",结果越是追求这样的知识,越是使本心失其固有的认知力,甚至丧失生命的活力,即象山所谓"染习深者难得净洁"。⑤

在《语录》中,象山门人严松详尽记录了象山与丘元寿的一则对话,这则对话非常真切形象地呈现了象山对知识以及士大夫儒者的反省,为便于分析,故不嫌其烦,引录于此:

---

① 卷三十四《语录上》,第 400 页。
② 卷三十五《语录下》,第 468 页。
③ 卷三十五《语录下》,第 461 页。
④ 卷三十五《语录下》,第 469 页。
⑤ 卷三十四《语录上》,第 419 页。

第六章 易 简 工 夫

邵武丘元寿听话累日,自言少时独喜看伊川语录。先生曰:"一见足下,知留意学问,且从事伊川学者。既好古如此,居乡与谁游处?"元寿对以赋性冷淡,与人寡合。先生云:"莫有令嗣延师否?"元寿对以延师亦不相契,止是托之二子耳。先生云:"既是如此,平生怀抱欲说底话,分付与谁?"元寿对以无分付处,有时按视田园,老农老圃,虽不识字,喜其真情,四时之间,与之相忘,酬酢居多耳。先生顾学者笑曰:"以邵武许多士人,而不能有以契元寿之心,契心者乃出于农圃之人,如此,是士大夫儒者,视农圃间人不能无愧矣。"先生因言:"世间一种恣情纵欲之人,虽大狼狈,其过易于拯救,却是好人划地难理会。"松云:"如丘丈之贤,先生还有力及之否?"先生云:"元寿甚佳,但恐其不大耳。'人皆可以为尧舜','尧舜与人同耳',但恐不能为尧舜之大也。"元寿连日听教,方自庆快,且云"天下之乐,无以加于此"。至是忽局蹐变色而答曰:"荷先生教爱之笃,但某自度无此力量,诚不敢僭易。"先生云:"元寿道无此力量,错说了。元寿平日之力量,乃尧舜之力量,元寿自不知耳。"元寿默然愈惑。退,松别之,元寿自述:"自听教于先生甚乐,今胸中忽如有物梗之者,姑抄先生文集,归而求之,再来承教。"①

丘元寿自小喜看程颐语录,结果是"与人寡合",读书人中竟然找不到一个可以说话的人,反倒是不识字的老农老圃可以交流。这对伊川语录多少有揶揄之意,象山自小即不认同伊川,故有此反讽也不足为怪。不过,这则语录虽由丘元寿读伊川语录起,但其针对的现象及其问题在象山看来却是具有普遍性的。

---

① 卷三十四《语录上》,第420—421页。

丘元寿的现象可以作不同的解释。他的"与人寡合"也许只是他个人的问题,但即便是他个人的问题,也显然不是因为他有什么性格上的缺陷,如他自己讲的"赋性冷淡",否则他不可能与老农老圃有很通畅自在的交流。元寿的问题只可能出在他自少即喜读伊川语录,留意学问。只是这里的问题,究竟是元寿读书不得法,故与其他士大夫儒者难以交流,还是元寿对伊川语录领会深,见得高明,从而曲高和寡呢?如是后者,似乎病不在元寿,而在士大夫儒者。这些士大夫儒者的读书是有问题的,或是读书奔着科举去的,原本即是"溺于利欲之人",或是"剿摸人言语的",那便是"溺于意见之人",这两类人虽有高低不同,但在象山看来,诚如前言,"一般是小"。而且可以确信,这样的"一般是小",就是时流,是士大夫儒者的普遍现状,故象山才如此绝决地反对侈谈"学问"。如是前者,那自然要在元寿身上找病因。

细读这则语录,应该说上述两种情况是兼而有之。因为象山讲:

> 一见足下,知留意学问,且从事伊川学者,既好古如此,居乡与谁游处?

这里且撇去象山话语中对伊川的揶揄,仅就话语本身,以及象山对伊川的基本尊重,即认同程颐是真正的儒学接续者,至于接续得对不对、能否接续得上,且另当别论,可以判断,象山对于元寿是肯定的,即元寿不是志于声名利达的"溺于利欲之人",而是"留意学问"超迈时俗的"好古"之人,因此元寿自然与"一般是小"的士大夫儒者拉开了距离,没有什么共同话语,可谓道不同不相为谋。只是元寿虽然是"好人"、"甚佳",但终究有问题,那便是"不能为尧舜之大"。象山这个断语,如是换了俗流中的士大夫儒者,"溺于利欲"也好,"溺于意见"也罢,"留意学问"原不过是装点门面,或是争胜谋利的工具,"不能为尧舜之大",自然不是一个问题;即便不完全是俗流中人,有自知之明,"不能为尧舜之大",实在也不成为问题。但对于元寿而言,他之所以与士大夫儒者没有共同话语,正因为他不甘于俗流,志在做圣贤,而且严松讲"如丘丈之贤",象山说"元寿甚佳",更为甚者,象山才说"人皆可以为尧舜",因为"尧舜与人同耳",接着却说既贤又甚佳的元寿"但恐不能为尧舜之大也",这岂不是对元寿一个极大的讽刺,给他浇了一盆冷水吗?

事实上也的确如此。丘元寿"连日听教,方自庆快",正为自己优入圣域而乐,乍听得象山如此判定,"至是忽局蹐变色",神气自是沮丧,信心亦是顿失,故讪讪自嘲:

> 荷先生教爱之笃,但某自度无此力量,诚不敢僭易。

岂料话风瞬转,象山才消了元寿的踌躇满志,让他委顿自惭,接着偏偏又给他注入一股浑厚强劲的力量。象山曰:

> 元寿道无此力量,错说了。元寿平日之力量,乃尧舜之
> 力量,元寿自不知耳。

毫无疑问,这样的乍寒还暖,元寿一时哪里消受得了,只能"默然愈惑"。其实,在象山这里,本心是"天之所以予我者,至大、至刚、至直、至平、至公",[①]元寿本心自具,只须挺立,"平日之力量"便是"尧舜之力量",根本无需外求。反之,一心要于话语文本上找力量,即从外面寻找直面生活的理据,那么无论是谁的书,也无论如何自小就熟读,都只是舍本求末,不仅无益,反而有害,元寿的"与人寡合"只是其中的一种病症而已。丘元寿最后与严松道别时讲:

---

① 卷三十四《语录下》,第 441 页。

> 自听教于先生甚乐,今胸中忽如有物梗之者,姑抄先生
> 文集,归而求之,再来承教。

元寿此语,一方面表征象山的话对元寿已具启明本心的作用,故心契"甚乐",另一方面元寿还是没有完全领悟,甚或更添了一些困惑,"今胸中忽如有物梗之者"。至于他最后"姑抄先生文集,归而求之",究竟是对,或是错,实在更是难加判断,因为就象山摈弃外求、自立本心的简易工夫而言,程颐的著作固然不足以读,象山的著作也是一样。象山自然是有此自觉,故他不屑于著书立说,但严松最后记下元寿这话,却又不免以此为荣,视象山文集有别于他人著述。此虽是它话,但亦不免有所吊诡。

总之,象山本心保养不替的方法,在负的维度上就是要剥落一切使本心蒙垢的东西。《语录》载:

> 显仲问云:"某何故多昏?"先生曰:"人气禀清浊不同,只自完养,不逐物,即随清明,才一逐物,便昏眩了。显仲好悬断,都是妄意。人心有病,须是剥落。剥落得一番,即一番清明,后随起来,又剥落,又清明,须是剥落得净尽方是。"①

剥落是一个过程,既不能一次完成,自然也不是可以一劳永逸的,这便意味着本心的保养必须保持在一个"不替"的状态。而且,象山强调,人的精神是始终活动着的,不是往东,便是向西,因此自立本心是必须坚持到底的。象山曰:

> 古人精神不闲用,不做则已,一做便不徒然,所以做得事成。须要一切荡涤,莫留一些方得。②

---

① 卷三十四《语录下》,第 458 页。
② 卷三十四《语录下》,第 468 页。

当然,宽泛地讲剥落,自然针对的是一切导致心病的东西,声名利达固然是,随人脚跟、侈谈学问、妄意争胜也都是,但在象山这里,他更有现实的针对,那便是士大夫儒者所追尚的所谓"读书"。象山曰:

> 学者须是打叠田地净洁,然后令他奋发植立。若田地不净洁,则奋发植立不得。古人为学即"读书然后为学"可见。然田地不净洁,亦读书不得。若读书,则是假寇兵,资盗粮。①

象山讲得很清楚,读书固然不可弃,但前提是"打叠田地净洁,然后令他奋发植立",即剥落一切粘附在读书上的种种名目,使得本心"奋发植立",否则"若读书,则是假寇兵,资盗粮",越是多读,越是昏眩,正如谚云:"宁可不识字,不可不识人。"②

三、收拾精神

与负的方法明确为剥落,聚焦于摈弃读书有所区别,象山对于本心保养不替的正的方法就讲得比较散,没有那么聚焦,因为在象山思想中,剥落一分,本心就得保养一分,故负的方法换个视角,也就是正的方法。当然,如此理解,并不等于象山正的方法就可以忽略不论。事实上,象山在正的方法上仍然是有诸多的开示,而且都往往与他的经验相关。只是,由于象山的开示与他的经验高度相关,因此使得象山的开示具有浓重的主观性,同

---

① 卷三十四《语录下》,第 463 页。
② 语出金庸《鸳鸯刀》,收入《雪山飞狐》,三联书店 1994 年版,第 239 页。前文引象山语"诸处方晓晓然谈学问时,吾在此多与后生说人品"(卷三十四《语录上》,第 400 页),"若某则不识一个字,亦须还我堂堂地做个人。"(卷三十五《语录下》,第 447 页),实从正面印证了此谚语。

时又富有很强的亲切感,这对亲炙于象山点教的人无疑深具感染力,但对于脱离了语境仅从文字上去理会的人却又隔了许多,由此也多少可以理解为什么象山健在,乃至再传弟子时,其学还能卓然成风,但到了三传弟子时便呈衰落趋势。①不过,如果因为象山在本心保养不替的正的方向上的这一风格与特征,就得出象山在正的方向上的开示完全便是超乎语言论述,其简易工夫亦因此成为不可有效沟通的已经过时了的形上学,那又不免言过其实了。②

请举象山一则经验自述以见之。象山曰:

> 不可戏谑,不可作乡谈。人欲起不肖破败意,必先借此二者发之。某七八岁时常得乡誉,只是庄敬自持,心不爱戏。故小年时皆无侣,袜不破,指爪长。后年十五六,觉与人无徒,遂稍放开。及读三国六朝史,见夷狄乱华,乃一切剪了指爪,学弓马,然胸中与人异,未尝失了。后见人收拾者,又一切古执去了,又不免教他稍放开。此处难,不收拾又不得,收拾又执。这般要处,要人自理会得。③

象山的“心不爱戏”,实与他小时体弱相关,但却因此养成了他“庄敬自持”的精神内敛工夫。及长,“觉与人无徒,遂稍放开”,后更进一步读史有了家国情怀,更增加了“学弓马”等活动,但因为少时已植立起自己的精神,有了根基,故即便放开,仍是能随时收拾得起自家精神。象山的经验显然不为常人所有。寻常少

---

① 参见拙书《南宋儒学建构》,上海人民出版社 2021 年版,第 320—322 页。
② 牟宗三对象山之学有“无概念的分解”,其语言“大抵是启发语、指点语、训诫语、遮拨语,非分解地立义语”的基本判识,沿此而新近的分析,见东方朔《体悟、言说与规则——“杨简扇讼”案例的哲学分析》,《现代哲学》2022 年第 4 期。
③ 卷三十五《语录下》,第 469 页。

年往往相反,多由"爱戏"开始,沿着逐外的路子发展,须经过岁月的磨砺,积累得一定的阅历,才可能返诸己身,下一番收拾精神的工夫。只是"放开"容易,"收拾"难。这个难,不仅是在由"放开"翻转为"收拾"难,更在"收拾"本身极不容易,分寸很难把控,即如象山所讲,"此处难,不收拾又不得,收拾又执"。因此,在常人而言,收拾精神这一最是难以养成的基础工夫,象山却在少小时已于不经意间练成。

对于象山本心的保养不替而言,"收拾"当然不只是起步工夫,而几乎是要贯彻始终的工夫,因此虽难,也仍然必须补上这一工夫,所谓"不收拾又不得"。《语录》载:

> 朱济道说:"前尚勇决,无迟疑,做得事。后因见先生了,临事即疑恐不是,做事不得。今日中只管悔过惩艾,皆无好处。"先生曰:"请尊兄即今自立,正坐拱手,收拾精神,自作主宰。万物皆备于我,有何欠阙。当恻隐时自然恻隐,当羞恶时自然羞恶,当宽裕温柔时自然宽裕温柔,当发强刚毅时自然发强刚毅。"[1]

朱济道此前的"尚勇决,无迟疑,做得事",正如常人一般,全是向外的路数。"尚勇决,无迟疑,做得事",似乎全由自己作主,但实在多半只是随人脚跟的积习而已,经不起拷问,故见过象山后,才会"临事即疑恐不是,做事不得"。这个"疑恐不是",自然是其本心被象山唤醒的结果。毫无疑问,这个唤醒,无论如何都不是完全超乎语言讲说的,由前引山自述精神的收拾与放开推想,他的言语讲说可能不是概念性分解,而是经验性分享;但经验性分享对于实践本位的本心保养不替的简易工夫而言,其沟通的

---

[1]　卷三十五《语录下》,第 455—456 页。

有效性相较于概念性分解,恐有过之而无不及。何况,就象山接着讲的"万物皆备于我"以下这段话,在象山看来,孟子的话实在已是讲得很清楚了,根本不需要再作什么概念性的分解,如果对这样清楚的经典文本还要训诂、分析、辩论、阐释,那只能是闲说话,是假名于学问的意见,其实质就是一种自我放逐的逃避。因此,尽管见过象山后,朱济道已是本心唤醒,却又弄得因药成病,"今日中只管悔过惩艾,皆无好处"。如此,迫得象山要对他猛喝,"请尊兄即今自立,正坐拱手,收拾精神,自作主宰"。换言之,无论是概念性分解,还是经验性分享,都只是外力,根本还是要充分确信得"万物皆备于我","收拾精神,自作主宰"。

本心的保养不替,除了始终要"收拾精神"外,在如何"收拾"上,象山也是有他的经验性分享的。这种经验性分享无疑是因人因事而发,象山文集中多有所见,难以尽言,但仍然无妨例举一二,以见其简易工夫之精要,同时亦略收以概其余之效果。

其一是"深耕易耨之法"。前曾引及象山讲,"学者须是打叠田地净洁,然后令他奋发植立",这番话即是他的经验性分享,"打叠田地净洁"便是象山收拾精神的精要。当然,"打叠田地净洁"还只是偏于剥落之工夫,"令他奋发植立"才是正的方法。如何"令他奋发植立"呢?"深耕易耨之法"便是精要所在。象山曰:

> 吾家治田,每用长大镵头,两次锄至二尺许。深一尺半许外,方容秧一头。久旱时,田肉深,独得不旱。以他处禾穗谷多不过八九十粒,少者三五十粒而已。以此中禾穗数之,每穗少者尚百二十粒,多者至二百余粒。每一亩所收,比他处一亩不啻数倍。盖深耕易耨之法如此,凡事独不然乎?

第六章 易简工夫

这则"因论及士人专事速化不根之文,故及之"①的经验性分享,对于传统时代以耕读为本的士人而言,不仅亲切,而且是真实的农耕技术。即便是对于今日已极少从事农耕的读书人而言,虽未必觉得亲切,但象山引此以喻他的收拾精神工夫,也完全足以明白他的本心保养不替的简易工夫,要在深耕。深耕不仅使得结穗多至数倍,而且更能抗旱。比诸本心保养,"久旱"仿佛是人的积习甚重,但因深耕,也能因"田肉深,独得不旱",本心依然"奋发植立";同时,深耕使得禾穗植立,反过来也"易耨",即方便除去杂草,"打叠田地净洁",故"深耕"与"易耨"实是相得益彰的。

其二是"本分事熟后,日用中事全不离"。所谓本分事,就是深耕植立本心;所谓日用中事,就是举凡科举、弓马、待人接物等生活中的林林总总。象山曰:

> 本分事熟后,日用中事全不离。此后生只管令就本分事用工,犹自救不暇,难难。教他只就本分事,便就日用中事,又一切忘了本分事,难难。②

"只管令就本分事用工",工夫全落在收拾精神的本心植立上,平心而论,如非有前文所述象山那样的少小童子工夫,实在不免于难,因为人的精神随其活动的展开,很自然地便是向外的,骤然要使精神收拾,谈何容易! 所谓"犹自救不暇,难难",的然不虚。既如此,象山"教他只就本分事,便就日用中事",不硬让人将收拾精神与日用中事分开,而是告知在日用中事来体会收拾精神的本分事,但结果"又一切忘了本分事,难难"。因此,象山标示"本分事熟后,日用中事全不离"。"本分事"与"日用中事"不相

---

① 卷三十四《语录上》,第 424 页。
② 卷三十五《语录下》,第 468 页。

分离,因为对于大多数人而言,只让在"本分事"上用工夫,往往找不到感觉,只有落在"日用中事",才有体会,但象山强调"本分事熟后",即必须将"本分事"上的工夫做得"熟后",才不离"日用中事"。如何才能做到熟?别无它法,接着前面讲的"难难",象山曰:

> 精神全要在内,不要在外,若在外,一生无是处。①

但究竟又当如何做到"精神全要在内,不要在外"? 这当然又是本心保养不替工夫的根本了。象山其实也是点明了的,还是接着上面的话,象山曰:

> 如奖一小人,亦不可谓今要将些子意思奖他,怒一小人,亦不可谓今要将些子意思怒他,都无事此。只要当奖即奖,当怒即怒,吾亦不自知。若有意为之,便是私,感畏人都不得。②

此处的"小人",并不是在德性意义上与君子相对的小人,大致便是指相对于仕宦阶层的百姓。所谓"感畏人",就是要在人的本心上产生影响,而要动人本心,"有意为之"是"不得"的,因为举凡"有意为之,便是私"。换言之,"本分事熟后,日用中事全不离"的工夫,核心是在"精神全要在内,不要在外",而"精神全要在内,不要在外"的根本只在祛除私意。象山曰:

> 某今亦教人做时文,亦教人去试,亦爱好人发解之类,要晓此意是为公,不是私。③

詹阜民初见象山,不能尽记所言,但象山讲的要义记得很明白:"凡欲为学,当先识义利公私之辨。"④因此,"本分事"的"熟",也

---

①② 卷三十五《语录下》,第468页。

③ 卷三十五《语录下》,第467页。

④ 卷三十五《语录下》,第470页。

就是熟在"义利公私之辨"，这是本心保养不替的工夫所在。落
在"义利公私之辨"，当然已属于价值理性了，象山的"熟"，是否
还有纯工具理性层面的工夫呢？应该说，也是有的，象山曰：

　　五日画一水，十日画一松。若不如此，胡乱做。①

一言以蔽之，象山的简易工夫，虽是简易，却不可速成，"只就近
易处，着着就实，无尚虚见，无贪高务远"。②

①　卷三十五《语录下》，第 466 页。
②　卷三十五《语录下》，第 469 页。

第三部分　辩　　学

象山诵少时自作《大人》诗云：

从来胆大胸膈宽，虎豹亿万虬龙千，从头收拾一口吞。

有时此辈未妥帖，哮吼大嚼无毫全。

朝饮渤澥水，暮宿昆仑巅。

连山以为琴，长河为之弦。

万古不传音，吾当为君宣。①

---

① 卷三十四《语录上》，第 430 页。

第七章 攻朱子

象山之攻朱子,以及朱子之驳象山,于他们本人都是学术思想生命的重要部分,而且成为此后中国哲学的重要议题,著述之丰富可谓汗牛充栋,论辩之深入亦是层出不穷。仅以当代研究中钱穆、唐君毅、牟宗三、张立文、陈来、束景南数家而言,无论是朱陆之争的事实梳理,还是义理分析,都取得了很大的成就,[①]若非开出新的视角,产生新的问题,实无甚余义可作申论。

晚近有学者将宋元以降历代儒者对于朱陆争辩的相关文献作了近乎"竭泽而渔"的收集整理。[②]这一专题文献集成,毫无疑

[①] 此处不作学术史回顾,只就目力所及与心有所感而举例。实际上现代中国哲学形塑以来,朱陆之争就一直是重要的研究对象,为各时期学者所涉论,只是深浅宽狭不同而已。如举近年以朱陆之争为专题研究的著作,可参见彭永捷的《朱陆之辩——朱熹陆九渊哲学比较研究》(人民出版社 2002 年版)与王大德的《朱陆异同新论——以"心与理、心与物"为向度之新综析》(台北文史哲出版社 2009 年版)。

[②] 参见严佐之、戴扬本、刘永翔主编的《历代"朱陆异同"典籍萃编》(全六册,上海古籍出版社 2017 年版)与顾宏义、严佐之主编的《历代"朱陆异同"文类汇编》(全五册,上海古籍出版社 2018 年版)。此二编同属"朱子学文献大系"丛书,前编收录了明清时期讨论朱陆异同的学术专著,如程敏政《道一编》、王阳明《朱子晚年定论》、陈建《学蔀通辨》、程瞳《闲辟录》等,后编收录了宋元明清历代儒者在文章、书信、语录、札记等所涉朱陆异同的讨论,为近年来关于朱陆异同学术史最重要的文献整理。

问,不仅能为梳理与分析朱陆之争的后续展开提供详尽的资料,使近世中国哲学与思想史的纵深研究有了新的空间,而且也足以启发对朱陆之争的新思考。

只要粗览这一专题文献集成,不能不引发一个显见的思考,即朱陆争辩何以会成为后世儒者如此费心费力的问题?对于现代学者而言,朱陆争辩大抵只是一个学术思想史上的重要公案,其研究意义多半在其争辩本身及其思想内涵的辨析,基本无关乎现实生活本身,因为现代学术已高度分化,思想亦充分多元,朱陆争辩充其量只构成其中的某一精神资源。但是,对于传统时代的儒者而言,朱陆之争并不完全是一个学术问题,还是一个直接影响到士人广泛生活的实践问题;如果参之以晚明东林党人对阳明学的纠弹,[①]以及清初顾炎武对明亡的反省及其归之于阳明心学的负面影响,并进而作出舍经学无理学的判定,则朱陆之争更是关乎世道盛衰与人心所向的重大问题。因此,朱陆争辩才会留给后世儒者之学术乃至生活以如此深远的纠结。

历史语境的彻底改变,使得今人对于朱陆之争往往忽视某些内容,而长时段的历史文献积聚却足以放大此一公案的每一细节,让人重新审视。后儒对于朱陆之争的长时段持续纠结所引发的思考,即为什么要如此费心费力的问题,在由彼及此,反观朱陆之争时,不免使一个细微的历史事实得以彰显,即朱陆之争中朱陆的态度是有所不同的。具体地说,象山对于争辩取非常强劲的姿态,而朱子则有所不然。钱穆指出:

① 参见拙书《西学与晚明思想的裂变》第一章第五节,上海人民出版社2021年版。

第七章　攻　朱　子

　　　朱子生平于象山,言其过必称其善,直至象山卒后,朱
　　子此一态度始终不变。而象山于朱子,则惟有弹击,绝无
　　转语。[①]

而且,象山的这种"弹击",当别人劝他"容心立异,不若平心任
理"时,象山直斥所谓"容心""平心"皆是老庄的"无心"。[②]因此,
上述引发的思考在这里转换成另一个问题:象山为什么要如此
强劲地以攻斥的姿态进行争辩?只有弄清楚了这个问题,象山
攻朱子的具体内容,以及怎么攻,也许才可能获得新的认识。本
章不题"朱陆异同",而标明"攻朱子",固然与本书专论象山有
关,但更希望揭明朱陆之辩中的这一显著现象,由此切入来分析
朱陆之辩。

　　与既往研究聚焦于学术思想,即所谓"内圣"的维度迥异,余
英时先生在《朱熹的历史世界》中,从"得君行道"的"外王"政治
维度对朱陆异同作出了一个论述,即"在争取'得君行道'这个大
目标上是完全一致的,但只要稍一涉及'内圣'范围,彼此的冲突
便立即暴露了出来"。虽然余先生特意声明:

　　　不用说,这种检视(俊案:指从"得君行道"的"外王"维
　　度展开的分析)和从"内圣"之学的立场上讨论所谓"朱陆异
　　同"(复词偏用义)截然异趣,虽然并不必然互相排斥。[③]

但是,"外王"维度的彰显对于充分理解象山之攻朱子,实际上提
供了某种新的背景,这种新的背景也必然引起观察视角的变化。

　　为了方便下文的具体讨论,这里先对这一新背景及其引发
的新视角略作说明。这一新背景就是入宋以来士大夫的高度自

---

① 《朱子新学案》第 3 册,第 383 页。
② 卷十一《与李宰》二,第 149—150 页。
③ 余英时《朱熹的历史世界》,第 439 页,整个分析见该书第八章之三。

觉与社群分化,使得结党成为士大夫现实的公私生活中显著的现象。只是这个结党又并非是现代政治学意义上的政党概念,而更近乎德国社会学家滕尼斯从"社会(Society)"概念中所分离出来的一个更基本的社会学概念"共同体(Community)"。滕尼斯认为,不同于"社会"是想象的(ideelle)与机械的(mechanische)构造,"共同体"是真实的(reales)与有机的(organisches)生命。因此,"共同体"具有亲密无间的排他性特征,是由血缘、情感、伦理等关系纽带连接而成的道德生活团体,在其下阶,尚有"学习共同体"(Learning Community)等不同分类;但无论什么性质的共同体,认同(Identity)是其基础。①当在这一新背景下观察象山之攻朱子,他们在思想上的分歧所呈现出来的知识就必须取以知识社会学的视角,这就不仅有助于理解象山与朱子彼此对待分歧的态度、论辩的方法,而且也有助于理解他们的分歧本身,无论是"内圣",还是"外王"。换言之,即便在"外王"的维度上,朱陆虽"在争取'得君行道'这个大目标上是完全一致的",但在具体的"行道"上,象山与朱子也还是有所分歧的,如象山所谓,"元晦之政,亦诚有病"。②

第一节　共同体的内在竞争

绍兴二十五年(1155)秦桧死了以后,荆公新学渐趋消歇,洛学的冰封期得以结束,南宋理学共同体开始登上历史舞台。这一共同体一方面因其共同的政治抱负而展开他们的政治实践,另

---

① 参见氏著《共同体与社会》,商务印书馆 2019 年版,第 68 页。另参见张志旻等《共同体的界定、内涵及其生成——共同体研究综述》,《科学学与科学技术管理》2010 年第 10 期。

② 卷三十六《年谱》,第 494 页。

第七章 攻 朱 子

一方面基于洛学的复振阐扬所展开的思想创发与讲学论辩则成为这一共同体的精神纽带。①叶适后来时常追忆那段历史情景：

> 每念绍兴末，淳熙终，若汪圣锡、芮国瑞、王龟龄、张钦夫、朱元晦、郑景望、薛士隆、吕伯恭及刘宾之、复之兄弟十余公，位虽屈，其道伸矣；身虽没，其言立矣。好恶同，出处偕，进退用舍，必能一其志者也。②

在这个名单中，陆氏兄弟没有被列入。这当然与叶适对象山心学极不认同有关，③但象山与这十余位相比，确实也属于晚辈，尚不能够参与到理学共同体初兴时的活动中。此外应当指出的是，这一理学共同体虽然在政治上"好恶同，出处偕，进退用舍，必能一其志者也"，但在学术思想上却不完全一致，尤其在这个共同体最初兴起时。这可以仍引叶适的话为证：

> 东南之学起，昔之宿闻腐见皆已遁散剥剥，奇论新说忽焉交列横布。士之研聪涤明，澄气养质，精意所获，自为深微，奚翅家尧、舜而身孔、颜也哉，其一时师友盛矣。④

只是，当象山于乾道八年(1172)登进士第出道前后，朱子对这种"奇论新说忽焉交列横布"的局面已基本完成清理。乾道三年(1167)朱子与张栻进行了会讲，次年编定《二程遗书》及行状、

---

① 余英时先生根据朱子的政治生涯，将这一共同体的活动时段划定在从绍兴十八年(1148)朱子登进士第，尤其是三十二年应诏上封事起，至宁宗庆元二年(1197)被褫职祠止的近半个世纪，参见氏著《朱熹的历史世界》，第389页；关于两宋之际新学与洛学的消长，参见拙书《南宋儒学建构》第一章。

② 《水心文集》卷十六《著作正字二刘公墓志铭》，《叶适集》，中华书局1961年版，第306页。

③ 参见《叶适的士风与学风》，收入拙书《事与心：浙学的精神维度》，北京大学出版社2013年版。

④ 《水心文集》卷十五《彭子复墓志铭》，《叶适集》，第273页。

年谱；乾道九年（1173）又编定《二程外书》，后二年（淳熙二年，1175）又与吕祖谦合编了《近思录》。朱子不仅完成了集思想内容、知识形态、经典谱系为一系统的学术思想架构，而且在由后人所标举的朱、张、吕"东南三贤"为代表的"东南之学"共同体中已事实上成为领袖，南轩（1133—1180）与东莱（1137—1181）不久后的相继去世，使得这一事实更为明确。①因此，当象山出道时，他面对的士人社群都是经过"东南之学"洗礼的人，而朱子的影响尤为显著，这就意味着象山必须面对朱子的一整套学术话语。

叶适在一篇墓志铭中形象地记录了象山出场时的历史情景：

> 初，朱元晦、吕伯恭以道学教闽、浙士；有陆子静后出，号称径要简捷，诸生或立语已感动悟入矣。以故越人为其学尤众，雨并笠，夜续灯，聚崇礼之家，皆澄坐内观。②

《年谱》引复斋与学者书，所说与叶适所述虽然不完全是同一时刻，而且也不是同样的对象，但完全可以佐证叶适的描述。陆九龄曰：

> 子静入浙，则有杨简敬仲、石崇昭应之、诸葛诚之、胡拱达才、高宗商应朝、孙应时季和从之游，其余不能悉数，皆亹亹笃学，尊信吾道，甚可喜也。③

象山在浙江有此影响，在家乡江西的影响自然不难想象。《年谱》载：

---

① 参见拙书《南宋儒学建构》第三章。
② 《水心文集》卷十七《胡崇礼墓志铭》，《叶适集》，第 338 页。
③ 卷三十六《年谱》，第 488 页。原作"高宗商应时、孙应朝季和"，从《全集》本改。

第七章　攻　朱　子

先生既奏名，声振行都。……在行都，诸贤从游。先生朝夕应酬问答，学者踵至，至不得寝者余四十日。……秋七月十六日，至家。远近风闻来亲炙。①

《年谱》此条所记，透露出象山有此感召力，与他科举成功极有关系。但如全以为此，则又不免过于世故，因为至少有杨简这样比象山更早登进士第者，完全无此必要。事实上，象山口才极能感发人，朱子曾讲：

近世所见会说话、说得响、令人感动者，无如陆子静。

陆氏会说，其精神亦能感发人，一时被它耸动底，亦便清明。②

当然，除了"会说话"、"令人感动者"，更重要的还是因为象山心学独特的思想穿透力。杨简师事于象山的过程就是一个显证，不待赘述；前引叶适所述浙中士人"雨并笠，夜续灯，聚崇礼之家，皆澄坐内观"，亦表征了这一点。

总而言之，象山甫出道，便名动士林，返乡又即以旧日读书之"存斋"东侧"槐堂"为"学徒讲学之地"；③尤其是淳熙十三年被逐出朝廷后归乡，④至淳熙十六年光宗即位后知荆门军之前，这三四年间象山门下可谓达到鼎盛。《年谱》载：

既归，学者辐辏。时乡曲长老，亦俯首听诲。每诣城邑，环坐二三百人，至不能容，徙寺观。县官为设席于学宫，听者贵贱老少，溢塞途巷，从游之盛，未见有此。⑤

---

① 卷三十六《年谱》，第487—488页。
② 《朱子语类》卷九十五，《朱子全书》第17册，第3230页，卷一百二十四，《朱子全书》第18册，第3883页。
③ 卷三十六《年谱》，第488页。
④ 详见余英时《朱熹的历史世界》第八章之三与第九章之二。
⑤ 卷三十六《年谱》，第499页。

《年谱》之载或不免有所夸张溢美,但前文特引极不认同于象山心学的叶适之文,由反对者所言,足以印证《年谱》的记载不虚。实际上,象山于被逐次年,更应门人彭世昌之邀,于家乡邻近的应天山建精舍、筑方丈,易应天山名为象山,"学徒各来结庐,相与讲习","诸生始聚粮相迎,今方丈前又成一阁,部勒群山,气象亦伟",以至"郡县礼乐之士,时相谒访,喜闻其化,故四方学徒大集。先生从容讲道,歌咏愉愉,有终焉之意"。①

象山此时虽然仕途受阻,但这不是他一个人的政治境遇,而是整个理学共同体的基本状态。对于宋儒而言,政治境遇是非常充满偶然性的,只能达观以自处;至南宋,由于经济社会发展的空间增大,尤其是印刷术与讲学并兴,使得仕途上的一时进退并不构成理学共同体的核心关注,相反,理学共同体抱持的观念是以学术思想为政治的基础与依据,故能否确立正确的学术思想,并能为士林所接受,这是更重要的问题,尤其是对于朱、陆来说。因此,象山退居山间讲学,不仅"部勒群山,气象亦伟",而且"学徒各来结庐,相与讲习",实亦可谓是另一种志满意得。在象山给朱子信中,于详尽描述应天山的胜景以后,象山曰:

> 学子亦稍稍结茅其傍,相从讲习,此理为之日明。舞雩咏归,千载同乐。②

"稍稍结茅其傍",似颇自谦,然"此理为之日明",致有"舞雩咏归,千载同乐"的体会,其自得之意溢于言表。

前已言及,象山晚出,其学术思想的表达必然面对朱子的一整套学术话语。不难想象,在"四方学徒大集""诸生或立语已感

---

① 卷三十六《年谱》,第500—501页。
② 卷二《与朱元晦》一,第22页。

第七章 攻 朱 子

动悟入"的情景中,象山的简易工夫必定会遇到士子引朱子的论说来质询的情况,而象山回应质询势必涉及对朱子的批评。这便意味着,朱陆之间的异同已不完全是学术思想的对话,而必然演化成理学共同体内部的思想竞争。在一个共同体内部,表征为知识的学术思想如何取得共识,并不完全仰赖于外部的客观证明,即便是纯粹的自然科学,由于其知识证明受制于观念、方法、工具等各种因素的限制,也难以在短时段内达成共识。学术思想的共识,在很大程度上取决于共同体内部的充分交流而获得的认同。由于同处一个理学共同体,因此,作为后来登场的思想者,而且面对的是致广大而尽精微的朱子学术思想,象山心学要能立足并胜出,就必须指出朱子学术思想的问题,这就在客观上形成了象山攻斥朱子的要求。

与象山相反,面对象山的思想竞争,朱子自始至终取守势。从淳熙二年的鹅湖会,淳熙八年邀象山讲学于白鹿洞书院,到淳熙十年的曹立之墓表事件,以及最后始于淳熙十四年、终于淳熙十六年的太极无极之争,朱子虽亦回应象山,而且朱子之为学亦好辩,其辩学风格亦总是"说得太分晓",①但态度与方式是平和的,②而且对象山学术与人品亦多有包容与肯定。此为象山门下所尽知,并引以为荣,故于《年谱》中多有摘录,仅举淳熙十年条摘录朱子答项平甫书一例为证:

① 陈傅良尝劝朱子"不合与林黄中、陆子静诸人辩",朱子自辩,"若孟子之辟杨、墨,也只得恁地辟。……只是某不合说得太分晓,不似他只恁地含糊"。《朱子语类》卷一百二十三,《朱子全书》第 18 册,第 3865 页。

② 以引发朱陆之衅的《曹立之墓表》事言(此事性质与后果详后),李绂特意指出,"此表作于淳熙十年,朱子年五十四岁。是时未辩'无极',意亦平和"。《陆子学谱》卷十三,商务印书馆 2016 年版,第 298 页。

243

> 所语陆国正语,三复爽然,所以警于昏者为厚矣。大抵
> 子思以来教人之法,尊德性道问学两事,为用力之要。今子
> 静所说尊德性,而某平日所闻,却是道问学上多。所以为彼
> 学者,多持守可观,而看道理全不仔细。而熹自觉于义理上
> 不乱说,却于紧要事上多不得力。今当反身用力,去短集
> 长,庶不堕一边耳。①

在最后的无极太极之辩,象山实在难以达成共识的情况下,朱子
提出或各自著书,或干脆放弃辩论,即象山于复朱子信中所引朱
子语:

> 我日斯迈,而月斯征,各尊所闻,各行所知亦可矣,无复
> 望其必同也。②

而且,对于《曹立之墓表》引起的门人竞辩,依李绂的判断,朱子
也是很不以为然,"故与诸葛诚之书谓'衅何由起',而深怪门人
之竞辩者,所谓闻流言而不信也"。③

朱子所以能如此,一方面如前所述,朱子在象山出道前已完
成了集思想内容、知识形态、经典谱系为一系统的学术思想架
构,且隐然开始趋向于成为理学共同体的"党魁";④即便这一党
魁并不拥有实际的政治权力,但朱子系统完整的学术思想在客

---

① 卷三十六《年谱》,第 494 页。
② 卷二《与朱元晦》三,第 31 页。
③ 《陆子学谱》卷十三,第 298 页。
④ 朱子作为理学共同体的党魁意识与实际地位,无论在学术思想上,还
  是在政治实践中,其实是呈渐进方式形成的,其最终确立也许晚至他
  政治活动最后完全失败以后,真德秀《九峰先生蔡君墓表》中有所谓
  "庆元初,伪学之论兴,文公以党魁黜聘"(《西山文集》卷四十二,四库
  全书本),但应该承认,自孝宗即位起,朱子在与张栻、吕祖谦等的学术
  与政治活动中已开始向此方向趋近。参见余英时《朱熹的历史世界》
  第八章之四。

观上足以涵摄象山的本心实学与简易工夫。后来王阳明编《朱子晚年定论》、李绂编《朱子晚年全论》，正是从反面佐证了朱子学术思想对陆王心学的涵摄性。四库馆臣高度肯定李绂的《陆子学谱》"考陆氏学派之端委，盖莫备于是书"，但同时指出"惟其必欲牵朱入陆，以就其晚年全论之说"，①实从侧面点出了朱学对陆学的涵摄。另一方面在于朱子主观上认定象山心学虽耸动一时，但最终会导人于断港绝潢，故不必争胜于口舌笔墨。朱子曾比较象山心学与"专是功利"的浙学：

> 江西之学只是禅，浙学却专是功利。禅学后来学者摸索一上，无可摸索，自会转去。若功利，则学者习之，便可见效，此意甚可忧！②

这一比较反映了朱子对陆学的判定。一是就性质言，"江西之学只是禅"。朱子年轻时对禅学有过一番深入研习的经历，象山心学既然"只是禅"，自然于朱子而言算不得什么新鲜事，故不足以论。二是就效用言，象山自诩其学为"实学"，但在朱子看来，因"江西之学只是禅"，"禅学后来学者摸索一上，无可摸索，自会转去"，不似功利学可以见效，故不足以忧。

然而象山却无法如朱子一般。如前所说，作为新思想的开辟者，象山客观上自始就必须挑战既有的思想权威，故在鹅湖会上的第一次见面，象山便要以"尧舜之前何书可读"的问难，想从根本的预设上推翻朱子的埋头书册以为格致之功。即便后来分歧明显，朱子退后一步，即前引朱子书信中所讲，自己偏"道问学"，象山偏"尊德性"，同是子思以来的为学进路，可

---

① 《四库全书总目提要》卷九十八《子部八·儒家类存目四》，第2516页。
② 《朱子语类》卷一百二十三，《朱子全书》第18册，第3873页。

以并行不悖,但象山根本不认同,坚持以为"既不知尊德性,焉有所谓道问学"。①对于调停两家之辞,无论是正式书信,还是平常言谈,象山都一概否定。此姑引一条兼及语录与书信的材料以见之:

> 或谓先生之学,是道德、性命、形而上者;晦翁之学,是名物、度数、形而下者。学者当兼二先生之学。先生云:"足下如此说晦翁,晦翁未伏。晦翁之学,自谓一贯,但其见道不明,终不足以一贯耳。吾尝与晦翁书云:'揣量模写之工,依放假借之似,其条画足以自信,其节目足以自安',此言切中晦翁之膏肓。"②

语录中的"见道不明,终不足以一贯耳",实际上已是象山对朱子由下学而上达的学术思想进行根本性质的基本否定;而象山自引与朱子书信中的那几句话,"揣量模写之工,依放假借之似,其条画足以自信,其节目足以自安",则是在知识形态上对朱子的具体否定,其用语与其说是学术批评,毋宁更近乎是直斥朱学为自欺欺人的"伪学"了。

当然,除了思想后起的客观原因外,象山主观上也有强烈攻斥朱子的自觉。象山对自己的思想高度自信,以为逻辑上高度自洽,自己对朱子的攻斥决不自以为是争一己之胜,而全是在陈述具有普遍性的道理。况且,象山笔舌兼擅,一路走来,其成功似乎也不断有力地加持着象山的自信。当年吕祖谦阅其春试南宫卷,即称誉"此卷超绝有学问者";③后应朱子邀于白鹿洞书院讲《论语》"君子喻于义,小人喻于利"章,不仅令听众"悚然动

---

① 卷三十六《年谱》,第494页。
② 卷三十四《语录上》,第419—420页。
③ 卷三十六《年谱》乾道八年条,第487页。

心"，甚至连朱子也"犹惧其久而或忘之也，复请子静笔之于简，而受藏之"，①他人更是以为"先生之文如黄钟大吕，发达九地，真启洙泗邹鲁之秘"。②至于平常讲论，亦时有"一学者听言后，更七夜不寝"③这样振聋发聩的效应。

由于主客观两方面的因素交织在一起，故当客观性的竞争因素被意识到的时候，象山便非常明确地表达出他对"胜心"的极度厌弃。只是，这往往是看别人很清楚。《语录》载：

> 一学者自晦翁处来，其拜跪语言颇怪。每日出斋，此学者必有陈论，应之亦无他语。至四日，此学者所言已罄，力请诲语。答曰："吾亦未暇详论。然此间大纲，有一个规模说与人。今世人浅之为声色臭味，进之为富贵利达，又进之为文章技艺。又有一般人都不理会，却谈学问。吾总以一言断之曰：胜心。"此学者默然，后数日，其举动言语颇复常。④

这位"自晦翁处来"的学者，其"必有陈论"，连同"拜跪"的肢体语言，在象山眼里都显得"颇怪"。象山不仅将对"声色臭味""富贵利达""文章技艺"的追求视为"胜心"，而且连"谈学问"也成了"胜心"。当然，象山是将自己的争辩排除在此"胜心"之外的。毫无疑问，当客观性的争胜因素隐没，而主观性的因素——阐明具有普遍性的道理——主导自己的意志时，攻斥朱子便自然拥有了正当性，象山必须坚持辩论。故当弟子包敏道劝象山"莫若各自著书，以待天下后世之自择"时，象山非常不满，"正色厉

---

① 卷二十三《白鹿洞书院论语讲义》朱子跋，第 276 页。
② 卷三十五《语录下》，第 471—472 页。
③ 卷三十四《语录上》，第 429 页。
④ 卷三十四《语录上》，第 406 页。

声曰":

> 天地间有个朱元晦、陆子静,便添得些子? 无了后,便减得些子?①

至于放弃辩论,象山的回应同样是不认同:

> 先生与晦翁辩论,或谏其不必辩者。先生曰:"女曾知否? 建安亦无朱晦翁,青田亦无陆子静。"②

甚至在朱子最后表明"各尊所闻,各行所知亦可矣,无复望其必同也"时,象山还深感不快,"不谓尊兄遽作此语,甚非所望"。③如果细加体会,象山一方面是努力剔除作为个体的朱元晦与陆子静的存在,将他对朱子的攻斥定位在讲明宇宙与人世间的一个普遍的道理,而不是个人的争胜,另一方面强调讲明这个道理的最有效方式,既非"各自著书",更非"各尊所闻,各行所知",而恰恰在"辩论"。

第二节　问题的聚焦

象山对辩论情有独钟,诚乃他的思想在理学这一知识形态上的诉求。象山强调,唐代虽已有理学之滥觞,如啖助新《春秋》学,但宋朝理学实已超胜之。这一超胜,在知识形态上就是后世所谓的宋学对汉学——传统经学——的突破。宋学的兴起及其知识形成,虽不免仍要"各自著书",经学仍是基本的知识形态,只是内容与形式都发生了重大转移。与此同时,讲明辩论作为思想共同体的学术思想活动,日渐流行,成为更适宜思想的自由表达与不同层次人群接受的知识形态。对于象山来

---

① 卷三十四《语录上》,第414页。
② 卷三十四《语录上》,第399页。
③ 卷二《与朱元晦》三,第31页。

说,他的思想更多来自自己的本心体会与经验证明,经典文本于他而言,只是他的思想的某种知识印证,而并非是他的思想成立与否的知识前提,"尧舜之前何书可读"是他这一思想的最明确表达。问题在于,象山的思想于他而言,源自本心体会与经验证明,固然是千真万确的"实学",但如何将这种基于个人心得与经验的思想转成为大多数人所能信服的普遍性知识呢? 实际上,当宋学由经学转出理学时,这是一个在知识形态上极具挑战的普遍性问题。由于宋学根本上未脱出经学时代,因此解决的办法依然主要仰赖于经典的释传来澄明理学,但理学共同体的形成及其自觉意识为摆脱经学的理学提供了形塑新的知识形态的客观场域。如果说在北宋传统的朋党观念还没有完全被催破,那么至南宋,结党似乎已为应然与必然。朱子《与留丞相书》曰:

> 愿丞相先以分别贤否忠邪为己任,其果贤且忠耶,则显然进之,惟恐其党之不众而无与共图天下之事也;其果奸且邪耶,则显然黜之,惟恐其去之不尽而有以害吾用贤之功也。不惟不疾君子之为党,而不惮以身为之党;不惟不惮以身为之党,是又将引其君以为党而不惮也。①

在这样的历史境遇中,学术思想的阐明、知识形态的形塑、理学共同体的认同、权力世界的斗争,各方面所形成的错综复杂关系使得任何一个方面都难以成为一个独立的单元。一个看似偶然性的小事件,都足以引发与放大为根本性的对立,从而催生出显著的冲突。②就象山对朱子的攻斥而言,虽然如前所述,自象山

---

① 《朱子文集》卷二十八《与留丞相书》(四月二十四日),《朱子全书》第21册,第1244页。
② 两宋党争的特征,参见余英时《朱熹的历史世界》第七章之余论。

出场便已开始,但最终的彻底攻朱,则缘于淳熙十一年朱熹撰写《曹立之墓表》的引爆。①

曹立之,本名建,字立之,赣人。立之转益多师,最终由象山门下转为朱子弟子。对于这一转变,朱子颇为肯定,曹立之不幸于37岁去世,朱子不仅为之撰《墓表》,深表哀痛,而且于《墓表》中特引曹立之自己的书信来赞誉他对象山心学的"尽叛":②

> 学必贵于知道,而道非一闻可悟,一超可入也。循下学之则,加穷理之工,由浅而深,由近而远,则庶乎其可矣。今必先期于一悟,而遂至于弃百事以趋之,则吾恐未悟之间,狼狈已甚,又况忽下趋高,未有幸而得之者耶!③

曹立之的信虽然没有指名道姓,但显然否定的是象山先立乎大的简易工夫,肯定的是朱子下学上达的穷理工夫。毫无疑问,象山对曹立之的背叛非常不满,他在详细描述曹立之随己问学得以克制反复发作的为学之病,颇见功效以后,指出:

> 如此相聚一两旬而归,其病顿灭。其后因秋试,闻人闲言语,又复昏惑。又适有告之以某乃释氏之学,渠平生恶释老如仇雠,于是尽叛某之说,却凑合得元晦说话。后不相见,以至于死。④

象山这番话,虽然未必是将曹立之的早死归因于"尽叛某之说,却凑合得元晦说话",如后来黄震所讥问:"然则曹立之若终听象

---

① 朱子《答诸葛诚之》曰:"示喻竞辩之端,三复悯然。愚意比来深欲劝同志者兼取两家之长,不可轻相诋訾,就有未合,亦且置勿论,而姑勉力于吾之所急。不谓乃以曹表之故,反有所激,如来喻之云也。"《朱子文集》卷五十四,《朱子全书》第23册,第2539页。
② "尽叛"是象山语,卷三十五《语录下》,第438页。
③ 《朱子文集》卷九十,《朱子全书》第24册,第4176页。
④ 卷三十五《语录下》,第438页。

山之说,尚可活也?"①但愤懑之情还是溢于言表的。而且,即便是如李绂后来所调停的那样,"朱陆异同之衅,立之墓表,亦其一事,然皆门人之见,两先生未尝异也",②但门人竞辩恰恰证明了前述理学共同体所处的历史境遇,更何况"两先生未尝异也"完全不是事实,而只是李绂的调停之语。

也许在朱子看来,曹立之尽叛象山之学,正是他的判识"江西之学只是禅,浙学却专是功利。禅学后来学者摸索一上,无可摸索,自会转去"的鲜活案例,而且他大概也希望由此案例能够让象山意识到自己学术思想上的问题,确实没有太认为此表会伤害到象山,故他给时在救局的象山书信中还特意提醒象山:

> 立之墓表,今作一通,显道甚不以为然,不知尊意以为如何?

象山《年谱》中专门摘录了这封书信,前面所录涉及政事,以及理学共同体的交往,然后止于上引立之墓表语。③由朱子书信前后语气,可以感到此时朱陆正是政治上的同党,朱子视墓表只是一件事情,告知象山,即便墓表中的确含有借立之的转变对象山之学提出某种批评,也没有过甚之处。

然而象山的感知是完全不一样的,前引象山之语已反映了他的愤懑之情;而且事实上,象山也不认同朱子对曹立之生平的叙述,以为有违事实,故于复信中曰:

> 立之墓表亦好,但叙履历,亦有未得实处。某往时与立之一书,其间叙述立之平生甚详,自谓真实录,未知尊

① 《黄氏日抄》卷四十二《读本朝诸儒书十·陆象山语录》,《黄震全集》第5册,浙江大学出版社2013年版,第1493页。
② 《陆子学谱》,卷十三,第297页。
③ 卷三十六《年谱》,第495页。

兄曾及见否？显道虽已到刘家，渠处必有此本，不然后便
录去。①

如果将此回信比对前引象山之语，回信似心平气和许多，这显然
是因为象山此时在救局，正等待冬间的轮对，曹立之的事暂时不
在他的兴奋点上，此由信中前后所言都是有关理学共同体在政
治上的交往可知。但尽管如此，象山还是明确指出朱子所撰墓
表失实。所谓"立之墓表亦好"只是一句虚辞，"但叙履历，亦有
未得实处"，却是硬伤。象山强调自己对曹立之平生有"甚详"的
"真实录"，如果朱子没有读到，可以在包显道处取，再不行，更可
以另录一本送去。这几句话很简单，但透露出几重信息：一是辗
转否定了朱子所撰的墓表。墓表属于叙述生平而盖棺论定的文
字，但若生平不实，其所谓论定便无从谈起。二是委婉批评了朱
子的做法。朱子借墓表的撰写，引立之叛师之事以证象山之学
的问题，既然涉及对象山之学的批评，又岂能不看一下象山关于
立之的说法。三是明确说明了自己有确定的认识。这最后一点
尤有意味，因为象山认为他给立之的书信，不只是针对立之一人
之问题，而是具有普遍的思想意义，故另作抄本转示于其他弟
子。象山不喜著述，而每有撰述且以为具有普遍的思想意义者，
往往别录之以示他人。此在象山，实是经常而喜欢的事。比如
在给兼游学于朱、陆门下的郭邦逸②书信中曰：

---

① 卷七《与朱元晦》，第 94—95 页。
② 郭究竟是谁之门生，实难有定谳。（参见赵伟《陆九渊门人》郭逍遥条，
中国社会科学出版社 2009 年版，第 183—185 页）这反映了当时在理
学共同体内，除了身份非常明确者以外，转益多师实为常态。这也从
另一角度说明了曹立之尽叛象山之说，凑合朱子说话，而朱子借此批
评象山思想，令象山愤懑亦属情理中事。

第七章　攻　朱　子

近有复元晦书，录往一观，及有史评一首，又有书二本，宜章学、王文公祠二记并录呈。得暇精观之，亦可见统纪也。①

两年后，淳熙十三年末，象山被逐出朝廷，除监丞，主管台州崇道观。②政治上出局后，"既归，学者辐辏"，③曹立之事件便重新引发象山的思考。为什么事隔两年后，象山要重新提起曹立之事件呢？具体的原因自然很难确定，但无妨根据一些散在的现象来作一些合乎情理的分析。

首先应该是象山离开朝廷返乡后与门人论学自然地扯到了曹立之，从而引发象山对此事的思考。曹立之"天资甚高"，象山原本颇为赏识，在曹立之已尽叛己说，去凑合朱子的说话后，象山仍极称誉曹立之：

且如应举，视得失为分定者能几人？往往得之则喜，失之则非。惟曹立之、万正淳、郑学古庶几可不为利害所动。④

由此引出象山对自己如何诊治曹立之心疾的回忆，进而指出因两人"相聚日浅"，"又适有告之以某乃释氏之学，渠平生恶释老如仇雠，于是尽叛某之说，却凑合得元晦说话"。毫无疑问，曹立之的叛离，且被朱子引来讽喻，无疑是象山的痛点，故才会有接着讲的"后不相见，以至于死"。

其次是政治上的出局印证了象山当年在临安时对朱子道学的判断。《语录》载：

---

① 卷十三《与郭邦逸》，第 172 页。
② 详参余英时《朱熹的历史世界》第八章之三、第九章之二。
③ 卷三十六《年谱》，第 499 页。
④ 卷三十五《语录下》，第 437 页。

先生语伯敏云:"近日向学者多,一则以喜,一则以惧。夫人勇于为学,岂不可喜? 然此道本日用常行,近日学者却把作一事,张大虚声,名过于实,起人不平之心,是以为道学之说者,必为人深排力诋。此风一长,岂不可惧?"①

象山固然以为政治上的得志与否,"吾人之遇不遇,道之行不行,固有天命",②但他显然也意识到朱子道学的"张大虚声,名过于实,起人不平之心,是以为道学之说者,必为人深排力诋",对自己在政治上出局无疑也是有很大影响的。

平实而言,象山门人的"张大虚声,名过于实",其品相之张狂,较朱子道学中人实有过之而无不及。朱子答象山门人书中曰:

> 向来讲论之际,见诸贤往往皆有立我自是之意,厉色忿词,如对仇敌,无复少长之节、礼逊之容。盖尝窃笑,以为正使真是仇敌,亦何至此?③

而且,到淳熙十三年,朱子对象山门人也忍受够了,不再迁就。在与自己门人书信中,朱子曰:

> 去冬因其徒来此狂妄凶狠,手足尽露,自此乃始显然鸣鼓攻之,不复为前日之唯阿矣。④

只是,这中间双方的感受还是略有不同。朱子主要是厌弃象山门人的不知礼数,并没有将此与理学共同体的政治境遇联系起来;象山则认定理学共同体所遭遇到的政治困境在极大程度上全由朱子道学引起,而与自己全无干系。在前引象山与李伯敏

---

① 卷三十五《语录下》,第437页。
② 卷十三《与朱子渊》,第174页。
③ 《朱子文集》卷五十四《答诸葛诚之》,《朱子全书》第23册,第2540页。
④ 《朱子文集》卷五十《答程正思》,《朱子全书》第22册,第2327页。

第七章 攻 朱 子

关于道学中人"张大虚声,名过于实"的对话后,李伯敏别录有一条语录讲得非常明白。象山曰:

> 世之人所以攻道学者,亦未可全责他。盖自家骄其声色,立门户与之为敌,哓哓腾口实,有所未孚,自然起人不平之心。某平日未尝为流俗所攻,攻者却是读语录精义者。程士南最攻道学,人或语之以某,程云:"道学如陆某,无可攻者。"①

同样是道学,引人侧目的是朱子道学,而不是象山道学。象山自己的学术思想,既"未尝为流俗所攻",且"无可攻者"。

最后可谓是综合上述两个因素而合成了一个动力,促使象山要分析曹立之的背叛师门,并进而作出回应。前文已引及,曹立之的背叛师门、转投朱子,象山以为是因为曹立之与自己"相聚日浅","又适有告之以某乃释氏之学",而"释氏之学"也正是朱子两年前对象山廷对所存在的问题的批评。

淳熙十一年象山首次廷对,这是象山政治生涯中的一件大事,象山自己甚为看重,所论亦是象山经世思想的重要内容。关于这一思想内容本身,容后专门分析,这里只讨论关于此论的朱、陆分歧。②象山廷对前,朱子就对这次廷对高度重视,寄以得君行道的厚望;廷对后,便向象山索取轮对札子,并在阅后写信给象山,谈自己的看法:

> 奏篇垂寄,得闻至论,慰沃良深,其规模宏大而源流深

---

① 卷三十五《语录下》,第440—441页。
② 余先生对此有详细讨论,但重心在指出朱、陆期盼得君行道的共同强烈追求,而我主要关注朱对陆的批评及其引起陆的反应。下引朱子《寄陆子静》以及象山《年谱》文字,余先生亦有详释,一并参见《朱熹的历史世界》第432—434页。

> 远,岂腐儒鄙生所能窥测?不知对扬之际,上于何语有领
> 会?区区私忧,正恐不免万牛回首之叹。然于我亦何病?
> 语圆意活,浑浩流转,有以见所造之深、所养之厚,益加叹
> 服。但向上一路未曾拨转处,未免使人疑着,恐是葱岭带来
> 耳。如何如何?一笑。①

所谓"其规模宏大而源流深远,岂腐儒鄙生所能窥测",当然可以
理解为真诚的称誉,只是联系到后面的"语圆意活,浑浩流转,有
以见所造之深、所养之厚,益加叹服",虽然仍是称誉,但已不免
有委婉的遗憾之意了。"规模宏大,源流深远",可以理解为弘阔
大话;"语圆意活,浑浩流转",则近乎指意含混,不知所云。果如
此,所谓"有以见所造之深、所养之厚,益加叹服",便只是一句客
气话,而"但向上一路未曾拨转处,未免使人疑着,恐是葱岭带来
耳",才是大实话。"向上一路"究竟指什么,钱穆"疑因象山此札
仅论政事,指陈治道……却未见于人君心术隐微处下针砭,未于
正心诚意切实下工夫处有开道",②"正心诚意"确系朱子最后对
宁宗所言,但是否因此推断此处朱子也希望象山如此开导孝宗,
恐亦未必。至少象山似乎没有这样觉得,他在答朱子书信中曰:

> 奏札独蒙长者褒扬奖誉之厚,俱无以当之。深惭疏愚,
> 不能回互藏匿,肺肝悉以书写,而兄尚有向上一路,未曾拨
> 着之疑,岂待之太重,望之太过,未免金注之昏耶?③

轮对中象山自以为已对孝宗"肺肝悉以书写",如果"尚有向上一
路",恐怕便是要进一步挑明具体的政治目标,而不是"正心诚

---

① 《朱子文集》卷三十六《寄陆子静》,《朱子全书》第21册,第1564页。
② 见《朱子新学案》,第362页,余先生以为钱先生的推断是"洞见隐微",
   参见《朱熹的历史世界》,第434页。
③ 卷三十六《年谱》,第497页。

意"这样的心性工夫问题了,故象山才会对朱子有质疑性回应:
"岂待之太重,望之太过,未免金注之昏耶?"朱子晚年抱着美好
期望入朝,但见过宁宗后,感受到宁宗缺乏改革的诚意与决心,
故有"正心诚意"的开导;而孝宗的难处并不在缺乏诚意与决心,
而在复杂的阻力,因此他寄望象山进言的,"尚有向上一路",应
不在"正心诚意",而更在实际的政治层面。然而象山初次轮对,
终究首先在建立起孝宗对自己的信任感,以期下次轮对有更进
一步的进言机会。对此,象山实有高度自觉。在淳熙十三年突
然失去轮对机会,逐离朝廷后,象山后来对初次轮对的情况与自
己的心结有过清楚的回忆:

> 畴昔所闻,颇有本末,向来面对,粗陈大略,明主不以为
> 狂。而条贯靡竟,统纪未终,所以低回之久者,思欲再望清
> 光,少自竭尽,以致臣子之义耳。①

因此,可以断言,象山对朱子所讲的"但向上一路未曾拨转处,未
免使人疑着,恐是葱岭带来耳",真正在思想上引起反感的,不在
前半句,即象山回信中转述的"尚有向上一路",而在后半句,即
在关键的政治问题上,"语圆意活,浑浩流转","未免使人疑着,
恐是葱岭带来耳",充满了禅学的气息。

尽管朱子在"恐是葱岭带来耳"的后面,加了一句"如何如
何,一笑",希望增加一些轻松的语气,减轻批评的意味,但显然,
这并没有起到什么效果,象山的《年谱》引录了朱子这封书信,但
删去了批评象山思想为禅学的后半句,正足以表征象山及其门
下对朱子此语都甚反感。由此可以推断,当象山又提到曹立之
事件时,认为曹立之的尽叛己说而去凑合朱子说话,就是因为

---

① 卷十三《与朱子渊》,第174页。

"适有告之以某乃释氏之学",这便很自然、也很容易联想到自己当年的廷对曾受到朱子"恐是葱岭带来"的批评。"适有告之以某乃释氏之学",象山虽然没有明说是朱子,而且即便事实上也不是朱子本人,但朱子既难以完全避嫌,象山心里的愤懑也终究是聚焦于朱子。

第三节 思想性质与方法的判定

象山由曹立之事件而回应朱子的批评,对朱子作出最终的攻斥,主要集中在两点:一是就事论事,针对曹立之而论,指出朱子为学路径的危害;二是就朱子批评自己的学说"恐是葱岭带来",针锋相对,指斥朱子建构的学说骨子里是释老之学。前者由于分歧的核心主要在为学路径,可谓贯彻于象山登场以后的全过程,散见于象山的全部论说中,所以在象山对朱子的最终攻斥中,其实已非重心,只是就事论事,针对曹立之事件进行了简单但却明白的阐述,即见之于前引答信中指出朱子所述曹立之生平的不实,以及他与李伯敏的对话中。后者的性质却是大不同,提出的是对朱子学说性质的指斥,已经不是所谓的"尊德性"与"道问学"之争了。由于兹事重大,故象山与朱子之间各有长信攻辩。

这里先讨论曹立之的问题。前已引及,象山以为"惟曹立之……庶几可不为利害所动",且"天资甚高",但对他的问题,以及自己对他的诊治过程与疗效,也作了详细的说明。由于这段叙述是象山关于曹立之事件的重要看法,故不嫌其烦,照录于下:

> 曹立之天资甚高,因读书用心之过成疾,其后疾与学相
> 为消长。初来见某时,亦是有许多闲言语,某与之荡涤,则

胸中快活明白,病亦随减。迨一闻人言语,又复昏蔽。所以
昏蔽者,缘与某相聚日浅。然其人能自知,每昏蔽则复相
过,某又与之荡涤,其心下又复明白。与讲解,随听即解。
某问:"比或有疑否?"立之云:"无疑。每常自读书,亦见得
到这般田地,只是不能无疑,往往自变其说。"某云:"读书不
可晓处,何须苦思力索? 如立之天资,思之至,固有一个安
排处。但恐心下昏蔽,不得其正,不若且放下,时复涵泳,似
不去理会而理会。所谓优而柔之,使自求之,厌而饫之,使
自趋之,若江海之寖,膏泽之润,涣然冰释,怡然理顺,然后
为得也。"如此相聚一两旬而归,其病顿减。①

象山叙述的这一大段,仿佛是一份诊治曹立之的详尽病历。曹
立之的病症主要是"心疾",其具体表征是"有许多闲言语""昏
蔽""昏惑",病因则是虽读书已明白但却"不能无疑"、喜好"苦
思力索"。这一心疾究竟对应于何种现代医学中的精神性疾病,
实需医学专业来加以判断。从象山的描述,据常识而大致可以
了解到的是,曹立之的心疾应当属于一种功能性的病,既有他自
身的因素,又有外部的因素,而只要外部因素给予较好的改善,
加以适当引导,他自身的因素就会消减,从而使病症缓解,甚至
消除。而象山心学对曹立之的心疾,确实有治疗效果,因为曹立
之见象山时,已患这一心疾,经象山"荡涤",曹立之"胸中快活明
白,病亦随减"。此后,每当曹立之离开后病发时,只要重新诊治
于象山,便又好转;而且经过一两旬的"相聚","其病顿减"。从
象山的治疗方法,亦即他所谓的"荡涤"看,最基本的就是放弃
"苦思力索",减轻心理压力。

① 卷三十五《语录下》,第 437—438 页。

然而不幸的是,曹立之最终竟然早死了。接着前文,象山续曰:

> 其后因秋试,闻人闲言语,又复昏惑。又适有告之以某乃释氏之学,渠平生恶释老如仇雠,于是尽叛某之说,却凑合得元晦说话。后不相见,以至于死。①

与前述病历的详尽大不同,此段描述很简短,但几个关键点都明白地指出来了。其一是"因秋试,闻人闲言语,又复昏惑"。前述病历时,对于引发心疾的外部因素已有说明。曹立之备考科举,重新进入原来的外在环境,诱使心疾复发便是很自然的。其二是前已引及的因人指象山心学为禅学,而曹立之对释老之学极为厌恶,故叛投朱子。这一转折非常关键。究竟是谁对曹立之讲象山是禅学,象山没有指名,但关键在于,曹立之"凑合得元晦说话",效果又如何呢?象山显然在这里隐涵了这样一个追问,虽然他没有直接回答,但他接着说,即其三"后不相见,以至于死"。曹立之死了。象山没有提到曹立之的死因,也没有作任何假设,如果自己见过曹立之,可以再次治愈他的心疾,挽救他。象山只是简短地摆出了几个关键点,但"以至于死"的结果,在前述病历中的"胸中快活明白,病亦随减"、"其病顿减"的映照下,象山心中的结论不言而喻。

概言之,在曹立之事件上,象山的思想是非常明确的,他认为曹立之心疾的诱发与诊治,以及最终死去,表征了他的简易工夫的治疗价值与朱子支离工夫的无益身心。象山以为,每个人的本心都是能够明白事理的,任何文本只是对事理的陈述;人读经典凡能明白的,自然便明白,不能明白的,"苦思力索"仍然也

---

① 卷三十五《语录下》,第438页。

不能明白,反而给自己精神上增加许多负担,从而使本心昏蔽。
象山并不是简单主张读书不明白的就彻底放弃,而是反对"苦思
力索",主张"时复涵泳",亦即慢慢体会。显然,在象山看来,本
心只有处于一种自在的状态,事理才会呈现,本心也才能明白事
理;而只有处于这样一种自在的状态,本心才可能是健康的。朱
子在文本字句上的繁琐穷究,只是支离破碎的工夫,既无益于事
理的把握,更无益于身心的健康。

现在再来讨论象山对于朱子学说的定性,亦即围绕"无极"
的论辩。由于这场论辩对于朱、陆都非常重要,故双方都非常投
入,进行了充分的展开。涉及这次论辩的书信共有七封,其中四
封长信集中于学术思想的论辩,象山的两封分别写于淳熙十五
年"夏四月望日"与"十二月十四日",①朱子的答辩分别在淳熙
十五年的十一月八日②与次年春正月;③另外三封,其中象山两
封,分别是论辩的开启与收场,朱子一封是对象山开启论辩的简
短回信。我在往年讨论朱陆论辩时,尝根据四封主要书信,以及
象山最后收场的那封信进行过细致的分析,④但由于当时的分
析关注在思想本身,因此完全忽略了象山开启论辩的那封书信
与朱子最初的回信。实际上,意识到这两封书信的存在,对于充
分理解象山何以攻朱子,并且最终集中在"无极"问题上,还是颇
有意义的。按照曼海姆的说法:

　　归根结底,新的知识形式产生于集体生活的状况,它们
的出现并不依赖于用知识理论预先证明它们是可能的;所

---

① 　卷三十六《年谱》,第504、505页。
② 　《朱子文集》卷三十六《答陆子静》,《朱子全书》第21册,第1566页。
③ 　卷三十六《年谱》,第506页。
④ 　参见拙书《南宋儒学建构》,第212—220页。

以,它们不需要先由认识论证明具有合法性。实际上,关系完全是倒过来的:有关科学知识的理论是在人们全力研究经验材料的过程中发展起来的,前者的命运会随着后者的命运而变化。①

理学作为新的知识形式,究竟如何确立自己的理论基础,以及延伸成为新的意识形态,从而满足与引领处于社会重大转型渐趋稳定期的南宋的需求,正需要朱陆在研究各种经验材料的过程中来发展起来,这些经验材料既包括了历史传承下来的文本、旧的知识形式、新的生活形态,乃至科举下的诸如曹立之的心疾诊治;而朱、陆的直接论辩则是非常高效的推进,因为他们并不只是代表着个人,而是代表着两种最重要的知识生产方式。

象山开启论辩的那封书信应该写于淳熙十四年,但这封信似已不存。在写于淳熙十五年夏四月望日开始正式论辩的《与朱元晦》信中,象山于介绍自己居山读书讲习情况后,有一段谦语,证明他写了这封信,提出要与朱子讨论"无极"的问题。象山曰:

> 某昔年两得侍教,康庐之集,加款于鹅湖,然犹卤莽浅陋,未能成章,无以相发,甚自愧也。比日少进,甚思一侍函丈,当有启助,以卒余教。尚此未能,登高临流,每用怅惘!往岁览尊兄与梭山家兄书,尝因南丰便人,僭易致区区,蒙复书许以卒请,不胜幸甚!②

所谓"尊兄与梭山家兄书",指朱子与象山四兄陆九韶讨论《太极

---

① 卡尔·曼海姆《意识形态与乌托邦——知识社会学导论》,商务印书馆2014年版,第336页。
② 卷二《与朱元晦》一,第22页。

第七章 攻 朱 子

图说》与《西铭》的往复书信,朱子的答信共三通,收在《朱文公文集》。①关于陆九韶,象山《年谱》载:

> 九韶,字子美,不事场屋,兄弟共讲古学,与朱元晦友善。首言《太极图说》非正。又因其奏立社仓之制,行于乡,民甚德之。与学者讲学于近地,名梭山,梭山在金溪陆氏义门之东是也。号曰梭山居士,诸司列荐,以居士应诏,举遗逸。临终自撰终礼,戒不得铭墓。有文集曰《梭山日记》。中有《居家正本》及《制用》各二篇。②

由此简介可知,陆九韶虽然“讲古学”,“奏立社仓之制”,有淑世情怀,但自号“居士”。同时,“兄弟共讲古学”,“与学者讲学于近地”,都充分折射出前文所引曼海姆讲的“新的知识形式产生于集体生活的状况”。

朱子的《答陆子静》佐证了象山讲的“蒙复书许以卒请”,也证明了象山写了提出论辩的信。《年谱》淳熙十四年条摘录了朱子这封答信,并注明“辩无极、太极始此”。③朱子答信的全文如下:

> 学者病痛诚如所谕,但亦须自家见得平正深密,方能药人之病。若自不免于一偏,恐医来医去,反能益其病也。所谕与令兄书辞费而理不明,今亦不记当时作何等语,或恐实有此病。承许条析见教,何幸如之! 虚心以俟,幸因便见示。如有未安,却得细论,未可便似居士兄遽断来章也。④

---

① 《朱子全书》第 21 册,第 1560—1563 页。
② 卷三十六《年谱》,第 480 页。
③ 卷三十六《年谱》,第 500 页。
④ 《朱子文集》卷三十六《寄陆子静》,《朱子全书》第 21 册,第 1565—1566 页。

答信虽很简短，但信息却不少，且很明确。首先是关于"学者病痛"的话题。所谓"学者病痛诚如所谕"云云，表明象山去信中涉及此一话题。虽然象山所言可能是泛指，甚至完全没有直接提及曹立之心疾，但在象山心中存着曹立之事件既是合乎情理的，也是可以确信的，因为朱子所谓"恐医来医去，反能益其病也"，对比象山语录所述对曹立之的反复诊治病历，象山去信中恐怕是或明或暗点及曹立之事，朱子必定也是心知肚明的；而朱子的回应却是完全与象山的判识相反，所谓"恐医来医去，反能益其病也"，不仅彻底否定了象山自述的诊疗效果，而且反过来认定象山的诊治加重了曹立之的心疾，这近乎是将曹立之的死归因于象山的诊治。朱子又讲，"须自家见得平正深密，方能药人之病"，所责虽是言学，但因象山以治病为喻而延及岐黄之术，朱子便于医理上教导象山，而象山一家经营药铺，于医理自然知晓，朱子的这番教导，无论说得如何冲淡谦和，实不免令象山不快。

其次是关于与陆九韶的辩答之事。对于象山为何要重提陆九韶与自己当年的论辩，朱子似乎有所不解。象山在信中以为朱子当年之答陆九韶，"辞费而理不明"，朱子虽自作谦语，"今亦不记当时作何等语，或恐实有此病"，但最后所谓的"如有未安，却得细论，未可便似居士兄遽断来章也"，固然是对提出要论辩的象山给予积极的期许，希望象山不要像当年陆九韶那样"遽断来章"，但反过来恰也表达了在朱子的印象中，当年的论辩恐怕是，能讲清楚已经讲了，无法言喻的怎么讲也是难以接受，而"遽断来章"的正是"居士兄"陆九韶。事实上，朱子在当年《答陆子美》中讲得很清楚，此信甚短，不妨照录：

> 示谕缕缕，备悉雅意。不可则止，正当谨如来教，不敢复有尘渎也。偶至武夷，匆匆布叙，不能尽所欲言。然大者

已不敢言,则亦无可言者矣。①

此外,朱子不称陆九韶的字,亦不称令兄,而偏称"居士兄",虽是据实而称,但这个据实中恐也不无喻指陆学为禅学的点示,因为陆氏"兄弟共讲古学",相互影响是很自然的事情;而这一禅学的点示,又正是曹立之叛投朱子的原因,象山之不快是不难想见的。

不过,无论如何,朱子明确表示了欢迎象山论辩:"承许条析见教,何幸如之! 虚心以俟,幸因便见示。"朱、陆聚焦于"无极"与"太极"的论辩由此开启。前文述及,对于象山为何要重提陆九韶与自己当年的论辩,朱子似乎有所不解,但由上述轮对札子、曹立之事件以及象山提出论辩"无极""太极"问题和朱子答信的分析,实已不难推知象山重提当年陆九韶与朱子"无极""太极"论辩的原因,即朱、陆思想的定性。象山掏尽肺肝写成的轮对札子,朱子讥断为不尽不实,"恐是葱岭带来";象山颇为赏识、所患心疾反复得治减轻的弟子,因人说象山心学是禅学而叛投朱子,结果死了以后还被朱子引来表征朱是陆非,象山不能不正面对此作出回应。但是,凭空争论无益,如仅就曹立之事件分辩,则既显得意气用事,又无法真正讲明,而朱子关于周敦颐《太极图说》中"无极"的立论,确实是一个基础性的理论问题,因为它涉及理学共同体所建构的道体核心。

关于朱、陆"无极""太极"论辩的四通往复书信,前已提及,我在旧稿《南宋儒学建构》中已作详尽分析,此处不再重复,只就象山攻斥朱子的最后结论略作申述,以为本章结语。这个最后结论主要有两点:一是对朱子思想性质的论定,二是朱、陆思想

① 《朱子文集》卷三十六《答陆子美》,《朱子全书》第 21 册,第 1563 页。

的根本分歧。

针对朱子认陆学为禅学的判定,象山对朱子思想的性质从三个层面进行了基于分析的批判的论定。其一,从"无极"概念的使用,攻斥朱子是"老氏之学"。象山强调,"若实见太极,上面必不更加'无极'字,下面必不更着'真体'字"。他讲:

> 老氏以无为天地之始,以有为万物之母,以常无观妙,以常有观窍,直将无字搭在上面,正是老氏之学。

其二,从论学的言语,攻斥朱子是禅学。象山曰:

> 如所谓太极真体不传之秘,无物之前,阴阳之外,不属有无,不落方体,迥出常情,超出方外等语,莫是曾学禅宗,所得如此。

"莫是"二字虽似委婉,但旨意分明断然。其三,从论学的方法,攻斥朱子是伪学。象山曰:

> 平时既私其说以自高妙,及教学者,则又往往秘此,而多说文义,此漏洩之说所从出也。

这里虽没有"伪学"二字,只说是"漏洩之说所从出也",错误由此而来,但是,"既私其说以自高妙","教学者则又往往秘此,而多说文义",果是如此,那么即便是朱子出自善意,在引导学生上行权宜之法,以收下学上达的功效,但"私其说"与"秘此"已属大不诚,此无论如何也是逃不脱一个"伪"字的了。

如果说,判定朱子之学为释老,尚只是一个思想性质的定性,虽然这一定性也是严重的,因为于儒学而言,释老为异端,但终究不可怕,因为宋儒虽以辟佛老为使命,但出入佛老而最终归宗于孔孟,实也是既开放又自立的精神,不仅无害,实为有益。但是,如果陷于"伪学"而不自知,那就是害人害己了。故象山于论定朱子思想的性质后,对朱子发出了悬崖勒马的忠告:

第七章 攻 朱 子

以实论之两头都无着实,彼此只是葛藤末说。气质不美者乐寄此以神其奸,不知系绊多少好气质底学者。既以病己,又以病人,殆非一言一行之过,兄其毋以久习于此而重自反也。①

所谓"两头",便是前述其三朱子论学方法中的"以自高妙"与"多说文义"。在象山看来,"以自高妙"恰为心术不正的"气质不美者"利用,"寄此以神其奸";而学品端正的"好气质底学者",却被"多说文义""系绊"。故朱子"既以病己,又以病人"。如此,朱子之学的危害,"殆非一言一行之过"。象山的言外之意非常明白,朱子之学已近乎是毒害世风人心的东西了。象山的这一攻斥不可谓不深重,它让人联想起明末顾宪成对阳明四句教首句"无善无恶心之体"的批评:

愚窃谓惟"无善无恶"四字当之。何者? 见以为心之本体,原是无善无恶也,合下便成一个空。见以为无善无恶,只是心之不著于有也,究竟且成一个混。空则一切解脱,无复挂碍,高明者入而悦之,于是将有如所云,以仁义为桎梏,以礼法为土苴,以日用为缘尘,以操持为把捉,以随事省察为逐境,以讼悔改过为轮回,以下学上达为落阶级,以砥节砺行独立不惧为意气用事者矣。混则一切含糊,无复捡择,圆融者便而趋之,于是将有如所云,以任情为率性,以随俗袭非为中庸,以阉然媚世为万物一体,以枉寻直尺为舍其身济天下,以委曲迁就为无可无不可,以猖狂无忌为不好名,以临难苟免为圣人无死地,以顽钝无耻为不动心者矣。由前之说,何善非恶? 由后之说,何恶非善? 是故欲就而诘

—————————————

① 卷二《与朱元晦》二,第 27—30 页。

之,彼其所占之地步甚高,上之可以附君子之大道;欲置而不问,彼其所握之机械甚活,下之可以投小人之私心。即孔、孟复作,其亦奈之何哉?①

两相印证,攻斥几近一致。顾宪成之批阳明的是因其标示"心之体"的"无善无恶",从而导致"空"与"混";而象山之斥朱子的也正是朱子的"无极",致使"以自高妙"与"多说文义""两头都无着实"。平心而论,正如阳明于天泉证道提出"四句教"时,在阳明心里,"无善无恶心之体"与随后的"意之动""良知""格物"具有圆融的一贯性一样,朱子定要以"无极"来喻示"太极"时,决不存在"高妙"与"文义""两头都无着实",而恰恰是下学与上达的贯通,既有格物工夫的着实,又达不落方体的境界。但是,观水在其澜,由顾宪成对阳明末流的痛斥而最终归根于阳明的"无善无恶心之体",可以反证象山对朱子"无极而太极"的佛老性质的揭示是独具只眼的。事实上,前述象山所指出的,"是以为道学之说者,必为人深排力诋",已表证了朱子门人"以自高妙"之弊,而曹立之的死则是"多说文义""系绊""好气质底学者"的典型。

只是,由象山攻斥朱子的"无极",联系到顾宪成对阳明"无善无恶"的痛批,而陆王心学本是一脉相承,仿佛反过来印证了朱、陆思想本质上是一样的。显然,正如象山不同意自己与朱子有所谓"尊德性"与"道问学"的各自偏重一样,两人虽然都致力于成圣成贤的道学,但象山以为自己的思想与朱子之学是完全不同的。象山引别人的话讲:

---

① 《小心斋札记》卷十八,清光绪重刻本。

第七章 攻 朱 子

> 与晦庵月余说话，都不讨落着，与先生说话，一句即讨落着。[1]

换言之，朱子全是"闲言语"，而自己是"实学"。这就指向最后结论的第二点：朱、陆思想的根本分歧究竟何在？

这个分歧我曾"概言之，陆九渊是以过程为道，而朱熹是以秩序为道"。我尝以为：

> 陆九渊以过程为道，实是专指具有合理性的过程，即包含着朱熹的秩序。换言之，朱、陆所谓道，在终极的意义上并无原则的不同。朱熹以秩序为道，道便是既成的东西，人应当去识得分明，以为自己的依归。尽管最终是要落在自己的生活中来呈现道，但是有着一个识的层面。不管由何处识，必要诉诸话语。而这正为陆九渊所唾弃，因为诉诸话语的结果在陆九渊看来，便是使道湮于意见。[2]

现在，则或可以更进一步以为，当象山因"无极"之说而将朱子思想的方法与性质归于佛老，表征朱子秩序的理，那个既成的东西，根本上便陷入空无；表征朱子穷理的格物，那个在象山眼里更多地表现为"多说文义"，本质上只是一种缺乏真实性的不具诚意的表演。而象山以过程为道，就是要揭去笼罩在理上的虚幻，同时将理从文义中摆脱出来，使之回到人的生活与生命的展开中，亦即在以心面向事的过程中呈现出来。《语录》载：

---

[1] 卷三十五《语录下》，第457页。

[2] 拙书《南宋儒学建构》，第219页。吴震将朱陆之辩凸显的根本问题概括为"究竟如何理解'心与理一'"，而这一问题最终"涉及朱子学和阳明学的哲学基础：如何理解'心体'"。参氏著《朱子学与阳明学》，北京大学出版社2022年版，第116—119页。

周康叔来问学,先生曰:"公且说扶渡子讼事来。"曾充之来问学,先生曰:"公且说为谁打关节来。"只此是学。①

如果更作进一步的推论,象山与朱子的根本分歧是象山要消解朱子的形上之理,象山也标示自己是理学,但他拒斥理的形而上学化,他要牢固地面对经验性的现象世界;而且,象山虽然标举本心,但他也没有投注于本心的形而上学化,即后来阳明讲的心之本体,象山的本心是在面对事的过程中充实起来的。就此而论,象山与朱子完全不在同一个理论范式中,相反,阳明却还是与朱子同处本体论的理论范式,因此,象山对朱子只能作彻底地攻斥,而绝无可能像阳明那样编撰《朱子晚年定论》,以寻求调和。

---

① 卷三十五《语录下》,第 467 页。

第八章　辟佛老

　　无论是从唐宋变革的宏大历史转型观察，还是从学术思想的专门论域演变着眼，宋代儒学的复兴都是有其自身的内在动力的，即如何由正统的学术思想，亦即经学，为时代提供合乎理性的解释与引领未来的观念，并不能简单地归约为佛老的刺激，从而引动批判与替代。往早一点讲，啖助新《春秋》学的问题意识与学术思想就已经非常充分地表征了这一内在动力。①正因为如此，宋代儒学的复兴才最终呈现为一场广阔而深刻的文化运动。但是，这样的确认并不与宋代儒学以批判和替代佛老为宿志的认识相悖。这不仅有韩愈推原儒学之道、首倡道统以辟佛，以及宋儒接续他的事业这一历史过程为证，而且宋代儒学文化复兴运动最终的或基础性的学术思想形态，亦即脱胎于经学的理学，在事实上完成了对佛老的消化与转出，从而范导着此后传统中国的前行，直至近代与西方开启的现代化相遇。

　　指出理学催生与创化的双重动力，即内在要求与外部刺激，一方面是为了提示，当宋儒接续韩愈的事业时，辟佛的动力在很

————————————

① 　参见拙书《从经学到理学》第三章。

大程度上已退让于儒学建构的内在要求,这实际上也促成了宋儒对韩愈的超越;①另一方面,虽然儒学建构的内在要求成为更重要的动力,但是双重动力是始终存在的。双重动力交互存在的这种长期性,致使宋代儒学的发展在不同时段以及不同思想者那里,因如何判识这两种动力,从而采取相应的立场、姿态,以及作出相应的处置,而呈现出非常复杂的多样性。就本章的主题而言,后一方面的说明显得更为重要,因为象山之辟佛老,正属于多样性中的一种,而且还具有某种复杂性。

象山生前与朱子彼此以对方为佛学,前章已述及,不复赘言。今人研究仍然各持截然相反之论,请举钱穆与牟宗三为例。钱穆在《朱子新学案》中专辟三节讨论朱陆论辩,除了第一节细考朱、陆交游始末外,其余两节专论朱陆异同。其中一节,因为"凡是陆非朱者,必喜为朱陆中异晚同之论。其所以证成之,则必取之于《文集》,而不用《语类》。谓《文集》出于亲笔,《语类》则门人弟子所记录,其中多不可信",阳明《朱子晚年定论序》更明确申明之,故钱穆亦专取《文集》以考论;②另一节则取《语类》以为散记作补充。结论是朱、陆思想自始至终不同,朱子虽对象山多有肯定,但认定"陆学自禅学来",并散见于"不道中庸""直指本心""专重内重本"诸方面。与钱著相反,牟宗三《从陆象山到刘蕺山》辟专节,以王懋竑《朱子年谱》五十六岁条"辨陆学之非"所列朱子书札与《语录》八条,逐一进行疏解,全盘否定朱子对"陆氏之学只是禅"的指控,并进而引象山书《与侄孙濬》《与王顺伯》,以及《语录》两条,阐明象山辟佛学"最精透",而朱子斥

---

① 参见拙稿《论韩愈的道统观及宋儒对他的超越》,收入拙书《儒学之镜》。
② 《朱子新学案》第三册,第451页;此三节详见该册之二第42—44节。

为禅,反证"朱子之造诣不及象山远甚"。①如此冲突的判识,不仅出自当事者本人,而且为今人所持守,细加审读,亦仿佛各自言之凿凿。因此,这就不可能只是一个简单的谁是谁非的问题,而恰恰彰显了辟佛、老问题的复杂性。如果只是简单地作出判断,进而论其是非,既无益于事实的认识,更不能获同情之理解。

事实上,对于辟佛、老问题的复杂性,朱子是有所说明的。《语类》曰:

> 唐之韩文公、本朝之欧阳公,以及闽、洛诸公,既皆阐明正道以排释氏,而其言之要切,如傅奕本传、宋景公《李蔚赞》、东坡《储祥观碑》、陈后山《白鹤宫记》,皆足以尽见其失。此数人皆未深知道,而其言或出于强为,是以终有不满人意处。至二苏兄弟晚年诸诗,自言不堕落,则又躬陷其中而不自觉矣。②

问题的复杂性就在"阐明正道以排释氏"。"阐明正道"与"排释氏"完全可以是两件独立的工作,比如在啖助新《春秋》学派那里,便只是"阐明正道",韩愈虽将两者对立起来立论,但也只是立论的雄健,并非绾为一体,形成彼此的高度关联。然而在朱子这里,一个"以"字,将"阐明正道"与"排释氏"之间建立了某种因果关系,因此,如傅奕、宋祁、苏轼、陈师道等人,虽然对佛教"皆足以尽见其失",但最终因"未深知(儒学之)道"而"又躬陷其中(俊案:指佛学)而不自觉"。而且,由于禅家高妙,如果不能真正把握儒家的道理,到了晚年终是收拾不住。除了"二苏兄弟晚年诸诗"外,朱子更举王安石为例:

---

① 详见《从陆象山到刘蕺山》,第132—150页。
② 《朱子语类》卷一百二十六,《朱子全书》第18册,第3927页。

或问:"今世士大夫所以晚年都被禅家引去者,何故?"曰:"是他底高似你。你平生所读许多书,许多记诵文章,所借以为取利禄声名之计者,到这里都靠不得了,所以被他降下。他底是高似你,且是省力,谁不悦而趋之? 王介甫平生读许多书,说许多道理,临了舍宅为寺,却请两个僧来住持,也是被他笑。你这个物事,如何出得他!"①

由此便带来若干的问题:首先,如何才算是深知儒学之道? 王安石是否算是取利禄声名者,权且不论,但他"平生读许多书,说许多道理"是确定无疑的,然而仍不管用,等到退出权力世界后,老了,还是收拾不住,被佛教降下。其次,儒佛相抗,佛究竟什么地方比儒高? 而且依朱子所言,"他(佛)底是高似你(儒),且是省力",这个"省力"又究竟是什么? 最后,因为"阐明正道"与"排释氏"高度关联,而"正道"与"释氏"又必须先有识断,故仅对一端有所把握,仍然是不足以建立起两者之间的因果关系的。

概而言之,真正厘清象山之于佛教的态度以及关系,进而也澄清他与朱子在佛教问题上的异同,宜从三个方面来观察与分析。一就前述思想的双重动力而言,儒学的时代问题究竟是什么? 是辟佛,还是阐明儒学? 二就佛教与儒学的认识而言,象山与朱子的根本分歧究竟是什么? 三是在前面两点弄清的基础上,儒学应该如何阐明?

此外需要说明的是,在宋儒那里,虽然释、老常常并举,但释老之间又有异同,故处理上便有所不同,此在象山与朱子那里只有具体而言之,才能见得分明。

---

① 《朱子语类》卷一百二十六,《朱子全书》第 18 册,第 3958 页。

第八章 辟 佛 老

第一节 佛老不足以辟

对于第一个问题,象山的识断是非常明确的,即儒学的时代问题是阐明自身,不在辟佛。象山曰:

> 先生语缪文子云:"近日学者无师法,往往被邪说所惑。异端能惑人,自吾儒败绩,故能入。使在唐、虞之时,道在天下,愚夫愚妇,亦皆有浑厚气象,是时便使活佛、活老子、庄、列出来,也开口不得。惟陋儒不能行道,如人家子孙,败坏父祖家风。故释、老却倒来点检你。如庄子云:'以智治国国之贼。'惟是陋儒,不能行所无事,故被他如此说。若知者行其所无事,如何是国之贼? 今之攻异端者,但以其名攻之,初不知自家自被他点检,在他下面,如何得他服。你须是先理会了我底是,得有以使之服,方可。"①

象山对于佛、老总的态度是以为,"佛、老高一世人,只是道偏,不是";②同时,就当下的时代性问题而论,佛、老已衰,实不足以辟,真正的问题是儒学自身的复兴。象山曰:

> 孟氏没,吾道不得其传。而老氏之学始于周末,盛于汉,迫晋而衰矣。老氏衰而佛氏之学出焉。佛氏始于梁达磨,盛于唐,至今而衰矣。有大贤者出,吾道其兴矣夫!③

这番话既陈述了象山对佛、老由来与盛衰的基本看法,更表达了他对当下问题的确认。至于所谓"有大贤者出",象山这里虽然没有明白地说,但他以此自我期许,则是毫无疑问的。

不过,象山也很明白,他的基本确认与时论是多有违合的。

---

① 卷三十五《语录下》,第438—439页。
② 卷三十五《语录下》,第467页。
③ 卷三十五《语录下》,第473页。

这个违合处主要不在佛、老的由来与关系问题上,而是在佛学是否已衰的判识上。只是后一个问题的判识,又牵涉到前一个问题的理解,甚至前一个问题的理解构成了后一个问题的判识前提。但是,对于普通人而言,前一个问题显然属于历史性的知识,既不一定了解得很清楚,也未必有太多的关心。因此,作为学者,象山对此有必要加以说明。

象山对于佛、老由来与关系的说明似乎比较简单。"老氏之学始于周末,盛于汉,迨晋而衰矣",这是他的基本历史认知。至于"老氏之学始于周末"更深层的原因,盖因为"老氏见周衰名胜"。只是,老氏又"专攻此处而申其说,亡羊一也"。①那么,老氏所申明之说的核心又是什么呢? 象山有个长段论述很重要,他讲:

> 天理人欲之言,亦自不是至论。若天是理,人是欲,则是天人不同矣。此其原盖出于老氏。《乐记》曰:"人生而静,天之性也;感于物而动,性之欲也。物至知知,而后好恶形焉。不能反躬,天理灭矣。"天理人欲之言盖出于此。《乐记》之言亦根于老氏。且如专言静是天性,则动独不是天性耶? 书云:"人心惟危,道心惟微。"解者多指人心为人欲,道心为天理,此说非是。心一也,人安有二心? 自人而言,则曰惟危;自道而言,则曰惟微。罔念作狂,克念作圣,非危乎? 无声无臭,无形无体,非微乎? 因言庄子云:"眇乎小哉! 以属诸人;謷乎大哉! 独游于天。"又曰:"天道之与人道也相远矣。"是分明裂天人而为二也。②

---

① 卷三十五《语录下》,第 469 页。
② 卷三十五《语录上》,第 395—396 页。

第八章　辟　佛　老

在象山看来，"老氏见周衰名胜"，因此要以天道的质朴来克制人道的虚文，以静制动，但其实是矫枉过正，表象虽与"周衰名胜"不同，结果却是"亡羊一也"。这段论述是针对老氏之学而发，但也明确表明是针对程、朱的，只是没有点名而已。不仅具体针对朱子《中庸章句序》关于人心道心的论述，而且也针对程、朱有关天理人欲的整个思想。象山的旨意非常明确，程、朱所谓天理人欲的论述，实质上出自老、庄之学，其理论上的根本问题是"分明裂天人而为二也"。因此，象山对老氏之学由来的论述，虽然简单，但意涵却不浅，所谓辟老，实在攻朱；同时也由此充分意识到，象山对朱子最终的思想攻斥聚焦于"无极太极"，绝非是无来由的，而是完全基于他对老氏之学的判识。

需要指出的是，象山所谓"老"，"盛于汉，迨晋而衰矣"；这以后，便是"老氏衰而佛氏之学出焉"。换言之，象山对佛、老之"老"的批评，似乎完全针对老、庄之学，而并不关注后世的道教。这点他与朱子似有极大不同。《朱子语类》载：

> 某问："道家之说，云出于老子，今世道士又却不然。今之传，莫是张角术？"曰："是张陵，见《三国志》。他今用印，乃'阳平治都功印'。张鲁起兵之所，又有祭酒，有都讲祭酒。鲁以女妻马超，使为之。其设醮用五斗米，所谓'米贼'是也。"[1]

按照朱子的说法，道教只是托名于老子，其实是汉代张陵、张鲁等五斗米道的演化。朱子还以为，后来佛教的传入，反而是援引了老、庄之学，而道教虽托名于老子，却在教义与仪式上抄袭了佛教。朱子曰：

---

[1]　《朱子语类》卷一百二十六，《朱子全书》第18册，第3955—3956页。

释氏书其初只有《四十二章经》,所言甚鄙俚,后来日添月益,皆是中华文士相助撰集。如晋、宋间自立讲师,孰为释迦,孰为阿难,孰为迦叶,各相问难,笔之于书,转相欺诳。大抵多是剽窃《老子》《列子》意思,变换推衍以文其说。①

道书中有《真诰》,末后有《道授篇》,却是窃《四十二章经》之意为之。非特此也,至如地狱托生妄诞之说,皆是窃他佛教中至鄙至陋者为之。某尝谓其徒曰:"自家有个大宝珠,被他窃去了,却不照管,亦都不知,却去他墙根壁角窃得个破瓶破罐用,此甚好笑!"②

对于佛、老二教的这层关系,朱子的认识是否为象山认同,不得而知。但指出象山与朱子在论及"老"时的这一细微区别,却是颇有意味的。因为象山着眼的是"老氏之学",指出其根本问题是"分明裂天人而为二",从理论上予以彻底的否定;朱子却是着眼于作为"道士"的"老",而不是作为"老子、列子"的"老",后者是自有精华的,而前者尽是糟粕。朱子曰:

佛家偷得《老子》好处,后来道家却只偷得佛家不好处。譬如道家有个宝藏,被佛家偷去;后来道家却只取得佛家瓦砾,殊可笑也。③

由此,对于道教的态度,象山与朱子便有一些细微的差别。象山对于道教的斋醮仪式比较包容,甚至比较虔诚,诸如祈雨等。这其中是否具有认知上的原因,似无明确的依据,但朱子尝讲:"子静却杂些禅,又有术数,或说或不说。"④因此,至少在

---

① 《朱子语类》卷一百二十六,《朱子全书》第 18 册,第 3927—3928 页。
② 《朱子语类》卷一百二十六,《朱子全书》第 18 册,第 3928 页。
③ 《朱子语类》卷一百二十六,《朱子全书》第 18 册,第 3926 页。
④ 《朱子语类》卷一百二十四,《朱子全书》第 18 册,第 3892 页。

功能的意义上,象山对于道教仪式具有某种程度上的认同。相形之下,朱子对佛、道两教的宗教性仪式都不太以为然。朱子论道教:

> 如今恰成个巫祝,专只理会厌禳祈祷。①

> 道家说仙人尸解,极怪异。将死时,用一剑,一圆药,安于睡处。少间,剑化作自己,药又化作什么物,自家却自去别处去。②

朱子身为官员,有时虽亦须从俗,做些仪式,但心里却极不信服。朱子曾坦白:

> 向在浙东祈雨设醮,拜得脚痛,自念此何以得雨,自先不信。③

当然,对于宗教仪式的功能性效果,朱子也不是一概否定:

> 先生说及俗人之奉佛者,每晨拜跪备至;及其老也,体多康健,以为获福于佛。不知其日劳筋骨,其他节省运用血气,所以安也。④

这表明朱子比较理性化地看待宗教仪式,并比较倾向于对仪式作为经验性的合理解释。

总之,在佛、老的由来与关系问题上,由上述的分析与比较,比较清楚地呈现了象山对于老氏之学的判识与所持的态度,以及由于关注焦点与各自经验的不同,从而与朱子有所区别。同为思想巨子,而且同以为老氏之学已衰,象山重在从理论上否定老氏之学,而在道教诸如斋醮仪式等术数上却是包容的,甚至是

---

① 《朱子语类》卷一百二十五,《朱子全书》第 18 册,第 3920 页。
② 《朱子语类》卷一百二十五,《朱子全书》第 18 册,第 3922 页。
③ 《朱子语类》卷一百二十六,《朱子全书》第 18 册,第 3956 页。
④ 《朱子语类》卷一百二十六,《朱子全书》第 18 册,第 3960—3961 页。

接受的。朱子似乎正相反。朱子以为道教的仪式虽然也可以经过调整加以完善,如他讲:

> 释、老之学尽当毁废。假使不能尽去,则老氏之学但当自祀其老子、关尹、列、庄子徒,以及安期生、魏伯阳辈。而天地百祠自当领于天子之祠官,而不当使道家预之,庶乎其可也。①

但总体上如前所述,他对于道教仪式基本上是不以为然的,不得已用时也只是应付而已,内心是怀疑,甚至是厌弃的。然而在理论上,朱子却是有所承认的。朱子不仅在原则性的问题上以为道教要比佛教好许多,所谓"庄、老绝灭义理,未尽至,佛则人伦灭尽,至禅则义理灭尽";②而且在根本的理论上也对道教留有某种肯定。这里可引一条朱子论佛之空与老之无的不同,以为印证。朱子曰:

> 佛氏只是空豁豁然,和有都无了,所谓"终日吃饭,不曾咬破一粒米;终日着衣,不曾挂着一条丝"。若老氏犹骨是有,只是清净无为,一向恁地深藏固守,自为玄妙,教人摸索不得,便是把有无做两截看了。③

强调"老氏犹骨是有",足以表征朱子对于"无极"的青睐。由此亦可联想到,象子认定朱子的"无极"实质上是老氏之学,并非全是空穴来风。

现在再转而讨论象山对佛教"至今而衰矣"的判识。如前所引,在象山看来,"佛氏始于梁达磨,盛于唐,至今而衰矣"。这一判识与包括朱子在内的时见,实在分歧太大。象山自己也知道,

---

① 《朱子语类》卷一百二十五,《朱子全书》第18册,第3921页。
② 《朱子语类》卷一百二十六,《朱子全书》第18册,第3932页。
③ 《朱子语类》卷一百二十六,《朱子全书》第18册,第3929页。

第八章　辟　佛　老

他多次讲,"今世类指佛老为异端"。①这里的分歧具体而论,尚有两层意思:一是佛氏是否衰? 二是如何理解异端? 两者似乎没有必然关联,但在当时的语境中,实际上又有内在关系。

佛氏是否衰的问题,象山很明确,佛氏"至今而衰矣"。但朱子以为"今日释氏其盛极矣"。②朱子不仅以为是"盛极",而且对未来都颇为悲观。朱子曰:

> 释氏之教,其盛如此,其势如何拗得他转? 吾人家守得一
> 世再世,不崇尚他者,已自难得。三世之后,亦必被他转了。③

如前所述,朱子与象山对于道教已衰的判识是高度一致的,但对佛教盛衰的判识却如此迥异。朱子为什么有此判识? 概而言之,乃是因为他所感受到的佛教影响已由士大夫阶层下沉到整个社会。《二程遗书》载:

> 昨日之会,大率谈禅,使人情思不乐,归而怅恨者久之。
> 此说天下已成风,其何能救!④

由"昨日之会"的记录,以及二程所讲:

> 今日卓然不为此学者,惟范景仁与(司马)君实尔。然
> 其所执理,有出于禅学之下者。一日做身主不得,为人驱过
> 去里。⑤

大致可以推断,二程所谓的"大率谈禅"者,主要是指士大夫精英阶层。⑥但至南宋,佛教影响已不限于士大夫。朱子曰:

---

① 卷三十五《语录上》,第402页。
② 《朱子语类》卷一百二十六,《朱子全书》第18册,第3928页。
③ 《朱子语类》卷一百二十六,《朱子全书》第18册,第3964页。
④ 《二程集》,第23页。
⑤ 《二程集》,第25页。
⑥ 对"昨日之会"的具体历史,余英时先生有具体的考证,见《朱熹的历史世界》上册,第68页以下。

老氏煞清高,佛氏乃为逋逃渊薮。今看何等人,不问大人小儿,官员村人商贾,男子妇人,皆得入其门。最无状,是见妇人便与之对谈。①

佛教之所以有如此的影响,除了前引王安石晚年归佛条所讲的佛学在义理上有精妙之处,"是他底高似你",另一个重要原因,便是此处朱子所讲的佛教不像"老氏煞清高",在手段与策略上都有过人之处,即前文尝点出的"省力"。朱子接着上面的话,更举大慧宗杲为例曰:

如杲老与中贵权要及士夫最好。汤思退与张魏公如水火,杲老与汤、张皆好。②

韩退之诗:"阳明人所居,幽暗鬼所寰。嗟龙独何智,出入人鬼间。"今僧家上可以交贤士大夫,下又交中贵小人,出入其间不以为耻,所谓"出入人鬼间"也。如妙喜(即宗杲)与张魏公好,又与一种小人小官好。③

这意味着,象山与朱子关于佛教是否盛衰的判识,已不只是认识的问题,而是直接影响到相应的态度了。如果是持朱子"盛极"的判识,甚至"三世之后,亦必被他转了",而且充分意识到了禅学于宗杲开创话头禅的机锋所带来的影响,那么势必视佛教为劲敌,必在根本的理论与具体的方法上都作坚决的否定,统以"异端"而拒之,如二程所曰:

学者于释氏之说,直须如淫声美色以远之,不尔,则骎骎然入于其中矣。④

① 《朱子语类》卷一百二十六,《朱子全书》第18册,第3959页。
② 《朱子语类》卷一百二十六,《朱子全书》第18册,第3959—3960页。
③ 《朱子语类》卷一百二十六,《朱子全书》第18册,第3960页。
④ 《二程集》,第25页。

反之,如果是像象山这样判断为"至今而衰矣",那么他对佛教的态度自然会像他对道教一样取相当宽容的态度,只要就相关的理论抑或所谓的原则性问题作出分疏,划定界限,其他诸如各种形式上的问题都可以从宽看,其方法亦不足以忌讳,甚至可以从权借用。显然,这就涉及如何理解"异端"的问题了。

第二节　何为异端

象山以为,所谓"异端",并无特定对象,"异"本是区别于"同"的概念,只要与自己认同的思想不同,便是"异端"。象山曰:

> "攻乎异端,斯害也已。"今世类指佛、老为异端。孔子时佛教未入中国,虽有老子,其说未著,却指那个为异端? 盖异与同对,虽同师尧、舜,而所学之端绪与尧、舜不同,即是异端,何止佛、老哉? 有人问吾异端者,吾对曰:"子先理会得同底一端,则凡异此者,皆异端。"①

毫无疑问,象山承认佛、老是异端,但异端不限于佛、老。异端自然是要攻斥的,只是由于"异端"是相对于"同底一端"的存在,因此只有"先理会得同底一端",才能明白何为异端。这就将对异端的攻斥转向了儒学自身的阐明。换言之,在象山看来,辟佛与阐儒,就时代的要求而言,佛教已衰,不足以辟,阐明真正的儒学才是重点;而且,只要阐明了真正的儒学,已衰的佛、老自然退场,表面上讲儒学,实质上是佛、老的"异端"才能真正被揭穿攻斥。

象山另有一段语录与上引这段几乎一致,但更明确地表达

① 卷三十五《语录上》,第402页。

了他对儒学的阐明。请照引于下，以为比较：

> 先生云："今世儒者类指佛、老为异端。孔子曰：'攻乎异端。'孔子时，佛教未入中国，虽有老子，其说未著，却指那个为异端？盖异字与同字为对。虽同师尧、舜，而所学异绪，与尧、舜不同，此所以为异端也。"先生因儆学者攻异端曰："天下之理，将从其简且易者而学之乎？将欲其繁且难者而学之乎？若繁且难者果足以为道，劳苦而为之可也，其实本不足以为道，学者何苦于繁难之说。简且易者，又易知易从，又信足以为道，学者何惮而不为简易之从乎？"①

两段语录关于异端的界定是一贯的，区别在于后一段对前一段提出的"子先理会得同底一端"，亦即儒学的内涵，作出了明确的阐明，这便是由《易》转出的"简易"，简易是合目的（天下之理）与手段（学而为之）于一体的。

然而，象山对儒学内涵的此一界定，不仅不为朱子认同，而且以为恰恰是大慧宗杲话头禅的改头换面。实际上，辟佛的关键在于阐明儒学，在这个问题上，朱子与象山并无分歧。前文引言中所引两条语录，谈及王安石与二苏兄弟晚年都自觉不自觉地躬陷于佛教，原因就在于他们对儒学的精神缺乏真正的领会，进而对于儒、佛的分歧缺乏深切的洞明。荆公与二苏兄弟都是饱学之士，尚且如此；普通儒生，面对佛学，更为不堪。朱子曰：

> 因举佛氏之学与吾儒有甚相似处，如云："有物先天地，无形本寂寥，能为万象主，不逐四时凋。"又曰："朴落非它物，纵横不是尘。山河及大地，全露法王身。"又曰："若人识得心，大地无寸土。"看他是甚么样见识！今区区小儒，怎生

---

① 卷三十五《语录上》，第 423 页。

出得他手,宜其为他挥下也。此是法眼禅师下一派宗旨如此。今之禅家皆破其说,以为有理路,落窠白,有碍正当知见。今之禅家多是"麻三斤""干屎橛"之说,谓之"不落窠白""不堕理路"。妙喜之说便是如此。①

朱子这段话高度概括了唐末五代至南宋的禅学演变,即从法眼宗到话头禅的转变。法眼禅师是唐末五代开创法眼宗的高僧文益,因其思想与"吾儒有甚相似处",深得朱子欣赏与肯定。妙喜则是大慧宗杲,他以话头禅突破法眼宗,"不落窠白","不堕理路",其风格在朱子看来,正由象山所借用。

这里,有必要对大慧宗杲的禅风略作申言。两宋之际禅学沉迷于法眼宗,法眼宗注重灯录言语文字的参悟,但宗杲颇为不满,以为法眼宗对灯录言语文字的注重是一种教条式的参禅,因此他独倡话头禅,跳脱出语录的窠白。话头禅的方法与效果究竟是怎样的呢? 朱子曰:

> 禅只是一个呆守法,如"麻三斤""干屎橛"。他道理初不在这上,只是教他麻了心,只思量这一路,专一积久,忽有见处,便是悟。大要只是把定一心,不令散乱,久后光明自发。所以不识字底人,才悟后便作得偈颂。悟后所见虽同,然亦有深浅。某旧来爱问参禅底,其说只是如此。其间有会说者,却吹嘘得大。如杲佛日之徒,自是气魄大,所以能鼓动一世,如张子韶、汪圣锡辈皆北面之。②

"杲佛日"即是宗杲,"佛日"是宋徽宗所赐。由朱子对宗杲话头禅的解说,不难看出,象山的植立本心,在朱子看来,其方法正是

---

① 《朱子语类》卷一百二十六,《朱子全书》第 18 册,第 3936—3937 页。
② 《朱子语类》卷一百二十六,《朱子全书》第 18 册,第 3950 页。

宗杲的路数,即所谓"专一积久,忽有见处,便是悟";而且象山正与宗杲一样,属于"会说者","自是气魄大,所以能鼓动一世"。宗杲能让张九成与汪应辰"皆北面之",象山说动寻常士子自然更是不在话下。因此,朱子指认象山是禅,正是由此方法所呈现的风格上断言的。

为了更具体地说明象山本心植立的简易工夫与宗杲话头禅的一致,朱子有一段比较,请引而论之:

> 因看金溪《与胡季随》书中说颜子克己处,曰:"看此两行议论,其宗旨是禅,尤分晓。"此乃捉着真赃正贼,惜方见之,不及与之痛辩。其说以忿欲等皆未是己私,而思索讲习却是大病,乃所当克治者。如禅家"干屎橛"等语,其上更无意义,又不得别思义理。将此心都禁遏定,久久忽自有明快处,方谓之得。"此之谓失其本心",故下梢忿欲纷起,恣意猖獗,如刘淳叟辈所为,皆彼自谓不妨者也。①

这是明确指明象山"宗旨是禅",而且"捉着真赃正贼",证据就是象山关于颜回克己的论述。朱子以为象山的论述,其方法就"如禅家'干屎橛'"。显然,要弄清楚朱子的判识,须先明白所谓的禅家"干屎橛",然后再看象山关于颜子克己的论述。

"干屎橛"在禅宗灯录中多有记载,最直截典型的或可引云门文偃禅师的答问:

> 问:"如何是佛?"师曰:"干屎橛。"②

文偃的这一答问,几近于庄子的"道在屎溺"。《庄子·知北游》:

> 东郭子问于庄子曰:"所谓道,恶乎在?"庄子曰:"无所

---

① 《朱子语类》卷一百二十四,《朱子全书》第18册,第3881页。
② 《五灯会元》卷十五,中华书局1984年版,第929页。

> 不在。"东郭子曰："期而后可。"庄子曰："在蝼蚁。"曰："何
> 其下邪?"曰："在稊稗。"曰："何其愈下邪?"曰："在瓦甓。"
> 曰："何其愈甚邪?"曰："在屎溺。"东郭子不应。

两者对比，一方面可以清楚发现禅与庄在思想方法上具有高度
的一致性，即庄与禅都以东郭子所感受到"何其下邪""愈下""愈
甚"，直至不可理喻，只能报以"不应"的负向性界定来消解"佛"
与"道"的崇高性。另一方面，禅与庄又有特定的区别，庄子是以
每喻愈下的方式打破东郭子的期待，重在消解对"道"的正面界
定，宗旨在破，因为"道"之于庄子原本不是具有神格的宗教信
仰；而文偃作为佛门中人，"佛"是不可消解的，他以"干屎橛"作
答，目的是封住落于言语上对"佛"进行教条式的各种阐释，使追
问者直面"干屎橛"这一污秽用具而开悟，宗旨恰恰在立。故朱
子的判识，"如禅家'干屎橛'等语，其上更无意义，又不得别思义
理。将此心都禁遏定，久久忽自有明快处，方谓之得"，洵为
的见。

那么，象山"《与胡季随》书中说颜子克己处"是否便是如云
门文偃说佛这般呢? 而且，如果象山的确也是用了类似的方法，
是否便等同于禅呢? 或者，是在何种意义上等同于禅呢?

象山《与胡季随》书共两通，收在文集卷一，《年谱》似失记系
年，但由第一通"来书所举某与元晦论太极书"、第二通开头所言
"《王文公祠记》，乃是断百余年未了底大公案"，可知两信均在淳
熙十五年象山五十岁以后。朱子批评象山"说颜子克己处"是在
第二通。其实，第一通虽短，但象山的思想却表白得非常简明直
截，足以为第二通书信点题。象山曰：

> 《大学》言明明德之序，先于致知；孟子言诚身之道，在
> 于明善。今善之未明，知之未至，而循诵习传，阴储密积，厪

287

身以从事,喻诸登山而陷谷,愈入而愈深,适越而北辕,愈骛
而愈远。不知开端发足大指之非,而日与泽虞燕贾课远近、
计枉直于其间,是必没身于大泽,穷老于幽都而已。①

命题很明确,"明明德""先于致知","诚身之道在于明善"。象
山强调,如果秩序颠倒,又以"循诵习传"为致知之工夫,那么必
如"登山而陷谷,愈入而愈深";即便"课远近、计枉直于其间",
即推究考论文义,但因"开端发足大指之非",终"必没身于大泽,
穷老于幽都",也就是深陷于支离。

只是,象山这封书信虽然命了题,但没有指出如何"明明
德",如何"明善",而这正是在《与胡季随》的第二通信中作了说
明。象山以颜回为例,曰:

颜子之贤,夫子所屡叹,气质之美,固绝人甚远。……
《论语》所载颜渊"喟然之叹",当在"问仁"之前;"为邦"之
问,当在"问仁"之后;"请事斯语"之时,乃其知之始至,善之
始明时也。以颜子之贤,虽其知之未至,善之未明,亦必不
至有声色货利之累,忿狠纵肆之失,夫子答其"问仁",乃有
"克己复礼"之说。所谓己私者,非必如常人所见之过恶而
后为己私也。己之未克,虽自命以仁义道德,自期以可至圣
贤之地者,皆其私也。颜子之所以异乎众人者,为其不安乎
此,极钻仰之力,而不能自已,故卒能践"克己复礼"之言,而
知遂以至,善遂以明也。②

就信中所论而言,实在难以判定象山所述,"如禅家'干屎橛'",
"宗旨是禅"。朱子对象山的批评,聚焦于象山对"己私"的界定:

①　卷一《与胡季随》一,第7页。
②　卷一《与胡季随》二,第8页。

第八章 辟 佛 老

> 所谓己私者，非必如常人所见之过恶而后为己私也。
> 己之未克，虽自命以仁义道德，自期以可至圣贤之地者，皆
> 其私也。

这一界定中的"非必如"三字，很清楚地表明象山并非如朱子所指出的，"以忿欲等皆未是己私"。恰恰相反，"常人所见之过恶"毫无疑问是"己私"的呈现，甚至可以说是"己私"的显著表征，但"己私"绝不仅限于此。象山对"己私"的界定其实更严，"己之未克，虽自命以仁义道德，自期以可至圣贤之地者，皆其私也"。他举颜回为例，正是树立了这样一个高标准的典范。请先引录象山所举证的《论语》三章：

> 颜渊喟然叹曰："仰之弥高，钻之弥坚。瞻之在前，忽焉
> 在后。夫子循循然善诱人，博我以文，约我以礼，欲罢不能。
> 既竭吾才，如有所立卓尔。虽欲从之，末由也已。"（《子罕》）
> 颜渊问仁。子曰："克己复礼为仁。一日克己复礼，天
> 下归仁焉。为仁由己，而由人乎哉？"颜渊曰："请问其目。"
> 子曰："非礼勿视，非礼勿听，非礼勿言，非礼勿动。"颜渊曰：
> "回虽不敏，请事斯语矣。"（《颜渊》）
> 颜渊问为邦。子曰："行夏之时，乘殷之辂，服周之冕，乐
> 则《韶》舞。放郑声，远佞人。郑声淫，佞人殆。"（《卫灵公》）

象山以"问仁"章为核心，进行了语境还原。"问仁"章表明颜渊知道了什么是仁，即"克己复礼为仁"；如何为仁，即"一日克己复礼，天下归仁"、"为仁由己"、视听言动为复礼之细目；以及颜渊表示"请事斯语"。换言之，颜渊达到了象山强调的"明明德"与"明善"，证据就是"'请事斯语'之时，乃其知之始至，善之始明时也"。由此，表达颜渊敬仰孔子的"喟然叹"章自然应该在"问仁"章之前，而服务社会的"为邦"之问章应该在"问仁"章之后。

依象山之见,以颜渊之贤,即便"知之未至""善之未明",也不至于有"声色货利之累,忿狠纵肆之失",但孔子答其"问仁",也仅是"克己复礼"。因此,"明明德"与"明善"的根本还是在"克己",只要"己之未克",无论陈义如何高标,都是"己私"。相形之下,"声色货利之累,忿狠纵肆之失",都是"常人所见之过恶",人皆知其为病,实不足以悬为"己私"的标准。

因此,象山"《与胡季随》书中说颜子克己处",无论就内涵在"问仁",还是"己私"所悬标准之高,似乎都很难想象朱子的评断:"其宗旨是禅。"然而实际上,朱子以为,恰恰是因为象山所悬标准之高,令人好高骛远,"以忿欲等皆未是己私,而思索讲习却是大病,乃所当克治者",结果画虎不成反类犬,以致"下梢忿欲纷起,恣意猖獗",朱子举象山门人刘淳叟之例以为证。

如果说,朱、陆同为儒学的忠实信奉与践行者是一个基本共识,那么上述纷争凸显了朱、陆在对待何为异端的评判上,分歧不在"问仁"这一目标上,而在如何达到这个目标的方法上。禅学只是恰好成了一面镜子。朱子借用了禅学这面镜子,观照得象山标榜的简易工夫就是话头禅,其结果必然陷入狂禅之中。朱子曰:

> 陆子静说"克己复礼"云"不是克去己私利欲之类,别自有个克处",又却不肯说破。某尝代之下语云:"不过是要'言语道断,心行路绝'耳。"因言:"此是陷溺人之深坑,学者切不可不戒。"①

所谓"不肯说破",便是指象山只是反向消解,即以"不是……"句式表述,而不正向给出判断。故朱子要"代之下语",而"言语道

---

① 《朱子语类》卷一百二十四,《朱子全书》第18册,第3881页。

断,心行路绝"正是佛教偈颂之语。当然,这又是象山根本不认同的。在象山看来,异端与否,绝不能落在"声色货利"与"忿狠纵肆"这样浅显的层面上作判定,而只能在"自克"上见分晓。象山在《与胡季随》的第二通书信中明确讲:

> 学问之初,切磋之次,必有自疑之兆;及其至也,必有自克之实,此古人物格、知至之功也。己实未能自克而不以自疑,方凭之以决是非,定可否,纵其标末如子贡之屡中,适重夫子之忧耳,况又未能也。①

换言之,自克与否,论心不论迹。迹乃标末,若非本心所发,即便"屡中",不足以喜,反而助长本心之失,以为忧患。

第三节　作为艺的禅学

至此,象山辟佛、老的问题导出了一个重要的问题,即如何看待目的与手段的关系。平实而论,朱、陆对手段都看得极重。手段即是工夫,目的便是本体;工夫与本体浑然而一,工夫发生偏差,本体自然无从成就。在这个意义上,朱、陆可以说是一致的,区别只在彼此认同的工夫不同。如朱子曰:

> 圣贤教人有定本,如"博学、审问、慎思、明辨、笃行"是也。其人资质刚柔敏钝,不可一概论,其教则不易。禅家教更无定,今日说有定,明日又说无定,陆子静似之。圣贤之教无内外本末上下,今子静却要理会内,不管外面,却无实理。②

朱子对象山的这个评说,象山当然是不可能认同的。但在这里,

---

① 卷一《与胡季随》二,第8—9页。
② 《朱子语类》卷一百二十四,《朱子全书》第18册,第3882页。

需要讨论的不是朱、陆各自的工夫究竟是什么,或者象山的简易工夫是否等同于话头禅,而是具体到禅学的问题上,朱、陆是如何看待的? 朱子与象山虽然在一般意义上都重视工夫,但具体到禅学上,似乎两人的态度有明显的不同。

朱子对话头禅的问题看得极重。在前文所引批评象山答胡季随书的语录后,朱子接着讲:

> 杲老在径山,僧徒苦其使性气,没头脑,甚恶之,又恋着他禅。尝有一僧云:"好捉倒剥去衣服,寻看他禅是在左胁下,是在右胁下? 待寻得见了,好与夺下,却赶将出门去。"①

换言之,宗杲的话头禅似乎妙在不点破,令人着迷,却又把握不得,以至僧侣都甚急恼,戏言要剥了宗杲的衣服来看。僧侣如此,俗人自亦难免。朱子又讲:

> 杲老所喜,皆是粗疏底人,如张子韶、唐立夫诸公是也。汪圣锡、吕居仁辈稍谨愿,痛被他薄贱。汪丈为人淳厚,赶张子韶辈不得,又有许多记问经史典故,又自有许多鹘突学问义理,又恋着鹘突底禅。群疑塞胸,都没分晓,不自反躬穷究,只管上求下告,问他讨禅,被他恣意相薄。②

显见得,在宗杲那里,真正的禅不是由知识来获得,而恰恰是要努力去破除各种知识所造成的执见乃至构筑的藩篱。因此,汪应辰辈虽然饱读经史,但拘执于这些经史,"群疑塞胸",故被宗杲"恣意相薄",不仅不是一种痛苦,反而是获得一种精神上的解脱;相反,张九成辈尽管也是学富五车,但性情洒脱,不像汪应辰那样拘谨淳厚为执见所累,故与宗杲极为投缘。然而吊诡的是,

---

① 《朱子语类》卷一百二十四,《朱子全书》第 18 册,第 3881 页。
② 《朱子语类》卷一百二十四,《朱子全书》第 18 册,第 3881—3882 页。

在被"恣意相薄"中似乎获得解脱开悟后,其结果究竟是什么,汪应辰辈却又难以表达。朱子曰:

> 汪丈尝谓某云:"杲老禅学实自有好处。"某问之曰:"侍郎曾究见其好处否?"又却云"不曾"。①

因此,在朱子看来,宗杲的话头禅是很成问题的,其对知识的解构所带来的所谓禅悟实质上并没有带给人真正的"好处",而其消解本身却足以使人荡失规矩,成为"乱臣贼子"的托辞与隐身处。在讲了汪应辰与张九成的参禅事后,朱子对此讲得很清楚:

> 释氏之学,大抵谓若识得透,应千罪恶即都无了。然则此一种学,在世上乃乱臣贼子之三窟耳。王履道做尽无限过恶,迁谪广中,划地在彼说禅非细。此正谓其所为过恶,皆不碍其禅学尔。②

不幸的是,在朱子看来,象山学问正如话头禅,士林中人对禅学缺乏深入的判识,而象山又是极富口才的人,他的简易工夫很容易像话头禅一样鼓动一时人心。朱子曰:

> 今金溪学问真正是禅,钦夫、伯恭缘不曾看佛书,所以看他不破,只某便识得他。试将《楞严》《圆觉》之类一观,亦可粗见大意。③

朱子年轻时曾沉潜于禅学,他也完全知道自己有能力取其方便来吸引士子,但他因为深刻地意识到这种取径于禅悟的方法很容易使人"发颠发狂",故对此工夫保持高度警惕并加以摈弃。朱子曰:

> 他(象山)是会说得动人,使人都恁地快活,便会使得人都恁地发颠发狂。某也会恁地说,使人便快活,只是不敢,

---

①②③ 《朱子语类》卷一百二十四,《朱子全书》第18册,第3882页。

怕坏了人。

因此,朱子要谨守的是"下学上达",他认为象山取禅学的方便,"使人先见得这一个物事了,方下来做工夫,却是上达而下学",殊不知"他才见了,便发颠狂,岂肯下来做"?①概言之,在方法的层面上论,朱子对禅学的拒斥是因为禅学的启悟方法不仅无益,且甚有害。

与朱子相反,象山对于话头禅的方法不仅没有特别的反感,甚至还多少为其辩护。象山曰:

> 禅家话头不说破之类,后世之谬。②

由于这句话没有更具体的语境,因此很难知道更多的信息,但可以确认,这个"话头不说破"的描述,无疑是针对朱子对宗杲话头禅的批评,而强调"后世之谬"则显然在为"不说破"辩护,因为在象山看来,"不说破"的反向消解句式足以启悟人的主体自觉,从而使得本心植立。至于没有真正发挥此功能,这恰是"后世之谬"。换言之,话头禅原本是没有"话头不说破"之病的。

造成象山与朱子这种差别的原因,除了作为思想家的个体在性情上有所不同以外,更主要的还是因为两人对儒学的时代问题与禅学的危害有完全不同的判识。就儒学的时代问题而论,象山以为问题在文义破碎的支离之病致使人的本心丧失,缺乏自觉,而朱子则认为问题是士人不细致读书,致使不能真正明白儒学的道理,确立起安身立命的根基。双方分歧显著,并影响到从学的士子们。朱子的一段语录足以让我们回到当时的思想现场:

---

① 《朱子语类》卷一百二十四,《朱子全书》第18册,第3893页。
② 卷三十五《语录下》,第467页。

第八章　辟　佛　老

　　因言读书之法,曰:"一句有一句道理,穷得一句,便得这一句道理。读书须是晓得文义了,便思量圣贤意指是如何? 要将作何用?"因坐中有江西人士问为学,曰:"公们都被陆子静误,教莫要读书,误公一生。使公到今已老,此心怅怅然,如村愚目盲无知之人,撞墙撞壁,无所知识。使得这心飞扬跳踯,渺渺茫茫,都无所主,若涉大水,浩无津涯,少间便会失心去。何故? 下此一等,只会失心,别无合杀也。傅子渊便是如此。"(子渊后以丧心死。)①

至于就禅学危害的判识而论,则如前文已述,象山以为佛教已衰,而朱子以为禅风甚炽,因此对禅学的方法自然就有取舍上的宽严区别。

　　总体说来,在具体到禅学的问题上时,象山对于禅学的方法表现出从权的特点。所谓从权,一方面由于禅学终究不是儒学,因此在已被朱子批评为"宗旨是禅"的情况下,象山显然不会公开承认自己借用禅学的方法。不仅不会承认,而且还须借他人的感知来为自己不是禅学作背书。《语录》载:

　　先生言:"吴君玉自负明敏,至槐堂处五日,每举书句为问。随其所问,解释其疑,然后从其所晓,敷广其说,每每如此。其人再三称叹云:'天下皆说先生是禅学,独某见得先生是圣学。'然退省其私,又却都无事了。此人明敏,只是不得久与之切磋。"②

明敏之人,正适合话头禅的方法来启悟,但是象山对吴君玉的开解似乎并没有用话头禅的方法。吴君玉"每举书句为问",表明

<hr />

① 《朱子语类》卷一百二十四,《朱子全书》第 18 册,第 3888 页。
② 　卷三十五《语录上》,第 425 页。

吴君玉的叩问并非泛问,而是紧扣文本,加之"吴君玉自负明敏",因此若不能就具体文义释疑阐发,恐亦难令吴君玉信服。象山"随其所问,解释其疑,然后从其所晓,敷广其说,每每如此",表明象山完全基于书句的解释,进而阐发自己的思想,绝无跳脱不说破的禅家手段,故得吴君玉"天下皆说先生是禅学,独某见得先生是圣学"的判断。只是吴君玉虽确认象山是圣学,但象山却认为吴君玉尚欠火候,因为吴君玉"退省其私,又却都无事了"。当然,无论如何,这则语录表征了象山的开解方法是圣学,不是禅学。

另一方面,象山对于禅学方法的借用显然又是不以为忤的。《语录》载:

> 刘淳叟参禅,其友周姓者问之曰:"淳叟何故舍吾儒之道而参禅?"淳叟答曰:"譬之于手,释氏是把锄头,儒者把斧头。所把虽不同,然却皆是这手。我而今只要就他明此手。"友答云:"若如淳叟所言,我只就把斧头处明此手,不愿就他把锄头处明此手。"先生云:"淳叟亦善喻,周亦可谓善对。"①

刘淳叟只在乎目的,即"明此手",对于手段却不在乎,儒与禅在他看来只是"斧头"与"锄头"之别,只要能够有益于"手"的认识与运用,用斧头或锄头都是可以的。换言之,刘淳叟完全是目标导向的。②周姓友人的回应仍然是取目标导向的维度,既然用斧头足以"明此手",为什么还要多此一举,再去用锄头呢? 诚如象山所言,刘淳叟是"善喻",周姓友人是"善对"。但是,象山的两

---

① 卷三十五《语录上》,第 408 页。

② 刘淳叟生平事迹,以及晚年学禅,甚至传言出家事,详见李绂《陆子学谱》卷十《弟子五·刘太博尧夫》,商务印书馆 2016 年版,第 217—219 页。

可,实际上是在对待禅学的问题上,取消了手段对于目的的制约,采取了从权的立场。

那么,如何来理解象山对于禅学方法的这一从权呢?可以尝试从两个维度来进行理解。一个维度是象山在认识上厌弃讨论抽象的形而上问题。《语录》载:

> 王遇子合问学问之道何先?曰:"亲师友,去己之不美也。人资质有美恶,得师友琢磨,知己之不美而改之。"子合曰:"是,请益。"不答。先生曰:"子合要某说性善性恶,伊洛释老,此等话不副其求,故曰是而已。吾欲其理会此说,所以不答。"①

在士子们看来,亲近师友以改过迁善,完全属于寻常道理,不需要请教象山,只有诸如性善性恶这样的形而上问题,以及二程与佛、老异同这样的学术问题,才需要象山的指教。而象山明明知道王遇这样的知识欲求,但却偏偏不予理会,只是止于"亲师友"这样的浅近道理。显然,只要关注形而上的问题,以及儒与释、老的理论分异,便会陷于知识的思索讲习之中,而这正是象山以为的时病。相反,将士子们的精神重心拉回到亲切的生活践履中,形而上的问题自然在实践上被搁置,儒与释、老的分歧问题也会被消解,只要在亲近师友的过程中达到改过迁善的目的,抽象的理论问题与区分儒、释、老的是非纠结就不会成为负累。一旦如此,那么"用锄头"还是"用斧头",或者只用其中适合自己的,都不成为问题。

另一个维度是象山从"艺"的视角来看待禅学。与前一个维度相比,这个维度也许更重要,也更显见象山对于禅学的判识。

---

① 卷三十五《语录下》,第470页。

在第四章讨论象山的解经法时,尝引及象山对于《论语》中"游于艺"的解释:

> 艺者,天下之所用,人之所不能不习者也。①

这个解释可谓非常简明而精准。在象山看来,"艺"纯然是技术性的工具,为天下所共用,而且是所有人不能不加以练习的。这就把附着于"艺"上的所有价值判断进行了剔除,无论这些价值判断是属于认知性质的,还是道德性质的。因此,接着这个界定,象山对于"艺"更作了进一步的阐扬:

> 游于其间,固无害其志道、据德、依仁,而其道、其德、其仁,亦于是而有可见者矣。故曰:"游于艺。"②

"游于艺"在《论语》中是接着"志于道,据于德,依于仁"而讲的,道、德、仁都是具有明确价值内涵的概念,象山在明确了"艺"是属于非价值性质的必须研习的共用工具后,不仅强调"艺"之"固无害其志道、据德、依仁",而且强调"其道、其德、其仁,亦于是而有可见者矣",即非价值性质的"艺"恰恰能助益于道、德、仁这些具有高度价值内涵的目标的实现。

由此而论象山对于禅学的从权立场。前文已述,象山有一个禅学已衰的基本判识,这个所谓的禅学已衰根本上是指禅学的思想。当这个判识确立以后,禅学的方法,具体到朱子对象山的判识,便是话头禅的方法,在象山这里就成为一种纯然的"艺"。艺为天下人所共用研习,不仅无害,而且有益,故在象山这里,禅学的方法自然是可以从权借用的。

当然,这个"艺"的维度在象山的佛、老批判中并没有得到充分的彰显,这里的分析乃是依据象山关于"游于艺"的解释而进

---

①② 卷二十一《杂著·论语说》,第265页。

行的。因此，一方面必须充分意识到象山对禅学具有美学判断的倾向，这是可以确信的；另一方面则又须承认这样的美学判断在象山评断禅学时是不充分，甚至可能是不自觉的。造成这一不充分甚至不自觉的原因，如果依照康德纯粹理性—判断力—实践理性的三分法，代表美学判断的判断力很容易失去自主性，往往只在临时需要时，或借助于纯粹理性，或依傍于实践理性。康德在《判断力批判·序》中就讲得很明白：

> 纯粹理性，这就是我们按照着先验原理来评判的能力，一个对于它的批判分析将会是不完备的，假使判断力的批判不作为它的一部分来处理的话。判断力作为认识能力也自身要求着这个，虽然它的诸原理在一个纯粹哲学的体系内将不构成一个特殊部门介于理论的与实践的部分之间，而是在必要的场合能够临时靠拢两方的任何一方。①

因此，在南宋儒学充满着理论与实践的论说场域中，象山对于禅学的美学判断是非常容易被理论与实践的论说所遮蔽的。

第四节　释氏立教之病根

毫无疑问，无论是断定佛教已衰不足以辟，还是视禅学为一种"艺"以便作肯定性的从权借用，终究不能回避在思想上对佛教作出评判。然而对此，象山的态度与具体论说还是耐人寻味的。象山曰：

> 儒释之辨，某平时亦少所与论者：有相信者，或以语之，亦无所辩难，于我无益；有自立议论与我异者，又多是胜心所持，必欲己说之伸，不能公平求是，与之反覆，只成

――――――――――――
① 《判断力批判》，商务印书馆 1985 年版，第 4 页。

争辩,此又不可与论。今之僧徒,多担夫庸人,不通文理,
既去发胡服,又安能使之鬇髡洁缁,而从吾游耶? 至于士
大夫之好佛者,虽其好佛,亦只为名而已! 此又不足与
论也。①

诚如象山自己所说,今之《陆九渊集》中,涉及儒、释之辨的文献
确实不多,最集中的就是象山《与王顺伯》的两通书信,上引这段
话即出自其中。其他散见于《语录》等处涉及佛教的零散论说,
内容上也没有溢出这两通书信的东西。回到上引这段话,象山
在这段话中解释了自己平时不太论及儒释之辨的原因:一是面
对佛教信仰者,"无所辨难"。在象山看来,信仰是无法诉诸理性
的;而且,他后面更具体指出,"今之僧徒,多担夫庸人,不通文
理",这既为大多数佛教信仰者不足以理喻作了背书,也为他判
识佛教已衰作了注脚。二是面对"自立议论与我异者","不能公
平求是",胜心太重,讨论"只成争辩"。这些人自然不是诉诸信
仰者,而应该是诉诸理性者,由象山后面所举与"今之僧徒"相对
应者,可知这类人即是"士大夫之好佛者"。为什么与这类人也
不足以论呢? 象山一言以蔽之,"虽其好佛,亦只为名而已";既
是为名,自然难以直面真实世界,而象山心学虽标举本心,但宗
旨在实学,故"此又不可与论"。就象山这段话的表层含义,可谓
讲得很明白,谈不上有什么耐人寻味之处。但是,如果转进一层
追问,除了那些"不通文理"的"今之僧徒",以及那些"只为名"
的"士大夫之好佛者"以外,不是还有诸如朱熹这样极力辟佛的
重要儒者吗? 况且象山心学已被士林批评为禅学,又怎么可以
不讨论儒、释之辨呢? 尤有意味的是,象山为什么要给王顺伯写

---

① 卷二《与王顺伯》二,第 19 页。

这两通书信呢？

照理说，象山知道王顺伯"从来向释氏，不从儒学"，[①]正属于所谓"亦无所辨难"的"相信者"；只是王顺伯不是"担夫庸人，不通文理"的人，他是士大夫，更是北宋名臣王安礼（王安石的同母弟）的四世孙，雅好金石字画收藏，交游甚广，朱子不仅与他有雅集，且多有相同识见，"今观顺伯所论，适与意合"，为王顺伯的藏品再三题跋。[②]象山更知道王顺伯之"从来向释氏"又绝非是士大夫之"只为名而已"，王顺伯"所学以力行为主，不专务论说，所见皆行履到处，非但言说而已"；[③]而且，不是王顺伯找象山论佛、释之辨，而是象山主动找王顺伯论儒、释之辨，尤其是在收到象山第一通信后，王顺伯"来书有深不欲多言之语"，[④]在此情况下，象山仍然是尽情一吐"胸中愚见，欲求订正其辞"。[⑤]概言之，象山专论儒、释之辨的《与王顺伯》两通书信，实在是启人深思的。

按《年谱》"淳熙三年丙申，先生三十八岁"条，仅记一事，即"与王顺伯书，再书"，[⑥]可知此二书于象山之重要；而上一年，正是鹅湖之会。在《与王顺伯》的第一通书信中，象山写道：

> 然今世别有一般议论：以不轻改其素守，为老成，为持重，为谨审；以幡然改，沛然从者，为轻率，为狂妄，为无所守。[⑦]

---

①⑦　卷二《与王顺伯》一，第18页。

②　《朱子文集》卷八十二有三篇题帖直接是王顺伯所藏，并提及淳熙壬寅（象山《与王顺伯》信后六年）曾有会稽郡治的西园雅集，《朱子全书》第24册，第3865页。

③④　卷二《与王顺伯》二，第18页。

⑤　卷二《与王顺伯》二，第21页。

⑥　卷三十六《年谱》，第491页。

这里讲的"然今世别有一般议论"是指谁呢？联系到上一年刚刚进行过的鹅湖会上朱、陆分歧的核心话题就是"论及教人"的为学工夫，①大致可以推定，这是指朱、吕等乾淳诸老。相对于他们，象山自然是晚辈，而所倡简易工夫在老成持重者看来，正是不免近乎轻率狂妄无所守，故象山这番话，虽在激勉王顺伯能幡然弃佛向儒，但恐亦在向老成持重者如朱、吕等辩护自己不是轻率狂妄者。因此，似乎可以推想，在上一年的鹅湖会上，象山固然是向朱子提出了思想挑战，但同样也受到了来自朱子、吕祖谦所代表的老成持重者的思想压力。虽然鹅湖会上朱、吕还没有明确指责象山的简易工夫为禅学，但集会论及教人，自然不免论及儒、释之辨，而且也未尝没有以象山简易工夫近乎禅学的暗喻，象山实有必要正面表达自己的判识，同时也澄清自己的简易工夫不是禅学。

然而，象山又能找谁去正面表达自己的儒、佛之辨呢？前引信中所述两类人是"无所辩难"与"不可与论"，朱、吕等老成持重者既不认同于自己，而且也没有正面提出这个问题，也不适合去表达，而王顺伯恰恰是一个很好的表达对象。如上所述，王顺伯是一向从佛的士大夫，又与朱子等有友好交往，向他表达自己的儒、释之辨，既有针对性，又能迂回地向朱子等转达自己的识见。事实上，后文将论及，朱子很快就读到了象山的《与王顺伯》书，并且发表了评论。除此以外，象山认为王顺伯在资质与知识上都具备了恰好的条件，这成为他向王顺伯畅言自己的儒、释之辨的另一个重要原因。象山曰：

> 至如尊兄，不为名，不好胜，凡事皆公心求是，又聪明博

---

① 卷三十六《年谱》，第491页。

洽，乡来未有自得处，犹有凝滞退缩之态，比来所见明白，议论发越，殊无凝滞退缩之态矣。设有如是资质，如是所到，然但工一家之说，则又难论。今兄两家之书已皆探讨，此而不与极论，则只成是自檐版矣。[1]

"檐版"即是檐板，传统木结构房屋用板所做屋檐的围板条。相对于栋梁，檐板自然是边料，象山以此激勉王顺伯，"有如是资质，如是所到"，又于儒、释"两家之书已皆探讨"，应该对儒、释之辨作深入彻底的探讨，从而自拔于流俗。

如此费辞说明象山的两通《与王顺伯》，是因为只有明白其背景，才能理解象山这两通书信所论的性质。《语录》载：

> 问："作书攻王顺伯，也不是言释，也不是言儒，惟理是从否？"曰："然。"[2]

换言之，《与王顺伯》的两通书信，虽然主题是儒、释之辨，但在象山心里，其性质并不只是囿于儒、释，而是在讨论一个具有普遍性的道理，儒、释只是由此道理而落脚的具体对象。这个普遍性的道理，就是如何来理解学术？以及如何依循这一理解来判定一家学术？

在《与王顺伯》的第一通书信，象山开宗明义指出：

> 大抵学术有说有实，儒者有儒者之说，老氏有老氏之说，释氏有释氏之说，天下之学术众矣，而大门则此三家也。昔之有是说者，本于有是实，后之求是实者，亦必由是说。故凡学者之欲求其实，则必先习其说。既习之，又有得有不得。有得其实者，有徒得其说而不得其实者。说之中，又有

---

① 卷二《与王顺伯》二，第19页。
② 卷三十五《语录下》，第447页。

浅深,有精粗,有偏全,有纯驳,实之中亦有之。凡此皆在其
一家之中,而自有辨焉者也。论三家之同异、得失、是非,而
相讥于得与不得,说与实,与夫浅深、精粗、偏全、纯驳之间,
而不知其为三家之所均有者,则亦非其至者矣。①

象山无疑是儒家学说中人,但这一段陈述表明他对学说的思考
是超越于具体学说之上的。象山的思考包括了几个层面:一是
学说的性质。象山以为,任何学说都是关于事实的陈述,事实虽
为一,但学说却不妨有多;据此,儒、释、道在性质上是一样的。
二是学说的功能。象山将学说视为人们把握事实的工具。三是
分析由学说把握事实的各种情况及其原因。象山的分析是全面
而细致的,首先他区分出两种情况,即把握到事实与没有把握到
事实。其次进一步区分出两种情况中各自存在的不同:一是把
握到事实者,其把握的程度有"浅深、精粗、偏全、纯驳"的区别;
二是没有把握到事实者,只是停留于工具,"徒得其说"而已,而
且即便是"徒得其说",也仍然还有"浅深、精粗、偏全、纯驳"的
不同。

　　毫无疑问,象山关于学说的这一分析是具有普遍性的论断。
依循这一论断,可以自然得出两个具体的推论:一是儒、释、道无
论是否属于很好地揭明事实的学说,但在同属于学说的性质上
应该获得平等的看待,它们都具有工具性的功能。这意味着象
山对于任何学术思想都是持开放的立场,他对佛、老并无根本意
味上的排斥。二是学说与习用学说的人应该分别对待,学说存
在着复杂性,习用学说者也存在着复杂性,两者叠加,复杂性的
程度更高。这就为象山讨论儒、释之辨作了很好的铺垫,即任何

---

① 卷二《与王顺伯》一,第16页。

第八章　辟　佛　老

人对于儒、释的判识都基于自己对事实的诉求，以及对儒、释掌握的"浅深、精粗、偏全、纯驳"的不同。

由此，象山评判儒、释。象山曰：

> 某尝以义利二字判儒、释，又曰公私，其实即义利也。儒者以人生天地之间，灵于万物，贵于万物，与天地并而为三极。天有天道，地有地道，人有人道。人而不尽人道，不足与天地并。人有五官，官有其事，于是有是非得失，于是有教有学。其教之所从者如此，故曰义、曰公。释氏以人生天地间，有生死，有轮回，有烦恼，以为甚苦，而求所以免之。其有得道明悟者，则知本无生死，本无轮回，本无烦恼。故其言曰："生死事大。"如兄所谓菩萨发心者，亦只为此一大事。其教之所从立者如此，故曰利、曰私。惟义惟公，故经世；惟利惟私，故出世。儒者虽至于无声、无臭、无方、无体，皆主于经世；释氏虽尽未来际普度之，皆主于出世。①

象山的这一儒释分、辨，如他在《与王顺伯》第二书中所说，着眼点是"论其教之所从起"，②即从一家学说立论的出发点来作分辨的。象山以为，面对一个同样的世界，儒与佛的感知与关怀截然不同。儒学认为人作为万物之灵，与天地相配而为三才，人只有尽人的本分，才足以成其为人，而在此过程中，人因其感知的不同，对世事的处理有了是非得失，故人又进一步有教有学，其中确立起最核心的价值观，即义与公。佛教的着眼处是人于这个过程中所体会到的生死、轮回、烦恼，希望探索如何摆脱这些苦厄，故其核心在一己生命的安顿，其中尤以"生死事大"，"所谓

---

① 卷二《与王顺伯》一，第17页。
② 卷二《与王顺伯》二，第19页。

菩萨发心者,亦只为此一大事",佛教的整个出发点是一己之私与利。由于感知不同、诉求不同,故儒、佛便有经世与出世的不同路径。

平实而论,儒、佛各自立说都有事实上的依据与逻辑上的自洽,同样都是人面对世界与自我的一种安顿,似乎并不存在某种确定不移的是非。但象山指出,佛教的立说存在着一个基本盲区,或者说是内在冲突。象山曰:

> 今习释氏者,皆人也。彼既为人,亦安能尽弃吾儒之仁义? 彼虽出家,亦上报四恩。日用之间,此理之根诸心而不可泯灭者,彼固或存之也。然其为教,非为欲存此而起也,故其存不存,不足为深造其道者轻重。若吾儒则曰:"人之所以异于禽兽者几希,庶民去之,君子存之。"①

以"吾儒之仁义"斥责佛教,这自然不足以令习释氏者信服,因为习释氏者虽同是人,但释氏立说的出发点既不同于儒,那么自然难以绳之以儒家之仁义。不过,象山指出佛家"彼虽出家,亦上报四恩。日用之间,此理之根诸心而不可泯灭者,彼固或存之也",却是切中佛家的要害。所谓"上报四恩",即佛教所示的父母恩、众生恩、国土恩、三宝恩。除了三宝恩属于信仰外,其余三恩都是世俗中事。象山之意在于,佛教既然讲"上报四恩",四恩之三还是世俗中事,那么又如何能够逃离俗世的责任,亦即"尽弃吾儒之仁义"呢? 这是佛教的基本盲区;同时,"今习释氏者,皆人也",虽已出家,但"上报四恩"之理是"日用之间""根诸心而不可泯灭者",且佛教"固或存之",以为操守,怎么"为教非为欲存此而起"呢? 明明是应该坚守的,立教却要背弃之,这是佛

---

① 卷二《与王顺伯》一,第17页。

教的内在冲突。因此,佛教的为教立说是有问题的,"其存不存,不足为深造其道者轻重"。相反,儒家非常明确人与动物的区别,认识与立说是相吻合的。

由于佛教的为教立说在源头上存在着这样的盲区与冲突,因此佛教的发愿即便呈现为慈悲,但本质上仍是沉溺于个体自我之生死的存在者,而这恰恰是儒家所不以为然的。象山曰:

> 释氏之所怜悯者,为未出轮回,生死相续,谓之生死海里浮沉。若吾儒中圣贤,岂皆只在他生死海里浮沉也? 彼之所怜悯者,吾之圣贤无有也。[1]

当然,佛教中自然有大德,即前引象山所谓"其有得道明悟者,则知本无生死,本无轮回,本无烦恼",王顺伯在答象山书中也为此而辩。但是,象山在答书中指出,虽有这样的所谓"得道明悟者",但并没有在本质上对佛教的立说基础有丝毫的改变。象山曰:

> 某前书所论,论其教之所从起,而兄则指其所造以辨之。某虽不曾看释藏经教,然而《楞严》《圆觉》《维摩》等经,则尝见之。如来书所举爱涅槃,憎生死,正是未免生死,未出轮回;不了四相者,正是未免生死,未出轮回。四相虽有浅深精粗,然其寿者相,亦只是我相,根本潜伏藏识,谓之命根不断。故其文曰:"若有人赞叹彼法,则生欢喜,便欲济度,若有人诽谤彼所得者,即生嗔恨。"此亦正是未免生死,未出轮回。又如来教:"因地法行,亦无身心受彼生死。"正是免得生死,出得轮回。[2]

---

[1]　卷二《与王顺伯》一,第17页。
[2]　卷二《与王顺伯》二,第19—20页。

换言之,所谓的得道明悟,仍只是求得一个对生死轮回的参悟,并不是真正跳出一己之肉身,从个体与社会、人与天地的关系上来确立起人的意义与责任。因此,象山断定:

> 释氏立教,本欲脱离生死,惟主于成其私耳,此其病根也。①

综而言之,从"学术有说有实"的普及性论述出发,象山的儒、释之辨并不否定佛教是一种源于事实认识而成其为一家之说。只是佛教眼中的事实,完全不同于儒家眼中的事实,即象山所讲:

> 释氏谓此一物,非他物故也,然与吾儒不同。吾儒无不该备,无不管摄,释氏了此一身,皆无余事。公私义利于此而分矣。②

儒家所见的是人与社会、人与天地相互关联的世界,人须从这个公共的世界出发来确立人的价值与责任,而佛教所见只是一己之身,所求亦在一己之身苦厄烦恼的摆脱,而生死则为一切苦厄烦恼最显见也是最终的表征。所见不同,所求不同,儒、佛之辨一清二楚。不仅于此,象山更指出:

> 定夫举禅说:"正人说邪说,邪说亦是正,邪人说正说,正说亦是邪。"先生曰:"此邪说也。正则皆正,邪则皆邪,正人岂有邪说? 邪人岂有正说? 此儒释之分也。"③

这意味着,佛家固然成其为一种学说,然学说有正邪之分;学说也绝不是空谈,而是直接落在人身上的,从而亦有正邪之分。

正如前文所述,象山《与王顺伯》书原本即恐不纯是写给王

---

① 卷三十五《语录上》,第 399 页。
② 卷三十五《语录下》,第 474 页。
③ 卷三十五《语录下》,第 460 页。

顺伯的,而是借由王顺伯写给他所广泛交游的士林中人看的,其中也包括了朱子在内。事实上朱子也读到了,而且给予了评论。不难想见,对于象山的儒、释之辨,朱子是极不认同的。朱子的批评非常具有针对性,完全集中在象山的两个基本论点上,一个便是象山在普遍的意义上对佛教作为一家之言的认可,另一个便是以义利公私为儒、释分别的关键。朱子曰:

> 向来见子静与王顺伯论佛,云:"释氏与吾儒所见亦同,只是义利、公私之间不同。"此说不然。如此却是吾儒与释氏同一个道理。若是同时,何缘得有义利不同?只被源头便不同,吾儒万理皆实,释氏万理皆空。①

在朱子看来,义利公私更主要属于实践的层面,而就朱子的理学而言,实践理性的活动须是基于本体论的确认,同时辅以持敬涵养的工夫,而儒、释的根本分歧在本体论上的"源头便不同"。"释氏万理皆空",因此本质上,亦即普遍意义上,佛教就不足以成为一种真实的学说。象山没有着眼于此,而是"专以义利公私断之,宜顺伯不以为然也",②在朱子看来,自然更不免是太肤浅了。朱子曰:

> 向见陆子静与王顺伯论儒释,某尝窃笑之。儒、释之分,只争虚实而已。③

不过,朱子所谓的"吾儒万理皆实,释氏万理皆空","儒、释之分,只争虚实而已",象山未必不知,只是象山不愿在这个层面上去分辨儒、释。正如前文所言,象山已有信仰与知识的区分,并且明确表明对于信仰者而言,诉诸经验与理性的讨论是无益

---

① 《朱子语类》卷一百二十四,《朱子全书》第18册,第3885页。
②③ 《朱子语类》卷一百二十四,《朱子全书》第18册,第3884页。

的,加之象山对于形而上问题的拒斥,因此他的辟佛直接从欲脱生死轮回的问题切入,以此判定佛教立说的病根在一己之私。应该承认,就辟佛的现实有效性而言,象山的取径至少不亚于云山雾罩式的形而上论说。同时,这也正是象山标举心学为实学的表征与风格。事实上,就实学而言,象山之辟佛,亦不仅限于破斥,还自有其垂范。象山固然对佛家的出世,“只在生死海里浮沉”,有入木三分的彻底揭明与否定,他对儒家的入世,也有源自本心的笃信与践行。《年谱》绍熙三年条用心记录下象山生命最后一年的勤勉政事,最终卒于荆门任上,既彰显其强烈的淑世情怀,又呈现其直面死亡的从容通达,树立了一个儒者的形象。请略引象山临终前事,以照应他对释氏立教之病根的揭示,并为本章作结:

> (绍熙三年)冬十二月……七日丙午,先生疾。十一日庚戌,祷雪。……先是十一月,语女兄曰:……又语家人曰:“吾将死矣。”或曰:“安得此不祥语?骨肉将奈何?”先生曰:“亦自然。”又告僚属曰:“某将告终。”先生素有血疾,居旬日大作。越三日,疾良已,接见僚属,与论政理如平时。宴息静室,命洒扫焚香,家事亦不挂齿。雪降,命具浴。浴罢,尽易新衣,幅巾端坐。家人进药,却之。自是不复言。十四日癸丑日中,先生卒。①

---

① 卷三十六《年谱》,第512—513页。

第九章　训门人

象山不喜著述,偏爱讲学。这一方面固然缘于象山的认知。正如弟子包敏道劝象山著书而被训斥所言,天地并不因有无朱元晦、陆子静而增减了什么;人尚且如此,更何况著书。在象山看来,人的本心对道理的把握是具体的、过程中的,如果落于文字,便成为一种停滞了的存在。因此,像朱子那样纠缠于文义,不仅是学不见道,枉费精神,而且更进一步成为士林的时病,于人的智慧反成识障。

另一方面则无疑与象山的性情与擅长有高度关联。象山的性情与擅长,朱子讲得很清楚,前曾引朱子语:

> 近世所见会说话、说得响、令人感动者,无如陆子静。[1]

> 陆氏会说,其精神亦能感发人,一时被它耸动底,亦便清明。[2]

虽然后一句话,朱子紧接着指出象山讲学之弊"只是虚,更无底筝",所谓"无底筝"就是"思而不学则殆"的"危殆",但象山的性情与擅长是显见的。更为重要的是,象山自己对于各人应当尽

---

① 《朱子语类》卷九十五,《朱子全书》第 17 册,第 3230 页。
② 《朱子语类》卷一百二十四,《朱子全书》第 18 册,第 3883 页。

己所长有自觉的认识,他讲:

> 人各有所长,就其所长而成就之,亦是一事。此非拘儒曲士之所能知,惟明道君子无所陷溺者,能达此耳。①

象山自然不会认为自己不擅长著述。事实上,象山不仅善于作文,而且认为能作文是学为士者的必备条件。象山曰:

> 学为士者必能作文,随其才,虽有工拙,然亦各极其至而已。②

但是,这里象山也讲得很清楚,即便是"必能作文",也是"随其才"。就象山而言,他的所长与偏好在舌胜笔,应该是可以肯定的。请举淳熙八年象山访朱子于南康,登白鹿洞书院讲席讲"君子喻于义,小人喻于利"一章故事,便足以为证。按象山自述,"《讲义》述于当时发明精神不尽。当时说得来痛快,至有流涕者,元晦深感动,天气微冷,而汗出挥扇"。《年谱》亦引朱子与杨道夫语以佐证之。③而且,因为"当时发明精神不尽",故有讲座后象山应朱子之请而写成《白鹿洞书院论语讲义》,朱子亦跋识于后。④今读此《讲义》,虽然主旨非常清楚,亦知象山联系科举及其对士林与士风的影响作了鞭辟入里的阐发,但平心而论,仅读《讲义》,实难想象它对听众的激发有如此之大。其中,固然有落于文字与现场表达本身的不同效应,但象山擅长讲演无疑是事实。

基于上述两个认识,进一步梳理象山的讲学规模与气象,体会象山的教学方法与风格,毫无疑问是理解象山心学的重要一

---

①② 卷三十五《语录下》,第 475 页。
③ 卷三十六《年谱》,第 492—493 页。
④ 卷二十三,第 275—276 页。

环,因为它本身构成了象山心学植立与展开的组成部分。向来在涉及象山之启谕训导门人问题上,学界多重视象山门人研究,以及象山学统的形成,从前贤《宋元学案》《陆子学谱》到今人著述,①几概如此,而不太注重象山启谕训导门人的分析。本书既为象山心学的专题研究,自当涉论象山之启谕训导门人,但重点不在其门人,而在象山之如何启谕训导。

此外,深入体会象山之启谕训导门生,对于在时代境遇中理解象山心学别具深义。象山的讲学虽是集自己的思想确认与才情擅长于一体的活动,但他对讲学的强烈偏爱,以及对著书的刻意拒斥,尤其是在朱子学强劲存在的背景中,仍然是一个非常有意味的选择。简言之,象山在充分意识到本朝理学远胜从前的情况下,理学作为与传统经学相区别的新知识形态究竟应当如何呈现,便成为一个重要问题。象山的偏爱讲学,既是他尽己所长,但又不宜视为单纯的尽己所长之事,而是他自觉选择的一种表达思想的特定知识呈现方式。换言之,作为理学时代的知识呈现,象山心学恰恰需要,或在象山看来,只有借助于他的讲学,才可能有效地呈现。请举一例以见之,并以为下文梳理分析的引子。《年谱》乾道八年象山春试南宫条载:

> 徐谊子宜侍学。子宜侍先生,每有省。同赴南宫试,论

---

① 如徐纪芳《陆象山弟子研究》,台湾文津出版社 1990 年版;赵伟《陆九渊门人》,中国社会科学出版社 2009 年版;范立舟、於剑山《南宋"甬上四先生"研究》,人民出版社 2014 年版;黄宽重《孙应时的学宦生涯:道学追随者对南宋中期政局变动的因应》,台湾大学出版中心 2018 年版;中国友谊出版公司 2021 年版(下引据此版)。最近的论文可参见方旭东《陆门弟子郑湜考论》,收入氏著《理学在东亚》,四川人民出版社 2022 年版;朱汉民《象山学统的形成及其学术源流》,《孔学堂》2022 年第 4 期。

出《天地之性人为贵》。试后,先生曰:"某欲说底,却被子宜
道尽,但某所以自得受用底,子宜却无。"曰:"虽欲自异于天
地不可得也,此乃某平日得力处。"①

徐谊是象山同年进士,温州人,《宋史》有传,后来庆元学禁著籍,
名列朱子后,可见其重要。《年谱》所记是礼部省试前,徐谊与象
山同在行都,徐谊年方十八,而象山已三十四,徐谊侍学于象山,
自有长幼之礼,试后互相交流答卷。象山所谓"某欲说底,却被
子宜道尽",表明就呈现于知识层面上的学术思想而言,象山自
知并没有什么特别超出像徐谊这样的士人所熟知与表达的,但
象山申明自己"平日得力处"的心学底蕴,亦即"虽欲自异于天地
不可得也",却是"某所以自得受用底,子宜却无"。这就无疑凸
显了一个问题,既然这个"自得受用底"的东西是在文字之外,那
么除了要体会象山的讲学方法,进而观察其方法的效果以外,还
须思考象山的讲学如果视为一种知识形态的话,究竟具有怎样
的性质。

第一节　规模与气象

据《年谱》,象山的讲学先后在行都、槐堂、国学、象山、荆门
五处展开。其中,国学与荆门讲学属于职务行为,更多地体现了
象山作为士大夫官员的观念与行为。为了不支蔓开去,这里仅
限于讲学本身,略作说明。象山在国学与荆门任上的讲学虽然同
属职务行为,但性质与内涵还是颇为不同的。国学是专司讲学,
教学内容与形式相对固定,内容是具体的经典讲解,如象山讲《春
秋》,形式上也有讲义,无论这是讲前拟定,还是讲后写出,可以确

---

① 卷三十六,第487页。

信总是有一个教案,而不是随兴而发。虽然《年谱》特意说明:

> 诸生叩请,孳孳启谕,如家居教授,感发良多。①

但这一说明,一则表明在课堂讲习外,象山保持了家居讲学的风格,再则也反过来证明国学教授终与家居讲学有明显区别。与国学专司讲学相比,荆门讲学于象山而言,则是地方官员行使教化之职责,②又与国学教授大不同。比如,"朔望及暇日,诣学讲诲诸生",这是穿插在"新筑城","郡学、贡院及客馆、官舍,众役并兴"等繁忙日常事务中进行的,其"诣学讲诲"自然也是即兴而发,既不可能有固定教学内容,形式上自然也远比国学教授自由。③又如,象山于绍熙三年"春正月十三日,会吏民讲《洪范》五'皇极'一章",《年谱》载:

> 郡有故事,上元设醮黄堂,其说曰:"为民祈福。"先生于是会吏民,讲《洪范》"敛福锡民"一章,以代醮事。发明人心之善,所以自求多福者,莫不晓然有感于中,或为之泣。④

荆门军地方有上元节行道教醮事的传统,"为民祈福",象山改讲儒家经典《洪范》"以代醮事",这是地方官作为儒学士大夫的移风易俗之举,讲学的仪式性意义实胜于讲学本身。象山在与侄儿焕之书信中,对此讲得很清楚:

> 正月十三日,以讲义代醮,除官员、士人、吏卒之外,百姓听讲者不过五六百人,以不曾告戒也。然人皆感动,其所以相孚信者又在言语之外也。⑤

---

① 卷三十六,第493—494页。
② 参见方旭东《上元醮与皇极——陆九渊〈荆门军上元设厅皇极讲义〉发微》,《复旦学报(社科科学版)》2020年第4期。
③ 卷三十六《年谱》,第509页。
④⑤ 卷三十六《年谱》,第510页。

此外,选讲《洪范》"皇极"与《洪范》"敛福锡民",也明显是将国家意志与民间追求相结合,充分体现了地方官员的自我定位,行使好地方官员的职责。应该说,无论是形式改造,还是讲学内容,象山是刻意用心的。至于职务行为的讲学效果,无论是国学讲学的"感发良多",还是荆门军教化的"莫不晓然有感于中,或为之泣",都足以表征象山的讲学发明是富有成效并感动人心的。

与国学、荆门任上的职务讲学不同,行都、槐堂、象山三处讲学完全是象山作为儒学士大夫思想家的个人行为,因而更能彰显象山讲学之精神。严格说来,象山真正的讲学活动集中于槐堂与象山,行都并不能算是象山讲学的一个地方或一个时段,只是他在乾道八年春在临安参加礼部省试前后,以及夏五月进士及第后,至秋七月回到江西家之前的这段短时间内,在浙江的交游际遇兴发。李绂曰:

> 乾道八年,陆子初成进士,由行都归江西,道经浙江郡县,舟车所至,贤士景从。[1]

但是,乾道八年行都科考前后的半年之所以在象山讲学生涯中别具位置,实因为不仅象山偶兴的启谕训导取得了显见的规模效应,而且其讲学气象已然呈现,甚至其讲学方法、风格、性质也已确立。后者且待下节讨论,这里仅观其规模与气象。

《年谱》乾道八年条在象山及进士第前后,非常用心地记录了象山在行都的讲学。先是举了徐谊侍学、蔡幼学答问、杨简北面纳弟子礼三个典型事例。杨简早于象山及进士第,他在富阳任上接待象山,发"如何是本心"之问,得象山举杨简日间扇讼为例而获开悟,此前已尝述及;徐谊侍学,上文也已略述。故此处

---

① 《陆子学谱》卷十二,第 285 页。

第九章 训 门 人

补述蔡幼学答问：

> 时永嘉蔡幼学行之为省元，连日无所问难，似不能言
> 者。先生从容问其所志，乃答曰："幼学之志，在于为善而
> 已。"先生嘉叹而勉励焉。①

与徐谊一样，蔡幼学亦是温州人，《宋史》亦有传，后亦著籍于庆
元学禁。幼学作为礼部考试的第一名，"连日无所问难，似不能
言者"，仅在象山追问下，所答亦清楚明白，无可挑剔，象山"嘉叹
而勉励"，便被《年谱》作为师事象山之实录。这样的授受门人，
在局外人看来，实不免有些勉强；检之《陆九渊集》，象山给杨简、
徐谊均有书信，独蔡幼学没有，故《宋史》本传只说蔡幼学是陈傅
良的弟子，还是有根据的。但后来李绂特意为此辩解，在摘录上
引《年谱》记录后，李绂曰：

> 此师事先生之实录。而《传》止云"师陈傅良者"，盖学
> 文于陈，而学道于先生也。②

蔡幼学的师承考证此处并不重要，事实上当时士子游学于各位
门下也是寻常事，此处关心的是《年谱》之所以记录幼学答问一
事的意趣。按《宋史》蔡幼学本传：

> 幼学早以文鸣于时，而中年述作，益穷根本，非关教化
> 之大、由情性之正者不道也。器质凝重，莫窥其际，终日危
> 坐，一语不妄发。及辨论义理，纵横阖辟，沛然如决江河，虽
> 辩士不及也。③

由此可以推知，蔡幼学在行都与象山一起时，"连日无所问难，似
不能言者"，显然不是蔡幼学"不能言"，而是他觉得不必言，只是

---

① 卷三十六《年谱》，第 487 页。
② 《陆子学谱》卷八，第 179 页。
③ 《宋史》列传第一百九十三《儒林四》，中华书局 1977 年版，第 12899 页。

在象山追问下,才简约回答。如前所述,象山的"嘉叹而勉励"实
难称得上"传道",但《年谱》将此与徐谊与杨简一起记录下来,则
无疑是要表征象山启谕门人的气象。徐、蔡、杨都是进士出身,
象山很难在知识层面上对此三人有什么指教,而只能如李绂所
辨,仅是"学道"而已。如此,就三人"学道"实录而言,三人的情
况各有不同。只有杨简是真正有具体内容的,徐、蔡二人很简
略。其中,徐谊的文字象山无可挑剔,象山指出自己别有"自得
受用底,子宜却无",以此而为教;对蔡幼学则只是作了"嘉叹而
勉励",《年谱》作者自然不会不知道这样的记录不免勉强,但仍
作这样的记录,恰在于表明《年谱》以此"嘉叹而勉励"亦是象山
的教法之一。概言之,三人之启谕训导之不同,正要以此表征象
山讲学气象之变化丰富。

此外,《年谱》在记录三人受学故事中间与最后,以穿插与引
证的笔法,形象地刻画了象山在行都讲学的气象与成效。在徐
谊与蔡幼学、杨简之间,《年谱》概述象山在行都的讲学:

> 在行都,诸贤从游。先生朝夕应酬问答,学者踵至,至
> 不得寝者余四十日。所以自奉甚薄,而精神益强,听其言
> 者,兴起甚众。①

象山早年弟子,甬上四先生之一的袁燮在后来为象山文集所撰
序文中的回忆,印证了《年谱》的描述:

> 燮识先生于行都,亲博约者屡矣,或竟日至夜分,未尝
> 见其少有昏怠之色,表里清明,神采照映,得诸观感,鄙吝已
> 消,矧复警策之言字字切己与。②

---

① 卷三十六《年谱》,第487页。
② 《陆九渊集》附录一《袁燮序》,第536页。

《年谱》"至不得寝者余四十日"与袁燮序虽不免略夸张或溢美，但"朝夕应酬问答"，"自奉甚薄，而精神益强"，却使象山讲学的强烈热情跃然纸上；而"学者踵至"与"兴起甚众"应该也大致不虚，因为在这段概述后，不仅具体举了蔡幼学与杨简的例子，而且更引了陆九龄与学者的书信，列举了象山入浙所收受的一批有名有姓的弟子，除了杨简以外，有石崇昭、诸葛诚之、胡拱、高宗商、孙应时，"其余不能悉数"。①按此五人，李绂《陆子学谱》皆著录，②但当时诸儒门人转益多师是常态，象山后起，其门人情况更为复杂。陆九龄列此五位，固为当时事实，但亦意在表征象山的感召力。盖此五人，石崇昭、诸葛诚之、高宗商、孙应时系进士出身，胡拱是尚书胡沂之子，由门荫授官，虽早卒，但叶适为其弟胡搏所撰《胡崇礼墓志铭》称其"兄监回易库拱，淳熙名士，朋友载其言行"，③都是一时之选。概言之，《年谱》的记录将朱子所讲的"会说话、说得响、令人感动"的象山作了极其生动形象的描述，对其讲学效果与规模也极尽渲染。象山讲学的热情投入与充分互动，使得讲学现场充满生气，殊少沉闷与书酸。这也意味着，象山的讲学不完全只是言语的表达，而更是他生命的某种呈现，此亦即他向徐谊所讲的"自得受用底"那个内在于生命中的本心的呈现。

毫无疑问，行都讲学只是象山讲学的序曲，亦可谓牛刀小试，真正展现象山讲学规模与气象的还是此后的槐堂与象山。所谓槐堂讲学，实际上便是象山家居讲学，而场所似乎并非只是

① 卷三十六《年谱》，第487—488页。孙应时之名，中华书局点校本错刊为孙应朝，引文径改。
② 详见卷十二至卷十四。
③ 《叶適集》卷十七，第337页。

槐堂,《年谱》载:

> 秋七月十六日,至家。远近风闻来亲炙,初以"存"名读
> 书之斋。……家之东扁曰槐堂,槐堂前有古槐木,至今犹
> 存,乃学徒讲学之地。又堂东有陋室,西有高轩,北窗南窗,
> 东有隐室,又曰留轩,西有王渊,又近家之西有茅堂。

随后又摘引二信:

> 与包显道书云:"贵溪桂店,一族甚盛,其子弟有德辉
> 者,今夏来处茅屋,西南有八石寺。"与颜子坚书云:"向者任
> 八石寺,尝纳区区之忠。"①

"茅屋"应该便是"茅堂",据此可略知象山的居家讲学是以槐堂
为中心,家中还有多处场所,乃至附近的其他地方,包括寺院。
此外,槐堂讲学,似亦不只是象山自己,而是与诸兄一起的。在
回家以后给舒琥的信中,象山曰:

> 某时下从诸兄讲学,不敢自弃,颇有日益,恨不得吐露
> 以求教也。今岁都下与朋友讲切,自谓尤更直截如前日。②

因为"从诸兄讲学",象山虽"不敢自弃",但毕竟有长幼之序,
似乎并不能完全畅所欲言,故有"恨不得吐露以求教也"之语;
而回想起行都"与朋友讲切",更为意气风发,"自谓尤更直截如
前日"。

　　槐堂讲学的时间应该并不长,因为乾道八年秋七月到家,后
年即淳熙元年三月,象山即"赴部调官,过四明,游会稽,浃两旬,
复至都下,授迪功郎、隆兴府靖安县主簿",③槐堂讲学充其量仅

---

① 卷三十六《年谱》,第488页。《与颜子坚》"向者任八石寺",文集作"向
　　在八石时"(卷七,第92页)。
② 卷五《与舒西美》,第63页。
③ 卷三十六《年谱》,第490页。

一年半强。三年后,淳熙四年春正月,象山"丁继母太孺人邓氏忧",至淳熙六年"服除,授建宁府崇安县主簿",虽在家三年,但据《家谱》,除了在"丁继母太孺人邓氏忧,葬乡之官山"后有一评语"先生事继母,与诸兄曲尽孝道。尝闻孝宗皇帝圣语:'陆九渊满门孝弟者也'",①别无任何记录。因此,大抵可推知,三年中即便偶有讲学诸事,也是很有限的。不过,尽管槐堂讲学时间不长,但规模是非常有效地建立了起来。前引"远近风闻来亲炙"乃是一总的概括,《宋史》本传所述"学者辐凑,每开讲席,户外屦满,耆老扶杖观听"②则可谓一形象的描述。

承续并张大槐堂讲学的是象山讲学。象山原名应天山,陆九渊"顾盼山形,宛然钜象,因名象山,辄自号象山居士"。③开禧元年杨简为象山哲嗣持之所撰《象山先生全集》作序,开篇即云:

> 有宋抚州金溪陆先生,字子静,尝居贵溪之象山,四方学者毕至,尊称之曰象山先生。

嘉定五年袁燮付梓刊行,于序文最后亦曰:

> 先生讳九渊,字子静,抚州金溪人,尝讲学于贵溪象山,学者尊为象山先生云。④

足证象山讲学实已成为陆九渊的标签。

象山之所以对此讲学场所非常在乎,甚至"有终焉之意",⑤原因是多方面的。其一,淳熙六年象山服除,授崇安县主簿,次

---

① 卷三十六《年谱》,第491页。
② 《宋史》列传第一百九十三《儒林四》,第12881页。
③ 卷十三《与朱子渊》二,第175页。
④ 附录一,第535、537页。
⑤ 卷三十六《年谱》,第501页。

年张栻卒,再次年吕祖谦卒,象山于士林的影响力提升,讲学的重要性日显突出。《年谱》淳熙九年条引项平甫来书云:

> 安世(字平甫)闻陆先生之名,言者不一。往得交于傅子渊,警发柔情,自此归向取师之意始定。奉亲之官越土,多见高第及门子弟,愈觉不能自已。虽未得亲承于謦欬,然受沾渥亦已多矣。独念心师之久,不可不以尺纸布万一,伏乞加察。一二年来,数钜公相继沦落,任是事者,独先生与朱先生耳。①

项安世,字平甫,一字平父,淳熙二年进士,《宋史》有传。此信一方面讲"闻陆先生之名,言者不一",另一方面讲"任是事者,独先生与朱先生耳",故对于象山而言,意味着讲明自己的思想已成为迫切之事。

其二,象山仕途严重受挫,讲学成为重要的志业寄托。淳熙六年授崇安县主簿,但与淳熙元年授靖安县主簿一样,实际上并没有到任。次年"因居之南五里,有园林屋宇,扁是名(滋兰)","与朋友读书在滋兰",再次年"访朱元晦于南康",应邀"登白鹿洞书院讲席",讲"君子喻于义,小人喻于利"一章,并"书《讲义》",②读书讲学其实成了象山的主要事情。淳熙九年除国子正,在国学讲《春秋》,以及次年"冬,迁敕令所删定官。先生在敕局,同志之士,相从讲切不替,僚友多贤,相与问辩,大信服",③虽属于职务工作,但内容仍是讲学。淳熙十一年"上殿轮对五札"后,象山一直期待着皇帝的第二次召对,但受挫被逐。《年谱》淳熙十三年条载:

---

① 卷三十六《年谱》,第493页。
② 卷三十六《年谱》淳熙六年至八年条,第492—493页。
③ 卷三十六《年谱》,第494页。

第九章 训 门 人

　　转宣义郎，除将作监丞，给事王信疏驳，十一月二十九日得旨，主管台州崇道观。初，亲朋谓先生久次，宜求退。先生曰："往时面对，粗陈大义，明主不以为非。思欲再望清光，少自竭尽，以致臣子之义。"距对班五日，除监丞。①

此条引述象山之语，大抵出自象山《与李成之》书：

　　乡来面对，粗陈梗概，明主不以为狂，而条贯靡竟，统纪未终。所以低回之久者，欲俟再望清光，输写忠蕴，以致臣子之义耳。然而不遂，则亦天也，王氏之子，焉能使子不遇哉？②

"然而不遂，则亦天也"，固然是象山知命之语，但数年期待，距对班仅五日而被逐，这对象山的打击无疑是非常大的。返归乡里，日子虽不难过，但显然不完全是象山所向往的。在《与朱子渊》书中，象山曰：

　　宽恩畀祠，归伏田亩，日得与家庭尊幼，乡里俊彦，翻古书，讲古道，舞雩咏归，不敢多逊。然此心之灵，此理之明，周嫠之忧，益所不能忘也。何时合并以请教，临楮不胜驰情。③

况且，象山深以为，"道之行不行，固天也，命也，至于讲明，则不可谓命也"。④因此，象山返归乡里，讲学很自然地成了他的志业寄托。

　　其三，槐堂的空间已不能满足象山的讲学，而贵溪应天山恰好成为理想的场所。《年谱》淳熙十三年条在象山被逐后，接

---

① 卷三十六《年谱》，第498页。象山被逐及其意涵，详见余英时《朱熹的历史世界》第九章之二。
② 卷十，第129页。
③ 卷十三，第174页。
④ 卷十《与刘志甫》，第137页。

着讲：

> 既归，学者辐辏。时乡曲长老，亦俯道听诲。每诣城邑，环坐率二三百人，至不能容，徙寺观。县官为设讲席于学官，听者贵贱老少，溢塞途巷，从游之盛，未见有此。①

显然，"徙寺观"与"县官为设讲席于学官"，决不是长久解决"至不能容"的办法，而且也不适合象山的自由讲学。因此，当淳熙十四年门人彭世昌"访旧于贵溪应天山麓张氏，因登山游览，则陵高而谷邃，林茂而泉清。乃与诸张议，结庐以迎先生讲学"时，"先生登而乐之，乃建精舍居焉"。②

应天山的经营颇具规模，而且进展也是相当快的。至明年，《年谱》淳熙十五年条载：

> 先生五十岁，在山间精舍。……易应天山名为象山，学徒结庐。先生既居精舍，又得胜处为方丈，及部勒群山阁，又作圆庵，学徒各来结庐，相与讲习。……居仁斋、由义斋、养正堂张伯强、明德张行己、志道周孚先、储云伯强、行己、佩玉张少石、愈高倪伯珍、规斋祝才叔、蕙林周元忠、达诚朱幹叔、琼芳傅季鲁学徒冯泰卿，初名梅卤，以季鲁家讳，先生为改今名、濯缨池、浸月池吴子嗣创斋。先生与之书云："草庐在二池之间，欲名以濯缨，当为书之。"、封庵少石、批荆先生书于世昌之堂，各因山势之高、原坞之佳处为之。③

按"居仁斋"等都是门人所结庐之名，小字是结庐主人。这些门人在李绂的《陆子学谱》中基本都著录，虽然其中有些人"名贯未

---

① 卷三十六《年谱》，第 499 页。
② 卷三十六《年谱》，第 499—500 页。
③ 卷三十六《年谱》，第 500—501 页，标点略改。张行己、行己，原作"巳"，从《全集》本改。

详"，但"盖结庐象山之上而师事先生，盖亦同郡或信州人耳"，①大致是可以确信的。

象山对于应天山的安顿，心情显然是相当愉悦的，在给朱子的信中，象山详尽地作了描述：

> 乡人彭世昌得一山，在信之西境，距敝庐两舍而近，实龙虎山之宗。巨陵特起，岿然如象，名曰象山。山间自为原坞，良田清池，无异平野。山涧合为瀑流，垂注数里。两崖有蟠松怪石，却略偃蹇，中为茂林。琼瑶冰雪，倾倒激射，飞洒映带于其间，春夏流壮，势如奔雷。木石自为阶梯，可沿以观。佳处与玉渊卧龙未易优劣。往岁彭子结一庐以相延，某亦自为精舍于其侧。春间携一俟二息，读书其上。又得胜处为方丈以居，前把闽山，奇峰万叠，后带二溪，下赴彭蠡。学子亦稍稍结茅其傍，相从讲习，此理为之日明。舞雩咏归，千载同乐。②

据门人冯元质讲："先生大率二月登山，九月末治归，中间亦往来无定。居山五年，阅其簿，来见者逾数千人。"③从淳熙十四年（1187年）象山49岁"建精舍居焉"，到绍熙二年（1191年）53岁除荆门军，"得旨，疾速之任"，"秋七月四日启行"，④所谓的"居山五年"其实是连头带尾，并非足数，而山坞结庐的数量已达二十处，登山问学者更是"逾数千人"，足可想见其规模与气象。后来黄宗羲撰《槐堂学案》，作为亲身经历过明末讲学运动的学林

---

① 《陆子学谱》卷十五，第365页。
② 卷二《与朱元晦》一，第22页。
③ 卷三十六《年谱》，第502页。
④ 卷三十六《年谱》，第508页。

领袖,也不得不称叹五百年前的象山讲学"何其盛哉"![1] 由此也就很能理解,当象山赴荆门上任前,要郑重其事地"嘱傅季鲁居山讲学":

> 先生将之荆门,谓季鲁曰:"是山系子是赖,其为我率诸友,日切磋之。吾远守小障,不得为诸友扫净氛秽,幸有季鲁在,愿相依亲近。"[2]

韩明士(Robert Hymes)尝以象山精舍为例,以为"在象山精舍的创建中,陆似乎是一个非常偶然的参与者","没有一点迹象表明他把精舍看做其他教育或书院的典范,也没有迹象表明他有清楚的深思熟虑的创建一座书院的打算",完全是一种误判。[3]

第二节 方法与风格

象山的讲学方法与风格在行都应试前后便有所呈现。比如《年谱》乾道八年条记"在行都,诸贤从游"时,称"先生朝夕应酬问答","兴起甚众",这虽然是一个非常笼统的描述,但同样也非常清楚地表明象山讲学的基本方法不是单纯地讲,而主要是讨论式的,抑或论辩式的,其风格在于能激发起对方的热情与思考,亦即受学者的主体性。在这一总的描述前后所举徐谊、蔡幼学、杨简三例,则近乎又是具体的因材施教的个案:对徐是点示,对蔡是嘉勉,对杨是启省。

当然,象山回到家乡,开始槐堂讲学,以及后来的应天山讲学,无疑使象山的讲学方法与风格呈现得更全面详尽,以及更生

---

① 《宋元学案》卷七十七《槐堂诸儒学案》,《黄宗羲全集》第6册,第36页。
② 卷三十六《年谱》,第508页。
③ 韩明士《陆九渊,书院与乡村社会问题》,收入田浩编《宋代思想史论》,社会科学文献出版社2003年版,第445—474页。

动鲜明。其中,最首要的便是废弃学规。《年谱》对此作了专门记录,并且引象山的话语作论证,同时举数例以为佐证。请先看《年谱》乾道八年至家后于槐堂开讲的记录:

> 先生既受徒即去今世所谓学规者,而诸生善心自兴,容礼自庄,雍雍于于,后至者相观而化。①

据此可知,"去今世所谓学规者"属于象山有心所要破除的,而让"诸生善心自兴,容礼自庄,雍雍于于"是他的入手,"后至者相观而化"则是他的一个具体方法。整体而言,象山讲学似乎重在门人的"善心自兴",进而实现行为校正。这里,"善心自兴"是一个非常重要的预设与前提,即首先预设人皆有"善心",而"自兴"是前提,然后实现"容礼自庄"。这与学规相比,最显见的差别无疑是学规属于外在的约束。学规虽然并不等于否定"善心"的存在,但显然至少是暂时搁置"善心"的问题,因而也谈不上"自兴";学规当然也是以"容礼自庄"为目标,但却是通过外部约束来实现的。象山对此有非常清楚的自觉:

> 因举许昌朝集朱、吕学规,在金溪教学,一册,月令人一观,固好,然亦未是。某平时未尝立学规,但常就本上理会,有本自然有末。若全去末上理会,非惟无益。今既于本上有所知,可略略地顺风吹火,随时建立,但莫去起炉作灶。②

象山承认学规自有它的好处,但强调这是在"末上理会",而他对门人的启喻训示是"常就本上理会"。这里的本末当然是很清楚的,本就是象山标示的本心,末便是学规所示的行为。象山的取舍固然是针对着朱子与吕祖谦,但也是有他认识上的依据与实

---

① 卷三十六《年谱》,第 488 页。
② 卷三十五《语录下》,第 457 页。

践上的经验的。所谓"有本自然有末",便是象山认识上的依据；而"既于本上有所知，可略略地顺风吹火，随时建立，但莫去起炉作灶"，便是实践上的经验。显然，这样的依据与经验，不仅是合乎情理的，而且似乎也是简易有效的。

应该承认，认同与接受象山这样的教育理念，并不是一件很难的事情，因为象山的分析是完全合乎情理的。只是，作为一个教育者，能够践行这一教育理念却是一件很难的事情。这个难，不在于愿不愿意，而在于能不能够。因为教育者面对的个体即便拥有向善之心，但无论秉赋与习染都各各不同，教育者须具有相当的能力才足以进行有效施教。故接着前引"即去今世所谓学规者"，《年谱》曰：

> 盖先生深知学者心术之微，言中其情，或至汗下。有怀于中而不能自晓者，为之条析其故，悉如其心。亦有相去千里，素无雅故，闻其大概，而尽得其为人。①

显然，拥有象山这样完备，甚至不免神奇能力的教育者，实在是极少的。作为教育者，象山不仅有此能力，而且他的这种能力，如前所讲，完全是基于他的认识与经验的。象山曰：

> 念虑之不正者，顷刻而知之，即可以正。念虑之正者，顷刻而失之，即为不正。有可以形迹观者，有不可以形迹观者。必以形迹观人，则不足以知人；必以形迹绳人，则不足以救人。②

象山不否认念虑与形迹有着不可完全分离的关系，但他强调两者绝非是完全对应的关系。念虑与形迹皆为象山所重，而念虑

---

① 卷三十六《年谱》，第 488 页。
② 卷三十六《年谱》，第 488—489 页。

又无疑更先于与重于形迹。因此,象山"既受徒即去今世所谓学规者",良有以也。不仅于此,象山更意识到,如果凭借着学规,"必以形迹绳人","不足以救人"尚在其次,更严重的恐在于使人流于虚伪,或自陷于虚伪而不自知。故接着上引象山之语,《年谱》又引象山语:

> 今天下学者唯两途:一途朴实,一途议论。①

以朴实诊治虚伪,不难理解;为什么议论也有此作用呢? 因为相对于行为,人在议论中更容易暴露心术之微,从而方便诊治。

概而言之,象山"既受徒即去今世所谓学规者",以激发"诸生善心自兴"为重,以"容礼自庄,雍雍于于"为归,由心而礼,这既是象山讲学的首要方法,亦因此而成为象山讲学的显著风格。

《年谱》在述此方法与风格后,更举数例,以为彰显与佐证。其一:

> 同里朱桴济道,弟泰卿亨道,长于先生,皆来问道。与人书云:"近到陆宅,先生所以诲人者,深切著明,大概是令人求放心。其有志于学者,数人相与讲切,无非此事,不复以言语文字为意,令人叹仰无已。其有意作文者,令收拾精神,涵养德性,根本既正,不患不能作文。"②

此例可以注意到两点:一是组织形式。象山在"令人求放心",即"就本上理会"后,更进一步的讲学方法是在具体的组织形式上让"有志于学者,数人相与讲切"。这意味着象山的讲学是团队参与式的;而且,从更广义上看,作为象山讲学的组织形式而言,团队参与式不只体现在"数人相与讲切",而且还体现在前引"即去今世所谓学规者"一段文字中所讲的"后至者相观而化"。换

---

① ② 卷三十六《年谱》,第489页。

言之,象山讲学的团队参与式,既在当下的"相与讲切",也在先来者对于"后至者"的影响教化。二是讲切内容。象山与门人的讲切完全聚焦于"求放心","不复以言语文字为意"。门人中当然不乏为备考科举来求学的,但对于这样的"有意作文者,令收拾精神,涵养德性",因为在象山看来,"根本既正,不患不能作文"。这当然不免令人起疑。言为心声,作文固然是思想的表达,"根本既正"很重要,但如何作文表达终究仍需要言语文字在技术层面上的训练。

这样的疑虑应该是普遍存在的,而对于举子而言,即便亲炙于象山,恐亦难免质疑与担心。也许正是意识到这点,《年谱》接着便举了第二个例子:

> 陈正己、刘伯文皆不为文字也。盱江傅子渊云:"梦泉向来只知有举业,观书不过资意见耳。后因困志知反,时陈正己自槐堂归,问先生所以教人者。正己曰:'首尾一月,先生谆谆只言辨志,又言古人入学一年,早知离经辨志,今人有终其身而不知自辨者,是可哀也。'梦泉当时虽未领略,终念念不置。一日,读《孟子·公孙丑》章,忽然心与相应,胸中豁然苏醒。叹曰:'平生多少志念精力,却一切着在功利上。'自是始辨其志。虽然如此,犹未知下手处。及亲见先生,方得个入头处。"尝云:"傅子渊自此归其家,陈正己问之曰:'陆先生教人何先?'对曰:'辨志。'复问曰:'何辨?'对曰:'义利之辨。'"若子渊之对,可谓切要。①

这个例子不仅曲尽其详,而且最后引象山"尝云"以为总结,作为

---

① 卷三十六《年谱》,第489页。

象山高度肯定之表征。①事实上,傅子渊也可以说是象山在江西最得意的弟子:

> 严松年问:"今学者为谁?"先生屈指数之,以傅子渊居其首,邓文范、傅季鲁、黄元吉居其次。②

因此,傅子渊的案例堪称象山讲学方法与风格的典范。

案例颇有意趣地由"陈正己、刘伯文皆不为文字也"讲起。陈、刘原本不为文字,自然属于前述朱济道、亨道兄弟案例中所谈及的"其有志于学者",但是此案例的主角是傅子渊,子渊却是"向来只知有举业"的,而且他是象山最得意的江西弟子,因此便与陈、刘形成了有意的鲜明对比。作为"向来只知有举业"者,傅子渊"观书不过资意见耳",这是子渊最初的状态。所谓"观书不过资意见",其实是举子们的普遍情况,读书所得的知识只是用来应试的,并不一定需要经过真正的内心体会,认同与否更在其次。虽然传统中国知识系统中的经史是集知识与价值于一体的,但对于应试举业而言,对知识与价值进行分离,单纯在"不过资意见"的工具意义上来运用知识,既不是不可能的,也未尝是不应该的。只是傅子渊没有成功,"困志知反",恰遇陈正己槐堂问学归来,于是询问象山如何教人,由此进入第二个阶段。

陈正己的回答很简单,"首尾一月,先生谆谆只言辨志",而且象山还引《礼记·学记》所讲的"一年视离经辨志"以为训。古人学习一年就已能读通文字辨析心志,现在的举子竟有"终其身而不知自辨者,是可哀也"。这里似乎透露出象山讲学的一个预设,即在象山看来,凡为举业而来问学者,都是读书多年的成年

---

① 象山此语另见卷三十四《语录上》,第398页。
② 卷三十六《年谱》,第503页。

人，言语文字应该早已基本过关了，不能令人满意处主要在思想与涵养层面，所以才"不复以言语文字为意"，对那些"有意作文者"，正因为志在功名，心浮气躁，故"令收拾精神，涵养德性"。无论如何，陈正己对象山讲学的介绍，对傅子渊无疑是有冲击的。只是一时不能领会，存于心中不忘，直到某一天"忽然心与相应，胸中豁然苏醒"。但"犹未知下手处，及亲见先生，方得个入头处"。因此，亲见象山遂成为傅子渊问学的第三个阶段。

与第二个阶段的自我体悟不同，第三个阶段是象山对"入头处"的启谕。这个"入头处"显然是"辨志"的更进一步，"辨志"更近乎形式，"入头处"标示出志之所向，更近乎内容。因此，"入头处"与"辨志"虽然本质上是一体之两面，但"入头处"更为紧要。对这个"入头处"，《年谱》直接引了象山《语录》中的话，借傅子渊对陈正己的回答，标示"义利之辨"就是"辨志"的"入头处"，并给出评定："若子渊之对，可谓切要。"表达了象山的高度认可。

这个"入头处"的标示，足以表明，象山讲学的"令人求放心"绝不是空洞没有真实意涵的说教，而是在远超言语文字的更高层面启谕训示门人。所谓的"义利之辨"，究其实质，就是使问学者直面客观存在的现象，叩问本心，究竟如何处置？依象山的本心之论，只要本心不为习染蒙垢，存于现象中的道理自然明白，反之，便陷入昏蔽；而所谓的习染蒙垢，说到底，便是一己之私。

由于义利之辨指向的是一个道德论题，而最终的落脚又是在公私的分别，因此象山始于"令人求放心"，中经"辨志"，终于"义利之辨"的讲学路径，很容易被归约为"尊德性"，而忽视其中的"道问学"，即对存于现象中的道理、一己之本心，以及主客之间如何处理的有效性与合乎情理性的分析与判识。事实上，由上述分析,已见象山的讲学是一个充满了"道问学"的活动,只不过这一"道问学"不是泥于文本上的言语文字,也不是泛泛空说,而是直面生活现象本身的深切讨论。象山曰:

> 与朋友切磋,贵乎中的,不贵泛说,亦须有手势。必使其人去灾病,解大病,洒然豁然,若沉疴之去体,而濯清风也。若我泛而言之,彼泛而听之,其犹前所谓杜撰名目,使之持循是也。①

在象山看来,埋头于书册的所得,并不能够真正解决现实的问题,只是虚假的学问;不仅虚假,甚至足以助长读书人的虚骄之气,凭恃缘于文本的种种意见,标以学问,徒争于口耳之间,满足自己的竞胜之心。相反,只有如他这样的讲学,才能使问学者获得实学,而只有这样真实可靠的实学,才能够真正解决现实的问题,"去灾病,解大病",亦更能使"天之所以予我者"的本心在生活的展开中植立挺直。概言之,象山的讲学方法与风格本质上是呈以尊德性的道问学。这也正是象山始终不接受以"尊德性"与"道问学"来分别标识自己与朱子学术的重要原因。

在揭明了象山讲学中的"道问学"性质以后,又需要进一步指出,象山讲学中的"义利之辨"与今人论学中的"义利之辨"有着根本的古今差别。今人之论学纯是知识上的工夫,而象山的讲学是要直接落在实践上的。换言之,在充分认识到象山讲学中呈以"尊德性"面貌的"道问学"内涵的同时,又必须意识到象山"道问学"中的实践属性。唯此,才真正能够理解为什么在前引"即去今世所谓学规者"的叙述中,紧接着"诸生善心自兴",便是"容礼自庄,雍雍于于",因为"善心自兴"带来的不是自以为是

---

① 卷三十五《语录下》,第 475 页。

的学问,而是"容礼自庄"的践履。同时,也可以充分意识到,前引陈正己所谓"首尾一月,先生淳淳只言辨志",这个"辨志"绝不是在凭空泛说,而必定是有着现实生活中的种种具体问题为对象。象山与诸生进行分析讨论,从中分辨各人的心志,亦即心之所向,究竟在义,抑或在利?而其表征则在公,抑或在私。事实上,若非有现实问题的针对,"首尾一月,先生淳淳只言辨志",这不仅是难以想象的,也是绝无可能的教学实践。

《年谱》中有一则记录,足以表征这一判断。淳熙十四年,亦即象山被逐出朝返家次年,他往临川访仓使汤思谦,彼此有段交流,《年谱》不嫌其烦地作了记载:

> (汤)公因言风俗不美。先生曰:"乍归,方欲与诸后生说些好话。此事亦由天,亦由人。"公曰:"如何由天?"曰:"且如三年一科举,中者笃厚之人多,浮薄之人少,则风俗自此而厚;不幸笃厚无几,或全是浮薄,则后生从而视效,风俗日以败坏。"公曰:"如何亦由人?"曰:"监司守令是风俗之宗主,只如判院在此,无只为位高爵重,旗旄导前,驱卒拥后者,是崇是敬;陋巷茅茨之间,有笃敬忠信好学之士,不以其微贱而知崇敬之,则风俗庶几可回矣。"

这段对话并不是讲学,而完全是访问中的闲谈,只是由于所涉话题不是寒暄应酬,而是严肃的现实问题,故彼此的问答就近乎为讲学。从这一问答所涉问题与象山的分析,完全可以推断,陈正己讲的"首尾一月,先生淳淳只言辨志",便是类似的讨论。显然,只有这样的讨论才可能进行一个月,因为现实问题很多,而且也只有这样直面现实问题的讨论,才足以扣住人心,导出象山所谓的实学。汤思谦的反应便极好地证明了这一点:

> (汤)公再三称善。次日谓幕僚友曰:"陆丈至诚,何不

去听说话。"幕僚云："恐陆丈门户高峻，议论非某辈所能喻。"公曰："陆丈说话甚平正，试往听看。某于张、吕诸公皆相识，然如陆丈说话，自是不同。"①

这里尤当留意的是汤思谦将象山的说话与张栻、吕祖谦所作的比较。显然，象山上述问答中所表达的思想观念，与张、吕当无可能不同，唯一不同的只可能是在讲学的方法与风格上，象山的表达是完全针对着现实中的问题，而张、吕诸公的讲学更多的可能是扣着文本来解读。

真切体会与意识到象山"道问学"中的实践性，也就很能理解《年谱》在傅子渊的案例后，紧接着讲的第三个案例，即"周伯熊来学"：

先生问："学何经？"对曰："读《礼记》。""曾用工于九容乎？"曰："未也。""且用功于此。"②

当知道周伯熊"读《礼记》"后，象山既不谈其中的理学文献《大学》《中庸》，也不问诸如性命天道这样的理学核心概念，而只问诉诸容貌举止的"九容"，并嘱周伯熊"用功于此"，足见象山对于学问的切己实践性的重视。《年谱》在记录象山槐堂讲学中，详述始于"求放心"，中经"辨志"，终于"义利之辨"的教学过程，最后以周伯熊之例作结，完全是一个充分而准确呈现象山讲学方法与风格的用心安排，决不是随意的案例罗列。

除了废弃学规，激发诸生善心自兴，以容礼自庄的实践本位为归，象山的讲学方法与风格亦有注重仪式化的一面，这种仪式化本身也构成了象山讲学方法与风格的组成部分。在槐堂讲学

---

① 卷三十六《年谱》，第 499 页。
② 卷三十六《年谱》，第 489 页。

时,象山讲学的仪式化已通过"诸生善心自兴,容礼自庄,雍雍于于,后至者相观而化"有所实践,到了应天山以后,则更为充分展开。象山门人冯元质有生动而详尽的描述,兹分段照录于下,略作分解,以为本节作结。冯元质云:

> 先生常居方丈。每旦精舍鸣鼓,则乘山轿至,会揖,升讲坐,容色粹然,精神炯然。学者又以一小牌书姓名年甲,以序揭之,观此以坐,少亦不下数十百,齐肃无哗。

不仅象山出场的整个过程非常仪式化,而且精舍听讲者坐次都有细致安排,"数十百"而"齐肃无哗"足以表明仪式对整个场景的影响力。

接着是描述象山讲学:

> 首诲以收敛精神,涵养德性,虚心听讲,诸生皆俯首拱听,非徒讲经,每启发人之本心也。间举经语为证。音吐清响,听者无不感动兴起。初见者或欲质疑,或欲致辩,或以学自负,或有立崖岸自高者,闻诲之后,多自屈服,不敢复发。其有欲言而不能自达者,则代为之说,宛如其所欲言,乃从而开发之。至有片言半辞可取,必奖进之,故人皆感激奋砺。

象山讲学以发明自己的哲学思想为主,"非徒讲经",经典文本只是作为他的思想印证材料,"间举经语为证",这一讲学方法与风格在这里也获得充分呈现。此外,在这段话中,象山讲学的一些细节也有生动的描述,从象山本人的"音吐清响",到听者的各种反映。但是,值得注意的是,无论是听者的各种反映,还是象山的"开发"与"奖进",冯元质着意表征的是象山作为一个讲学者对于听者的感召。

除了精舍讲学外,冯元质还记录了象山平居时的生活:

> 平居或观书,或抚琴。佳天气,则徐步观瀑,至高诵经

> 训，歌《楚词》及古诗文，雍容自适。虽盛夏，衣冠必整肃，望
> 之如神。

这里最引人瞩目的是象山的"雍容自适"与门人对他的"望之如
神"；而这与随后记录的"诸生登方丈请诲，和气可掬"相配合，便
显然是要彰显象山望之俨然即之也温的形象。对于平居时登门
请诲者，象山"随其人有所开发，或教以涵养，或晓以读书之方，
未尝及闲话，亦未尝令看先儒语录"，一方面表明"平居"与"升讲
坐"在启谕门人的方法与风格上几近一致，另一方面表明象山与
门人在"升讲坐"以外，日常中是充分接触与交流的。

　　最后一项仪式化的安排，同时也构成为方法与风格的是象
山讲学配有"代说"的助教。冯元质云：

> 每讲说痛快，则顾傅季鲁曰："岂不快哉！"季鲁齿最少，
> 坐必末。尝挂一座于侧间，令代说。时有少之者，先生曰：
> "季鲁英才也。"①

这一安排虽然是对门人中的"英才"的着意培养，但无疑也是对
于象山讲学的烘托；而就其效果而论，不管是有意无意，这种烘
托于象山而言，实具有塑造精神性领袖的性质。

　　综而言之，无论是废弃学规，还是仪式化，象山的讲学方法
构成与彰显了他的风格，而这个与方法相统一的风格所呈现出
来的，实际上正是象山这个人。此正如黑格尔所言：

> 法国人有一句名言："风格就是人本身。"风格在这里一
> 般指的是个别艺术家在表现方式和笔调典折等方面完全见
> 出他的人格的一些特点。②

---

① 卷三十六《年谱》，第501—502页。
② 《美学》第一卷《艺术美的理念或理想》，商务印书馆1979年版，第
　　372页。

黑格尔这里所讲的风格虽然专指艺术,但讲学也未尝不是一种表演艺术,故黑格尔所言亦足以适用于对象山讲学方法与风格的理解。

第三节　探索及其成败

象山虽然有悠游讲学而终老应天山之意,但荆门军的上任与殉职,使得象山的应天山讲学愿景没能获得实现,象山的讲学模式与书院建设也因此都成了充满探索性质的试验。

照理,讲学模式与书院建设可以是两件事,但就象山而言,则既有分开的一面,又有难以分开的一面。象山在各种场合,但凡与人交流,都可以成为他的讲学,然而这样的讲学既不连贯,亦难持续;居家讲学,以象山合族而居,或有超出常人的条件,而且按照陆家分工,象山的"伯兄(九思)总家务,仲兄(九叙)治药寮,公(三哥九皋)授徒家塾,以束脩之馈补其不足"。①陆家本设有家塾,象山最初也是居家讲学的,但诚如前述,居家讲学在空间上实难满足象山的讲学规模。因此,讲学场所的开辟,即书院建设实际上成为象山讲学模式得以确立的必要前提。象山非常看重应天山,临去荆门上任专门托付于傅季鲁,这是重要的原因之一。另一个原因则与讲学的公私性质有关。北宋自庆历起,县州学已渐体制化,到象山的年代,官办书院也纳入体制中。仍以象山为例,在他逝后,应天山所在的贵溪与象山家乡金溪都先后由地方官员"奏建象山书院","买田养士"。②这里的关键在于公办书院的建设与运行经费都能得到保证,而象山的讲学模式

---

① 卷二十八《陆修职墓表》,第 332 页。
② 卷三十六《年谱》,第 522—523、525 页。

属于私人讲学,讲学的空间建设与运行资金显然是必须自募的。应天山在五年中,已初成规模,对于象山而言,格外看重是很正常的。事实上,"先生本欲创书院于山间,拜命守荆而不果"。①

至于所谓探索性质,就象山而论,可以放在两个层面上理解。一个是在南宋整个私人讲学的层面上看,讲论义理如何与现实需求相关联。私人授徒讲学至南宋中期虽然已经成熟为一个职业,如前引象山自述三兄"授徒家塾,以束脩之馈补其不足",但这样的讲学基本上是为了备考科举;对于象山这样的思想者,科考自然是授徒讲学必须面对的,但终是不得已之事,内心颇多厌弃,故寻求变革是当时理学共同体的普遍现象。象山在《陆修职墓表》中特意记录了陆九皋晚年的一段授徒生涯:

> 番易许氏为书院桐岭,延师其间,以处乡之学者,又自禀若干人……一日,父子协谋:辟庐舍,储器用,广会集之堂,增自禀之员,介其乡之贤者,致礼以延公(九皋)。公却之再三,请益固,公为一出。桐岭学者于是变而乐义理之言,厌场屋之陋,士大夫闻风,莫不愿与参席,自远至者,踵系不绝,兴起甚众。然公年益高,颇倦酬应,未几谢去。②

陆九皋的这段教学变革充分表明,讲论义理之言是有市场的。但是,如果一味"乐义理之言,厌场屋之陋",显然是难以为继的,因为摈弃了现实的科考目标,义理之言最终还是要有所着落的。陆九皋"未几谢去",象山虽归之于"年益高,颇倦酬应",但其中原因恐亦不完全如此单纯。仅就"颇倦酬应",似不难推知,闻风而至的士大夫们彼此之间的"酬应"不会限于义理之言。因此,

---

① 卷三十六《年谱》,第522页。
② 卷二十八《陆修职墓表》,第332—333页。

对于理学家乐于义理之言的私人讲学而言,除了必须适当满足备考科举的要求外,如何使得义理之言的讲论落于实处,诚属一项具有探索性的事业。

事实上,这一探索朱子同样面对。《朱子语类》载:

> 问:"安定平日所讲论,今有传否?"曰:"并无。薛士龙在湖州,尝以书问之。回书云:并无。如当初取湖州学法以为太学法,今此法无。今日法乃蔡京之法。"①

薛季宣任湖州知州是乾道八年,亦即象山进士奏名那年。由此问答,可知当时朱子关心过宋学初兴时胡瑗的湖州学法,并希望通过时任知州的薛季宣了解胡瑗"平日所讲论"。胡瑗在湖州创设"经义"与"治事"的分斋教学制,标举明体达用的精神,对当时及后来宋学的发展影响深远,但湖学本身却在由地方经验上升为国家制度后转盛为衰,至南宋已湮没无传。②朱子专门向薛季宣"以书问之",正表明南宋乾淳年间理学兴起时,如何开展讲学是一个明显的问题,朱子希望能从胡瑗的湖州学法中找到一些有用的启发。另外,张栻尝批评吕祖谦:

> 去年闻从学者甚众,某殊谓未然。若是为举业而来,先怀利心,岂有就利上诱得就义之理! 今已谢遣,甚幸。但旧已尝谢遣,后来何为复集? 今次须是执得定,断得分明,不然,犹有丝毫牵滞,恐复因循它日也。③

从其口吻之直接认真,以及吕祖谦的"谢遣",亦充分印证了理学共同体不满于讲学现状,力求有所改变的普遍性。

此外,胡瑗的分斋教学设计固然是把"明体"与"达用"贯通

---

① 《朱子语类》卷一百二十九,《朱子全书》第18册,第4027—4028页。
② 参见拙书《从经学到理学》第四章。
③ 《张栻集》卷二十五《寄吕伯恭》,岳麓书社2017年版,第721—722页。

于一体,但他总的训练培养仍然是以士人的仕进为教学目标的。
这点朱子也有清楚的判识:

> 某问:"安定学甚盛,何故无传?"曰:"当时所讲止此,只
> 些门人受去做官,死后便已。"①

朱子的判识一方面反映了他对胡瑗教学法的不满,这也正是南
宋理学共同体要以"义理之言"替代"场屋之陋"的现实原因;但
另一方面也揭明了一个问题,门人弟子学了以后,如果不去做
官,又能做什么? 换言之,义理之言固然能使明体获得标示,但
达用如何实现的问题也相形更为彰显,因为对于普通士人而言,
读书不能仕进,明体终究也难以得到确认。在南宋的现实语境
中,虽然城市与乡村经济有了较以往更大的发展,包括私塾、刻
书等文教行业以及商业都获得了前所未有的发展,但社会发展
提供给士人的现实空间仍然是极其逼仄的。更何况,在观念层
面上,士人如果未能获取功名,即便在士大夫社群中拥有相当的
影响,在经济上也凭商业活动有了一定物质条件,但在社会地位
上仍然只是一个普通乡绅,颇有遗恨的。正如叶适讲陈亮那样,
"使同甫晚不登进士第,则世终以为狼疾人矣"。②

另一个是就象山个人的讲学层面上看,他的立乎其大的简
易工夫如何转进为具有可教可学性质的客观性知识。朱子的讲
学由于把义理的探寻落实在具体的文本解读上,因此在讲学模
式的探索上容易推进。象山与此相对,恰恰要从文本解读中跳
脱出来。《语录》载:

> 先生云:"后世言道理者,终是粘牙嚼舌。吾之言道,坦

---

① 《朱子语类》卷一百二十九,《朱子全书》第 18 册,第 4026 页。
② 《叶适集》卷十二《龙川集序》,第 207 页。

然明白，全无粘牙嚼舌处，此所以易知易行。"或问先生曰：
"如此谈道，恐人将意见来会，不及释子谈禅，使人无所措其
意见。"先生云："吾虽发此谈道，然凡有虚见虚说，皆来这里
使不得。所谓德行常易以知险，恒简以知阻也。今之谈禅
者虽为艰难之说，其实反可寄托其意见。吾于百众人前，开
口见胆。"①

在象山自己，他的讲学是"坦然明白"，能够摈斥一切"虚见虚
说"，"在百众人前，开口见胆"，但在听者那里，不免"恐人将意见
来会"，引来众多奇谈怪论，而且"如此谈道"，尚"不及释子谈禅"。

此处有一问题需略作申言。此前曾述及，朱子与象山虽然
同处于理学的时代，但在知识形态上两人表现出极大的不同。
朱子言理学，还是落在经学上，即便已是宋学的基本定位，但却
是融摄了汉学的风格；象山言理学，却是力破经学的窠臼。前文
尝辟专节讨论象山的解经法，但这完全是因为在知识形态上，象
山的时代根本上还是属于经学的时代，无论象山在思想上作怎
样的突破，有大的超越，但终究难以完全摆脱时代的基本知识形
态。只是在知晓这一前提下，更需从象山思想的突破来理解他
在知识形态上的探索，而放弃著述，选择讲学，就是象山这一探
索最重要的呈现。由于经过了禅学的洗礼，禅学的言说方式已
为人们所熟知而成为一种既成的知识形态，因此，当象山的讲学
呈现出的探索性在形态上与禅学具有某种相似性时，便极容易
被认定为禅学的知识形态，并影响到时人与后人对象山思想的
判识，而遮蔽象山思想及其知识表达上的探索性。不得不承认，
这是象山所面对的困难。《语录》载：

①　卷三十四《语录上》，第 407 页。

第九章 训 门 人

> 一学者从游阅数月，一日问之曰："听说话如何？"曰："初来时疑先生之颠倒，既如此说了，后又如彼说。及至听得两月后，方始贯通，无颠倒之疑。"①

象山的义理言说充满了跳跃的特性，这既是思想张力的表征，也是知识表达的难处，而在接受者那里，象山的言说充满了"颠倒"，需要"听得两月后，方始贯通，无颠倒之疑"。

尤为麻烦的是，象山并不认为自己的思想有特别的突破，因而也不存在着知识形态上的困难，相反，他认为自己只是在返归古俗抑或生活的常识。象山在《贵溪重修县学记》中强调：

> 尧舜之道不过如此。此亦非有甚高难行之事，何至辽视古俗，自绝于圣贤哉？②

他还每引此对门人讲，以为自己的识见足以为人所理解。《语录》载：

> 先生作《贵溪学记》云："尧舜之道不过如此，此亦非有甚高难行之事。"尝举以语学者云："吾之道，真所谓夫妇之愚，可以与知。"③

而且，象山还以为自己的讲学，并不是一种外在律令式的宣谕，而完全是落在每个人的生命感受中的，是顺着每个人的生活实际展开的。象山曰：

> 吾与人言，多就血脉上感移他，故人之听之者易，非若法令者之为也。如孟子与齐君言，只就与民同处转移他，其余自正。④

---

① 卷三十四《语录上》，第406—407页。
② 卷十九，第237页。
③ 卷三十四《语录上》，第408页。
④ 卷三十四《语录上》，第401页。

然而事实上绝非如此简单。也许象山的讲学容易被普通人接受，而面对士人反而滋生许多困难。象山曰：

> 吾与常人言，无不感动，与谈学问者，或至为仇。举世人大抵就私意建立做事，专以做得多者为先，吾却欲殄其私而会于理，此所以为仇。①

可知象山对此是有感知的，而且也有自我反思。只是他将这一现象过于归约在道德层面理解，而未能充分意识到自己的思想表达在知识形态上构成了一种新的探索，而难以为长时段地接受既有的知识形态并内化为集体认知模式以至为无意识的士人所理解，尽管他的讲学足以令他们兴起。

以上对探索性的分析主要还是就讲学模式而言，书院建设由于涉及现实问题，其探索性尚有另外的内涵。象山在《与侄孙濬》书中尝云：

> 吾春末归自象山，瓶无储粟，囊无留钱，不能复入山。近诸生聚粮除道，益发泉石，遣舆夫相迎，始复为一登。兹山废久，田莱垦未及半。今食之者甚众，作之者甚寡。结庐之人事力有限，频岁供役，赖其相向之笃，无倦志耳。傥得久于是山，何乐如之？未知造物者卒能相之乎。②

显然，书院建设与运行牵扯到现实的经济与经营问题。应天山虽然环境非常令象山满意，象山与朱子书信中也曾极力称誉应天山，"距敝庐两舍而近"，"山间自为原坞，良田清池，无异平野"，但由所引《与侄孙濬》，便知对于兴办书院而言，又不是一件简单的事情了。最直接的就是吃饭问题，虽有良田，但须有人拓

---

① 卷三十四《语录上》，第 401 页。
② 卷十四《与侄孙濬》二，第 189—190 页。

荒耕种。门人们相续结庐，也需要长久的劳力供役。这些不仅需要"相向之笃，无倦志耳"，更需要现实的财力支撑。而应天山的书院建设，从最初象山的自建精舍，到众门人的相续结庐，完全都属于私人讲学的性质，没有官方支持，其难不言而喻。即以距离而论，象山告诉朱子是"距敝庐两舍而近"，以为路程不远，进出方便，但事实上对大多数人来讲，仍然是极不方便的。绍定四年，也就是在象山去世以后三十余年，时任江东提刑的袁甫创建象山书院；袁甫是象山高弟袁燮之子，从学于杨简，对象山极为尊崇，但在书院选址上还是没有依循象山的设想，放弃了山间，选在了城郊：

> 初，先生本欲创书院于山间，拜命守荆而不果。至是袁宪奏建书院，以山间不近通道，乃命洪季阳相地，得徐岩，近邑而境胜。①

无独有偶，与讲学模式的探索一样，在书院建设上，朱子也在进行着先于象山的探索。淳熙十年，当象山在国学讲《春秋》时，深感行道艰难的朱子从浙东任上退回武夷，在刚刚落成不久的武夷精舍开始数年的讲学著述生活。显然，朱、陆的精舍修造与讲学在性质上同属于私人讲学，由朱、陆与其各自门人共同出资出力。只是，相比于象山数年后在应天山的修造与情状，朱子的武夷精舍似乎更显简陋。韩元吉应朱子之邀所撰《武夷精舍记》云：

> 负大石屏规之以为精舍，取道士之庐犹半也。诛锄草茅，仅得数亩，面势幽清，奇石佳木，拱揖映带，若阴相而遗我者。使弟子具畚锸，集瓦竹，相率成之。元晦躬画其处，

---

① 卷三十六《年谱》，第522页。

> 中以为堂,旁以为斋,高以为亭,密以为室,讲书肄业,琴歌酒赋,莫不在是。①

朱子不仅与门人共同参与建设,精舍的日常生活也似乎要清苦许多,时人有"武夷山下啜残羹"的描述。②既无象山那样"乘山轿至"的情形,也没有"会揖,升讲坐",以及"学者又以一小牌书姓名年甲,以序揭之,观此以坐"的仪式感。对于朱、陆精舍修造与讲学生活的同中之异,这里丝毫没有褒贬的需要,而只是可以认为,由于象山精舍的整体规模与讲学模式的仪式感,他的书院建设必定需要更大的财力与人力的投入。在前引象山的《与侄孙濬》书中实际上已透露出了这一信息。对财力与人力投入的需求越大越久,毫无疑问,对象山的书院建设越具有压力,其书院建设的探索性也就越强烈。

这里还需要简单涉论一点韩明士的分析。前文尝指出,韩明士误判象山缺乏"清楚的深思熟虑的创建一座书院的打算"。韩明士作出这一误判的依据在于,由于象山生长于数代合族而居的大家族,因此他认为,"九渊,与他的兄长一样,是在一个要求对家的公共事务付出深厚奉献的家庭中养育出来的",这种要求使得象山有明显的"首位的家倾向",并"阻碍他照着朱熹的方式参与自愿乡村社会组织",而仅仅只具有"对没有花费的或自资形式的社会活动的兴趣"。这种自愿乡村社会组织包括了私人讲学性质的书院建设。③但是,综合朱子与象山的精舍修造,可以肯定,朱、陆的书院建设都是由他们与自己的门人集资出力共同修造的,无论朱子,还是象山,都不具有独立承担修造书院

---

① 祝穆《方舆胜览》,中华书局 2003 年版,第 191 页。
② 《宋元学案》卷六十四《潜庵学案》,《黄宗羲全集》第 5 册,第 468 页。
③ 见前引氏著《陆九渊,书院与乡村社会问题》。

的财力,这与两人各自家庭的构成形式并无直接关系。事实上,前引象山《与朱元晦》书中,象山也讲得很清楚,"往岁彭子结一庐以相延,某亦自为精舍于其侧……又得胜处为方丈以居";杨简在象山夫人的墓志中也讲,"暨先生奉祠归,囊萧然,同僚共赈之。还里之明年,经理象山,孺人捐奁中物助之",①足见精舍与方丈都是象山自己出资兴建的。换言之,书院建设对于象山而言,与他的家庭经济形式并没有特别的关系,这里不存在与以家为首位的观念构成冲突与否的问题。象山是在他自己可能的经济能力范围内进行书院建设的,而他的经济能力显然是不足以独立支撑书院建设的。因此,无论是对朱子,还是对象山,书院建设实际上都完全是一项探索性的事业。只是象山在应天山的规模较朱子武夷精舍部勒得更大,故而其探索恰与象山的讲学模式一样,具有更大的风险性。

象山对门人的启谕训示以及书院建设,毋庸置疑是成功的,但是在成功之中,却又伴生着难以诊治却又显见的病灶,在特定的情况下,这一病灶便会导致失败。请略作分析,以结束本章。

先看书院建设。象山在应天山五年,前已述及,书院建设无论是规模与效应都不能不说是成功的。只是,这一成功背后也潜藏着严重的隐患。除了前已述及的财力与人力,以及交通不便以外,书院建设本身由于象山的讲学模式重在立志兴发,不重文本解义,因此应天山上几乎没有书。这在象山健在时,他亲自讲学,门人也自备用书,问题尚不凸显,但象山逝世以后,这个问题马上暴露出来了。《朱子语类》载:

> 彭世昌守象山书院,盛言山上有田可耕,有圃可蔬,池

---

① 卷三十六《年谱》,第 497 页。

塘碓硙，色色皆备。先生曰："既是如此，下山来则甚?"世昌
曰："陆先生既有书院，却不曾藏得书，某此来为欲求书。"
曰："紧要书能消得几卷? 某向来亦爱如此。后来思之，这
般物事聚者必散，何必役于物?"世昌临别赠之诗曰："象山
闻说是君开，云木参天瀑响雷。好去山头且坚坐，等闲莫要
下山来。"①

朱子所言似多有讥评，临别赠诗亦不无揶揄之意，但李绂对这则
语录的背景另有说明。李绂云：

> 诗题称丙辰正月三日。盖是时赵忠定公已谪成，韩侂
> 胄攻伪学方急，故朱子劝其莫要下山，然朱子门人多畏祸诡
> 避，而先生弟子，卓然不惑。是年，朱子以御史沈继祖诬诋
> 落职。又著伪学之籍，凡五十有九人，朱子首列，而先生门
> 人徐谊即居其次，杨简、袁燮，皆在党籍，并毅然不为浮说所
> 动。世昌往访朱子，亦不以祸患为意者也。②

依李绂所言，朱子临别赠诗并无揶揄之意，而是善意劝避时难。
至于庆元党禁发生后朱、陆门人的各自表现，不可以一概而论，
李绂所言亦只能聊备一说而已，但就彭世昌坚挺师说，"不以祸
患为意者"，无疑确实不假。回到这里的主题，丙辰年是庆元二
年，距象山去世四年，该年"贵溪宰刘启晦建翁立先生祠于象山
方丈之址。自立祠后，春秋致祭惟谨……于是先生门人，约以岁
正月九日，登山会祭"。③说明这几年，甚至此后若干年，应天山
的象山书院还在努力运营并且相当不错，如彭世昌所言，"山上
有田可耕，有圃可蔬，池塘碓硙，色色皆备"，但却没有书读。书

---

① 《朱子语类》卷一百二十四，《朱子全书》第 18 册，第 3896—3897 页。
② 《陆子学谱》卷十，第 235—236 页。
③ 卷三十六《年谱》，第 518 页。

第九章 训 门 人

院无书可读,加之守山弟子如彭世昌,虽然坚信师说而卓然不惑,但也不可能有象山那样的讲学能力,士子到此便成了游山玩水了。如此这般,自然无法长期维持。故"理宗绍定三年(己丑)〔庚寅〕,夏四月,江东提刑赵彦悇重修象山精舍"时,就是因为"象山盖学者讲肄之地,先生没,山空屋倾,将遂湮没"。显然,即便重修,也只是徒具空屋,难逃最终"山空屋倾,将遂湮没"的结局。

至于象山的启谕训示门人,亦即他的讲学模式,在象山的成功完全只能是在他本人,在别人既难以复制,也难以传承。仅以象山讲学之精力旺盛,就不是常人能望其项背的。象山门人章仲至记录象山居山讲学,云:

> 先生讲论,终日不倦,夜亦不困,若法令者之为也。动是三鼓,学者连日应酬,劳而蚤起,精神愈觉炯然。问曰:"先生何以能然?"先生曰:"家有壬癸神,能供千斛水。"①

壬癸在五行中皆属水,壬为阳水,喻指大江大河,癸为阴水,喻指静深之水。象山以壬癸水神自况讲学精神的取之不尽与用之不竭,②不仅是对他自己精力旺盛的形容,更是对他自己思想心志的表白,前者非一般学人所拥有,后者即便是思想家亦少具备,实与个人性情有莫大关系。

象山讲学的成功与隐患,张栻当年在《与朱元晦》书中,便因象山门下高足傅梦泉有一个形象的说明。张栻讲:

---

① 卷三十六《年谱》,第 503 页。
② 李绂按:"壬癸二语,陈建妄谓出于佛书。余尝尽阅全藏经律论,并无此语。窃意壬癸水神盖谓精神如水有本,则不竭耳。"此按语驳陈建之语,是为了表征象山与佛学无关,而"如水有本",则彰显象山讲学精神源于本心。《陆子学谱》卷十一,第 260 页。

349

有澧州教授傅梦泉者,资禀刚介,亦殊有志,但久从陆子
静,守其师说甚力。此人若肯听人平章,它日恐有可望也。①

此话虽仅就傅梦泉一人而语,但若窥斑见豹,由此而概论象山整
个讲学事业的成败,虽不中,亦不远。张栻所讲傅梦泉的"刚介
有志","守其师说甚力",与前引李绂所言彭世昌等象山门人在
时难中"卓然不惑"一样,都是象山启谕训示门人"只言辨志"的
成功表征。事实上,朱子在方法上虽然总体上不认同象山的学
术思想,但对象山的讲学及其效果也是有相当承认的。《年谱》
在记述象山居山结精舍讲学后,专门杂引了朱子的几段话,借以
表征朱子对象山讲学与效果的高度赞赏:

朱元晦《语录》云:"今浙东学者多子静门人,类能卓然
自立,相见之次,便毅然有不可犯之色。自家一辈朋友,又
却觉不振。"又云:"子静之门,如杨简辈,躬行皆有可观。"又
与詹侍郎书云:"高教授能留意学校甚善。渠从子静学,有意
为己,必能开导其人也。"又与刘仲复书云:"陆丈回书,其言
明当,且就此持守,自见功效,不须多疑多问,却转迷惑。"②

象山讲学最成功的在使人"卓然自立",与一般学人精神"不振"
形成鲜明对比。只是这个最成功的背后隐患便是张栻讲傅梦泉
的不肯"听人平章",即师心自用,以至于猖狂,如朱子曰:

从陆子静者,不问如何,个个学得不逊。只才从他门前
过,便学得悖慢无礼,无长少之节,可畏可畏!③

究其根源,在朱子看来,还是在于象山的讲学在立志以后,止于
心上,没有更进一步落脚于读书明理。《朱子语类》载:

---

① 《张栻集》卷二十四《答朱元晦》,第716页。
② 卷三十六《年谱》,第503页。
③ 《朱子语类》卷一百二十四,《朱子全书》第18册,第3889页。

第九章　训　门　人

　　陆子静之学,只管说一个心本来是好底物事,上面著不得一个字,只是人被私欲遮了。若识得一个心了,万法流出,更都无许多事。他却是实见得个道理恁地,所以不怕天,不怕地,一向胡叫胡喊。①

　　曹叔远问:"陆子静教人,合下便是,如何?"曰:"如何便是?公看经书中还有此样语否?若云便是,夫子当初带三千弟子,日日说来说去则甚?何不云你都是了,各自去休?也须是做工夫始得。"②

综而言之,象山讲学之长短集于一体,成功的背后即潜伏着病灶,并适时引发为顽疾。究其根源,就在于象山讲学富具探索的特性,而这种探索性又根本上源自象山心学对于时代的超越。象山希望摆脱旧经学,让本心从僵化而琐碎的文义中解放出来,摈弃形而上学的纠缠,直面经验世界本身,从而把握事理,形成实学。然而,象山没有在知识形态上实现这个目标,最能得其精神的门人,诸如杨简,也同样未能实现这个目标,其结果在朱子看来,便是在知识与思想上完全流于佛学。朱子曰:

　　佛者言:"但愿空诸所有,谨勿实诸所无。"事必欲忘却,故曰"但愿空诸所有",心必欲其空,故曰"谨勿实诸所无"。杨敬仲学于陆氏,更不读书,是要不"实诸所无";已读之书,皆欲忘却,是要"空诸所有"。③

朱子的评断自然未必完全正确,但却是代表了最权威的时见,不能不说明象山心学必有它的问题。只是,这个问题固然可以归之于象山心学,但也许理解为时代的限止更为公允。

_____

① 《朱子语类》卷一百二十四,《朱子全书》第18册,第3892页。
② 《朱子语类》卷一百二十四,《朱子全书》第18册,第3890页。
③ 《朱子语类》卷一百二十四,《朱子全书》第18册,第3895页。

结语　士宦生涯

　　本书九章围绕着象山心学进行了分析，按象山自己的话，其学全是实学。然而，在分析中亦时有论及，象山心学之实学性在于他一方面摈弃形而上学，另一方面摆脱文义之学，使天之所予人的本心向对象性的事敞开，从而洞明事理。显然，这意味着，欲充分理解作为实学的象山心学，仅仅扣着其本心植立的论说、发明，以及辨学，不验之于象山对具体世事的判识与取舍，终是有所缺憾的，亦不足以完全呈现象山心学之为实学的特性；而欲观其判识与取舍，则必离不开对其生平活动的了解。因此，特辟象山士宦生涯一章，冀见其人，由其人而彰显其学，并以为全书结语。

　　象山生平事迹并不复杂，《年谱》与杨简所撰《象山先生行状》都已有清楚说明。[①]大致而言，可以乾道八年三十四岁进士及第为界线，分前后两个阶段，前者为士，后者入宦。但心路历

---

① 《行状》见卷三十三，第387—394页。象山仅有《行状》而无《墓志铭》，朱子也是。原因可能是多方面的，如刘克庄《挽〈叶适〉水心先生》云："空郡来陪哭，无人敢撰碑。纷纷门弟子，若个解称师。"（《刘克庄集笺校》卷七，中华书局2011年版，第404页）找不到合适撰写者便是一个很大的原因。

程却不简单,喻为跌宕起伏,亦不过分;而且这一心路历程还不是指作为思想家的象山心学的植立与展开,而仅限于他的士宦生涯的现实境遇所引发的精神反映。当然,这种精神反映有些是象山明确表示了的显相,如正文中尝述及,淳熙十三年象山四十八岁距对班五日而遭王信疏驳,被逐出朝廷,主管台州崇道观,就曾多次对人愤论此事,甚至在极大程度上引发了他由曹立之墓表与朱子的论辩。有些却是隐相,而且其强烈程度也许影响了象山的整个性格,只是难以充分实证而已。比如,李绂尝引嘉靖《抚州志》的一则关于象山长兄陆九思(字子疆)的传记材料,略云:

> 九思举进士,幼弟九渊始生,乡人有求抱养为子者,二亲以子多欲许之,子疆力请以为不可。是年,子疆适生子焕之,因语妻曰:"我子付田妇乳,尔当乳小叔。"妻忻然从之。九渊既长,即象山先生也,事兄嫂如父母。及守荆门,迎侍以往,不半年而归,后因书以郡政告,子疆犹责其矜功,其严毅如此。①

象山守荆门迎侍子疆夫妇,在象山为三兄陆九皋(字子昭,庸斋先生)所撰《陆修职墓表》中述及,时间上讲得更明确,"甫一月,既归";②针对长兄的"矜功"之责,象山也曾回信自辩,"家信中详言事为者,非是矜夸,政欲以情实达于长上耳"。③但是,象山始生即曾许送人,因长兄力请不可,才抱回由长嫂喂奶养大,此一事检之《陆九渊集》,似未有记载。此一经历自然不会影响到父母与象山的感情,《年谱》象山四岁条专记"(象山)常侍宣教公

---

① 《陆子学谱》卷五,第72页。
② 卷二十八《陆修职墓表》,第331页。
③ 卷十七《与致政兄》,第218页。

行,遇事物必致问"。①但由长兄嫂抱回抚养成长,加之象山虚龄三岁母亲饶夫人即卒,对于象山"幼不戏弄"②的性格养成,是否具有某种深层次的心理影响,虽然难以妄测,但一定具有影响应该是可以肯定的。象山守荆门即迎侍长兄嫂,长兄嫂归"后因书以郡政告","非是矜夸,政欲以情实达于长上耳",以及代长兄撰祭侄文,③都足以表征象山事实上是事长兄嫂如父母的。这固然是依礼而行,但既是事实,自然在心理上产生影响,也可以说是一种佐证。另一方面,长兄嫂恩如父母,但终究是兄嫂,不是父母,象山虽"幼不戏弄",但却极有可能反过来强化每个人成长过程中都存在的逆反心理。因为九思既然承担起父亲之责,其责就不仅在养,更在教,言教难免于严,而象山虽恪守礼义,但不难想象,成长过程中的逆反之心会促使他强化在"事理"上争讨一个说法。事实上,这由象山受到九思"责其矜功"而自辩"以情实达于长上"非矜夸,足以表征之。象山在列举史上诸例后曰:

> 此等皆非矜夸其功能,但直言其事,以著其事理之当然。故君子所为,不问其在人在己,当为而为,当言而言,人言之与吾言一也。后世为不情之词者,其实不能不自恃。古之君臣朋友之间,犹无饰辞,况父兄间乎?④

象山的自辩相当义正辞严,真可谓"无饰辞",充分彰显了他于"事理"上之好辩,此前他被逐出朝廷的理由也是被攻击为"躁进

---

① 卷三十六《年谱》,第481页。
② 卷三十六《年谱》三岁条,第481页。
③ 见卷二十六《代致政祭侄柩之文》。
④ 卷十七《与致政兄》,第218页。

强聒"。①虽然象山性格的养成有许多原因，②但如说与他幼年由长兄嫂养大这一经历完全无关，诚亦难信矣。

实际上，不仅心理反映有其显隐之别，即便是已着相于迹之事，虽仿佛千真万确，但其真相究竟又是如何，也是难以简单论定的。比如乾道八年象山三十四岁春试南宫，奏名时，吕祖谦为考官，读象山试卷，由"击节叹赏"，到"愈加叹赏"，以为"文意俱高"，而恰恰此时，"（吕）伯恭遽以内难出院，乃嘱尤（袤）公曰：'此卷必是江西陆子静之文，此人断不可失也。'又并嘱考官赵汝愚子直。二公亦嘉其文，遂中选"。③对此事，象山后来在《祭吕伯恭文》亦称奇曰：

> 辛卯之冬，行都幸会，仅一往复，揖让而退。既而以公，将与考试，不获朝夕，以吐肝肺。公素与我，不交一字，糊名誊书，几千万纸。一见吾文，知非他士，公之藻镜，斯已奇矣。④

辛卯即乾道七年，象山在临安于考前拜谒吕祖谦，虽"仅一往复，揖让而退"，彼此素无交往，"不交一字"，且考试制度严格，"糊名誊书"，但吕祖谦能于"几千万纸"中判识出象山的答卷，难道

---

① 《宋会要辑稿·职官》七二之九，详见余英时《朱熹的历史世界》第九章之二。

② 朱子尝将象山这一好辩性格归因于江西的地缘人文因素，"江西士风好为奇论，耻与人同，每立异以求胜"（《朱子语类》卷一百二十四，《朱子全书》第18册，第3879页）。朱子之判识无疑也是基于样本归纳的逻辑，比如他举象山与王安石为例。虽然样本可能太少，但并不能完全否定其有一定的有效性，此正如谚云"一方水土养一方人"，揭明的亦是这一现象。只是，相比于地缘人文因素，窃以为落到陆象山这一个体，他的童幼经历对于性格养成应该更具影响，故尝试作此分析。

③ 卷三十六《年谱》，第486—487页。

④ 卷二十六，第305页。

真的与考前象山的拜谒完全无关吗？而且在识别捡出答卷后，
又恰于此时"遽以内难出院"，嘱尤、赵二位考官"此人断不可失
也"，难道没有别的意味吗？毫无疑问，整个过程都是事实，象山
的水平与考官的公正也不必怀疑，而且考生在考试前尽可能拜
谒京官也是历史传统，尽管南宋的考官都是考前临时任命的，考
生与考官彼此都不可能预知，但又岂是每个考生都有机会拜谒
京官？"仅一往复，揖让而退"，就意味着沟通无效吗？况且，象
山五兄陆九龄早象山三年于乾道五年登进士第，且与吕祖谦交
好，后来墓志亦由吕祖谦铭之，象山省试已三十四岁，早已名声
在外，象山考前得以拜谒吕祖谦，既是礼节，也不全是礼节。历
史真相一定不是如此单纯的。《年谱》绍兴三十二年象山二十四
岁条载：

> 初，先生未肯赴举。(九龄)复斋素善临川李侍郎浩，每
> 为公言之。是年春，俾侄焕之侍先生同访公。公观其贽见
> 之书，大奇之。留数日，力勉其赴举。……先生第四名，外
> 舅吴渐第九名。①

象山岳丈吴渐，"少随伯氏从学于江公汇。江为乡先生，从游多
老成宿学，一时英异，如李公浩、曾公季貍皆在。公以童幼居其
间，愿悫恭逊，得子弟礼。有所未解，人乐告之"。②换言之，吴渐
与象山都与李浩有交情。南宋科举考试在制度设计上虽已是力
求公平，但并不表示完全没有为特定的人缘关系留有一定的可
活动空间。承认可活动空间的存在，正说明在普遍意义上各种
社群关系的存在所具有的作用，这对于理解理学共同体内部的

---

① 卷三十六，第484—485页。
② 卷二十七《宋故吴公行状》，第317页。

竞争,以及理学共同体与整个官宦阶层的关系,都是具有意义的。但是,承认可活动空间的存在,并不意味着这种存在对结果必定起到决定性的作用,吴渐"绍兴癸酉,始与举送……明年省试不偶……丙子再举,壬午三举,省试皆报罢,自是仕进之意衰矣",[①]便说明了制度性存在仍然主导着社会各方面的基本运行。

概而言之,梳理象山的士宦生涯,自然只能落于迹上而言,但如何真正理解其迹,却又不能仅限于迹,而应当尽可能体会事迹赖以展开的舞台,以及更为核心的人,尽管这种体会往往难以表述清楚。

第一节 士的培养

象山的生平分为士与宦两个阶段,其士的身份并不是与生俱来的,而是着意养成的。这个养成便有赖于家庭乃至家族的安排。象山出生于一个数代合家而居的大家族中,这为他养成士的身份提供了重要的条件。但是,又必须马上指出,数代合居的大家族既不构成培养子弟为士的必要条件,也不构成充分条件。[②]小家庭实现阶层流动,无论是向上或向下,在南宋都是可能的。如前述象山岳丈吴渐就不是大家族,其父以"右迪功郎致仕",当属官户;吴渐童幼时也随其兄从游于老成宿学,但十五岁起,便被其父要求"治生",后因吴渐对父表达了"其志",才"更

---

① 卷二十七《宋故吴公行状》,第 317 页。
② 李裕民曾比较研究了同样是同财共居达十世左右的宋代司马光家族与姚氏家族,表明能否培养子弟为士,从而实现身份流动,与家族的自我定位与动力是具有高度相关性的。参见《两个同财共居大家族的演变历程——宋代司马光家族与姚氏家族研究》,原载浙江大学宋学研究中心编《宋学研究集刊》二,后收入氏著《宋史考论二集》,科学出版社 2022 年版。

使从学"。只是三试报罢，最终"家甚贫"。换言之，从吴渐其父到吴渐本人，实际上就经历了一个由民户到官户，复由官户降为民户的过程。①

宋代连续几代乃至几十代的同财共居大家族，有140多个，因其具有某种社会道德教化的意义，常被称为义居家庭，得到朝廷与地方政府的表彰。②象山陆家即属于这一类，在象山以后的第二代孙子辈时，淳祐元年金溪进义居表，获得了皇帝的旌表。③关于象山之前的陆家世系，象山叙述甚详：

> 其先妫姓，田敬仲裔孙齐宣王少子通，封于平原般县陆乡，即陆终故地，因以为氏。通曾孙烈，为吴令、豫章都尉，既卒，吴人思之，迎其丧葬于胥屏亭，子孙遂为吴郡吴县人。自烈三十九世，至唐末为希声，论著甚多。后仕不偶，去隐义兴。晚岁相昭宗，未几罢。邠、陇、华三叛兵犯京师，舆疾避难，卒，谥曰文。文公六子。次子崇，生德迁、德晟，以五代末，避地于抚之金溪，解囊中装，买田治生，赀高闾里。德晟之后，散徙不复可知。德迁遂为金溪陆氏之祖，六子。高祖有程，为第四子，博学，于书无所不观，三子。曾祖演为第三子，能世其业，宽厚有容，四子。祖戬为第四子。再从兄弟盖四十人，先祖最幼。好释老言，不治生产，四子。先考居士君贺为次子，生有异禀，端重不伐，究心典籍，见于躬行，酌先儒冠、昏、丧、祭之礼，行之家，家道之整，著闻州里，六子。④

---

① 卷二十七《宋故吴公行状》，第317—319页。
② 参见前引李裕民论文。
③ 《陆子学谱》卷五"陆家长冲"条，第112页。
④ 卷二十七《全州教授陆先生行状》，第312页。

《年谱》首叙世系,基本依据这一叙述,略作删改。删者如"金溪陆氏之祖"德迁之弟"德晟之后,散徙不复可知";改者如祖父陆戬"好释老言,不治生产",《年谱》改为"趣尚清高,不治生产"。五兄陆九龄是陆氏六兄弟中最先过世的,同时又是进士,与自己也甚亲近,故象山所撰《行状》详述世系。但是,此处不嫌其烦照录,又略示《年谱》的些许删改,则意在揭明,这种世系叙述对于象山及其家庭与家族而言,绝非是可有可无的准叙事(quasi narratives),而是构成家族价值取向的权威性与实际成就的合理性的元叙事(meta narratives)。即如李绂所讲:

> 先生之学,固由心得,然家世授受,不可略也。自其高曾以来,世有令德。厥考(陆父)宣教公,尤环伟……其渊源固已奠矣。[1]

换言之,作为民户出身的象山,没有从小务农或从事其他治生之业,能够"五岁入学读书",十岁"侍诸兄诵讲",直至二十四岁乡举,三十三岁再乡举,最终三十四岁及进士第,陆家这一关于世系的元叙事无疑是重要的精神支柱与动力。其中,父亲陆贺又起到至关重要的作用,他不仅"生有异禀",更是改变了祖父"好释老言,不治生产"的价值观念与生活态度,转为以儒学修身治家,从而"家道之整,著闻州里"。不过,从象山称父亲"先考居士君"看,陆贺虽已转以儒学修身治家,但其父"好释老言"似乎仍有影响。

当然,除了精神支柱与动力以外,现实的经济保证是培养士的必要条件。陆家自陆德迁定居抚州金溪青田起,"买田治生,赀高闾里",起步应该是不错的。但至其父陆贺时,"家素贫,无

---

[1] 《陆子学谱》卷五,第71页。

田业,自先世为药肆以养生";"后虽稍有田亩,至今计所收,仅能供数月之粮。食指日众,其仰给药肆者日益重"。陆家由事农而事商,至其父时已是以商为本,兼及事农;而且药肆经营规模似乎也相当大,不仅分工细,用工多,"子弟仆役分役其间者甚众",收入也应该是可观的,"兄弟六人,(九叙)公居次。伯叔氏皆从事场屋,公独总药肆事,一家之衣食百用,尽出于此"。①当然,此前也曾言及,陆家也辟有家塾,"以束脩之馈补其不足",②也是一笔经济来源。

　　值得注意的是,陆家虽然说是合家共居,但从象山的世系叙述,以及其他描述看,比如"吾家素无田,蔬圃不盈十亩,而食指以千数,仰药寮以生",人有十指,"食指以千数",即约百口之家,按象山二哥九叙(字子仪)有四子六女,孙男三女五,③三哥陆九皋(字子昭)有四子二女,孙男一女三略计,④一家约十人,六兄弟,加之用工的仆役,大致约近"食指以千数",陆家的合家共居主要还是就其父子两代而言,即只是陆氏兄弟没有分家,并不涉及父亲的其他三位兄弟及其家庭,至于同宗旁支中人更没有同财共居。象山文集中似乎也没有提及这些相关人的信息,也证明了这一点。另外,从金溪初祖陆德迁、德晟兄弟算起,至象山仅为六代,德迁之弟德晟的后人,象山竟已"散徙不复可知"。因此推想,陆氏的合家共居,应该主要是指从象山高祖陆有程起,陆家各支定居青田,不再散徙外地;高祖、曾祖已远,祖父陆戬一辈"从兄弟盖四十人",父亲陆贺共兄弟四人,象山一辈的从兄弟应该也不少,整个陆氏家族虽都定居青田,但经济上可

①③　卷二十八《宋故陆公墓志》,第322页。
②④　卷二十八《陆修职墓表》,第332页。

能还是只以父亲为单位的。

从陆家的经济来源看，陆氏兄弟没有分家，与陆家的经济来源主要是经营药肆有重要关系。种田可以按照田亩分割，土地虽有肥瘠不同，但大致总是可以分配的，药肆在一个相对区域间，显然是难以分号经营的。加之，经营药肆的商业收入远高于种田收入，因此无论是客观上，还是主观上，兄弟不分家显然是唯一的选择。不过，仅凭一家药肆要养活百号人，无疑是不容易的，因此尽管还有田地与家塾收入，陆家早年的经济还是紧张的，需要克勤克俭。象山曰：

> 公(二哥)娶余氏，先公十一年卒。余氏孝顺出于天性，娣姒皆以为莫及。当穷约时，公之子女，衣服敝败特甚，余氏或时及之，公即正色呵止，必伯叔氏为之处，乃始得衣。虽公之衣服器用，亦往往如此。及伯季有四方游，虽至窘急，橐囊无不立具。①

这里主要是对经营药肆的二兄嫂进行道德表彰，但字里行间对于经济状况还是有所反映。从"当穷约时"可知，早年陆家的经济状况还是比较艰难，后来随着药肆经营有方，尤其是象山与其五哥相继进士及第与入宦，经济状况才有所改善。毫无疑问，这种改善既有助于合家共财，也有益于下一代子侄辈的成长。②

在世系元叙事的推动与家庭经济的保障下，士的培养更重要的自然还是人自身的自觉。就象山而言，如前所述，他的父亲已树立了榜样，而身为幼子，他的五位兄长对他的影响也是显而易见。

---

① 卷二十八《宋故陆公墓志》，第 322 页。
② 详参《陆子学谱》卷五《家学》"陆安抚持之"以下，第 101—115 页。

长兄陆九思与象山的关系特殊,形同父子,影响之大自不待言。九思虽与乡举,但没有取得进士,以长子身份"总家务",①后以恩封从政郎。大家族的家务处理是很不容易的,此由象山《代致政祭侄櫄之文》所言"弥缝补苴于缺绝迫窄之中",即可想见。"缺绝迫窄"尚只是就经济逼仄而言,大家族的家务处理更难者远在经济之外。侄儿櫄之是象山四哥九韶长子,其代大伯父"总家务",能够"中外巨细,靡不整办",固然有自己的才能,②但显然也是得教于大伯父的长期垂范。事实上,九思不仅将大家族的事务处理得恰贴,而且撰有《家问》,对治家经验予以总结,朱子曾作跋予以高度肯定。略云:

> 《家问》所以训饬子孙者,不以不得科第为病,而深以不识礼义为忧。其殷勤恳切,反复晓譬,说尽事理,无一毫勉强缘饰之意,而慈祥笃实之气蔼然。讽味数四,不能释手云。③

象山既由长兄抚养成长,对长兄治家理念自然耳濡目染,而且他也轮值过家务,在实践中受到锻炼,象山自己讲:"吾家合族而食,每轮差子弟掌库三年。某适当其职,所学大进,这方是'执事敬'。"④事实上,九思治家以礼义为重,完全为象山所接受。象山《与周廉夫》书曰:

> 处家之道,古圣人格言俱在,《易》之《家人》,《诗》之《二南》是也。今人纵能言,亦何以加也。若"情胜礼、恩胜义"

---

① 卷二十八《陆修职墓表》,第 332 页。
② 卷二十六,第 306—307 页。关于櫄之,象山有极高评价,参见卷十一《与曾宅之》,第 155 页;卷十二《与饶寿翁》六,第 166 页。
③ 卷三十六《年谱》,第 479—480 页。李绂《陆子学谱》抄为《序》,并说明此序文朱子文集中未载(卷五,第 72 页)。
④ 卷三十四《语录上》,第 428 页。

之说，窃以为未然。处家自有礼，自有义，礼义所在，岂可胜也？此言非但不知处家之道，亦不知礼义矣。①

所谓"情胜礼、恩胜义"，盖因家庭或家族是基于血缘的组织，其维系常有赖于亲情恩爱，但象山以为处家之道在礼义，而情恩自在其中，倘若有超胜于礼义之情恩，则不仅治家无方，而且治家所持之礼义也一定有悖于亲情恩爱，不足成其为处家之道。象山在《与刘伯协》中，又曰：

> 人家之兴替，在义理不在富贵。假令贵为公相，富等崇、恺，而人无义理，正为家替。若箪食瓢饮，肘见缨绝，而人有义理，正为家兴。吾人为身谋，为子孙谋，为亲戚谋，皆当如此，然后为忠；其自谋者，或不然，亦是不忠于吾身矣。某向来区区之志，素有不在利害间之语，正为此耳。②

这就更为明确地由"人家之兴替，在义理不在富贵"的治家之道，导出了"某向来区区之志，素有不在利害间之语，正为此耳"。不仅点明了陆家对士的培养的作用，甚至可以说是更直接影响到了象山的本心实学。

这里可附带略讲一下九思的大儿子焕之③与象山的关系。焕之"即与（象山）先生同岁生，而从政令田妇乳之，留其母之乳以乳先生者也"。陆游因与陆家同远祖，尝为焕之铭墓，略云：

> 与季父象山先生九渊生同年学同时，先生不敢以年均狎季父。象山则朋友视之，磨砻浸灌甚至。④

这里的"不敢"与"朋友视之"，以及叔侄"磨砻浸灌甚至"，亦从

---

① 卷四，第60页。
② 卷十二《与刘伯协》二，第169页。
③ 卷十一《与尤延之》书中称"长侄焕之"，第155页。
④ 《陆子学谱》卷五《家学》，第100页。

一个很小的侧面反映了陆家的治家礼义。

象山的二哥九叙与三哥九皋，象山分别撰有墓志与墓表。前已述及，二哥"独总药肆事"。陆氏"一家之衣食百用，尽出于此"，经营之善，便已足证其本领。象山曰：

> 公气禀恢廓，公正不事形迹。群居族谈，公在其间初若无与，至有疑议，或正色而断之以一言，或谈笑而解之以一说，往往为之涣然。①

能在家族内断疑解纷，令众人涣然信服，固然需要智慧，但根本还是在"公正不事形迹"。公正是据理而行，不事形迹则是顾及当事人的感受。毫无疑问，这种通情达理的处事方式，不只是针对公共人事，也是针对自己的行为准则。此同样为象山所秉持，可举一例为证：

> 有县丞问先生赴任尚何时，先生曰："此来为得疾速之任之命，方欲单骑即行。"县丞因言及虏人有南牧之意，先生遽云："如此则荆门乃次边之地，某当挈家以行，未免少迟。若以单骑，却似某有所畏避也。"②

对于世事人情，足见象山之洞明；而他的行事取舍，似乎是考虑个人的形象，但实际上在听闻外敌入侵的情况下，携家赴任，正是忠于职守，给民众以信心，行之以义。

陆氏兄弟这种应对世务的能力，几乎构成了他们的共同特色。三哥九皋虽不总家务与经营药寮，但在早年陆父"居约时，门户艰难之事，公所当，每以条理精密，济登平易"。关于九皋事迹，象山在墓表中叙述尤为详细。兹摘其要点，以见其风格。九

---

① 卷二十八《宋故陆公墓志》，第322页。
② 卷三十四《语录上》，第422页。

皋少时于经子文集与史册都颇下工夫,但"年过三十,始获荐名,
又复不第,投老乃得一官",士宦之路并不顺畅,故象山有"兹非
命耶"之叹。不过,九皋"持论根据经理,耻穿凿之习,虽蹭蹬场
屋,而人所推尊不在利达者后",他本人待人接物也不看功名,
"一视其言行如何耳",故"授徒家塾",颇能培养得"忠信自将,
退然里巷庠序之间,若将终焉,而进修不替者",后应邀于桐岭书
院讲学,"自远至者,踵系不绝,兴起甚众"。九皋生平中较为特
殊而需专门表出者,是他对地方事务的参与。象山曰:

> 淳熙丁未,江西岁旱,抚为甚,抚五邑,金溪为甚。仓
> 台、郡守,留意赈恤,别驾廖君实主之。廖知其说,莫善于乡
> 得其人,莫不善于吏与其事。造庐问公计策,且屈公为乡
> 官,于是乡之所得,多忠信之士,而吏不得制其权以牟利。
> 明年,赈粜行,出粟受粟,举无异时之弊。里闾熙熙,不知为
> 歉岁,而俗更以善,公力为多。

此事不仅充分展现了九皋的能力与在地方上的威望,而且也折
射出南宋地方政府在地方事务上如何与乡绅有效合作的一些情
况。①总之,如象山所言,九皋"平居混然无异于人者,而智识潜
深,遇事始见"。也许正因为此,九皋"尝名所居斋曰庸,学者因
号庸斋先生"。象山虽紧接着说明,"然公未尝言其义,学者亦未

---

① 南宋精英地方化及其相关问题是宋史学界的一个热门话题,陆氏家族
的个案可以折射出所涉问题的某些内容,但是否足以得出某些普遍性
的结论,还是需要谨慎对待。也许可以看出一些趋势,比如精英的
构成要素及其与社会发展空间的关系,精英参与地方事务的内容、路
径与前提,等等。参见包伟民《精英们"地方化"了吗?——试论韩明
士〈政治家与绅士〉与"地方史"研究方法》,《唐研究》第十一卷,北京大
学出版社2005年版。

尝有所请"，①但整个墓表所呈现的九皋无疑就是一个大智若愚的人；而这样的人，正可谓印证着象山所标示的本心实学，人的本心在遇事时自然明白一切事理。

象山与四哥九韶（字子美，梭山先生）、五哥九龄（字子寿，复斋先生）并称"三陆先生"，②可知三人志趣之相合。九龄是陆氏兄弟中最先去世的，享年仅四十九岁，象山述其行状甚详；九韶则晚于二弟而终，象山独无太多文字涉及。故此于九龄概说一二，而于九韶稍作申说。

陆氏六兄弟中，只有五哥九龄与象山进士及第，两人相差七岁，象山幼童时常随伴左右，得其启蒙。九龄"自少以圣贤为师，其于释老之学辩之严矣"，"览书无滞碍，翻阅百家，昼夜无倦，于阴阳、星历、五行、卜筮，靡不通晓"，这些术数类的知识也为象山所知。乾道初年，有寇侵及郡，九龄闻警归乡，接受地方政府委任，主持防务，"调度有方，备御有实，寇虽不至，而郡县倚以为重"。其任地方官时，待人处事尽诚尽敬；其性情"趣尚高古而能处俗，辨析精微而能容愚"。③总之，九龄之由士入宦，既是陆氏培养的结果，同时又是象山成长的榜样。

前曾述及，象山与朱子关于太极无极的辩论，就是接着九韶与朱子的论学，故可知象山与四哥九韶的学术思想是有共同之处的。九韶与其父相似，虽自称居士，但行儒教，以为"学之要，孝弟之外无余道"；"生平所著，有《日经类编》《经解新说》及《州

---

①　详见卷二十八《陆修职墓表》，第331—334页。

②　二陆或三陆的称呼并有，三陆如《陆子学谱》卷五，第77页。二陆则如《年谱》称"（象山）与复斋先生齐名，称为江西二陆，以比河南二程"。卷三十六，第480页。

③　详见卷二十七《全州教授陆先生行状》，第312—317页。

郡图》《家制》《文集》,凡三十五卷",但"《梭山文集》今逸不传","《家制》多行于世。《日纪》中有《居家正本》及《制用》各二篇,尤为希圣希贤之本"。①李绂《陆子学谱》于九韶传记后,附《居家正本》上下篇与《制用》上下篇。②顾名思义,《居家正本》主旨在明确立家之本在"行孝悌,本仁义",《制用》主旨在如何安排家族经济预算。这里,且就如何培养士这一主题,略作申说。

九韶在《居家正本》中,托古而开宗明义讲,古者民生八岁入小学,习六艺之教,十五岁各因其材而归之四民。九韶强调,"为农、工、商、贾者,亦得入小学,七年而后就其业,其秀异者入大学而为士,教之德行"。由于后世有科举,世人往往以科举为养士的标准,从而驱子弟"入争夺倾险之域也"。九韶曰:

> 科举之业,志在于荐举登科,难莫难于此者。试观一县之间,应举者几人?而与荐者有几?至于及第,尤其希罕。盖是有命焉,非偶然也。此孟子所谓"求在外者,得之有命是也"。

可见,陆家兄弟六人都是沿着"秀异者入大学而为士"的路径培养的,但又能比较超然于科举之成败,甚至如三哥九皋最后"若无意斯世者"。③九韶还强调,"凡小学、大学之教,俱不在言语文字,故民皆有实行而无诈伪",这就近乎象山立本心发为实学的表达了。

当然,既为实学,便不是空话。《制用》上下二篇就是实学的表征。在《制用》中,九韶不仅强调了"量入以为出,然后用度有准,丰俭得中,怨讟不生,子孙可守"的原则,而且更就具体的财

---

① 《陆子学谱》卷五,第77、83页。
② 详见《陆子学谱》卷五,第77—828页,下引不另出注。
③ 《陆子学谱》卷五,第74页。

务预算作了仔细的安排：

> 今以田畴所收，除租税及种盖粪治之外，所有若干，以十分均之，留三分为水旱不测之备，一分为祭祀之用，六分分十二月之用。取一月合用之数，约为三十分，日用其一，可余而不可尽。用至七分为得中，不及五分为啬。其所余者，别置簿收管，以为伏腊裘葛、修葺墙屋、医药宾客、吊丧问疾、时节馈送。又有余，则以周给邻族之贫弱者，贤士之困穷者，佃人之饥寒者，过往之无聊者，毋以妄施僧道。

甚至这其中的轻重缓急、分寸把握，以及居家之病的防范，都作有分析性的详述。由此足见陆氏兄弟之为士的养成决不流于清谈而已。

综而言之，正如吕祖谦在为九龄所撰墓志中所讲，陆氏"兄弟皆志古嗜学，燕居从容讲论道义，闾阎衎衎，和而不同，伯仲之间，自为师友"。[①]象山之为士，便是在这样的氛围中养成的。这里，还需补充的是，象山十岁定亲，二十九岁成婚，三十三岁长子持之出生，次年进士及第，其岳丈虽家贫，但其老儒家风对象山之士的养成至少有助益而无相悖。象山尝分别为岳父母、内弟撰墓志以表彰，[②]皆足以见证之，兹略而不赘。

第二节　宦海沉浮

乾道八年象山三十四岁进士及第，荣归故里。三十六岁淳熙元年三月"赴部调官……复至都下，授迪功郎，隆兴府靖安县主簿"，正式进入宦海沉浮。三十九岁淳熙四年"丁继母太孺人

---

① 引自《陆子学谱》卷五，第 89 页。
② 卷二十七《宋故吴公行状》，第 317—319 页；卷二十八《黄夫人墓志铭》，第 324—325 页；《吴伯颙墓志》，第 330—331 页。

邓氏忧",至四十一岁"服除,授建宁府崇安县主簿"。①四十三岁得到"丞相少师史浩荐先生,六月二十三日得旨,都堂审察升擢,象山不赴";明年四十四岁"侍从复上荐,得旨与职事官,除国子正"。四十五岁淳熙十年冬,"迁敕令所删定官",明年四十六岁,"上殿轮对五札"。如此,直到四十八岁淳熙十三年,"给事王信疏驳,十一月二十九日得旨,主管台州崇道观"。三年"祠秩满",五十一岁淳熙十六年,"寿皇(孝宗)内禅,光宗皇帝即位,诏先生知荆门军"。五十三岁绍熙二年"得旨,疾速之任","秋七月四日启行","九月三日至荆门军",次年冬十二月十四日积劳引发宿疾"血疾","居旬日大作"而卒,在任仅一年又三月余,享年仅五十四岁。②

象山的整个仕途,或可借用两句话概括。一句是陆游为象山同年出生的侄儿焕之所撰墓志中所云:

象山晚为朝士,陆陆百寮底,旋复斥死。③

"陆陆"即"碌碌"之意,"百寮底"是指象山所任敕令所删定官属于朝廷中的底层官员。平实而论,象山三十四岁进士及第,三十六岁获得铨选,正式进入仕途,两任未实际到任的县主簿,中间加上丁忧三年,四十四岁即调任国子正,次年又迁任删定官,就南宋的选任磨勘官员制度而言,象山的仕途并不算太蹭蹬。敕

---

① 杨简《象山先生行状》云:"淳熙元年,授迪功郎、隆安府靖安县主簿。未上,丁继母太孺人邓氏忧。服阕,调延宁府崇安县主簿。"(卷三十三,第389页)据《年谱》,淳熙六年授崇安主簿,但次年象山在家的南面五里的一个取名为"滋兰"的园林里与朋友读书;再后年访朱子于南康;淳熙九年即除国子正。(参见《年谱》各条)故两县主簿都待次未实际上任。

② 见卷三十六《年谱》各岁条。

③ 《陆子学谱》卷五,第100—101页。

令所删定官虽为"朝士",靠近了权力中心,但终究没有什么大的实际权力,确实属于最低层次的官员;而象山被斥出朝廷,后来上任的荆门军也的确属于南宋边僻之地,尽管中间隔着数年的应天山讲学,荆门任上的积劳而死亦属命中之不幸,不能完全归咎于仕宦之厄,然"旋复斥死"既符合事实,也颇显悲凉。故陆游此语,亦可谓象山仕途的实描。

另一句是周必大给人书信中的话。《年谱》引录云:

> 丞相周公必大尝遗人书,有曰:"荆门之政,可以验躬行之效。"周益公判湖南帅府,复傅子渊书,末云:"曾通象山书否? 荆门之政,如古循吏,躬行之效至矣。"①

周必大(1126—1204)晚以益国公致仕,他的"躬行之效"与"如古循吏"不同于陆游的事实性描述,更属于一种价值评判。周必大是与理学士大夫交好,政治上多有扶持的政治家,后亦因此入籍庆元党禁,但他并不欣赏理学士群的结党高标,因为这种结党高标与官场的政治规则实在是大为违合。②这两通书信对象山的肯定比较真实地反映了周必大的思想,即他对象山荆门政绩的肯定,集中在这一政绩体现了象山的"躬行之效",以及"如古循吏",这似乎印证了象山对自己心学乃实学的认定。此外,周必大与傅子渊书中问"曾通象山书否",可知尚在象山生前,而象山之任荆门,如前如述,不过一年三个月余,有此口碑,实亦足见象山之能力。

正如陆家深知科举艰难,却并不阻碍对子弟进行士的培养一样,象山当然亦知宦海沉浮由不得自己,但决不影响他对得君

---

① 卷三十六《年谱》,第 512 页。传世本《周文忠集》不存此二信。
② 周必大与理学家的关系,详见余英时《朱熹的历史世界》第九章之五。

行道的期待。这既可以视为儒家的精神传统,也可以理解为宋代士大夫更为强烈的共同的精神自觉。①象山"晚为朝士",固然位处"百寮底",但毕竟位于国家政策制定的中枢,还是为象山提供了有所作为的机会。在敕局的岗位上,据象山事后与人书信所述,主要做了两件事,《年谱》中也作了记载,即四十六岁条所记的"编朱元晦奏立社仓事"与"论驳中外奏对不可行者"。②

朱子与象山四哥九韶(号梭山)都曾实践过社仓,并奏请过朝廷,但是否推广以及如何推广还是需要朝廷具体采纳。象山与人书信中曰:

> 社仓事,自元晦建请,几年于此矣,有司不复挂之墙壁,远方至无知者。某在敕局时,因编宽恤诏令,得见此文,与同官咨叹者累日,遂编入广赈恤门。今乃得执事发明之,此梭山兄所以乐就下风也。其间琐细,敢不自竭。需公移之至,续得布禀。

象山的工作也充分印证了他在信中所言,"道外无事,事外无道"。③因为社仓这样的事,放在全国看,似乎只是小事,而且也不一定适用于各地,但如无人去理会,再好的经验与道理也只成了空话。与此相应,再小的坏建议,如果提到国家的层面施行,危害将是极大,必须有人去及时阻止。象山在敕局"论驳中外奏对不可行者",就属于此类工作。象山曰:

> 某往时充员敕局,浮食是惭。惟是四方奏请,廷臣面对,有所建置更革,多下看详。其或书生贵游,不谙民事,轻于献计,不知一旦施行,片纸之出,兆姓蒙害。每与同官悉

---

① 　详见余英时《朱熹的历史世界》第八章。
② 　卷三十六《年谱》,第496页。
③ 　卷一《与赵监》二,第10页。

意论驳,朝廷清明,常得寝废。编摩之事,稽考之勤,顾何足以当大官之膳,尚方之赐,或庶几者,仅此可少偿万一耳。①总之,象山对自己在敕局的工作还是有所肯定的,对其中的意义也是有充分认识的。

当然不难想见,敕局的工作虽偶有上述这样的成就与意义,但大量的还是琐碎而平常的事务,绝不可能满足象山的自我期许。对于象山而言,敕局删令官的岗位更主要因其靠近权力中心而带来某种心理预期,除此以外,实不免是相当无趣,甚至无聊的。四十七岁淳熙十二年,象山在给尤袤的信中将这种心情讲得很明白:

> 此间不可为久居之计。吾今终日区区,岂不愿少自效?至不容着脚手处,亦只得且退而俟之。职事间又无可修举,睹见弊病,又皆须自上面理会下来方得。在此但望轮对,可以少展胸臆。对班尚在后年,都郁度日而已。②

前一年,即四十六岁时,象山曾"上殿轮对五札"。能够当面向皇帝进呈自己的意见,这当然是得君行道的重要机会。由于是初次面对皇帝,象山虽然"颇得尽所怀,天语甚详,反复之间,不敢不自尽",③但事后终是觉得"条贯靡竟,统纪未终。所以低回之久者,思欲再望清光,少自竭尽,以致臣子之义耳"。然而,"去对班才数日,忽有匠丞之除,遂为东省所逐",④象山再次面见皇帝的殷切期望破灭。

---

① 卷八《与苏宰》二,第113页。
② 卷三十六《年谱》,第496页。文集中仅收有其受荆门之命后与尤袤的一通书信,此信失收。
③ 卷七《与詹子南》二,第96页。
④ 卷十三《与朱子渊》,第174页。关于象山被逐,余先生有细致梳理,参见《朱熹的历史思想》下册,第432—436页。

由于象山没有再获轮对机会,并被逐出朝廷,因此他的初次"上殿轮对五札"便成为了解象山政治思想的重要文本。[①]此五札,《年谱》称"时对期甚迫,犹未入思虑,所亲累请,久乃下笔。缮写甫就,厥明即对",[②]似有急就章的意味,其实不然。"对期甚迫",表明轮对时间是明确知晓的;"久乃下笔",更明确是深思熟虑的。虽然初次轮对,不免紧张,事后觉得"条贯靡竟,统纪未终",但五札基本上反映了象山的政治思想是可以肯定的。五札文本完整见于《删定官轮对札子》,轮对时与孝宗的具体交流记录于《语录》[③]中,可以在很大程度上补充轮对时的场景复原。

象山在第一札首先引经典的"典谟大训",强调君臣"相与论辩,各极其意,了无忌讳嫌疑",然后引唐太宗与魏徵的故事作佐证,从而为自己接下来的进言能够"得尽所怀"作铺垫。接着,象山就切入主题,直言道:

> 陛下天锡智勇,隆宽尽下,远追尧、舜,诚不为难。而临御二十余年,未有太宗数年之效。版图未归,雠耻未复,生聚教训之实,可为寒心。执事者方雍雍于于,以文书期会之隙与造请乞怜之人,俯仰酬酢而不倦,道雨旸时若,有咏颂太平之意。

这个批评不可谓不重,不仅将宋廷上下一概否定了,而且几乎对孝宗受禅以来二十余年的努力也给否定了,开头的几句话完全只成了虚美。象山将造成这种局面的原因归之于"因循玩习之

---

① 关于此次轮对,详见余英时《朱熹的历史思想》下册,第 432—436 页。余先生对这次轮对的讨论,旨在表征象山与朱子同怀得君行道的强烈愿望,故并没有涉及象山"轮对五札"的思想分析。

② 卷三十六,第 496 页。

③ 卷十八《删定官轮对札子》,第 221—224 页;卷三十五《语录下》,第 447—448 页。以下随文引录此札子与语录,不另出注。

久,薰蒸浸渍之深,虽陛下之刚健,亦不能不消蚀也",因此他表示"愿陛下毋以今日所进为如是足矣,而博求天下之俊杰,相与举论道经邦之职"。应该说,从文字上看,象山第一札所表达的内容无出于理学共同体力求改变官场的因循积习以及与皇帝共治天下的愿望,并没有什么特别之处。

但是,《语录》对首札的现场回忆,补充了许多信息。除了孝宗很有雅量地听了象山的进呈,并不时插话给予积极的回应外,最重要的是再现了札子中所没有的严肃话题:

> 读入本日处,先乞奏云"臣愚蠢如此",便读"疆土未复"、"生聚教训"处,上曰"此有时",辞色甚壮。答:"如十年生聚,十年教训,此有甚好? 今日天下贫甚,州贫、县贫、民贫。"其说甚详,上无说。

象山这就不是在宏大叙事了,而是点出了"天下贫甚"的核心问题,而且指出这个"天下贫甚"主要表现在地方与民间。这虽然也是理学共同体当时的共识,但象山初次轮对就挑破这个痛点,且"其说甚详",不仅反映了他的政治勇气,而且也体现了他的政治识见。对此,孝宗"无说"。如果把"说"通借为"悦",则此"无说"既是无话可说,也是不高兴了。

第二札的主题单一明确,即强调"志于道"。象山引汉武帝为例,以为"汉唐之治,虽其贤君,亦不过因陋就简,无卓然志于道者","愿陛下益致尊德乐道之诚,以遂初志"。但是《语录》表明,孝宗与象山对"道"的理解似乎大相径庭:

> 读第二札论道,上曰"自秦汉而下,无人主知道",甚有自负之意,其说甚多说禅。答:"臣不敢奉诏,臣之道不如此,生聚教训处便是道。"

孝宗对"道"的理解偏于禅,象山则明确强调"生聚教训处便是道”，亦即人世间的家国情怀才是“道”。象山的理解是他一以贯之积极入世的儒家思想，不待赘言。只是由此似乎不难想象，当象山应朱子要求而寄去札子文本，朱子读后仍微讽象山的话“未免使人疑着，恐是葱岭带来”，象山显然是极不愉快的，并大不以为然的，因为他都当面直接反驳了孝宗对儒家之道的禅学化理解。当然，朱子并不知道象山与孝宗的现场对话。

此外，值得注意的是，由孝宗的理解，联系到前曾述及朱子对张九成、汪应辰等人被宗杲所降服的议论，可以想象当时的思想氛围。即当南宋理学家们倡论“道学”以复兴儒学时，包括皇帝在内的高层官员们都把“道”作为形而上的玄谈，倾向于禅学化的解读，而不是北宋王安石以来托名于尧、舜之道的儒学定位。如果考虑到张九成（1092—1159）是高宗时代人，汪应辰（1118—1176）则由高宗时代进入孝宗时代，两人堪称当时士林代表性人物，那么可知禅学于南宋，至晚到象山轮对孝宗时，仍然还是一种流行话语。由此，似可以理解朱子为什么对禅学如此警惕。不过，这种流行话语对于象山又是无足轻重的，因为他有明确的定见，即他对孝宗的回应，“臣不敢奉诏，臣之道不如此，生聚教训处便是道”，根本不对“道”作形而上的玄谈。同时，这也有助于理解，对于朱子热衷于文义上探究儒家义理，不能直面生活现实，象山为什么要严予斥之，因为“生聚教训处便是道”，只有面对事才是实学。

第三札论识人。象山举鲍叔识管仲、萧何识韩信、吕蒙识陆逊、徐庶识孔明四例，说明“自其已成之效观之”不难，难在识人于“困穷未遇之时”，而这必须超越“常人之识”。象山于《札子》中曰：

> 人之知识若登梯然，进一级则所见愈广。上者能兼下之所见，下者必不能如上之所见。

皇帝据最高位,因此自当识见超迈,但如"日与琐琐者共事,信其俗耳庸目",自然日趋下流。象山的话自然有它的合理性,历史上也不乏事例,但这样的合理性显然不具有普遍的可操作性,因为它完全基于主观的判识。因此,象山记得很清楚,孝宗无法接受他的说法,一再强调"人才用后见",而且更说"此中有人";当象山进一步批评"天下无人才,执政大臣未称陛下使令"时,话就无法再往下说了,否则就要臧否人物了,故孝宗"默然"。

象山回忆"读第四札,上赞叹甚多",但没有忆及赞叹的具体内容。品读第四札,则不难推见孝宗赞叹的原因。象山札曰:

> 臣尝谓天下之事,有可立至者,有当驯致者。旨趣之差,议论之失,是惟不悟,悟则可以立改。故定趋向,立规模,不待悠久,此则所谓可立至者。至如救宿弊之风俗,正久隳之法度,虽大舜、周公复生,亦不能一旦尽如其意。惟其趋向既定,规模既立,徐图渐治,磨以岁月,乃可望其丕变,此则所谓当驯致之者。

然后,象山引用自己当年省试对策中的观点,强调北宋以来儒者鼓动皇帝恢复三代之政,"顾当为之以渐而不可骤耳"。毫无疑问,象山这一"驯致"的进言是完全符合孝宗的认知与心理的。孝宗即位初期是有一番雄心壮志的,但二十多年下来,已深知"宿弊之风俗"与"久隳之法度",诚如象山所言,"虽大舜、周公复生,亦不能一旦尽如其意",而心理上也实在已不免有倦政之意,五年后高宗去世,孝宗即以为高宗服丧为由禅位,便印证了这一倦政心理。①不过,象山虽对孝宗进言"驯致",但他自己却是以"躁进"的性格而广为人知,以此性格而难获遇于孝宗,实在也是

---

① 对孝宗心理的分析,详见余英时《朱熹的历史世界》第十二章。

很能理解的,尽管象山后来的被斥奉祠另有政治派系的原因。

最后一札主旨在强调放权。宋代总结中晚唐以来藩乱以至天下板荡的教训,在制度设计上强化中央集权。但世事往往矫枉过正,或者在纠错过程中达到预期目标的同时,弊端也如影随形般地出现,并日呈积重之势。宋代有效实现了中央集权的目标,但州县因此而陷入权轻财贫之状,包括官僚体系在内的整个社会都会相应地减弱其活力。象山在首札中痛斥的"今日天下贫甚,州贫、县贫、民贫",以及"执事者方雍雍于于"的病状,其病根即在过度乃至僵化的中央集权。象山面对孝宗,自然不能直斥制度本身,否则不仅使自己陷入攻斥"祖宗之法"的麻烦,而且也让孝宗陷于无法接话的窘地,只能在远引经训,近述唐事后,委婉地就孝宗本人进言:

> 今天下米盐靡密之务往往皆上累宸听,臣谓陛下虽得皋陶、周公,亦何暇与之论道经邦哉? ……以陛下之英明,焦劳于上,而事实之在天下者,皆不能如陛下之志,则岂非好详之过耶? ……臣谓必深惩此失,然后能遂求道之志,致知人之明。

尽管委婉,尽管孝宗也算是有雅量,但既在固定的制度下依照相应的机制运行,仿佛面对一台复杂而庞大的机器,虽尊为皇帝的强人,其实也是自有不得已的难处。象山回忆当时情景:

> 第五札所陈甚多。下殿五六步,上曰:"朕不在详处做工夫,只在要处秉笏立听。"

可见孝宗闻言一时无语以对,待象山退下,走了五六步,孝宗才回过神来,作此自辩。但是显然,对于一个庞大的帝国治理而言,面对"天下米盐靡密之务",何为"详处"? 何为"要处"? 又岂能分得清楚? 岂能允许凭个人意志加以区分?

朱子对象山札子表示遗憾,以为"向上一路,未曾拨着",甚至微讽"未免使人疑着,恐是葱岭带来耳",是否就是针对象山此札没有直接揭明宋代制度的弊端,不得而知。但由象山札子以及现场的回忆,应该承认,确如象山自己所说,已是"肺肝悉以书写"了。而且当孝宗自辩时,"不容(象山)更转对",亦足见孝宗已完全理解象山的进言。

颇有意思的是,象山在回忆轮对现场,说到最后"不容更转对"时,忽曰:"后王谦仲云,渠每常转对,恐小官不比渠侍从也。"按王蔺(?—1204)①,字谦仲,象山五哥九龄的同年进士,颇为孝宗赏识,由地方官一路擢升,直至参知政事。象山引此自比,既是一种自嘲,也不免是对宦海难测的一种感叹。

综而观之,象山轮对五札,由君臣之义破题,首先揭明问题,继而进言立志、知人、驯致,最后以落脚于孝宗的方式辗转斥其制度。对于初次轮对而言,象山五札称之切实而系统,实非过誉。象山自己的感觉也是很好的,故有对下次轮对的殷切期望,以至不惜在无聊的岗位上"郁郁度日"长达两年多。岂料淳熙十三年冬十一月,距对班数日,忽被逐出朝廷,奉祠归乡。这近乎是象山仕宦生涯中最沉重的打击。只是宦海沉浮由天不由人,故象山亦只能感慨,"然而不遂,则亦天也"。②

当然,象山是达观而精进的,此由他酬和杨万里送行的诗,表达得非常明白而充分:

> 学粗知方耻为人,敢崇文貌蚀诚真?义难阿世非忘世,志不谋身岂误身?逐遇宽恩犹得禄,归冲腊雪自生春。君诗正似清风快,及我征帆故起苹。③

---

① 生卒参见李裕民《宋人生卒年月日考》,中华书局 2023 年版,第 46 页。
② 卷十《与李成之》一,第 129 页。
③ 卷二十五《和杨廷秀送行》,第 302 页。

在前述章节中已详述,在奉祠居家时期,象山投入到他的讲学事业,在龙虎山的上游,改应天山为象山,"从容讲道,歌咏愉愉,有终焉之意"。①淳熙十六年,象山三年"祠秩满",这年二月,"寿皇(孝宗)内禅,光宗皇帝即位,诏先生知荆门军"。②对于这个任命,象山是很满意的。在给尤袤的信中,象山曰:

> 荆门之除,良出望表,岂推毂之赐有以致之耶?幸尚迟次,犹可毕草堂役耳。

尤袤即当年象山春试礼部的三考官之一,时正在朝重用于孝宗与光宗,象山推测自己的任命是尤袤的荐举,故呈此书表示感谢,并略述当年被逐及此后大致情况。虽是感谢信,但"良出望表"应该是真心话,加之此任命的上任时间也不那么急迫,事实上直到后年秋才催促到岗,两年的时间可以让象山有充裕的时间处理好精舍的事务,以及自己的一大堆家事,即他在信中告知尤袤的,"第私门祸故重仍,五年之间,尊幼之丧,多于年数。妻家亦复多事,妻母甫及大祥,昨日又闻妻弟之讣",③等等。

象山对"荆门之除,良出望表",固然是因为复出,也还因为

---

① 卷三十六《年谱》,第 501 页。
② 卷三十六《年谱》,第 506 页。
③ 卷十一《与尤延之》,第 155 页。按象山在《与黄循中》信中讲:"某山居讲习,粗适素怀。荆门之命,固出庙朝不忘之意,然雅未有为吏之兴。幸尚迟次,可徐徐去就耳。"(卷十二,第 169 页)相较于《与尤延之》信中所说的"良出望表",似略有差距。这中间固然有书信的对象有所不同,但也比较真切地反映了象山的感受。另象山《与王顺伯》书中曰:"某祠秩之满,初欲复丐之。适一二士友邮致诸公之意,来促此文,谓欲因是图所以相处。自度屏弃之人,岂宜上累当途,遂绝此念,且甘贫馁以逃罪戾。不谓竟蒙荆门之除,官闲境胜,事力自赡,无匮乏之忧;又假以迟次,使得既泉石之事,究问学之乐,为幸多矣!非出推毂之素,余论之助,何以逮兹?敢不知自?"(卷十一,第 151 页)故总体而言,对于荆门任命,象山是满意的。

荆门是一个比较令人满意的安排,这个令人满意处就是可以让象山能够放开手脚地依照自己的识见抱负来进行地方治理,即朱子所讲的"可以行志"。《年谱》引朱子答书云:

> 荆门之命,少慰人意!今日之计,惟僻且远,犹或可以行志,想不以是为厌。三年有半之间,消长之势,又未可以预料,流行坎止,亦非人力所能为也。①

朱子的话缘于自己的切身经验,实是由衷之语。朱子当年在南康军任职、提举浙东路,因为这些地方靠近临安,远离边境,各种背景的人事往往聚集于此,略有举措,便动辄得咎,难以"行志"。象山当然也深知这个道理,相比于浙东、南康,荆门不仅如朱子所言,"惟僻且远",而且如象山所言,"以为此自古战争之场,今为次边",②便少了许多有背景的人事,象山"可以行志"。至于三年任期满以后,政治形势如何发生变化,这当然是难以预料的。

的确,象山在荆门任上颇为实现了自己的经世济民之志。甫到荆门,"即日亲事"。象山的治理从实施重点工程开始,他认为作为"次边"的荆门,"固则四邻有所恃,否则有背胁腹心之虞",故象山筹资"新筑城";同时,"郡学、贡院及客馆、官舍,众役并兴"。通过这些工程,荆门官风得以转变,"督役官吏布衣,杂役夫佐力,相勉以义,不专以威。盛役如此,而人情晏然,郡中恬若无事"。然后,"革税务之弊,革弊政;朔望及暇日,诣学讲诲诸生",除弊与布新同步推行。此外,针对荆门的特殊顽症,如"湖北诸郡军士多逃徙",象山推出"阅武"之策,不仅兵伍得到稳定,而且郡民都受到了影响。正是象山一系列的有效治理,赢得

---

① 卷三十六《年谱》,第 507 页。朱子此信,不存于文集。
② 卷三十六《年谱》,第 509 页。

了周必大"荆门之政,如古循吏,躬行之效至矣"的称誉。①概而言之,荆门之任,虽仅年余,但象山之用心与效绩,既为上司与下属所见,他自己也是满意的。象山曰:

> 某承乏于此,懔焉朝夕,祈于斯民,渺若航海。闾巷熙恬,讼争衰息,相安相向,不替有加。同官协力,举无异志,职事过从,无非讲习。或有指是以为效绩,区区之怀,方有大惧。②

也许正是因为如此用心积劳,才引发了象山的血疾宿病,以至不起。在去世前,象山对"女兄"曰:

> 先教授兄(九龄)有志天下,竟不得施以殁。③

显然,此语的言外之意,表达了象山对于荆门之任"可以行志"是深感欣慰的。

第三节　俯仰周旋只事天

从士人养成,到宦海沉浮,象山生平大略已如所述。至于象山政治思想的基本原则,实不待赘言,他在最初入仕出任靖安县主簿时就讲得非常清楚:

> 天生民而立之君,使司牧之,张官置吏,所以为民也。"民为大,社稷次之,君为轻","民为邦本,得乎丘民为天子",此大义正理也。④

---

① 参见卷三十六《年谱》,第509—512页;关于象山荆门任上的一些具体事务处理,详见他给上司荆南府帅章德茂的五封书信,卷十六,第203—209页。

② 卷十五《与章茂献》,第197页。

③ 卷三十六《年谱》,第512页。按:女兄通常指姐,但陆氏六兄弟,未见有姐妹记载;《宋史》本传称"语所亲",所亲者莫如夫人,故女兄或系象山对夫人的尊称。

④ 卷五《与徐子宜》二,第69页。

而具体的治理策略,象山也有高度自觉与自信。在敕局任上时,象山尝有答问:

> 或问曰:"先生如见用,以何药方医国?"先生曰:"吾有四物汤,亦谓之四君子汤。"或问如何? 曰:"任贤,使能,赏功,罚罪。"①

只是,仅此终嫌大而化之。为了更进一步与更亲切地由其生平来体会与理解象山的心学,这里再辟专节补述象山一二具体事,以为象山心学精神在本心与实学的揭明或彰显,并结束全书。

且从象山在敕令所任上对朱子的一段评语讲起。当年,象山曾写信对尤袤讲:

> 朱元晦在南康,已得太严之声。元晦之政,亦诚有病,然恐不能泛然以严病之。使罚当其罪,刑故无小,遽可以严而非之乎? 某尝谓不论理之是非,事之当否,而泛然为宽严之论者,乃后世学术议论无根之弊。道之不明,政之不理,由此其故也。元晦浙东救旱之政,比者屡得浙中新旧书及道途所传,颇知梗概,浙人殊赖。自劾一节,尤为适宜。其诞慢以徼宠禄者,当少阻矣。至如其间言事处,诚如来谕所言者云。②

这段话涉及朱子南康与浙东任上之事。其中,浙东救旱,事涉复

---

① 卷三十四《语录上》,第 407 页。按:象山平生未能担任宰执等高官,但下文论其所撰《荆公祠堂记》或可有以见象山之政治理念;至于地方治理,则荆门政绩足以表证之。除此之外,象山对于地方治理尝提出许多具体而富建设性的意见,既足以反映象山对于地方事务的重视,又足见象山不是讲空话的思想家。参见卷四《与赵宰》,第 55—56 页;卷五《与赵子直》,第 69—70 页;《与辛幼安》,第 70—73 页;卷七《与陈倅》,第 97—100 页;以及卷八、卷九与各地方官员的诸通书信。
② 卷三十六《年谱》,第 494 页。象山此信,不存于文集。

杂,照朱子的说法,"而今救荒其可笑","赈济无奇策,不如讲水利",①官场也议论纷纷,但象山对朱子高度肯定:

> 朱元晦在浙东,大节殊伟,劾唐与正(仲友)一事,尤快众人之心。百姓甚惜其去,虽士大夫议论中间不免纷纭,今其是非已渐明白。②

故此处按下不表,只说"朱元晦在南康已得太严之声"。

象山所言,并非泛说,而是有具体之事。朱子曾回忆道:

> 某南康临罢,有跃马于市者,踏了一小儿将死。某时在学中,令送军院,次日以属知录。晚过廨舍,知录云:"早上所喻,已栲治如法。"某既而不能无疑,回至军院,则其人冠屦俨然,初未尝经栲掠也,遂将吏人并犯者讯。次日,吏人杖脊勒罢,偶一相识云:"此是人家子弟,何苦辱之?"某曰:"人命所系,岂可宽弛。若云子弟得跃马踏人,则后日将有甚于此者矣。况州郡乃朝廷行法之地,保佑善良,抑挫豪横,乃其职也。纵而不问,其可得耶?"后某罢,诸公相饯于白鹿,某为极口说《西铭》"民吾同胞,物吾与也"一段。今人为秀才者,便主张秀才;为武官者,便主张武官;为子弟者,便主张子弟;其所陷溺一至于此。③

朱子"在南康已得太严之声",十之八九便由此事引起。朱子的回忆中虽然只讲了"偶一相识云",但这已是愿意当面对他讲的,背后议论者不少,可想而知。朱子离任,诸公相饯,他还要为此事而"极口说《西铭》",便足以证明此事引起的议论。事实上,上

---

① 《朱子语类》卷一百六,《朱子全书》第 17 册,第 3467 页。
② 卷七《与陈倅》,第 97 页。
③ 《朱子语类》卷一百六,《朱子全书》第 17 册,第 3464—3465 页。

引《语类》后附另外两条记录,表明朱子至少三次与门人谈及此事。

从象山的评论看,"使罚当其罪,刑故无小,遽可以严而非之乎?某尝谓不论理之是非,事之当否,而泛然为宽严之论者,乃后世学术议论无根之弊。道之不明,政之不理,由此其故也"。似乎可以确认,象山是肯定朱子的处理的。但是,"元晦之政,亦诚有病,然恐不能泛然以严病之",此话细加体味,又似乎使人认为,在象山看来,朱子的举措只是"不能泛然以严病之",但"元晦之政,亦诚有病"。换言之,前面的肯定是在一般意义上明确应该"使罚当其罪",但后面的"元晦之政,亦诚有病"则是指具体的举措。

毫无疑问,就跃马于市而踏伤人的整个事件处理看,此类事务的处理在南宋时期的地方上显然并无严格的标准。朱子回忆这件事,乃是因门人讲:

> 察院黄公(锾,字用和)刚正,人素畏惮。某族有纵恶马踏人者,公治之急,其人避之惟谨,公则斩其马足以谢所伤。①

可见,"斩其马足以谢所伤",也是一种惩罚或赔偿。据此,南康"跃马踏人"者被羁押,也可以认为是一种恰当的处理。问题是出在,知录向朱子汇报已对肇事者进行"栲治如法",而朱子见"其人冠屦俨然,初未尝经栲掠也",量刑上似有大的出入。朱子当然就要进一步对犯者追加量刑,但他"将吏人并犯者讯",对"吏人杖脊",这便引起了议论。

平实而论,朱子究竟是否应该杖脊吏人,在当时已是见仁见

① 《朱子语类》卷一百六,《朱子全书》第17册,第3464页。

智,故有许多议论。但朱子此举,对于他在南康工作的开展,究竟会产生怎样的效果,的确是值得思量的。象山对南宋地方治理,尤其是狱讼事件中的官与吏关系有着深刻的洞见。象山曰:

> 官人者异乡之人,吏人者本乡之人。官人年满者三考,成资者两考;吏人则长子孙于其间。官人视事,则左右前后皆吏人也。故官人为吏所欺,为吏所卖,亦其势然也。
>
> 吏人自食而办公事,且乐为之,争为之者,利在焉故也。故吏人之无良心,无公心,亦势使之然也。①

换言之,作为朝廷命官的官人虽然拥有权力,但具体事务却是需要依赖吏人来操办的。如果官人与吏人之间不能达成某种程度上的协调与配合,官人欲行其志,实在是很难落实的。朱子杖脊吏人的举措,固然可以起到杀鸡给猴看的效果,但也可能因其"太严"而造成整个吏人队伍的不合作。至于"极口说《西铭》",对于同为官人的士大夫或有振志发愿的作用,但对于吏人队伍显然是难以奏效的,因为"吏人之无良心,无公心,亦势使之然也"。

当然,象山对于官吏关系的这一认识,朱子一定也是具有的,因为对于身处宦场中人,这并不是什么复杂难知的制度,何况是朱子。而且,如果换成象山,又会如何处理这件跃马伤人事件,也是无法假设的。因此,此处并不是要论证朱子处理此事妥否,而只是希望借由象山的相关分析,来呈现象山对人心的把握与对事实的探明,而这正构成了象山心学的彰显。

---

① 卷八《与赵推》,第112页。关于地方官吏以及地方治理的问题,象山自入仕任隆兴府靖安县主簿起即多有讨论,反映出他对相关问题的认识是经过长期的观察与分析的。参见卷五《与徐子宜》的两通书信,第66—69页。

在上引的同一封信中，象山曰：

> 今风俗弊甚，狱讼烦多，吏奸为朋，民无所归命，曲直不分，以贿为胜负。狱讼之间，虽有善士临之，亦未必能尽得其情。若有志之士欲研究其实，岂免用问马参牛之智？愚儒必以钩距非之，则是必使情实不知，曲直倒置，奸恶肆行，不辜无告，然后为道耶？故愚儒之论，害道伤治。真实学者必当明辨乎此，则正理可得而信也。①

钩距，语出《汉书·赵广汉传》之典：

> 钩距者，设欲知马贾，则先问狗，已问羊，又问牛，然后及马，参伍其贾，以类相准，则知马之贵贱，不失实矣。

象山出身药商之家，对于此一钩距经商之道，毫无违和感，且以为是"研究其实"、获知"情实"的有效方法，但他深知"愚儒必以钩距非之"。只是愚儒陈义虽高，其结果反而是"害道伤治"。象山在上引《与赵推》书中，更举例说明如何运用"问牛参马之智"及其难处：

> 今有两词各护其说，左证疑似，簿书契要无可考据，事又有不在簿书契要者，则狱中求实之法，谓之闪隔。假令有二人则隔为二处，三人则隔为三处，不使之相闻知。以吾所疑与其事之节目，逐处审问，谨思精察要领，可以得情者，反覆求之。若使得在于初词之外，若可据信，则必于两处参审，必使有若合符节者，乃可据耳。然此事最难，若官人尽心，却不能防吏卒之奸，则吏卒必阴漏其事，则官人之智无所施矣。②

---

① 卷八《与赵推》，第 111 页。
② 卷八《与赵推》，第 111—112 页。

闪隔之法，大抵就是分别审问，正相当于问牛参马的钩距之法。象山以为，运用闪隔之法，逐处审问，谨思精察，可以获知情实，但是此一方法的有效，须基于严格保密的前提，而吏人自然参与审讯，官人既不能"防吏卒之奸"，吏卒又"必阴漏其事"，如此，"官人之智无所施矣"。

更为甚者，象山在信中最后指出：

> 官人常欲知其实，吏人常不欲官人之知事实，故官人欲知事实甚难。官人问事于吏，吏效其说，必非其实，然必为实形。欲为实形，亦必稍假于实。盖不为实形，不能取信。官人或自能得事实，吏必多方以乱之，纵不能尽乱之，亦必稍乱之。盖官人纯得事实，非吏人之利也。故官人能得事实为难，纯以事实行之为尤难。①

这里，象山对"事实"与"实形"作了区分，这既可以理解为就事论事，也可以置于一般意义上作理解。无论如何，象山的这一区分是富有识见的。象山反复强调当本心向事敞开时，存于事中之理就是呈现于本心，但由"事实"与"实形"的区分，便知呈现于本心的实理必须基于面对"事实"，而不是"实形"。"实形"虽具有真实的表征，但却不是真正的"事实"，只有明辨两者，才如前所述，"正理可得而信也"。由此看来，象山以为"元晦之政，亦诚有病"，此病不在严之与否，而在"正理可得而信"与否。

至此，大致已能知晓象山所谓心学即实学之所指。究其根本，象山心学就是要以本心面对事物，只要祛除私意，本心就能对于事物之真相有真实的把握，而人如何处理事物的道理自然获得呈现。象山这样的确认，并非只是他对自己的自信，而是一

---

① 卷八《与赵推》，第112页。

个普遍的确认,亦即他所谓的"东南西北海有圣人出焉,同此心同此理也"。①只是这个"理",并不全是指一个外在的对象,而是包括了本心面对真实的对象就能获得真理这个道理。这里,不妨再引象山在荆门任上给上司荆南府帅章森的一封书信,以为佐证。象山曰:

> 某区区之志,粗知所择,雷同苟合,窃亦所耻,同官相与,当何求哉? 事惟其宜,理惟其当,议论设施,不必在己,相期相勉,大抵以此。平居论事,始有未合,各献其宜,侃然自竭,反复之久,是非已明,伏义如响,人得所欲,殆莫知初说焉谁主之也。仰视灭私之训,妄谓或庶几焉。②

作为地方首长,象山并不追求同僚及下属对自己的一味认同,甚至"雷同苟合,窃亦所耻",他追求的是"事惟其宜,理惟其当";而在这个追求事理的过程中,"议论设施,不必在己",而是充分讨论,"各献其宜,侃然自竭",最终达成共识,其结果是"人得所欲,殆莫知初说焉谁主之也"。象山向上司章森描述自己治理地方的决策过程,固然旨在表明自己达到了章森对他为官应当无私的要求,"仰视灭私之训,妄谓或庶几焉",但由此可以体会到,对于象山而言,这样的工作方式决不只是一种工作方式,而是有着牢固的思想基础的,即他关于本心与实学的确认,借用象山自己的答问:"学者问:'荆门之政何先?'对曰:'必也正人心乎。'"③

---

① 卷二十二《杂说》,第 273 页。
② 卷十六《与章德茂》三,第 204 页。象山《与章德茂》书共五通(卷十六,第 203—209 页),或详或略汇报荆门工作,细览亦有益体会象山心学之实学性质,可参见。
③ 卷三十四《语录上》,第 425 页。

　　最后要讲的是象山自以为"断百余年未了底大公案",即淳熙十五年居山讲学时期所撰写的《荆国王文公祠堂记》。①象山对这篇《祠堂记》高度重视,他在《与陶赞仲》书中讲:

> 《荆公祠堂记》与元晦三书并往,可精观熟读,此数文皆明道之文,非止一时辩论之文也。②

与朱子论辩无极太极的书信等量齐观,足证《祠堂记》在象山心中的分量。与朱子三书尚只是纯然的思想论辩,曹立之墓表虽是一导火线,但本身并不足以构成什么事。《祠堂记》大不同,它不是单纯的思想论辩,而是针对着王安石变法及其相关问题展开的"明道之文"。换言之,《荆公祠堂记》事实上可以视为象山心学在具体人与事上的聚焦性呈现;而且,如果说前述之事都还属于地方治理,那么《荆公祠堂记》针对的已是庙堂之政了。

　　王安石变法是基于荆公新学的政治行动,随着变法失败,尤其是靖康巨变带来的宋室南迁,荆公及其新学便成了替罪羊而渐消歇,③至象山的时代已为不堪。象山曰:

> (荆)公世居临川,罢政徙于金陵。宣和间,故庐丘墟,乡贵人属县立祠其上。绍兴初,常加葺焉。逮今余四十年,隳圮已甚,过者咨叹!今怪力之祠,绵绵不绝,而公以盖世

---

① 此语象山多次对不同人言及,并强调"圣人复起,不易吾言",如卷一《与胡季随》二,第 7 页;卷九《与林叔虎》,第 126 页;卷十三《与薛象先》,第 177 页。朱子对象山的这一记文是非常否定的,如他在《答刘公度》书中曰:"临川近说愈肆,《荆舒祠记》曾见之否? 此等议论,皆学问偏枯、见识昏昧之故,而私意又从而激之。"(《朱子文集》卷五十三,《朱子全书》第 22 册,第 2486 页)但此处只是由《祠堂记》说明象山的思想,故对朱、陆的分歧存而不论。

② 卷十五《与陶赞仲》二,第 194 页。

③ 参见拙书《南宋思想建构》第一章。

之英,绝俗之操,山川炳灵,殆不世有,其庙貌弗严,邦人无
所致敬。

对其原因,象山自设答问:"无乃议论之不公,人心之畏疑,使至
是耶?"①虽是疑问句式,但答案在象山心里无疑是显明的,对荆
公及其新学的"议论不公"与"人心畏疑",已转成习俗了,"祠宇
隳败,为日之久,莫有敢一举手者,亦习俗使然耳"。②更让象山
深为不满的是,"近世学者,雷同一律,发言盈庭",③却也没有能
够真正吸取荆公失败的教训。象山曰:

> 《王文公祠记》,乃是断百余年未了底大公案,自谓圣人
> 复起,不易吾言。余子未尝学问,妄肆指议,此无足多怪。
> 同志之士犹或未能尽察,此良可慨叹!④

这就由对世态炎凉的习俗批判转入对"同志之士"的学术思想世
界的反省了。故当得知郡守钱伯同整修祠堂,"欲以记文下委,
不觉喜溢支体。盖兹事湮郁,深愿自是一发舒之"。⑤象山的心
情实际上是借他人酒杯,浇自己块垒。显然,《祠堂记》不只是象
山对历史陈迹或朝政的评断,更是对荆公新学以来直迄自身所
处当下学术思想的反省,以及自己心学的阐明。

象山对王安石及其变法、新学的评断是非常清楚的。对王
安石,象山给予高度肯定。"荆公英才盖世,平日所学,未尝不以
尧、舜为标的";⑥"英特迈往,不屑于流俗,声色利达之习,介然
无毫毛得以入于其心,洁白之操,寒于冰霜,公之质也"。⑦尤为

---

①③　卷十九《荆国王文公祠堂记》,第 234 页。

②⑤　卷九《与钱伯同》,第 122 页。

④　卷一《与胡季随》二,第 7 页。

⑥　卷九《与钱伯同》,第 121 页。

⑦　卷十九《荆国王文公祠堂记》,第 232 页。

难得的是,象山着意标出,当人们普遍地把宋神宗与王安石之间的君臣合作归于传统的知遇与报恩关系时,王安石所抱持的不同凡响的理念。象山曰:

> 曾鲁公(公亮)曰:"圣知如此,安石杀身以报,亦其宜也。"(荆)公曰:"君臣相与,各欲致其义耳。为君则自欲尽君道,为臣则欲自尽臣道,非相为赐也。"秦汉以下,当途之士亦尝有知斯义者乎? 后之好议论者之闻斯言也,亦尝隐之于心揆斯志乎?①

虽然说在北宋已明确提出士与皇帝共治天下的理念,但真正落实在仕宦中的个人时,能否获得皇帝的知遇终究是至关重要的。象山对此当然无比清楚,不然他也不会在敕局苦熬近三年等待再次轮对,但他在《祠堂记》中标示并赞誉王安石的这一理念,无疑是政治思想上的一种表达,以及士人政治的一种自觉担当。

对熙宁变法,象山唯唯否否。肯定的是,王安石志存高远,希望超迈汉、唐,取法乎上,以尧、舜、三代为标杆;"扫俗学之凡陋,振弊法之因循,道术必为孔、孟,勋绩必为伊、周,公之志也"。②象山自认为自己的思想是接续孟子的,故他对王安石继承孟子"言必称尧、舜"自然高度礼赞。否定的是,王安石一味强调"法度",而对"法度"本身又缺乏理解。象山曰:

> 典礼爵刑,莫非天理,《洪范》九畴,帝实锡之,古所谓宪章、法度、典则者,皆此理也。(荆)公之所谓法度者,岂其然乎?③

读介甫书,见其凡事归之法度,此是介甫败坏天下处。

---

① ② 卷十九《荆国王文公祠堂记》,第232页。
③ 卷十九《荆国王文公祠堂记》,第233页。

尧、舜、三代虽有法度,亦何尝专恃此。又未知户马、青苗等法果合尧、舜、三代否?①

概言之,熙宁变法的根本失误是有违事理。这就由熙宁变法而转向了对荆公新学的否定。

象山指出,王安石虽然"秉执《周礼》精白言之,自信所学,确乎不疑",但荆公对法度的理解偏狭,不能真正把握法度背后的道理。而且,更成问题的是,在变法过程中,由政见争议进而导致人事党争,"君子力争,继之以去,小人投机,密赞其决,忠朴屏伏,憸狡得志",结果使变法从根本上背离了政治运作的基本原理。象山曰:

> 为政在人,取人以身,修身以道,修道以仁。仁,人心也。人者,政之本也,身者,人之本也,心者,身之本也。不造其本而从事其末,末不可得而治矣。

故"(荆)公之学不足以遂其志,而卒以负其志"。②这里,象山将熙宁变法的分析,最终归落在他的心学的内外两端,即表征仁的本心与据此而呈现的实学。

不过,象山撰写这篇《荆公祠堂记》的目的,不仅在于说明王安石及其变法与新学的功过是非,而是更在于借助表彰王安石的美德与高志的同时,指出熙宁变法与荆公新学的问题不完全是王安石个人的问题,而是整个朝廷政治的问题,以及背后的学术思想问题,即象山所谓"熙宁排公者,大抵极诋訾之言,而不折之以至理"。因为"不折之以至理",故都陷入意气之争,"平者未一二,而激者居八九。上不足以取信于裕陵(神宗),下不足以解

---

① 卷三十五《语录下》,第 441 页。
② 卷十九《荆国王文公祠堂记》,第 232—233 页。

(荆)公之蔽,反以固其意,成其事,新法之罪,诸君子固分之矣"。等到新法受挫,"元祐大臣,一切更张","两下相激,事愈戾而理益不明"。总之,大家被流俗所挟持,本心湮没,不能直面现实,把握事理。象山曰:

> 格君之学,克知灼见之道,不知自勉,而戛戛于事为之末,以分异人为快,使小人得间,顺投逆逞,其致一也。①

只是令象山极不满意的是,直至当下发生在他自己身上的事情,即他被归入道学党人而被逐出朝廷,表明还是"以分异人为快","不折之以至理"。象山之所谓"《王文公祠记》乃是断百余年未了底大公案",本质上就是在阐明这一"至理"。

不难想象,象山希望在权力世界中能够"折之以至理",摆脱"以分异人为快"的游戏规则,实在是过于理想了。因为理想,故象山的性情是豪迈的。象山诗曰:

> 此理于人无间然,昏明何事与天渊?
> 自从断却闲牵引,俯仰周旋只事天。②

只是也可以想见,这样的理想主义者大概也会感到寂寞。在居山讲学时,虽然有众多门人追随,象山在论及传道时,仍"尝以手指心曰:'某有积学在此,惜未有承当者。'"③

---

① 卷十九《荆国王文公祠堂记》,第 234 页。
② 卷十一《与朱济道》二,第 143 页。
③ 卷三十六《年谱》,第 504 页。

索　引

人　名　索　引

术 语 索 引

后　记

　　2018年秋学期我到复旦哲院开始授课，院长孙向晨教授嘱我开拓江南儒学研究，因为这是复旦大学上海儒学院预设的研究方向之一。2019年8月兼任上海儒学院院长的陈来教授来杭时，我向他请示相关工作，陈老师指出，把江南儒学作为一个领域开展相关学术活动，同时建议我能花两年时间专门研究陆象山，以弥补这些年来朱子学与阳明学的研究兴起后相形之下凸显的缺失，并提醒我尽可能把自己体会到的余英时先生的研究方法应用在研究中。由于当时我主持的国家社科重大项目，以及我撰写的结题书稿《从经学到理学》正处于收尾阶段，故不能马上转入象山研究。待到2020年10月项目结题，拙稿交付出版社后，我收拾精神，从2021年起开始进入象山的世界。

　　前此二十年，我撰写《南宋儒学建构》时，自然已经研究过象山。只是当时的研究是以朱子为中心来梳理整个南宋儒学，因此对于象山的研究主要围绕着朱陆之争，顺及他的核心思想。虽然我对象山心学的基本理解并没有根本改变，但作为一项针对象山的个案研究，以往的研究显然是不够的，充其量只能是作为我进入象山世界的一个引路而已。

　　正如稿中所引牟宗三所说，"象山之学并不好讲"，此亦今日学界同仁之共识。回看上世纪八九十年代与本世纪初的几部象山专著,虽不无可取之处,但总体上是不能让人满意的。稿中所引近年汇集的会议论文集,以及零散所见的论文,则不断印证着我的偏见,即研究象山写一二论文不难,难的是对象山获得整体而亲切的具身性理解;如果没有这种理解,一二论文在获得一得之见的同时,往往还会造成似是而非的误解。

象山心学之不好讲,固然有其自身特殊的原因,但实与今人自囿于固化且单一的哲学观念有很大关系。哲学是二十世纪现代中国知识体系建构中的纯西学性质的植入,以西格中固然是必然与必要之举,且卓有建树,但哲学之于西方既非一固化的形态,问题也处在不断迁延转变之中,我国哲人虽即便是高明通人,亦难遍识西方哲学之各门各派,而只能依其学缘与性情,充其量取其一,旁及二三,从而施之于格中。若因此对中国哲学有所识见而固化其西方哲学之取径,其弊病丛生不待而言;即便是移步换景,别见洞天,终究还是将古人形塑成一个由外部性造就的"半洋不古"的"二毛子"形象(借用钱钟书《七缀集》自序中的自嘲语),看似吻合,其实全不是一回事,甚至越是说得煞有介事,越是相去甚远。

2023年夏,象山书稿草成。12月干春松教授邀我去北大作一讲座,并特意安排在冯友兰先生的故居三松堂。为了表达对前辈的敬意,我拟了讲题,"守先待后——宋学研究的再出发",主要是以象山研究为例分享了自己研究上的心得。撮其要,大致讲了三层意思:一是处理好对西方哲学的借镜。借镜于西方哲学来进行某位中国哲学家的分析,依然是必须与必要的,只是这一借镜,既无必要限于一家,更要避免将其思想装入所借用的套子中。我在象山研究中,对西方哲学的借用,完全是由象山心学出发,所用借镜皆仅为照明,该取什么镜子,又该取什么角度,

后　记

完全且只为了理解象山。二是置象山心学于思想的境遇中理解。简言之,这个境遇包括了思想赖于产生的知识与历史。知识不仅是正统的经史之学,还有传统社会影响所有人生活的诸如堪舆、命理、星象、祈禳等,后者则是具体的家庭、社群,以及南宋的政治、经济、社会与文化。象山心学是一家之学,附丽于他的生命,又是展开于他的境遇中的。三是文本的细读与分析。但凡研究象山这样的思想家,文本细读与分析似乎毋庸赘言,然事实上在研究中往往一是自囿于学科,眼中只见得那些显见的思想材料,而忽视许多看似与思想无关的寻常材料,二是流于文字表层,将许多深层的信息错失。我在最后撰写引言时,特意首辟文本一节,借用李绂的点评,既为了说明文本本身的问题,更旨在表达前人的识见高明实在于对材料的独到体会。走笔至此,不由得忆及二十多年前的情景,余英时先生为我示范文本细读,举二程一则语录为例,不时站起从书架上抽出文献,辐聚各种材料对之加以释证。概而言之,我所讲的"再出发",就是希望尽可能剔除外部性的以西格中,从中国哲学的内生性出发,以西学为借镜,对中国哲学获得具身性的理解,从而成为一种活的有生命的存在,而不是貌似深刻玄妙实则枯槁无趣的死物。

书稿 2023 年 9 月交付上海人民出版社审稿,同时申请并幸获国家社科基金后期资助项目(23FZXB027)。根据匿名专家的意见,我又对书稿进行了修改。书稿清样今年上半年出来后,恰逢清华国学院成立一百周年,承邀于 8 月作"清华国学系列讲座·纪念清华国学院成立一百周年冯友兰中国哲学纪念讲座",我便以"象山心学三讲"为题,分别在高海波、赵金刚、唐文明三位学兄的主持下,就书稿正文的三个部分,讲了"象山心学之本心植立""象山心学之发明展开""象山心学之辩驳攻斥";其间又承中国社会科学院哲学所中国哲学研究室邀请,在刘丰兄的主持下,讲了书稿的结语章"象山的士宦生涯"。如此便等于向师友们作了关于象山研究的完整汇报,听到了大家的批评意见,甚为铭感。尤其是陈来老师亲自出席首场讲座,给出了非常具体的评论,有些我事后以注释形式补入书稿,有些则现场作了说明。只是,其中关于象山本心性质的判定,当时说明似乎不够明确,故讲座当晚与高海波兄一起散步时,更作商量。原拟对此也以补注方式在书稿的适当处交待,但本心是象山心学的核心概念,弥散于整个思想,故想来还是于此略作补充更好。

陈老师大概已知道我所坚持的内生性理解的立场,故他特别说明,如果一定借用西方哲学来看,象山的本心究竟是先验的,还是经验的? 我当时的回答是唯唯否否,含糊说过,未能说明。之所以唯唯否否,盖因象山的本心的确既是先验又是经验,实不能断以一端。如果自始便假以先验与经验这些概念进行分析,则无论如何诠释,实便与象山之本心有了一间之隔。稿中尝引及《语录》中云:"居象山多告学者云:'女耳自聪,目自明,事父自能孝,事兄自能弟,本无欠阙,不必他求,在自立而已。'"据此似可断象山之本心如本自聪明之耳目,为先验的存在。但是,象山之本心又必待面向事而真正植立,此又如耳目之自聪自明必待在听与观的过程中形成是一样的,因此象山之本心又似是一经验的存在。先验与经验在西方哲学中自有它提出的预设与逻辑,其内涵与外延并不足以说明象山之本心,如必引而强为之说,便只能在先验与经验已日常俗用的意义上,断象山之本心是先验与经验的合一,其先验因经验而植立,其经验又因先验而丰富。也许正是有诸如此类的麻烦,又希望避免分析过程中陷入既是与又是、一方面与另一方面的言说陈式,故我对20世纪以来建构起的以西格中模式存有疑惧。这里需要补充一句的是,在宋明理学研究中已被惯用成的本体工夫模式,看似以中释中,

后　记

但在以西格中模式的主导下,也迹近一种僵化了的变形。前述在北大的讲座标举"再出发",其宗旨亦是希望能够对中国哲学诠释中所固化了的陈式有所突破。

我在这一后记中详述象山研究的缘起与过程,主要是为了说明这项研究于我完全是一件具有探索性的工作。我从业几十年,一直没有兴趣做某个哲学家的个案研究,除了叶水心以外,原因即恐在方法上难脱以西格中的窠白。在百卷《宋元学案》中,除了温公、康节、濂溪、横渠、二程与朱子各占两卷外,唯有水心亦占两卷篇幅;前数人得占两卷,朱子以外恐不无导引于道统的观念,而水心虽有黄宗羲、全祖望的浙学观念在起作用,但更重要的还是缘于水心思想的超迈卓异。我有心专论水心,诚窃以为或可能在传统经史子集的意义上展开研究。只是我既不能潜心从前四史通读到唐五代史,便深感难以讨论占了叶水心半部《习学记言序目》的史论,故只能止于零碎散论。

因此,在我将近耳顺之年,能够近乎意外地三四年沉潜于象山的世界,尽力去理解他的思想,他的不容已与不得已,并在耳顺之年完成这项工作,无论是否在有限的意义上有所获知真实,在方法上作了某种有意义的探索,我还是非常欣喜的,并必须首先诚挚地向陈来老师表达衷心的感谢。若非陈老师的建议,我是根本没有专论象山的考虑的。事实上,在我的整个研究中,我始终第一时间向陈老师报告我的研究进展,而他一如在清华的讲座,总是及时给予回应,或勉励,或商榷,或补充,待我以道友,而实可谓师也。

除了前述几位学兄与匿名评审专家一并感谢外,我还要感谢方旭东兄。旭东兄于理学沉潜有得,治学兼承陈来、杨国荣教授,而我对陈、杨二教授素所敬重,故研究进展亦时呈旭东兄批评,每每而得指益。又,2021 年上半年,我受邀于岳麓书院讲宋明理学课程,姜广辉教授的高足唐陈鹏任助教。当时我的研究正处在深入展开过程中,故每次上课前后,陈鹏不仅做好助教的全部工作,还总是任我分享关于象山的研读和写作,得他耐心倾听,细心阅读,诚为学友。当然,我自己指导的研究生们无疑也了解我的研究进展,并时时代我查检材料,尤其是刚刚毕业的吴洁博士,除了替我承担诸如填表等各种杂务外,她的博士论题是清代浙东学派关于陆王心学的研究,相关的讨论总是能让浙学先贤们的观察与论述以某种方式启发着我。我应该向唐陈鹏与我的学生们致以谢意。

我的研究在获得国家社科基金后期资助前,得到了复旦大学哲学学院哲学一流学科培优行动的支持。从 2021 年起,我开始陆续发表象山研究的阶段性成果,它们是:

1.《象山心学中本心与认知格局的关系》,《复旦学报》2021 年第 2 期;

2.《陆象山的"六经注我"与"我注六经"》,《中国哲学史》2021 年第 5 期;

3.《本心与实学——兼论象山对心学谱系的疏证》,《哲学研究》2022 年第 2 期;

4.《陆象山的解经法》,《四川大学学报》2022 年第 3 期;

5.《陆象山的读书法》,《中国心学》(第 2 辑)2022 年 8 月;

6.《尧舜之前何书可读?——陆象山的本心与言语》,《中国文化研究》2023 年第 1 期;

7.《义理、象数与工夫——陆象山易学思想的心学旨归》,《周易研究》2023 年第 5 期;

8.《陆九渊易简工夫疏论》,《学术界》2023 年第 7 期;

9.《陆九渊攻朱熹的一个知识社会学分析》《复旦学报》2023 年第 9 期;

后　记

10.《陆象山的〈春秋〉学》,《孔学堂》2023 年第 10 期;

11.《哲学史与思想史的具体结合》,《社会科学战线》2023 年第 12 期;

12.《陆九渊辟佛老析论》,《中国哲学史》2024 年第 1 期;

13.《南宋士人讲学及其探索性》,《文史哲》2024 年第 6 期;

14.《陆九渊的文本》,《朱子学研究》第 43 辑;

15.《陆象山的士宦生涯》,《学术界》2024 年第 6 期。

对上述刊物与责任编辑,以及国家社科基金与哲学学院,一并谨致谢意。

最后,我必须感谢上海人民出版社与张钰翰兄,书稿不仅在出版社的支持与钰翰兄的具体操作下,获得了国家社科的后期资助,而且在按照国家社科的要求出版统一标准的版式后,又将拙稿纳入我的个人著作集刊行。

还须补记几句的是,书稿清样校好于 9 月 20 日寄回出版社后数日,央视《记住乡愁》节目组的颜飞同志联系我,他们拟以象山陆家为背景来讲述家风传承的故事,欧阳祯人兄介绍他来邀请我,在国庆长假后到金溪拍摄。假日中我重新翻览象山集,并偷闲撰此后记,前天草成,昨日来金溪,今天跟着节目组拍摄了一天,明天还要工作一天。感谢欧阳兄与颜飞同志,让我的象山研究以此方式在象山故里画上句号。虽然我已不是第一次来金溪,但因为工作方式的不同,还是让我对此间的风物产生特别的感受,以致不免让我遐想,八百三十年前的半个世纪中,象山心学在这里的展开。

何　俊

甲辰重阳前一日于金溪

图书在版编目(CIP)数据

本心与实学 : 陆象山心学的展开 / 何俊著.

上海 : 上海人民出版社, 2025. -- (何俊著作集).

ISBN 978-7-208-19536-3

Ⅰ. B244.85

中国国家版本馆 CIP 数据核字第 2025LB1706 号

责任编辑 张钰翰

封面设计 范昊如 夏雪 等

何俊著作集

本心与实学

——陆象山心学的展开

何 俊 著

出　　版　上海人民出版社

（201101　上海市闵行区号景路 159 弄 C 座）

发　　行　上海人民出版社发行中心

印　　刷　上海盛通时代印刷有限公司

开　　本　635×965　1/16

印　　张　28

插　　页　5

字　　数　311,000

版　　次　2025 年 6 月第 1 版

印　　次　2025 年 6 月第 1 次印刷

ISBN 978 - 7 - 208 - 19536 - 3/B · 1841

定　　价　118.00 元